国家社科基金重大项目『中国图书馆学史』（13&ZD153）结项成果

第一卷 绪论　　　　　　　　　　　　　　　　　王余光　陆滢竹◎著

第二卷 先秦秦汉魏晋南北朝图书馆学史　　　　　何官峰◎著

第三卷 隋唐五代图书馆学史　　　　　　　　　　赵晓◎著

第四卷 宋辽夏金元图书馆学史　　　　　　　　　钱昆◎著

第五卷 明代图书馆学史　　　　　　　　　　　　熊静◎著

第六卷 清代图书馆学史　　　　　　　　　　　　熊静◎著

第七卷 民国图书馆学理论　　　　　　　　　　　王莞菁◎著

第八卷 民国图书馆学教育　　　　　　　　　　　郑丽芬◎著

第九卷 民国图书馆学学术团体　　　　　　　　　王玮◎著

第十卷 民国图书馆学学者　　　　　　　　　　　李诗苗◎著

第十一卷 民国文献学学者　　　　　　　　　　　李诗苗◎编著

中国图书馆学史

第五卷

主编 王余光
副主编 熊静 吴永贵

熊静 著

时代出版传媒股份有限公司
安徽教育出版社

图书在版编目（CIP）数据

中国图书馆学史. 第五卷 / 王余光主编；熊静，吴永贵副主编；熊静著. -- 合肥：安徽教育出版社，2024.5
ISBN 978-7-5748-0245-2

Ⅰ.①中… Ⅱ.①王… ②熊… ③吴… Ⅲ.①图书馆学史—研究—中国 Ⅳ.①G250.92

中国国家版本馆 CIP 数据核字（2024）第 093930 号

中国图书馆学史·第五卷
ZHONGGUO TUSHUGUANXUE SHI · DI-WU JUAN

出 版 人：费世平
策划编辑：江　舟
统筹编辑：江　舟　陶忠娣
责任编辑：徐　鹏　唐丹丹　赵佩娟
装帧设计：张鑫坤
技术编辑：陈善军

出版发行：安徽教育出版社
地　　址：合肥市经开区繁华大道西路 398 号　邮编：230601
网　　址：http://www.ahep.com.cn
营销电话：(0551)63683012,63683013
排　　版：安徽时代华印出版服务有限责任公司
印　　刷：安徽新华印刷股份有限公司

开　　本：710 mm×1010 mm　1/16
印　　张：30.5
字　　数：376 千字
版　　次：2024 年 5 月第 1 版
印　　次：2024 年 5 月第 1 次印刷
定　　价：192.00 元

（如发现印装质量问题，影响阅读，请与本社营销部联系调换）

清七阁－故宫文渊阁

清七阁－圆明园文源阁遗址

清七阁－承德避暑山庄文津阁

清七阁-沈阳文溯阁

甘肃兰州文溯阁《四库全书》藏书馆

清七阁－浙江杭州文澜阁

清七阁－镇江文宗阁

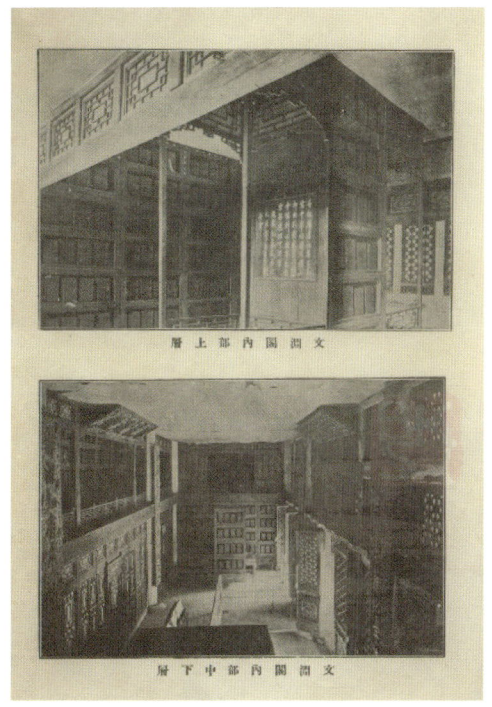

文渊阁内部上层及中下层

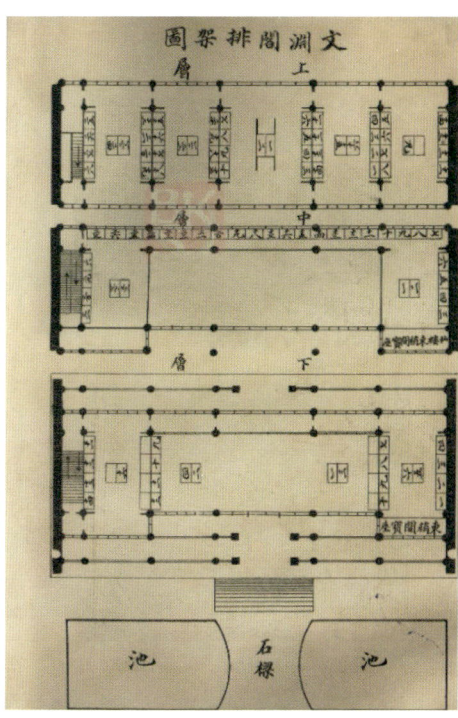

文渊阁排架图

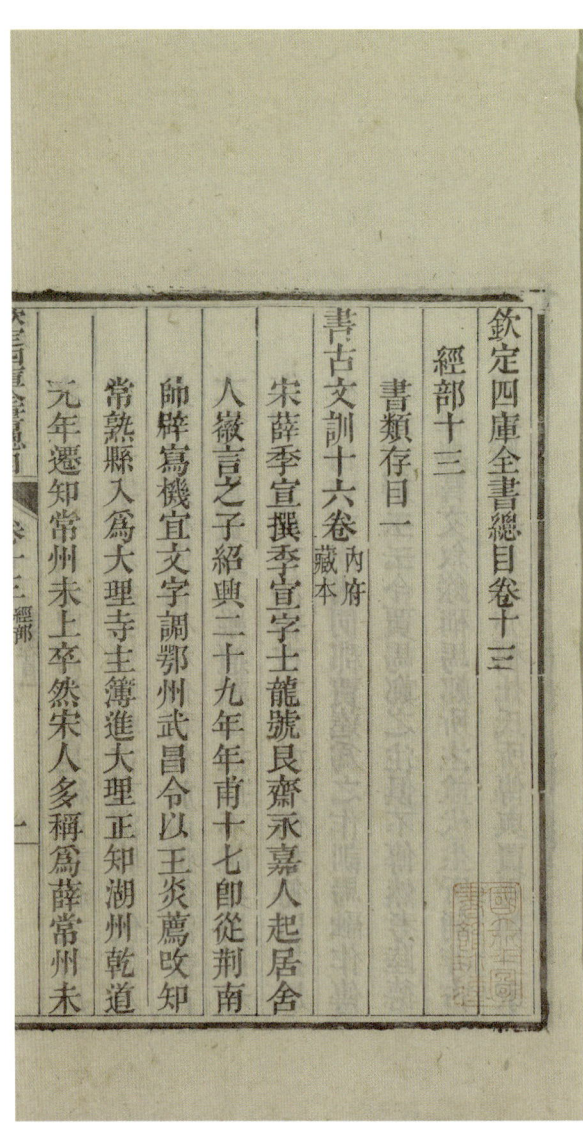

《四库全书总目》清武英殿刻本

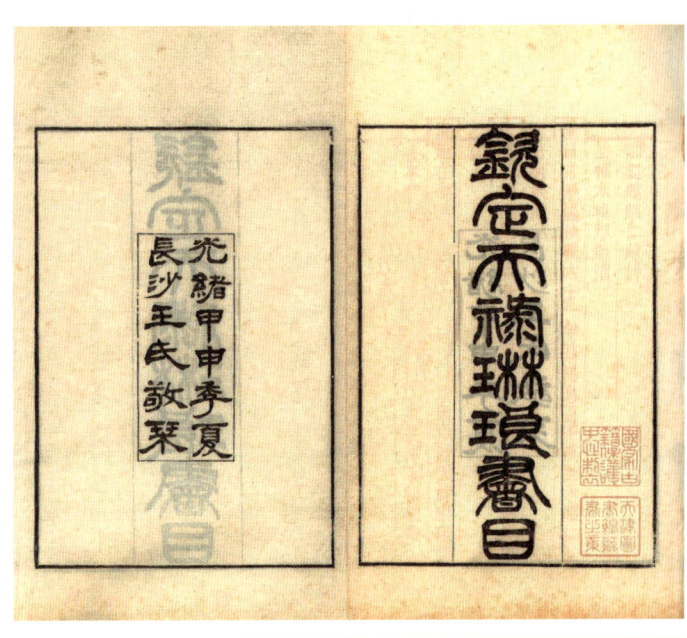

《天禄琳琅书目》清光绪刻本

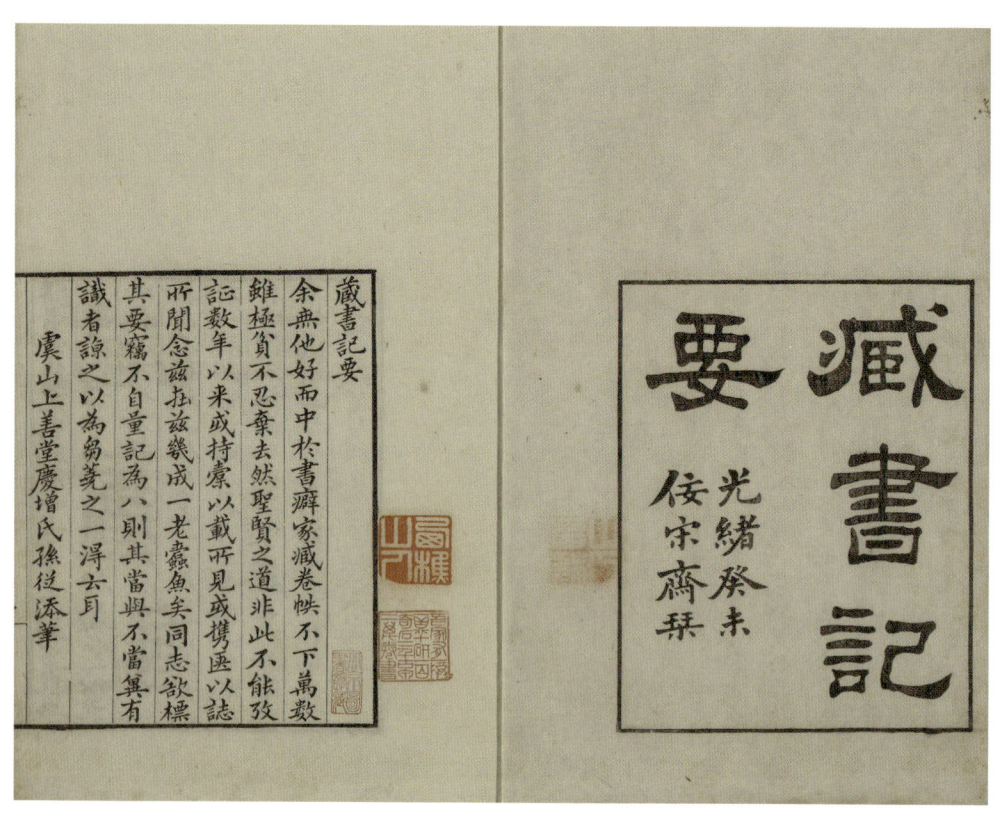

《藏书记要》清光绪九年（1883）吴县潘祖荫刻本

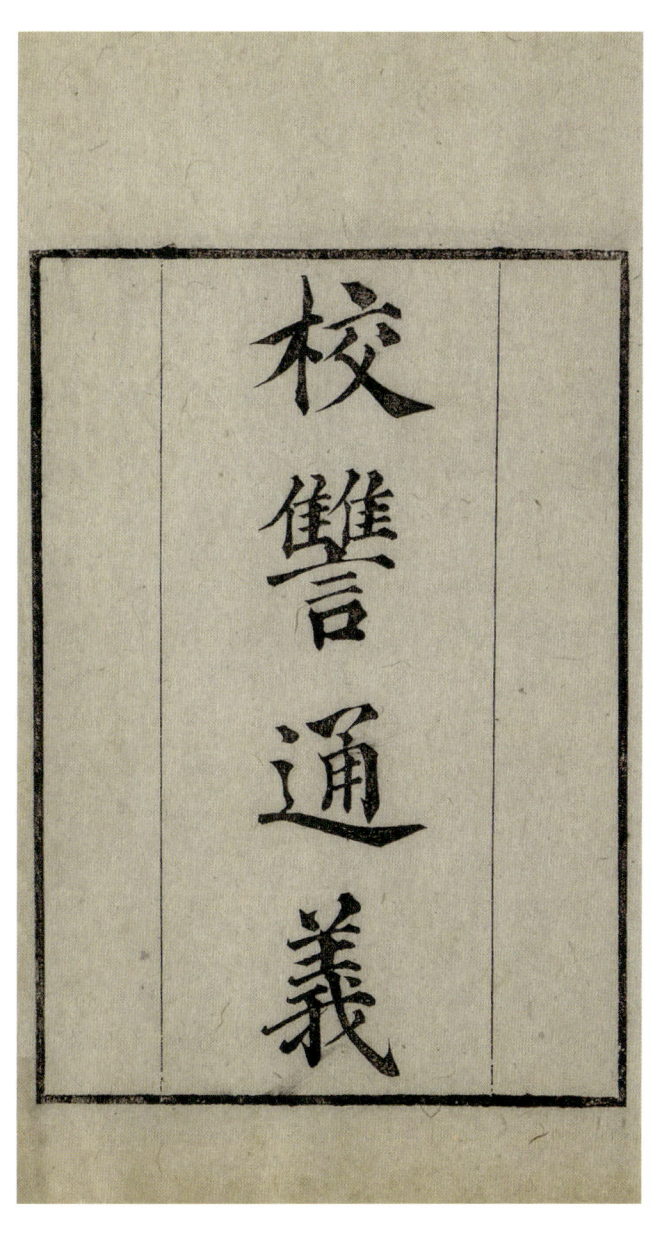

《校雠通义》清末《粤雅堂丛书》本

黄丕烈故居

百宋一廛賦 予以嘉慶壬戌遷居縣橋構專室貯所有家槧本書
名之曰百宋一廛請居士撰此賦既成輒爲之下注多陳
宋槧文源流遂略鴻文之
詁訓博雅君子幸無議爲

元和顧廣圻撰　吳縣黃丕烈注

倭宋主人 倭宋出述古堂書曰序予恆引
　　　　 爲譣此故居士設此名也
　搜求經籍鳩集藝
文深識妙覽博學贍聞折肱既更醉心有在東
都託始南渡斷代排比百種標榜一廛 民周禮音
　　　　　　　　　　　　　　　 也讀依徐仙
傅之好事詑爲極觀乃有瞑行闚子 寓言踵廛
而許諸曰蓋吾聞善讀者之於書也并包自古
貫穿及今琢璞任手握珠委心袪鍥毋於來編

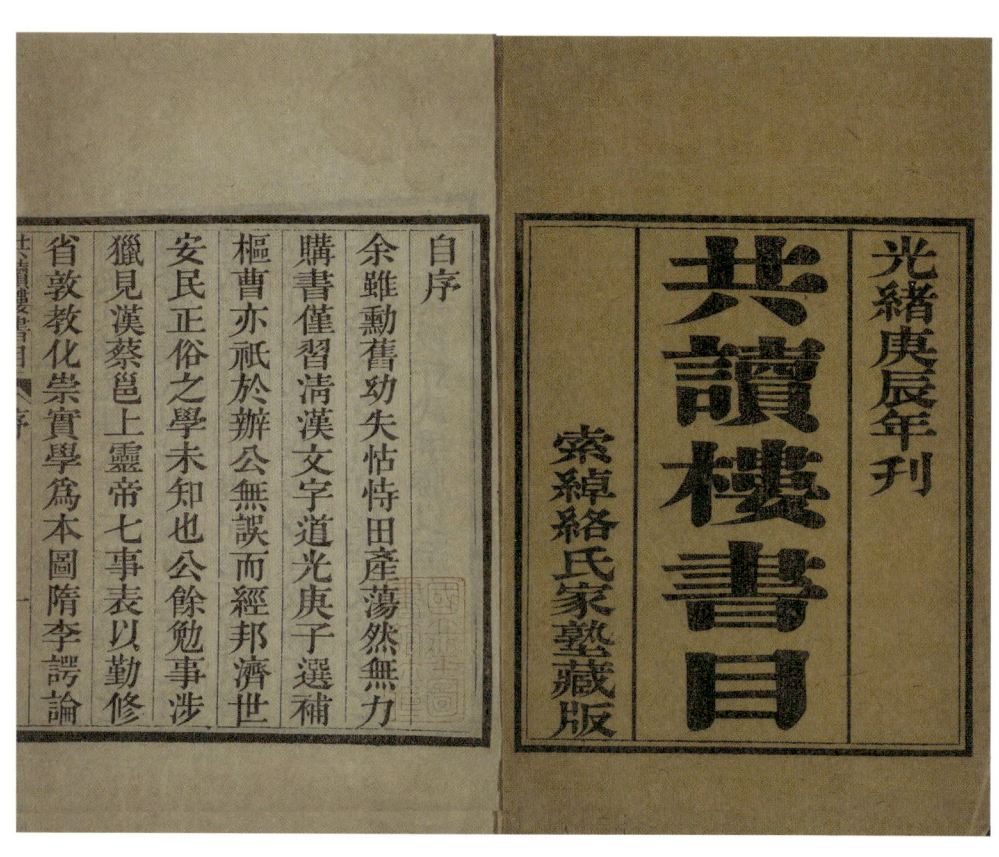

《共读楼书目》清光绪六年（1880）吉林索绰络氏家塾刻本

嘉业堂藏书楼

张之洞

 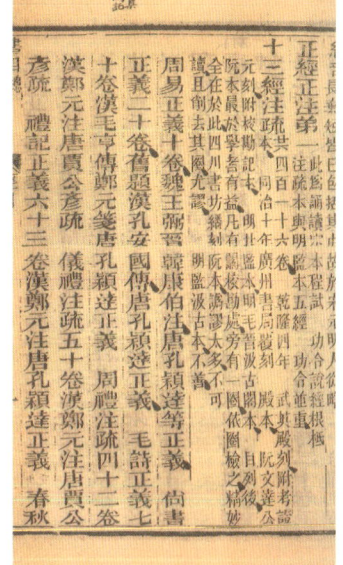

《书目答问》

海源阁劫余留景之庋架

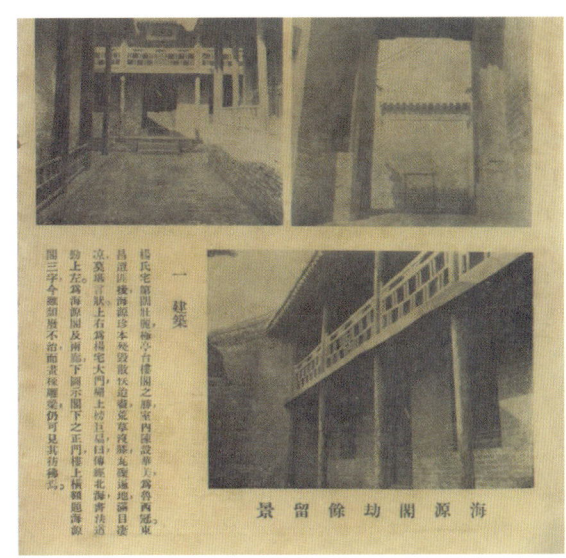

海源阁劫余留景之建筑

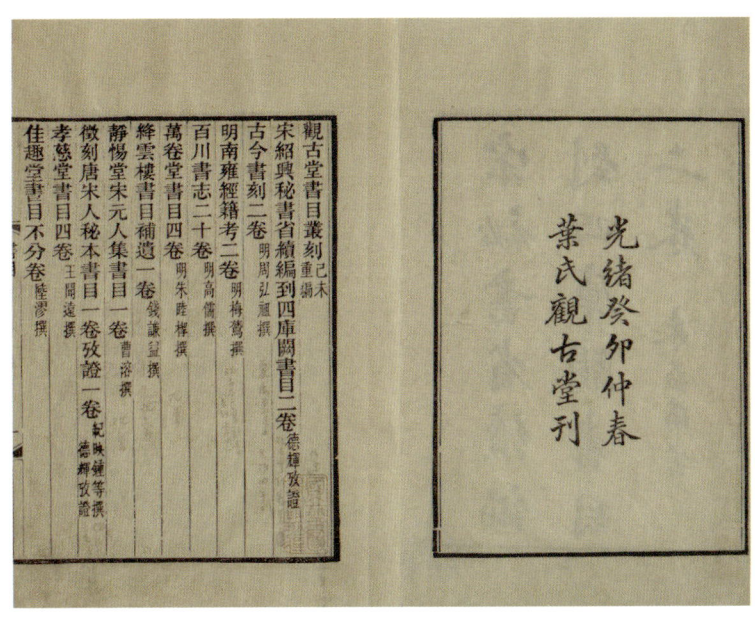

《观古堂书目丛刻》清光绪刊本

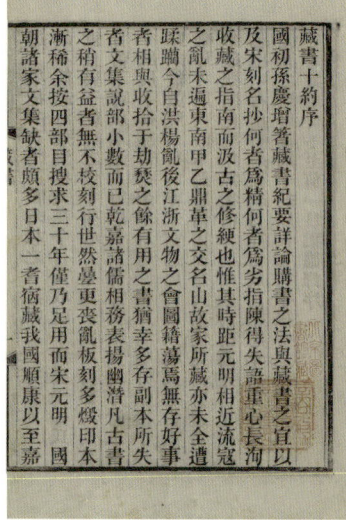

藏書十約

吳嘉瑞署

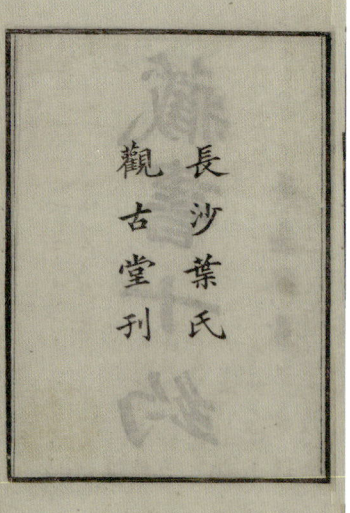

長沙葉氏
觀古堂刊

藏書十約序

國初孫慶增著藏書紀要詳論購書之法與藏書之宜以及宋刻名抄何者為精何者為劣指陳得失語重心長洵收藏之指南而汲古之修綆也惟其時距元明相近流寇之亂未遍東南甲乙鼎革之交名山故家所藏亦未全遭蹂躪今自洪楊亂後江浙文物之會圖籍蕩為無有副本所失者相與收拾于劫餘而已乾嘉諸儒相務表揚幽潛凡古書者文集說部小數而已乾嘉諸儒相務表揚幽潛凡古書之稍有益者無不校刻行世然墨更喪亂板刻多燬印本漸稀余集目搜求三十年僅乃足用而宋元明國朝諸家文集缺者頗多日本一者痛藏我國順康以至嘉

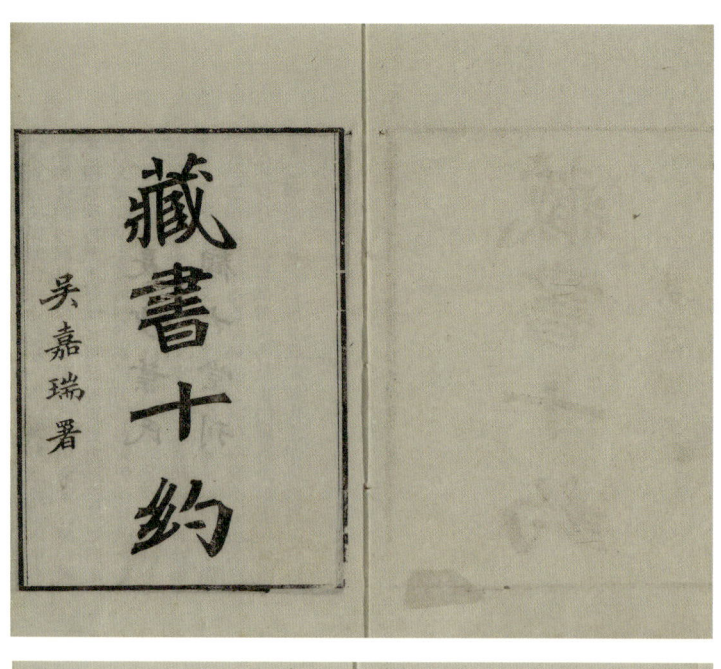

《藏书十约》观古堂刊本

苏州过云楼

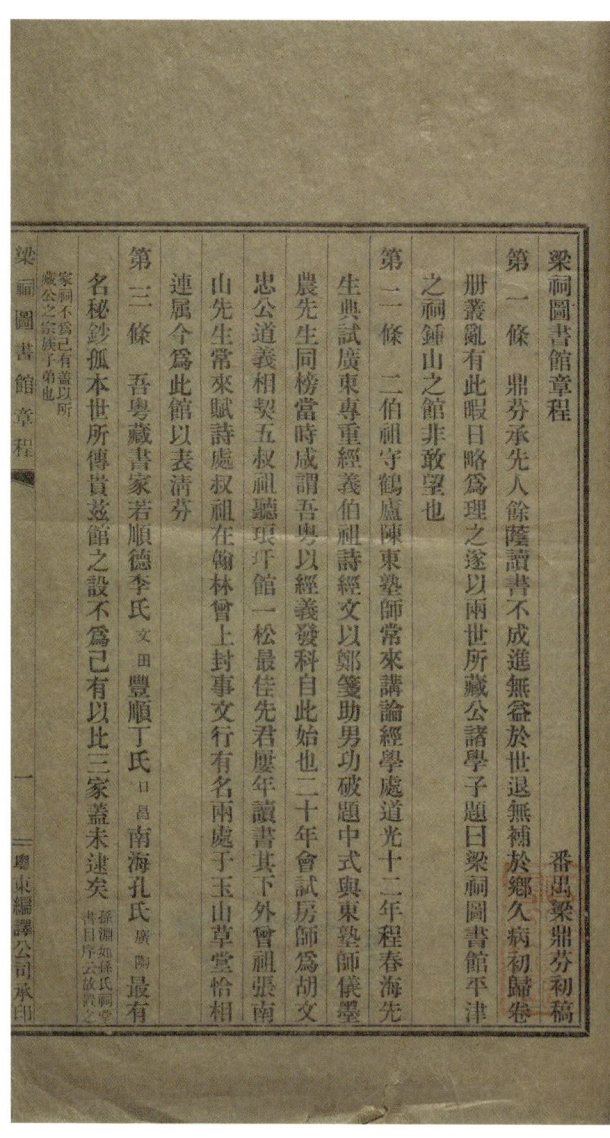

梁祠圖書館章程

番禺梁鼎芬初稿

第一條 鼎芬承先人餘蔭讀書不成遽無益於世退無補於鄉久病初歸卷冊叢亂有此暇日略爲理之遂以兩世所藏公諸學子題曰梁祠圖書館平津之祠鍾山之館非敢望也

第二條 二伯祖守鶴廬陳東塾師常來講論經學處道光十二年程春海先生典試廣東專重經義伯祖詩經文以鄭箋助男功破題中式與東塾師侯墨農先生同榜當時咸謂吾粤以經義發科自此始也二十年會試房師爲胡文忠公道義相契五叔祖㻋張玝嵒一松最佳先君廖年讀書其下外曾祖張南山先生常來賦詩處叔祖在翰林曾上封事文行有名兩處于玉山草堂恰相連屬今爲此館以表清芬

第三條 吾粤藏書家若順德李氏文田 豐順丁氏日昌 南海孔氏廣陶最有名秘鈔孤本世所傳貴兹館之設不爲己有以比三家蓋未逮矣

家祠不爲己有蓋以所藏公之宗族子弟也

書藏四約

有書而不借謂之鄙悋借書而不還謂之無恥今之書藏乃一府之公物非一人之私有與藏書不借不如不藏讀不如不借務使人人保護人人發憤歷時既久沾溉斯多若許慈胡潛莫相通借是何人與作借書約

一借書之期以每月初二日十二日二十二日三日為限借書者是日清晨親到書藏攜取手者不借繳時放回原處勿凌亂勿皺摺

一借書之期限以十日十一日還如過期不繳記其姓名後不復借董事及掌書生徒私借者斥退

一借書不得全帙攜取讀畢再借第二本若一本為一部者許借一本第一本為一部

《书藏四约》清光绪十四年（1888）刻本

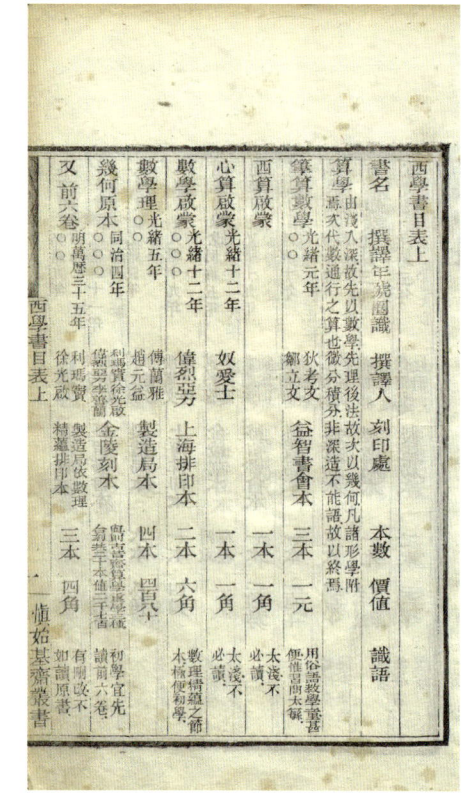
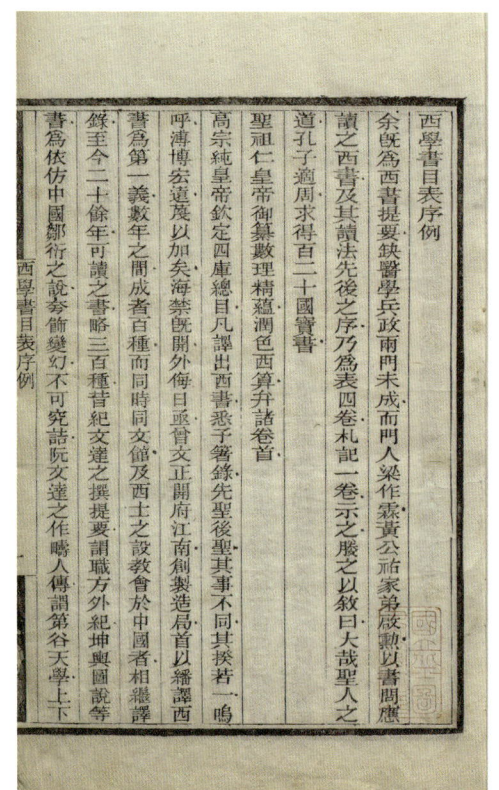

《西学书目表》清光绪二十三年（1897）沔阳卢氏刻本

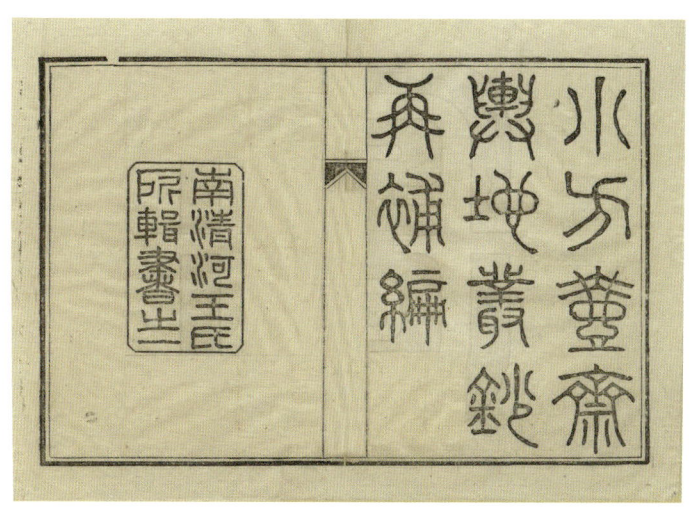

《小方壶斋舆地丛钞再补编》清光绪刊本

徐家汇藏书楼

湖南省图书馆

总　序

1925年，梁启超先生在中华图书馆协会成立会上呼吁，建设"中国的图书馆学"，明确指出"对于中国的目录学（广义的）和现代的图书馆学都有充分智识"之人，才能将中国的图书馆学建设成一门独立的学科，成为"中国的图书馆学"（《中华图书馆协会成立会演说辞》）。自此之后，经过几代图书馆学学人的共同努力，中国现代图书馆学走完了从孕育到成熟的发展历程。

中国古代藏书文化源远流长，自刘向、刘歆父子校理群书起，积累了丰富的藏书经验与整理理论；以清末西学东渐、西方图书馆学思想传入为起点，现代意义上的图书馆在中国生根发芽，一代图书馆学家完成了中国图书馆学学科体系构建的历史使命。数千年来，一代代爱书人聚书万卷、丹黄不辍，谱写了世界文化史上关于书的学问最为绚丽的篇章。

近百年来，数代图书馆学家筚路蓝缕，将中国传统藏书管理、整理的方法和理念，与西方图书馆学思想相结合，完成了中国图书馆学的本土化进程。在这个过程中形成的思想、理论、著作、学术流派，为学科发展作出贡献的人物，以及学科教育、学术组织、刊物等，都属于中国图书馆学学科史的重要内容。今天，我们重视学科史、学术史，既为表彰前辈学人开山辟路之功，同时也是在回顾成就的基础上，为中国图书馆学的发展厘清思路。

按照学界惯例，学术史是体现学科成熟度的重要标志。然而，中国图书馆学虽历史悠久，但学科史的研究一直比较薄弱，成果较少且叙述都较为简略，未能建立起纵贯古今的图书馆学史研究框架。2017年，四卷本《中国图书馆史》出版，填补了我国图书馆史系统性研究的空白，我担纲其中《古代藏书卷》的主编。图书馆事业与图书馆学，为一体之两面，也是我长期以来重点关注的研究领域。在爬梳史料的过程中，我深感古代藏书与近现代图书馆事业之间的紧密联系，以及建立中国图书馆学史研究体系的必要性。

随着学界同道对"中国图书馆学史"研究意义认识的不断深入，我们愈发感到推进"中国图书馆学史"研究的紧迫。因此，2013年初，笔者向国家社科基金委提交了"中国图书馆学史"重大项目选题。选题通过后，我们组建了一支由国内知名高校图情领域中青年研究者组成的团队，共同完成课题申报，并于2013年11月获得立项，项目名称就是"中国图书馆学史"，项目号为"13&ZD153"，该项目的预定目标就是推出一套多卷本的《中国图书馆学史》。

2014年，我们于北京大学信息管理系召开开题报告会，徐雁教授、王子舟教授、姚伯岳教授、吴永贵教授等参会，就研究计划与实施方案提出了大量切实可行的建议。课题组根据专家意见，重新修改完善了研究大纲并确定分工，正式展开中国图书馆学史的资料收集与研究工作。

经过一年多的准备，2015年11月28日至29日，课题组在北大信息管理系召开第二次全体工作会议。经过两天的讨论，会议确定了各卷的主要内容、写作大纲，讨论开列了各时期重要图书馆学学人名录，进一步明确了研究思路，课题研究转入攻坚阶段。2016

年初至 2019 年底，是各分卷按照分工独立展开研究的阶段。其间，我们多次召开小型研讨会，就各卷研究遇到的问题展开讨论，同时协调进度，统一写作思路。为保证书稿质量，2020 年元月 2 日至 3 日，课题组在北京召开第三次全体工作会议，从体例统一的角度，对各分卷初稿逐一审读并提出修改意见。2020 年 4 月底，各分卷按计划完成了初稿。经过近半年的修改，2020 年 10 月 14 日至 18 日，课题组在苏州召开结题审稿会，邀请苏州图书馆邱冠华、金德政、费巍和苏州大学李雅等专家学者与会，就审稿过程中发现的问题进行研讨。充分吸纳专家意见并对书稿进行修改后，2020 年 11 月底，"中国图书馆学史"重大课题结项报告最终定稿，并于 2021 年 3 月通过鉴定，获批结项。

我与安徽教育出版社渊源颇深，2017 年底，由我主编的十卷本《中国阅读通史》由安教社出版。在十余年"漫长"的合作中，安教社始终支持我们的工作，对作者的"拖延"保持了足够的宽容，并为出版做了大量认真细致的工作。因此，在与作者团队商议后，我们决定"再续前缘"，延续我们因《中国阅读通史》而结下的良好合作关系，共同做好《中国图书馆学史》的出版工作。2021 年，安徽教育出版社将该项目的结项成果按照出版规范加以调整后，申报了国家出版基金，并于 2022 年 3 月正式获批。此后，按照国家出版基金时间要求，根据专家审读意见再次修改书稿，完善内容，打磨细节。

2023 年 10 月 14 日至 15 日，在安徽教育出版社、河南大学新闻传播学院的支持下，我们在河南开封召开"《中国图书馆学史》出版推进会"，讨论了出版规范、书稿体例等问题。2024 年 3 月 14 日至 17 日，为了解决出版过程中遇到的问题，安徽教育出版社在合肥召开了一次由作者和全体责编参加的终审会,对书稿进行最后的修改。至此,基本完成全书定稿工作,最终的成果就是这套即将与读者见面的十卷本《中国图书馆学史》,目次为:

第一卷　绪论　先秦秦汉魏晋南北朝图书馆学史
第二卷　隋唐五代图书馆学史
第三卷　宋辽夏金元图书馆学史
第四卷　明代图书馆学史
第五卷　清代图书馆学史
第六卷　民国图书馆学理论
第七卷　民国图书馆学教育
第八卷　民国图书馆学学术团体
第九卷　民国图书馆学学者
第十卷　民国文献学学者

第一卷分为《绪论》和《先秦秦汉魏晋南北朝图书馆学史》两部分。《绪论》重点解决中国图书馆学史研究中的重要理论问题,阐释我们对中国图书馆学、图书馆学史等基本概念的理解,梳理前人研究成果,确立研究的疆域与边界,构建全书总体框架,为后续研究奠定基础。按照我们的理解,中国图书馆学既应包括西学东渐、近代学术转型以来,西方图书馆学思想本土化后的成果,更应继承古代藏书整理的经验、方法、理论。近代学科体系的突出特征,就是分科越来越细,交叉越来越多。在近代学科体系建立的过程中,许多原本有密切联系的知识门类独立为专门的学科,图书馆学与文献学就是其中的代表,但从学术史的角度看,相关学科之间的客观联系是无论如何不应被忽视的。因此，在对前人研究成果进行梳理时，我们将之分为图书馆学与文献整理学两部分，以求更为全面地展现本领域的既有进展，帮助我们厘清思路，提炼重点研究问题。

从《先秦秦汉魏晋南北朝图书馆学史》至《清代图书馆学史》，属于中国图书馆学史的古代部分。我们认为，中国古代关于藏书的文化传统，是滋养中国图书馆学发生、发展的土壤，而系统的西方学科理论，奠定了中国图书馆学学科化、体系化的基石。中国古代藏书文化中关于藏书建设、整理、管理的思想与方法，是中国图书馆学的重要内容，也是"中国的图书馆学"的文化土壤与特色所在。因此，我们按照时间顺序将古代图书馆学划分为五个时段，分论每个时段图书馆学的历史发展、主要成就、代表人物，重点梳理各时段藏书管理与藏书整理思想、理论。具体内容有：古代藏书管理的思想与方法，即古代藏书收集、保存、利用等相关经验的总结；古代藏书整理的思想与方法，重点放在分类、编目、版本等藏书整理实践中总结的方法和理论。

民国是中国图书馆学学科体系建立的关键时期，有对传统藏书经验和理论的总结与继承，更有随近代学科体系建构而形成的新领域、新思想；也是中国图书馆学发展的关键阶段，在形塑学科体系结构、引领学科发展方向等方面产生了深远影响。此外，这一时期学人、著作不断涌现，学术团体、学科教育等学术建制的萌芽与成熟对于学科发展意义重大，同样应当进入学术史的范畴。而学人、著作是学术史的"主角"，以人为纲，学案体的写法更利于展现学派、学术发展之内在关联。故中国图书馆学发展至民国以后，有必要对其进行进一步的细分，以契合民国图书馆学在中国图书馆学史上的重要地位。在写作思路上，采用总分式结构。以一卷的篇幅总论民国图书馆学的发展背景、理论进展、学科建制；再以四卷的规模，择取民国图书馆学教育、学术团体、图书馆学与文献学学者等不同侧面，多维度展现民国图书馆学的发展面貌与主要成就，力求揭示近代中国图书馆学学科建构与转型的路径及其发展的内在机理。

"中国图书馆学史"的研究过程中，我的研究生、博士后也参与了课题讨论，从中选取相关论题撰写论文，为课题积累了丰富的前期成果和研究资料。由于工作变动，其中部分成员没有参与书稿的撰写，在此对他们的付出表示感谢。他们是北京大学范凡、许欢、张慧丽、李世娟、衡明明、张婵娟，清华大学王媛，中国人民大学王丽丽，河北大学赵元斌，青岛大学刘悦。

需要说明的是，在中国图书馆学史研究领域，许多基本概念尚存争议，学科史的研究框架与内容亦无成例可循，本书的观点仅代表一家之言。限于学力、时间，疏漏之处在所难免，诚盼学界同人不吝批评，就书中涉及的问题与我们展开讨论。

对学科史研究的重视，是学科发展到一定程度之后的学术自觉。对几千年来中国图书馆学成就的系统梳理，能够帮助我们找寻图书馆学史闪耀的思想光芒，确认值得今天借鉴的精神成果。当前图书馆学的发展也需要我们时常回望来路，通过反思历史，审视今天的问题，厘清前进的方向。当前，随着国民经济的快速发展，中国图书馆事业突飞猛进，取得了令世界瞩目的成就，图书馆是重要文化设施的理念深入人心。然而，与事业发展相伴的是图书馆学学科及其教育发展面临的困境。一方面，信息技术的革新赋予了以图书馆学为代表的信息学科无限的想象空间；另一方面，与现实脱节，对事业发展重大现实问题回应力不足，以及由此而生的关于学科必要性、独立性的悲观情绪，正在学科内部蔓延。历史总是相似的，如今，中国的图书馆学又走到了一个需要选择何去何从的关口。我们梳理图书馆学学术史时，不仅要铭记前辈先贤为构建学科作出的努力与贡献，更重要的是从历史经验中汲取养分，对今天的图书馆事业、图书馆学发展进行深入思考，厘清思路、拓展视野，透过纷繁的现象，为中国图书馆学未来的发展作出正确的道路选择。这也是时代赋予当代图书馆学学人的重大使命与责任！

十卷本《中国图书馆学史》的出版，仅是我们为上述目标所作的初步努力，而学术史的完善，仍需更多关心图书馆学的发展、深入理解"中国的图书馆学"内涵的学者共襄其事。我相信，图书馆是人类文明生活的"第二起居室"；中国的图书馆学，将有一个光明的未来！

是为总序。

王余光

2024 年 4 月于北京

目录

引 言 / 1

第一章 / 3
清代藏书事业发展的历史背景

第一节　政治经济与清代藏书 / 4
　一、清初的政治经济环境与藏书事业 / 4
　二、清代中叶的政治经济环境与藏书事业 / 5
　三、清代末期的政治经济环境与藏书事业 / 8

第二节　文化学术与藏书事业 / 10
　一、清初的文化学术与藏书事业 / 11
　二、清中叶的文化学术与藏书事业 / 13
　三、清末的文化学术与藏书事业 / 17

第二章 / 23
清代的藏书事业

第一节　清代藏书发展概况 / 23
　一、恢复期（顺治、康熙、雍正时期）/ 23
　二、全盛期（乾隆、嘉庆时期）/ 26

三、衰落与蜕变期（道光、同治、光绪、宣统时期）/ 27

第二节　官府藏书 / 29
　　一、宫廷藏书 / 29
　　二、中央和地方官府藏书 / 32

第三节　私人藏书 / 35
　　一、藏书家的地域分布 / 35
　　二、清代私人藏书家的主要贡献 / 40

第四节　学校藏书 / 43
　　一、官学藏书 / 43
　　二、书院藏书 / 45

第五节　寺观藏书 / 50
　　一、寺庙藏书 / 50
　　二、道观藏书 / 54

第三章 / 57
清代的藏书观念与藏书建设思想

第一节　藏书观念 / 58
　　一、藏书价值观 / 58
　　二、佞宋嗜旧 / 64
　　三、刊书为用 / 74
　　四、收书有序 / 76
　　五、兼容并蓄、突出特藏 / 78

第二节　藏书收集的方法和理论 / 84
　　一、征集和进献 / 84

二、购买 / 92

　　三、抄写 / 99

　　四、赠予 / 108

　　五、捐赠 / 110

第三节　藏书购求理论的系统总结 / 113

第四章 / 116
清代的藏书保藏思想

第一节　藏书楼、室的营建 / 117

　　一、建筑理念 / 117

　　二、建筑样式 / 119

第二节　藏书维护方法 / 125

　　一、日常维护 / 125

　　二、曝书制度 / 130

　　三、防虫技术 / 137

第三节　装帧、修缮方法 / 140

　　一、装帧的方法与理论 / 141

　　二、修缮的方法和理论 / 149

第四节　藏书管理 / 153

　　一、庋藏制度 / 154

　　二、管理制度 / 161

　　三、钤印制度 / 179

第五章 / 183
清代的藏书整理思想

第一节　清代藏书目录概述 / 184
　　一、官府藏书目录 / 184
　　二、书院藏书目录 / 194
　　三、私人藏书目录 / 200

第二节　分类思想 / 230

第三节　编目思想 / 236
　　一、书目的功用和宗旨 / 237
　　二、目录的种类 / 241
　　三、编目规则 / 243
　　四、择书标准 / 249

第四节　藏书校勘、版本思想 / 251
　　一、校勘理论 / 251
　　二、版本思想 / 256
　　三、版本鉴定方法和理论 / 271

第六章 / 287
清代的藏书利用与流通思想

第一节　藏书利用 / 289
　　一、藏书互抄互借 / 289
　　二、藏书刊刻 / 303

第二节　早期藏书公藏公用思想 / 317
　　一、藏书公开借阅制度 / 317
　　二、儒藏思想的产生与发展 / 326

第七章 / 334
清代重要图书馆学人及其著作举要

第一节 孙从添和《藏书记要》/ 335
    一、孙从添生平及其藏书活动 / 335
    二、《藏书记要》的成书与流传 / 339
    三、孙从添的图书馆学思想 / 341

第二节 章学诚和《校雠通义》/ 347
    一、章学诚生平及其著作 / 348
    二、章学诚的学术思想 / 354

第三节 张之洞和《书目答问》/ 374
    一、张之洞生平与《书目答问》的创作缘起 / 374
    二、《书目答问》的主要贡献 / 376
    三、《书目答问》的版本及影响 / 381

第八章 / 386
西方图书馆理念的传入和传播

第一节 西方传教士与图书馆思想的传入 / 387
    一、马礼逊《外国史略》/ 388
    二、祎理哲《地球说略》/ 388
    三、戴德江《地理志略》/ 389
    四、高理文《美理哥合省国志略》/ 390

第二节 西方图书馆事业与学术资料的译介与传播 / 394
    一、林则徐对西方图书馆的介绍 / 394
    二、魏源对西方图书馆的译介 / 397

第三节 晚清中国学人对西方图书馆事业的考察及介绍 / 398

一、郭嵩焘对西方图书馆事业的考察 / 399

二、薛福成对欧洲图书馆的记述和总结 / 401

三、王韬对西方图书馆事业及学术的考察 / 403

第九章 / 405
西方图书馆学的早期本土化与晚清图书馆学的形成

第一节　西方图书馆学观念和思想的早期本土化 / 406

一、郑观应的图书馆学思想 / 406

二、康有为的目录学和图书馆学思想 / 413

三、梁启超早期的目录学与图书馆学思想 / 419

四、李端棻的藏书楼建设思想 / 426

第二节　新式图书馆的开办与公共图书馆思想的普及 / 428

一、清末新政时期的公共图书馆运动 / 429

二、《京师图书馆及各省图书馆通行章程》及其图书馆思想 / 435

三、清末各地士绅开办的公共藏书楼及其思想 / 439

主要参考文献 / 448

索　引 / 453

后　记 / 471

引 言

1644年,崛起于白山黑水之间的满洲八旗冲破山海关的阻隔,成为北京城的新主人,结束了统治中国276年的明王朝,一个由少数民族建立的大一统王朝就此诞生。这也是我国历史上最后一个专制王朝。与前代相比,清朝是一个特征明显的时代。清朝中前期,统治阶层充分吸收历代统治经验,设计了严密的政治管理体制,中央集权臻于巅峰,中国传统文化、学术都发展到极致,古代学术文化进入系统总结时期。清朝中后期,西方列强崛起并在全世界范围内展开资本主义扩张,清廷仍然故步自封,沉浸在"天朝上国"的幻象中。中国已经远远落后于世界进程,随着鸦片战争的爆发,清廷这艘看上去金碧辉煌实则已不堪重负的巨舰,被打击得千疮百孔。面对"三千余年一大变局"①"秦汉以来未有之世变"②,中国的有识之士不断探索救亡图存的办法,从"师夷长技以制夷"(魏源)到"中学为体,西学为用"(张之洞),再到全面引入西学,思想的

---

① 顾廷龙、戴逸主编:《李鸿章全集5·奏议五》,安徽教育出版社,2008年,第107页。
② 郭廷以:《近代中国史纲》(第3版),格致出版社、上海人民出版社,2012年,第1页。

门户一旦被打开，就再也没有闭上的可能了。中国社会发生巨变，传统价值观被瓦解与重构，皇权统治秩序被质疑，由此引发思想与学术界的连锁效应，让清代末期的学术和思想呈现与前期迥然不同的气象。藏书事业是文化事业的组成部分，藏书思想与理念是学术体系中的重要一环。清末社会巨变，折射在藏书事业上，就是清末公共藏书机构的建设热潮；反映在藏书思想与理念上，就是公藏公用思想的产生与萌芽。当然，纵观清代历史，从藏书事业的角度来看，这一时期仍是传统藏书类型、藏书楼占主流。清末西方图书馆学思想虽已在我国有一定程度的传播，但其影响主要体现在思想启蒙方面，其对藏书与图书馆事业真正发挥影响，需要等到下一个时期——民国时期，才真正得以显现出来。因此，在本卷中，我们将重点梳理和总结清代传统藏书事业及其思想、理论的发展情况，并以专章介绍西方图书馆学理念的传入和近代图书馆学思想的萌芽，以见清代图书馆学之全貌。

第一章

清代藏书事业发展的历史背景

清代的历史分期，学界的主流观点是分为清初、清中叶、清末三个阶段。清初指顺、康、雍三朝大约 90 年的时间，在这个阶段，清朝统治者首先要解决的问题是文化上较为落后的少数民族入主中原后，如何巩固其统治。因此，各项政治、经济、文化政策都是围绕这个中心服务的。一方面，经过近百年的恢复与发展，到乾隆、嘉庆两朝，清朝的统治已经十分稳固了，经济、文化等方面进入全面繁荣的历史阶段，史称"乾嘉盛世"；另一方面，盛极而衰，在王朝时代的最后一个"盛世"图景背后，衰落的迹象已经隐隐浮现。这个承前启后的时代，就是清中叶的时间断限。清末则是从道光至宣统的近一百年时间，自乾隆后期开始，清朝统治日渐腐朽，吏治败坏，民众生活困苦，内部矛盾日益尖锐，各地起义此起彼伏。而在清朝奉行闭关锁国政策日益走向衰落的同时，资本主义开始了其全球扩张的脚步。为打开中国大门，自道光二十年（1840）起，西方列强发动两次鸦片战争，战败的清政府签下了一系列不平等条约,中国日益沦为半殖民地半封建社会。统治阶层内部虽有一批开明知识分子不断探索救亡图存的道路,但终究无法扶大厦之将倾。1911年10月,武昌起义的枪声最终埋葬了清王朝,皇权统治在中国就此落下帷幕,一个新的时代即将来临。下面我们就按上述时间脉络,梳理清代藏书事业的政治经济、文化学术背景。

第一节 政治经济与清代藏书

一、清初的政治经济环境与藏书事业

清军入关时,虽然崇祯帝已在煤山自尽,但"华夷之辨"的思想根深蒂固,各地反清斗争风起云涌,忠于明朝的各方势力纷纷扶植明皇室后裔,建立地方政权,反对清朝统治。因此,在很长一段时间内,清朝统治者的主要精力放在镇压各地反清斗争、平定三藩、收复台湾、实现国家的真正统一上面。

顺治时期,在实行了一段残酷的民族压迫政策后,清政府调整了施政方向,确定了"满洲根本"与"满汉一体"并行的基本国策。[①] 清初的圈地运动,针对汉人的"投充""逃人之法",在激起

[①] 白寿彝总主编,周远廉、孙文良主编:《中国通史17·第10卷·中古时代·清时期(上)》,上海人民出版社,2015年,第109—114页。

了激烈民愤后，终于使清朝统治者认识到，想要实现对中原地区的长久统治，必须要注重对汉族文化的接纳和吸收，得到汉族人民，特别是士大夫阶层的支持。在此背景下提出的"满汉一体"方针，缓和了民族矛盾，使清朝统治从最初的动荡不安中稳定下来，为社会经济的恢复和发展奠定了基础。康熙时期，清廷进一步采取系列措施，促进民族融合，借以笼络汉族知识阶层，确立和完善了以满族贵族为根本、满汉利益集团联合统治的制度。这些举措包括八旗制度改革、统治机构改革、恢复科举考试等，既重在加强皇权，又则主要为了安抚汉族知识分子。雍正七年（1729），清廷设立军机处，进一步加强中央集权。概言之，清初的政治环境，因处于新旧政权的交替之时，各方势力为了本集团的利益，在国家政策方面展开了激烈的博弈，导致国家的施政方针带有不稳定的特征，对待广大中原地区人民的政策，也在怀柔与压制、安抚与镇压之间摇摆不定。直到康熙中期以后，清朝完成了地理上的国家统一，统治日渐稳固，社会与政治生活才趋于稳定。

与社会发展状况一致，清初的藏书也处在恢复与重建的阶段。明末清初，反清活动最活跃的地区是江浙一带，为此，清廷派出了大量军队，对江南地区实施残酷镇压。江南地区，自宋代以来便是我国私人藏书最发达的区域。在疯狂血腥的"扬州十日""嘉定三屠"之后，江南一片萧条，藏书事业遭到毁灭性打击。随着清朝最高统治者调整民族政策，优抚汉族士大夫，江南地区的藏书事业才重新恢复生机，为下一阶段的繁荣奠定了基础。

二、清代中叶的政治经济环境与藏书事业

继承了父祖基业的乾隆皇帝，自号"十全老人"，在其治下，

清朝的国运到达了顶峰，社会经济、文化教育各项事业进入全面繁荣的发展阶段。乾隆也是中国历史上实际统治时间最长的皇帝，在长达63年的统治生涯中，中前期他励精图治，平定了准噶尔、大小和卓、大小金川等地的叛乱，维护了国家统一，同时继续实行雍正帝"摊丁入亩"的制度，多次减免天下钱粮，一定程度上减轻了民众的负担。乾隆后期，年老怠政，清朝吏治逐渐腐败，贪污盛行，国家进入了由盛而衰的转折期。乾隆五十八年（1793），傲慢的乾隆皇帝拒绝了以为他庆祝八十寿诞之名访问中国的英国使团的通商建议，大清王朝就此失去了一个跟上世界进程发展的机会。几十年后，当大英帝国的舰队将炮口对向清国国门时，支持他们做出这一决策的正是当年马戛尔尼使团的报告，虽然当时大多数中国人还活在"乾隆盛世"的美好幻想中，但在异域视野中，这只"庞然大物"的积弱已显露无遗。①

在对内治理方面，乾嘉时期的统治政策延续了康雍时期的基本思路，进一步加强皇权，巩固中央集权的政治体制。同时，通过科举考试和博学鸿词科考试笼络汉族人才，进一步强化"满汉一体"的方针。

经济方面，自康熙朝开始，清朝的国力日益强盛，商品经济发达，社会财富不断增加，至乾隆时达到鼎盛，出现了社会经济繁荣发展的局面。乾嘉时期，继续实行一系列有利于社会经济发展的政策与措施，如数次下达大规模减免赋税与漕粮的旨意，并放松对垦荒的限制，耕地数量进一步增长。自康熙时期开始引种的美洲高产作物，其种植规模继续扩大。粮食和经济作物的全面增产，使得清

---

① 张恒：《马戛尔尼眼中的"康乾盛世"》，《社会科学》2018年第1期。

代形成了以湖广、四川为中心的粮食主产区,以及以江南为中心的手工业中心。社会经济的持续稳定运行,让朝廷国库不断充盈,康熙四十五年(1706)国库存银5000余万两,雍正中期为6000余万两,乾隆三十年(1765)至乾隆六十年(1795),国库存银长期维持在6000万两以上,最高时有8000余万两。① 社会经济发展与人口增长互为促进,乾隆时期,中国人口从清初期的1.4亿发展到清晚期的3亿多。② 人口的剧增,一方面为农业、小手工业发展提供了充足的劳动力;另一方面,在生产力水平没有明显进步的前提下,人口数量的激增给国民经济带来了极大的压力,底层民众生活困苦、赋税沉重,这也是清代自乾隆末期开始衰落的重要原因。

乾嘉盛世既是清朝国力的巅峰,也是整个中国古代社会少数几个顶峰时期之一。在政治、经济、文化等多方面因素的共同促进下,清中叶的藏书事业也达到了古代藏书史上的巅峰,四大藏书体系均有不同程度的发展。江南地区繁荣的商品经济,为大藏书家的出现提供了物质条件。更为难能可贵的是,随着藏书事业的发展,藏书理论也迎来了一个大发展的时代,出现了如《藏书记要》这样重要的古代藏书理论集大成之作。这一时期也当之无愧地成为我国古代藏书史上明珠璀璨的时期。

---

① 白寿彝总主编,周远廉、孙文良主编:《中国通史17·第10卷·中古时代·清时期(上)》,上海人民出版社,1995年,第140页。
② 华立:《清代新疆社会变迁研究》,西北大学出版社,2021年,第5页。

三、清代末期的政治经济环境与藏书事业

盛极而衰，治乱交替，是中国古代王朝无法逃脱的"宿命"，而清朝的衰落，除了内部的腐败，外部势力的入侵也极大地加速了这一进程。乾隆末年，皇帝年老怠政，官僚系统日益腐朽，贪污盛行，人口急剧增长给社会经济带来沉重压力，导致了底层民众生活环境进一步恶化。嘉庆继位后，虽然致力于改革，希望扭转颓势，但他的努力并未能奏效。

至道光朝，大清国已不复父祖时的强大，国家财政赤字严重，各地起义风起云涌。因此，道光帝即位之后厉行节俭，希望能够减轻财政负担，并且以身作则，一再降低内廷生活水准，甚至过着有些"清苦"的生活。但是，其个人的努力，对于清王朝这艘千疮百孔的"大船"来说，仍然无法改变其即将沉没的命运。

与此同时，以英国为代表的西方国家相继完成资产阶级革命，建立了机器化大生产的产业格局，生产力水平超过了以往所有时代的总和。急剧扩张的生产规模需要其在全世界范围内为商品寻找倾销地，资本主义的"爪牙"伸向了世界的每一个角落。应当说，由于清廷长期实行严格控制的对外交往政策，西方世界对中国的了解是十分有限的。在新兴资本主义国家的权贵眼中，中国还是马可·波罗笔下那个遍地黄金的神秘国度。因此，在最初阶段，以英国为代表的资本主义国家仍寄希望于通过和平协商的方式，打开中国的大门，实现自由贸易。于是，便有了乾隆末年英国使团的来访。然而，通商之议被乾隆帝断然拒绝，使团又目睹了当时中国矛盾重重、人民生活困苦的局面，这就为后来的武力侵华埋下了伏笔。

道光二十年（1840），英国以虎门销烟为借口发动侵略战争，尚停留在冷兵器时代的清军一触即溃，英国舰队长驱直入，清政府被迫签订了中国历史上第一个不平等条约——《南京条约》，自此，中国开启了一个世纪的屈辱史。此后，清政府与列强的冲突、战争，基本都以清政府败退、割让领土与丧失国家主权告终，中国社会日益沦为半殖民地半封建社会。

随着清政府愈发腐朽，社会矛盾日益激化，民众不堪重负，各地反清运动风起云涌，终于爆发了南方太平天国和北方捻军这种全国规模的起义，极大地消耗了清政府的经济与军事实力。

在经济领域，随着沿海门户的打开，买办资本家阶层兴起，统治中国长达两千年的小农经济与小商品经济日渐瓦解，民族资本主义在江南萌芽，新兴资产阶级积极呼吁并支持新思潮在中国的传播，以便扩张其势力。

在这种时代背景下，一方面，传统社会的惯性仍在发挥作用，私人藏书事业继续发展，清末四大藏书家的出现，标志着中国古代藏书史上的最后一个高峰。另一方面，随着西方列强一起涌入中国的，还有近代西方的各种思潮。其中，平等、公共、科学、民主等理念对中国社会的启蒙意义尤其巨大，藏书事业受其影响，在近代出现了带有公共性质的藏书楼。清末新政时期，京师图书馆和各省图书馆陆续建立，揭开了我国公共图书馆事业的新篇章。

第二节　文化学术与藏书事业

清朝是一个由少数民族建立的大一统政权,这就决定了其文化政策方面的总体特征。作为文化落后的一方,其可以通过武力征服领土,却不能以高压维持长期统治,因此,早在关外时期,八旗统治阶层便有意识地吸收中原先进文化,重用汉族知识分子,模仿中原王朝建立各项统治制度。入关后,清廷大力尊崇儒教,倡导程朱理学,迅速恢复科举考试,大肆访求遗籍,全力支持大型图书的编撰,[①] 其所遵循的也是同样的治理逻辑。然而,也恰恰因为这是一个少数民族建立的政权,对八旗子弟失去民族特征的恐惧始终根植于统治者内心深处。翻看清朝历史,"满洲为本"的国策贯穿始终,出于对人口占绝对多数的汉族民众的提防心理,清朝前期的文字狱可谓"血雨腥风",在笼络愿意为其所用的知识分子的同时,清廷打击异见分子,特别是汉族士大夫阶层中有独立思想者。在思想领域的高压态势下,清代中期后,考据之风盛行,乾嘉学派形成,一方面,促进了对历史文献的系统挖掘与整理;另一方面,明末思想解放思潮兴起的波澜就此消歇,曾经活跃的传统学术与思想集体走向了沉默。

[①] 陈祖武:《清代学术源流》,北京师范大学出版社,2012年,第12—18页。

一、清初的文化学术与藏书事业

清初的文化政策其实早在关外时期便已确立,入关后,为了实现对汉族人口占绝大多数的中原地区的稳固统治,清廷基本延续了明朝的各项制度。

关外时期,努尔哈赤和皇太极都十分重视对汉族精英的笼络,积极学习汉族文化,尊崇儒学。顺治帝则是一位对汉文化十分精通的满族帝王,他在位期间,积极选拔、储备汉族人才学习满文,鼓励八旗子弟学习汉文,促进民族融合。至康熙帝统治时期,民族矛盾日趋缓和,在文化政策方面推崇程朱理学,宣扬文教,基本确立了清朝的文治体系。

首先,尊崇儒学、坚持理学的主导地位。程朱理学是宋末以来官方认可的主流思想,明末心学兴起,对程朱理学有较大的冲击,但在国家制度层面,其地位并未受到挑战,科举考试仍以程朱理学为主要考核内容。清朝建立后,很快恢复科举,倡导理学,继续强化理学在思想界的统治地位。同时,清政府还多次开设"特科"考试,如"博学鸿词科""孝廉方正科"等,通过这种形式,笼络汉族士大夫,客观上也促进了文教的复兴。[①]

其次,盛世弘文。虽然清朝的建立者来自关外,但其对中原王朝的统治权术却十分熟谙。新王朝建立后,大肆寻访遗书,编撰大型书籍,不仅彰显了统治者对文教的重视,更是安定民心、笼络知识分子的惯用手段。清初,除了社会形势尚不稳定的顺治时期,康

---

① 李世愉、胡平:《中国科举制度通史·清代卷》,上海人民出版社,2015年,第612—616页。

熙、雍正两朝,朝廷都开展了大规模图书编纂工作以及配套的征书活动。为编修《明史》,顺治、康熙多次鼓励私人进献图书;① 为编纂《大清一统志》,多次谕令各省、府、州、县等定期纂修并进呈方志与赋役之书。② 除上述两种,康熙朝编纂的大型图书还有《大清会典》《全唐诗》《全金诗》《古文渊鉴》《康熙字典》《骈字类编》《佩文韵府》《渊鉴类函》《古今图书集成》等。其中,《古今图书集成》最具代表性,该书自康熙末年开始编撰,直到雍正四年(1726)才最终完成,是清朝编制的第一部大型类书,汇集了人文、社会、自然等各方面的文献与知识,内容丰富,体例完备。这些大型书籍的编撰,客观上促进了官府藏书的建设。

在大力恢复与促进文化发展的同时,清廷也没有放松思想领域的钳制,推行文化专制的主要手段是文字狱。清代文字狱的数量、规模、牵涉范围都是历代之最,从清初一直延续到乾嘉时期,时间跨度长达百年。清代的第一起文字狱发生在顺治四年(1647),函可《变纪》案③。康熙时期,虽然文治政策较顺治朝相对宽松,但文字狱仍屡有发生,最著名的就是康熙元年(1662)庄廷鑨《明史》案和康熙五十年(1711)戴名世《南山集》案,两案牵连之广,处罚措施之烈,在中国文字狱史上均属罕见。这些给汉族知识阶层带来的心理冲击则非常深远,使得学者进而转向对"故纸堆"的探索,对于研究、总结、保存传统书籍起到了积极的作用。雍正时期是清代文字狱史的高峰,雍正帝在位短短十余年,制造的文字

---

① 张升:《明清宫廷藏书研究》,商务印书馆,2015年,第142—153页。
② 巴兆祥:《论〈大清一统志〉的编修对清代地方志的影响》,《宁夏社会科学》2004年第3期。
③ 张兵、张毓洲:《清代文字狱的整体状况与清人的载述》,《西北师大学报》(社会科学版)2008年第6期。

狱数量却超过了顺康两朝的总和,其中以吕留良、查嗣庭试题案最为著名,特别是吕留良案,堪称清代文字狱史上规模最大、手段最酷烈的一起。①

以上我们概要介绍了清代初年的文化政策及其对学术的影响。总体来说,清初在整个清代历史上属于制度建构时期,文教政策也不例外。康熙朝以后,各项制度基本完备,以后的各朝都是以此为基础的"微调",以适应时代的发展。就对藏书事业的影响而言,清代实行重视文教的政策,历代帝王也比较重视藏书,客观上促进了各类型藏书事业的发展,为藏书提供了良好的社会氛围。试举一例说明,清初恢复科举,大力选拔人才,对民间藏书、读书之风产生了良好的导向作用。据对清代历朝进士题名录的统计,有清一代,江苏、浙江进士录取率分别居全国第一、第二位。与此同时,江浙地区的苏州、常熟、杭州、无锡、松江一带也是中国藏书与图书出版事业的中心,② 二者之间的关系不言而喻。而思想领域的高压政策,一方面导致一些珍贵的书籍被毁或被篡改,对中国传统文化产生了难以估量的伤害。但从另一个方面来说,百余年间,一大批饱学之士刻苦钻研中国传统文化,全心投入文献整理工作,为藏书事业与藏书理论的加速发展奠定了基础。

二、清中叶的文化学术与藏书事业

清中叶时期,清朝立国百年左右,也就是到乾隆统治时期,社

---

① 吴士余:《历史的转型:紫禁城的人文思考》,上海大学出版社,2012年,第56—59页。
② 艾尔曼著,赵刚译:《从理学到朴学:中华帝国晚期思想与社会变化面面观》,江苏人民出版社,2011年,第6页。

会形势已经比较稳定，文化经济全面繁荣，在此基础上，统治阶层对文教事业愈发重视。以乾嘉学派的形成为标志，我国的传统学术走上了巅峰，对古代学术文化进行全面总结的时代也随之到来，《四库全书》的编撰就是这一趋势的代表成果。

乾隆皇帝自诩汉文化修养深厚，对宋元秘本也有极高的兴趣与鉴赏能力。因此，乾隆时期的征书活动规模更大，乾隆元年（1736），开三礼馆，要求各地进呈汉、唐、宋、元以来注疏诠解；乾隆三年（1738），谕令校正《十三经》《二十一史》，诏中外搜访遗书；为续修《大清一统志》征书，多次敕谕各省、府、州、县定期纂修方志并进呈赋役之书；乾隆三十七年（1772），谕令各省督抚、学政着意搜集有关性理治道、有裨实用的书，并对给价、装印、录副等征收细节都不厌其烦地予以规定。① 乾隆三十八年（1773），为配合《四库全书》的编修，在全国范围内开展了声势浩大的征书活动。

乾隆三十八年（1773）二月初六，乾隆下令："著即派军机大臣为总裁官，仍于翰林等官内选定员数，责令及时专司查校，将原书详细检阅，并将《图书集成》互为校核，择其未经采录而实在流传已少，尚可裒缀成编者，先行摘开目录奏闻，候朕裁定。"② 同月二十一日，乾隆皇帝又下令："将来办理成编时，著名四库全书。"③

关于《四库全书》的编撰，前人多有"寓征于禁"④ 的认知，认为乾隆皇帝主要是为了钳制思想，通过征书对学术典籍进行全面审

---

① 张升：《明清宫廷藏书研究》，商务印书馆，2015年，第154—162页。
② 《清实录》（第二十册），中华书局，1986年，第448页。
③ 《清实录》（第二十册），中华书局，1986年，第453页。
④ 王钟翰：《王钟翰说清朝》，上海科学技术文献出版社，2009年，第91页。

查、肃清,并将之与乾隆中叶设扬州曲局、查禁戏曲之事并列,作为乾隆有目的、有计划掀起禁书活动的代表事件。

从四库馆开馆后的史实来看,上面的说法有一定的道理。为了鼓励藏书家献书,乾隆帝屡次下旨强调,献书只留抄本,原本发回,并对献书超过一定数量的藏书家给予赐书的奖励,甚至在诏书中直接点名一些著名的藏书家和藏书楼,要求地方官员对其多加关注。然而,从学者对四库底本的研究来看,全国各地的书籍征集到翰林院、四库馆之后,并未交还,在《四库全书》编纂过程中,因有违碍之处而被销毁、删改、抽禁的书籍几乎与《四库全书》收书数量相当。足见当时文网之密,审查之严格,对我国古代典籍事业造成了难以估量的损失。①

总的来说,作为中国历史上规模最大的丛书,我们不能否认《四库全书》对中国文化史的杰出贡献,许多珍贵典籍赖以流传。乾隆皇帝决定耗费巨大的人力、物力编撰这样一部震古烁今的大型丛书,根本出发点还是在于炫耀文治,也就是所谓的"盛世弘文",以大典的编纂来彰显国家实力,这样的行为是重视文教最好的体现。当然,以国家力量进行的书籍编撰,也绝不仅仅是一个学术事件,从政治事件的角度来认知,也就不难理解乾隆帝意图通过《四库全书》的编纂来达到进一步控制思想的目的了。

著名学者王国维总结清代学术的特点:"国初之学大,乾嘉之学精,道咸以降之学新"②,"道咸之以降之学乃二派(按指前述'国

---

① 江庆柏:《四库学文献的基本类型》,《中国典籍与文化》2014年第3期。
② 王国维:《沈乙庵先生七十寿序》,载王国维著、黄爱梅点校《王国维手定观堂集林》,浙江教育出版社,2014年,第502页。

初''乾嘉')之合而稍偏至者,其开创者仍当于二派中求之"①。王国维的观点受到了近代西学传入的影响,但对清代各时期学术特征的总结是基本准确的。明末本已兴起的思想解放浪潮,在清初激烈的民族矛盾映衬下,得到了进一步的发展,以黄宗羲、王夫之、顾炎武为代表的"清初三大家",其早期启蒙主义思想,直至清末仍是新派思想家的理论源泉。

梁启超就曾多次在文章中引用顾炎武的论断。然而在种种因素作用下,清中叶以后,这股启蒙思潮日渐消歇。随着学术总结时代的到来,文献整理与研究的作用日益凸显,学者们将精力投入对古典文献的整理与诠释,重视实证却拘守于繁琐考据。这批学者的成就集中涌现,因其学风朴实,便被后世称为朴学,又称乾嘉学派、考据学派等。②

文化学术与藏书事业互为表里。乾嘉时期,经济发达,人民生活相对富庶,朝廷重视文治,对藏书事业具有风向标作用。朴学的兴起,更是形成了一个图书出版、收藏、研究的链条,文献考据需要大量材料支撑,发达的出版业和图书流通业,给藏书收集提供了便利。藏书家同时也是学者,他们利用收集来的图书进行研究,其文献考据的成果,再以丛书、丛刻、新刻等形式被刊行,进一步促进了图书的流通。在这个过程中,与文献相关的所有学科均取得了极大的进步,包括藏书理论在内的众多领域都涌现了杰出成果。

---

① 王国维:《沈乙庵先生七十寿序》,载王国维著、黄爱梅点校《王国维手定观堂集林》,浙江教育出版社,2014年,第502页。
② 戴逸主编:《简明清史》(第二册),中国人民大学出版社,2006年,第594—622页。

三、清末的文化学术与藏书事业

到了清代后期，国势江河日下，清政府对文教事业也是有心无力了。实际上，早在乾隆末期，清廷已经基本停止访求书籍，图书编撰工作的规模也大为缩减，仅限于实录、圣训、方略等常规书籍。直到晚清时期，基于实行新政的需要，才重新重视对西学之书的收集。总的说来，道光以降，中国学术思想界最主要的任务是"西学东渐"，以及西学传入后，如何处理其与本土学术之间关系的问题。

鸦片战争后，为改变中国积贫积弱的局面，有志之士积极向西方学习，洋务运动和维新变法客观上起到了引介西方科学技术与学术思想的作用。19世纪中期到20世纪初期，是中国历史上思潮激荡、社会急剧变革的一个时期。这一时期表现出的整体趋向，是以西方思想改造中国社会，用西式理论梳理固有文化，在学术研究领域尤其如此。近代学术转型经历了一个相当漫长的历史过程，自清代中后期以来，代有学者在社会现实及西方思潮的影响下，对中国固有学问提出反对或者批评的意见；及至清末民初，在社会急剧动荡的背景下，各种主张不同的学派风起云涌，虽然在对待中国传统学术的态度上有所不同，但均毫无例外地接受了以西方思想为基础的"新学"的影响。这个过程就是中国近现代学术史上著名的"西学东渐"。从时间维度和总体特征来看，晚清西学东渐可以分为四个阶段。

第一阶段，1811—1842年。1807年，伦敦会传教士马礼逊奉派东来，成为第一个来华的基督新教传教士。1811年，他在广州出版了第一本中文西书,揭开了晚清西学东渐的序幕。此后,传教士们在马六甲、新加坡、巴达维亚等地,创办学校,开印刷所,出版了大量书籍、报刊,为日后在中国内陆活动打下了基础。这些书籍传到内地,成为林则徐、魏源等人了解世界的最早的一批材料。

第二阶段,1843—1860 年。鸦片战争战败后,清朝被迫签订了一系列不平等条约,开放了大量口岸,允许外国人在这些口岸活动、传教。传教士便将活动基地从南洋迁到了中国东南沿海,开始了晚清西学传播史的新阶段。在这一阶段,香港、上海、宁波等 6 个开放城市共出版各种西书 434 种。① 同时,出版了数量可观的科学著作,如《全体新论》等 5 种医学著作,完整的《几何原本》《代微积拾级》《天文问答》《天文略论》等。一批有远见的知识分子开始主动了解西方世界、吸收西学,林则徐、魏源、徐继畬、李善兰、梁廷枏等就是其中的杰出代表。在译书者中,也出现了中国人的身影。

第三阶段,1861—1900 年。面对列强的节节紧逼,清政府一再败退,签订了大量不平等条约,增加了更多的通商口岸,允许外国人自由传教,向外国人开放内地。这些政策,加剧了西方列强对中国的政治侵略、经济掠夺,同时也便利了他们对中国进行文化渗透。与此同时,向西方学习、富国强兵逐渐成为国人的共识。为了更好地向西方学习,清政府兴办了大量新式学校,如京师同文馆、天津机器局、天津武备学堂等;各种新式出版、新闻机构层出不穷,如商务印书馆、广学会、时务报馆等。其中,由政府出面创办的各类译书机构,在翻译和传播西学方面发挥了主导作用。19 世

---

① 熊月之:《西学东渐与晚清社会》,上海人民出版社,1994 年,第 7—9 页。

纪中叶以后，官办的江南制造局翻译馆所译的西书数量，在各种译书机构中名列榜首，影响巨大。在这40年中，共出各种西书555种，其中哲学社会科学123种，自然科学162种，应用科学225种，其他45种。① 通过遍布各地的新式学校、形形色色的报纸杂志、品种繁多的西书，西学的影响力逐渐从精英知识分子阶层扩大到社会基层，西学的影响逐渐深入。

第四阶段，1901—1911年。1898年的戊戌变法，1900年的八国联军入侵，让清政府的威望降到了最低点，革命风潮因之而起，留日浪潮骤兴。这一阶段，西学传播的内容，从翻译英文、法文、德文等，转向了以从日本转口输入为主。以1902至1904年为例，翻译自日本的书籍占到了全部译书的60%。译书规模也空前庞大，十年的时间，中国翻译日文、英文、法文等各种西书至少1599种，占晚清100年间译书总数的69.8%。译书中社会科学书的比重加大，1902—1904年，共译文学、历史、哲学、经济、法学等社会科学书籍327种，占总数的61%。② 这些数据表明中国输入西学，已从器物技艺等物质文化为主转为以思想、学术等精神文化为主。大批西学书籍的涌入，特别是不同层次的各种新式教科书，遍布城市乡村，走进普通民众，使西学影响空前深入。在译书过程中，涌现了一批中国自己的翻译大家。早期译书，中国的译者通常不懂英文，需要通过别人的转述进行翻译，从严复、马君武开始，中国才有了自己的第一代翻译人才。

晚清百年的西学东渐过程中，涌入中国的西学知识多姿多彩、内容丰富，但从其主题以及引入目标来看，主要是围绕五个问题展

---

① 熊月之：《西学东渐与晚清社会》，上海人民出版社，1994年，第11—12页。
② 熊月之：《西学东渐与晚清社会》，上海人民出版社，1994年，第13页。

开的。

第一，了解世界。鸦片战争之后的国情，是中国三千年未有之大变局。面对山河巨变，中国人迫切地想要了解世界。因此，早期的西学书籍，大部分都是对世界各国地理环境、历史沿革、政治制度、经济状况、文化风貌、宗教信仰、风俗习惯、著名人物的介绍，比如林则徐组织翻译的《四洲志》、魏源的《海国图志》、徐继畬的《瀛寰志略》等，均属此类。

第二，求强求富。面对清政府屡战屡败、丧权辱国的局面，在尽可能短的时间内让国家富强起来，是有识之士向西方学习的第一诉求。洋务运动就是其中代表，以向西方学习制造坚船利炮的科学技术为中心内容，以求强求富为目标。19世纪60年代至90年代，翻译、介绍西方兵工文化、科学技术，成为西学输入中国的主体，江南制造局翻译馆就是输入此类西学的大本营。

第三，救亡图存。甲午之后，国家被瓜分的危机迫在眉睫。特别是长期依附于中国的邻邦日本，通过明治维新强大起来，并战胜了庞大的清朝，极大地刺激了中国人。于是，各种介绍各国革新，针砭时弊，议论政治制度、历史兴亡的书籍风靡一时。天演论、进化论等因之受到追捧，立宪之议随之高扬，为晚清思想界的变革提供了理论基石。

第四，民主革命。1900年后，民主革命风潮涌起，民约论、自由论、自治论、独立论的译作成为新的时尚。《民约论》《万法精神》《自由原论》《独立宣言》等书成为革命志士的精神"导师"。各种社会主义、无政府主义著作，也陆续被翻译出版，启蒙了一代青年。

第五，科学启蒙。科学知识是西学中最容易被国人接受与传播的内容。傅兰雅编《格致汇编》,创办格致书院,就是较早开始系统化有规模地进行科学启蒙的尝试。20世纪初期,清政府推行改革,废科举、倡学校,开始大规模地在全国各地推行新式教科书,起到的主要作用就是科学启蒙。

随着书籍数量和新学知识的激增,人们在学习新知的同时,必然开始思考中学与西学之间的差异,以及孰优孰劣的问题。中国传统学问是以"会通"为要旨、以经学为主干构成的学术体系,学科分支少,不讲究专科治学,更强调通博。而西方的学术体系和研究范式,更加强调专门化与精细化,故而学科分支多,分科细致。近代以来的社会现实,决定了当时的中国学人必然选择以西方的学科体系改造中国固有学问,以分科观念取代"会通六经"的思想。此外,在中国近代学术体系建立的过程中,经历了一个"欧美—日本—欧美—中国化"的线性进程,1900年以前,中国吸收、介绍西学,主要是通过转译英、法、德诸国文字;1900年至民国建立之前,以日本为中介输入的西学书籍数量激增;19世纪20年代以后,随着日本帝国主义侵略活动的加剧,其又转为直接接受欧美的经验。在西学东渐的刺激下,中国历史无可避免地走入了近代化进程,中国的学术同样如此,从此开始了近现代学科体系的构建之路,时至今日,这个过程还未结束。

以上简要回顾了清晚期学术思想变迁的整体趋势。在这样一个国运衰落的历史阶段,藏书事业不可避免地受到了严重影响,特别是太平天国、八国联军入侵等事件,直接造成了我国大量珍贵典籍被毁或被劫掠,江南地区的私人藏书遭到严重破坏。与此同时,受社会变迁影响,买办阶层、民族资本家的兴起又造就了一批财富新贵,他们借清末藏书大量流出之际,大肆收购,短时间内便建立起令人惊羡的藏书规模，造就了我国传统藏书事业的最后一个高峰。此外，西学东渐也对藏书事业与藏书理论的发展产生了深远的影响，藏书类别不再局限于中国传统的四部学问，新学、西学书籍受到重视；最早一批公共图书馆先后建立，公藏的理念日益深入人心，藏书建设与利用的模式发生了根本性的变化。中国的图书馆学，将在传统藏书思想与理论的地基上，吸收并融合西方图书馆学的理念，迎来一个崭新的时代。

第二章

清代的藏书事业

清代藏书事业的发展,受清代社会经济、文化教育等环境因素的直接影响,因此,在发展阶段方面,与清代社会发展进程基本一致,且略微滞后于社会、政治、经济、文化的变迁。

第一节 清代藏书发展概况

一、恢复期(顺治、康熙、雍正时期)

清军入关前,李自成带领的农民军率先攻入北京城,崇祯帝在煤山自尽，大顺朝建立。然而，好景不长，吴三桂大开门户，将清军引入山海关，李自成率农民军仓皇撤离，在离开之前，放火焚烧了明宫。明末清初著名学者钱谦益记载了此事：

> 以二祖之圣学，仁、宣之右文，访求遗书，申命史馆，岁积代累，二百有余载。一旦突如焚如，消沉于闯贼之一炬。然内阁之书尽矣，而内府秘殿之藏如故也。①

明代二百余年珍藏的秘本古籍付之一炬，国家藏书损失严重。清廷入主中原后，与南明朝廷在南方地区连年征战，给江南地区的藏书事业造成了沉重的打击。因此，总体来说，清初的藏书事业处于低潮期，图籍散乱亡佚严重。

官府藏书方面，早在入关之前，后金统治阶层便十分重视对汉文化的接纳与吸收，组织翻译了大量汉文经典，供八旗子弟学习。入关后，清廷在官府藏书方面，首先接收了明朝内廷遗籍，包括文渊阁和《永乐大典》的残本。同时，在战争间隙，大开献书收书之门，如顺治二年（1645），摄政王多尔衮在清军甫一攻克南明首都南京之时，立即晓谕豫亲王多铎："以福王就擒，遣侍卫绰克图巴克善等赍敕往谕和硕豫亲王多铎等，敕曰：……一切紧要图籍，俱著收藏毋失。"② 此后，历代均有类似的诏谕，宫廷和官府藏书逐步得到恢复。

另一项促进官府藏书事业恢复的举措是图书编纂与刊刻。从顺

---

① 钱谦益著，钱曾笺注，钱仲联标校：《牧斋有学集（中）》，上海古籍出版社，1996年，第995页。
② 《清实录》（第三册），中华书局，1986年，第151—152页。

治朝开始，清廷便积极倡导翻译汉语经典文献，并广颁天下。如顺治三年（1646）三月，"翻译《洪武宝训》书成。……仍刊刻满汉文字，颁行中外"①；顺治八年（1651）十月，"所翻《通鉴》渐次将成"②。限于局势，顺治时期图书刊刻之事还很少，而随着社会经济的恢复，刊刻数字在康熙年间急剧增长。据统计，康、雍、乾三朝是清廷编书成就最大的时期，共编纂御制诗文等 24 部，经史子集各类图书共计 236 部，特别是其中的几部类书、丛书，一部书可包括数百数千种，如康熙朝编纂的《古今图书集成》共 1 万卷，需要大量图书为之提供资料，③客观上促进了官府藏书事业的全面恢复。

私人藏书方面，明末农民起义和新旧政权更替导致的连年战乱，给私人藏书事业带来了深重的灾难。明末清初著名思想家黄宗羲曾言："近来书籍之厄不必兵火，无力者既不能聚，聚者亦以无力而散，故所在空虚。屈指大江以南，以藏书名者不过三四家。"④随着清朝统治日渐稳固，私人藏书事业也在恢复中重建，部分藏书家的收藏历经朝代更替仍然保存下来，如黄居中、黄虞稷父子千顷堂，天一阁藏书楼也有一些藏书家的收藏散出后被多家分得，新兴的藏书家、藏书世家不断涌现。据范凤书统计，经过顺、康、雍三朝的发展，藏书达万卷以上的藏书家有 90 余位，占整个清代藏书万卷以上藏书家总人数的 16%，⑤本阶段私人藏书的恢复程度可见一斑。

---

① 《清实录》（第三册），中华书局，1986 年，第 209 页。
② 《清实录》（第三册），中华书局，1986 年，第 478 页。
③ 万依主编：《故宫辞典》，文汇出版社，1996 年，第 328—329 页。
④ 黄宗羲：《天一阁藏书记》，载黄宗羲著、吴光主编《黄宗羲全集·第 19 册·南雷诗文集（上）》，浙江古籍出版社，2012 年，第 103 页。
⑤ 范凤书：《中国私家藏书史》，大象出版社，2001 年，第 271—320 页。

二、全盛期（乾隆、嘉庆时期）

乾嘉盛世是清代社会经济最繁荣、国力最强盛的历史时期，这一时期的藏书事业，也展现了四大藏书体系全面繁荣、藏书事业与藏书理论蓬勃发展的特征。官府藏书方面，清初通过征书、接收前代遗存的方式初步建立了宫廷藏书体系，至此时则已形成中央、地方、学宫藏书综合发展的局面；私人藏书方面，藏书风气愈发浓厚，全国各地涌现了一批藏书颇具规模的藏书家。书院、寺观藏书，亦随着讲学、宗教活动的发展，遍布大江南北，成为社会藏书体系中的重要一环。

乾嘉时期官府藏书发展的标志性事件就是《四库全书》的编纂，围绕着这部中国古代史上规模最大的丛书展开的一系列征书、修书、禁书活动，使得清代官府藏书得到了前所未有的扩充与提升。据学者统计，为纂修《四库全书》，从各地征集的图书总数达13501种，加上之前征集的图书，总数在15000种左右。① 《四库全书》编纂的副产品《四库全书总目》，是中国古代目录学集大成之作，代表了中国古代图书校理之术的巅峰。同时，《四库全书》告成后，为了更好地收藏和利用这套大书，在大江南北仿天一阁修建了七阁，为之制定了严格的管理与借阅措施，也展现了我国古代藏书管理的最高水平。

乾嘉时期同样也是我国私人藏书发展的巅峰，藏书家地域分布之广、人数之多、聚书规模之大，均为历代之最。更为难能可贵的

---

① 肖东发主编：《中国官府藏书》，贵州人民出版社，2009年，第150页。

是，出现了孙从添、洪亮吉、钱大昕、黄丕烈等一大批藏书理论家，他们不仅精心经营藏书事业，还从不同角度对我国古代藏书经验和方法进行了系统总结，其开创的许多话题，放之于整个中国图书馆学史，都是具有开拓意义的。

书院藏书和寺观藏书，是这一时期才得以恢复与发展的藏书系统。清代书院藏书的主要特征是：书院数量多、藏书规模大、收藏特色明显、利用程度高。有清一代，留下记载的有较多藏书的书院便有一百余所，[①]超越了历代之总和。

三、衰落与蜕变期（道光、同治、光绪、宣统时期）

1840年，鸦片战争的炮火打开了清朝的大门，西方列强相继加入了瓜分中国的战团，中国人民的灾难日益深重。忧国忧民的仁人志士为了救亡图存，一方面"开眼看世界"，积极向西方学习；另一方面致力于开启民智，寄望中华民族重新并立于世界民族之林。但在日益腐坏的内外局势下，清政府已无力回天，传统文化与价值观念日渐瓦解，以此为基石的传统藏书事业也受到了冲击。

官府藏书方面，连年的战争影响，大量宫廷园囿和政府机构的藏书楼与珍本秘籍毁于一旦，比如圆明园味腴书屋收藏的《四库全书荟要》、翰林院收藏的四库底本，全部毁于咸丰十年（1860）英法联军入侵。

私人藏书的境遇更加不堪，藏书事业最繁荣的江南地区，也是太平天国和义和团运动的主战场，连番摧残下，江南地区的藏书楼

[①] 邓洪波：《清代书院的藏书事业》，载朱汉民、李弘祺主编《中国书院》，湖南教育出版社，1997年，第89页。

几乎损失殆尽，包括南方三阁在内，大量珍贵典籍或毁于兵火，或散出坊间，私人藏书楼更是无力抵抗时代变迁，再难复往日旧观。

总体来说，清末民初是传统藏书发展的最后一次高潮，由于社会环境的变化，特别是近代图书馆的兴起，传统藏书在这一阶段的表现可谓"落日余晖"。唯一的一抹亮色，是各地官书局的建立与发展，始建于咸丰末年（1861）的官书局，是洋务运动的产物，在成立并发挥作用的几十年里，翻译、编纂、刊刻了大量书籍，其中有我国传统经典，更多的是各种新学书籍，既促进了近代出版事业的转型，又起到了启蒙民智的作用。与此相对应的是，在社会剧烈变革的时代，业儒之家和商贾之家这些传统的藏书阶层逐渐没落，新兴的买办与民族资产阶级取而代之，成为这一时期的私人藏书主体，成就了传统藏书的最后一次高潮。

伴随着传统藏书的衰落、西方公共图书馆理念的传入，新式藏书楼受到越来越多关注。相比中国传统的私人藏书楼，西方近代公共图书馆，是资产阶级革命的产物，是以启迪民智、普及知识、传播科学为主要职能的新式藏书机构。当清末有识之士不断拷问，为何强极一时的清帝国极速下坠，以至沦入丧权辱国的境地，不难得出的答案就是：民智未开，科学不兴，故而积贫积弱。引入西方社会教育机构与机制成为当务之急，图书馆和图书馆学因此受到了前所未有的重视，许多启蒙思想家都将西方图书馆思想作为引入西学的重点，将建设新式藏书楼作为开启民智的重要举措。伴随着清末公共图书馆运动的兴起，一批近代意义上的新式图书馆在各地涌现，图书馆取代了传统藏书楼，成为图书收藏机构的代名词，中国的图书馆学也在传统与现代的交融中逐渐成形。

第二节　官府藏书

清朝立国之初,全面接收了明代内府遗籍,此后诸朝,屡有求书之举。征书活动从顺治朝起,到乾隆朝时达到高潮,直到清末,图书征集都是官府藏书的主要来源。除此之外,清代宫廷刻书发达,武英殿刻书处刊刻了大量图书,不仅充实了官府藏书,还行销全国,受到藏书家的追捧。清末,各地官书局也刻印了大量书籍,这是清末官府藏书的另一个主要来源。

一、宫廷藏书

清初的宫廷藏书,首先继承了明代文渊阁和编修《永乐大典》时的遗籍,以及原藏在皇史宬的《永乐大典》副本,其后则主要是通过征书与官修书籍来丰富收藏。其中以康熙年间为修《明史》而进行的征书活动效果最佳,《古今图书集成》等大型书籍的编纂与刊刻,也都充实了内府藏书。

至清代中期,官府藏书是伴随着朝廷大规模征书、修书、禁书活动而不断发展完善的。乾隆年间,以《四库全书》修撰为代表的征书、修书活动,不仅为中国文化史留下了大量重要典籍,客观上也起到了充实官府藏书的作用。乾隆三十七年(1772),为达成皇帝"稽古右文""彰千古同文之盛"①的心愿，朝廷下诏搜访遗书，开始纂修《四库全书》，次年二月成立"四库全书馆"，任命皇室郡王及大学士十六人为总裁，六部尚书及侍郎为副总裁，下设总纂官、总校官等三百余人，当时的著名学者纪昀、陆锡熊、戴震、邵晋涵、周永年、朱筠、姚鼐、翁方纲、王念孙等人均先后在馆中任职，另配缮写人员近四千人。②他们历时十年编写完成第一部，又历时八年将剩余的六部分别抄写完成。③此书分经、史、子、集四大类，每类以不同颜色的绢面做封皮，分别象征春、夏、秋、冬四色，以示区分。书成之后，清廷下令仿照明朝兵部右侍郎范钦的藏书楼"天一阁"建筑式样，在大江南北建七阁以贮之。七阁分别为建在紫禁城的文渊阁、圆明园的文源阁、承德避暑山庄的文津阁、盛京（沈阳）故宫的文溯阁、扬州大观堂的文汇阁、镇江金山寺的文宗阁和杭州西湖圣因寺的文澜阁。

七阁之外，乾嘉时期内廷藏书之所还有十余处之多。宫内最有名的藏书处是天禄琳琅，其是乾隆皇帝专门储藏善本图书之处。乾隆四十年（1775），对天禄琳琅藏书进行了整理，编成《天禄琳琅书目》，著录宋版书71部，金版书1部，影宋抄本20部，元版书85部，明版书252部。④嘉庆二年（1797），天禄琳琅不幸被火，藏书损毁，后又重集善本于此。嘉庆时期，对天禄琳琅藏书进行了一次整理，编成《天禄琳琅书目续编》20卷，共著录图书663

---

① 白寿彝总主编，周远廉、孙文良主编：《中国通史17·第10卷·中古时代·清时期（上）》，上海人民出版社，2004年，第51页。
② 张舜徽主编：《中国史学名著题解》，东方出版社，2019年，第452页。
③ 李常庆：《四库全书出版研究》，中州古籍出版社，2008年，第1页。
④ 故宫博物院编：《天禄珍藏：清宫内府本三百年》，紫禁城出版社，2007年，第243页。

部。① 至光绪年间，天禄琳琅藏书逐渐散出。

武英殿是清代宫廷刻书机构，始建于康熙十九年（1680），初名武英殿造办处，雍正七年（1729）改名为修书处，其作用是方便刻书，以及收藏书版和各类藏书。据学者考证，武英殿的藏书大致分为四项：为纂修《四库全书》的进呈本、历年各处交进杂项书籍、"殿本"的复本通行本、书版。其藏书数量最多时达2万部以上，书版4万余块。②"宛委别藏"设于嘉庆年间，收藏浙江巡抚阮元从江南地区搜集而来的善本精本，均为《四库全书》未收之书，经著名藏书家何梦华、鲍廷博等审订。

乾隆以后，清廷基本停止了大规模的图书征求，宫廷藏书也日渐没落。《四库全书》的命运就颇有代表意味，"七阁四库"之设是清代官府藏书的高峰，但到了清末，受历次战争的破坏和劫掠，完整保存至今的只有文津、文渊、文溯三阁的藏本。其余四阁，杭州文澜阁毁于太平天国战争，今仅存残本；扬州文汇阁、镇江文宗阁，均毁于太平军战乱；北方的文源阁，与圆明园一道毁于英法联军的劫掠，北京其他宫殿园囿的藏书也在此次战乱中损失惨重。同时，内外交困的清政府也已无力维护、管理内廷藏书，管理不善导致藏书频频丢失，甚至被偷偷带出，贩卖于市肆之中。外敌内乱，兵祸连年，清代的宫廷藏书已难复旧日之观。

总体来说，清代宫廷藏书主要来自三个方面：前代遗存、历代搜集，以及内廷奉敕编刊的图书。③ 来自前代遗存的部分，主要是

---

① 朱赛虹：《"天禄琳琅"藏书与〈天禄琳琅书目〉》，《紫禁城》1997年第3期。
② 朱赛虹：《武英殿修书处藏书考略——兼探四库"存目"等书的存放地点》，《文献》2000年第2期。
③ 张升：《明清宫廷藏书研究》，商务印书馆，2006年，第131页。

明朝宫廷旧藏，其中尚有宋、元遗物。图书征集自顺治朝已经开始，乾隆时为修《四库全书》臻于极盛，据学者统计，征集的图书总数达到了13501余种（内有272种重本），加上此前历次征书活动征得的数目，总数有15000种左右（《永乐大典》辑佚本未计入），① 征集图书的手段愈发多样，形成了比较完善的征书制度。此外，康熙、乾隆、嘉庆等朝为编纂、续修《大清一统志》，多次敕谕全国各省、府、州、县将各地纂修的方志、赋役之书进呈，宫中藏书因而得以持续增长。征集而来的图书，宋至清各代版本皆有，品种也十分多样，四部皆备，其中不乏孤本和罕见的珍本秘籍，一部分被视为"善本"珍藏，是清代宫廷藏书的精品。

清廷的图书编纂活动始自顺治时期。康熙朝设立专门的刻书机构以后，编书刻书更成为例常之举，此后各朝虽然编书数量多少不一，但历朝均延续了这一传统。有清一代内府编纂书籍的总量，按子目计（包括《四库全书》《古今图书集成》等大型图书）达万余种。其中，刊印的书籍千余种，每一种书籍的印行数量，少则60余部，一般为200部，多则千余部。由于编印品种不断增加，遂成为清中期以后宫廷藏书的主要来源。②

二、中央和地方官府藏书

清代肩负藏书职责的中央官署，主要是国子监和翰林院。

国子监是清代全国最高学府，制度基本上延续了明朝。顺治七年（1650），改明代南京国子监为江宁府学，只保留北京国子监，

---

① 黄爱平：《四库全书纂修研究》，中国人民大学出版社，1989年，第35—39页。
② 肖东发主编：《中国官府藏书》，贵州人民出版社，2009年，第149—151页。

在此工作学习的教授、监生有数百人之多。为备学习、研究之用，国子监必须有较为丰富的藏书，部分藏书还需及时更新。其藏书来源，一是朝廷赏赐，二是从武英殿和通行书籍售卖处购入，三是国子监自行刊刻。国子监藏书的数量不算太多，据道光四年（1824）《国子监则例》和道光七年（1827）《成均书目二种》所载，藏书总数在 300 种左右。① 当然，这可能并非国子监藏书的全部，但从其收藏内容来看，主要是各种御制书、官修书，以及四书五经等科考用书。

翰林院是清中央政府机构之一，旧址位于东长安街路南，今东交民巷内。翰林院设有掌院学士、侍读学士、侍讲学士、侍读、侍讲、修撰、编修、检讨等职，负责陪侍皇帝读书，参与各种官修书籍的编撰，草拟祝文、册答文、碑文、谕祭文，朝考、教习庶吉士，以及在乡试、会试和殿试时，履行主考官、同考官和读卷官等职责。明代的翰林院就是中央官府藏书的主要机构，清代延续了明朝的制度。据乾隆五十年（1785）《日下旧闻考》记述，清代翰林院院门朝北，大门有三重，第三重称登瀛门，门内署堂五楹，堂西为读讲厅，东为编检厅。堂之后为穿堂，左为待诏厅，右为典簿厅。后堂东西屋二楹，为藏书库。② 典簿厅掌奏章、文移及吏员、差役的管理事务，并保管图书，设典簿，满、汉各一人，下属官员数人。待诏厅掌缮写、校勘之事，其职掌均与编书有关。

翰林院典籍库原贮有《永乐大典》一部，乾隆时期，为修《四库全书》，指派翰林馆员对《永乐大典》进行了清查，存 20473 卷，

---

① 任继愈主编：《中国藏书楼·贰》，辽宁人民出版社，2001 年，第 1374—1375 页。
② 于敏中等编纂：《日下旧闻考》（第 4 册），北京古籍出版社，1981 年，第 1055—1056 页。

90881本。[1] 因收贮《永乐大典》和内府书籍，翰林院原来的藏书库房已不足用，于是又辟翰林院的宝善亭、原心亭、西斋房等作为收书校书之所。各省解送书籍及《永乐大典》辑本，均在翰林院清点造册，登记在案，并统一在每种书的首页钤盖"翰林院典簿厅关防"印或满汉双文的"翰林院印"朱文关防大印。各省送到的私家藏本还在书衣上加钤木记一小方，填注"乾隆某年某月某督抚、盐政某送到某人家藏某书壹部计书若干本"[2]，以便修完《四库全书》后发回原书。私人进呈的四库底本，按乾隆帝的初衷，本应在书成之后还给藏书家，但由于《四库全书》编纂迁延日久，中间还发生了多次禁书与底本撤换事件，发还的计划并不可行。所有四库底本及其他进呈本，在七份《四库全书》抄写完成后，一直存放在翰林院，庚子之变时因毗邻使馆区而惨遭兵燹，损失殆尽，仅有零星藏本散落坊间。

清末中央官府藏书，尚值得一提的还有咸丰十年（1860）设立的总理各国事务衙门和同治元年（1862）设立的同文馆，这两个机构都是清末列强入侵后，清政府为了处理涉外事务成立的新官署。为了更好地了解西方文化，培养翻译和学科人才，这些机构组织人力、物力翻译了许多西文书籍，充实了官府藏书，促进了近代图书事业的发展。

---

[1] 任继愈主编：《中国藏书楼·贰》，辽宁人民出版社，2001年，第1377页。
[2] 郭向东、易雪梅主编：《四库全书研究文集：2005年四库全书研讨会文选》，敦煌文艺出版社，2006年，第291页。

第三节 私人藏书

清代私人藏书是整个古代社会私人藏书发展史上的巅峰。清初,私人藏书和官府藏书,是最快从战乱中恢复的藏书类型。至乾嘉时期,私人藏书兴盛,不论是地域分布、藏书规模,还是藏书理论与经验的总结,都是历代之最。清末,虽然江南地区的私人藏书遭受了沉重的打击,但是从故家散佚出来的藏书,很快又被"新贵"获得,形成了新一代的藏书家群体,使得我国私人藏书的传统得以延续,并在藏书事业中继续发挥重要作用。

一、藏书家的地域分布

据范凤书《中国私家藏书史》统计,有清一代,史料记载的藏书家就有2082位,藏书万卷以上的藏书家有543人。[①] 清初,江南一带是私人藏书最集中的区域,[②] 随着社会经济的恢复,藏书家与藏书楼逐渐遍布全国。总体上看,除了少数边疆省份,全国各地都涌现了有一定藏书规模的私人藏书家。

清初,承明末遗风,私人藏书集中于江浙。著名藏书家及其藏

---

① 范凤书:《中国私家藏书史》,大象出版社,2009年,第269—321页。
② 任继愈主编:《中国藏书楼·贰》,辽宁人民出版社,2001年,第1378页。

书楼有余姚黄宗羲续抄堂、宁波范氏天一阁、常熟钱谦益绛云楼、常熟毛氏父子汲古阁、南京黄虞稷千顷堂、慈溪郑氏二老阁、秀水曹溶静惕堂、海盐张氏涉园、秀水朱彝尊曝书亭、昆山徐乾学传是楼、昆山徐元文含经堂、山阴祁氏奕庆楼、宁波全祖望双韭山房等。北方的大藏书家主要集中在北京、山东等地。从收藏旨趣来看，清初的私人藏书主要集中在宋元秘本和明代典籍方面，与官府藏书申明理学正宗稍有不同，私人藏书的范围更加广泛，除了经、史、子、集四部书籍，还有一些藏书家以戏曲、小说、野史杂闻收藏闻名。

至清代中叶，私人藏书的范围和规模进一步扩大，从最初的集中于江浙，到以江浙为中心向全国各地扩散，北方藏书家逐渐崛起。山东有王士禛、卢见曾、李文藻、孔继涵、周永年、刘喜海、杨以增、徐枋。京城有怡僖亲王弘晓、果恭郡王弘瞻、成亲王永瑆，还有一些参与修纂《四库全书》的官员，如黄登贤、于敏中、朱筠、曹秀先、程晋芳、陆费墀、纪昀、陆锡熊、王际华、翁方纲等，寓居京城期间均有藏书之记载。[①] 据学者考证，此时藏书家分布已遍及江苏、浙江、福建、北京、山东、安徽、山西、江西、湖北、湖南、四川、河南等多个地区。这一时期的藏书家，与乾嘉学派的代表学者高度重合，他们将藏书活动与学术研究密切结合，在版本、目录、校勘、辑佚等方面作出了杰出的贡献。从藏书数量和规模来看，在经济、文化等多方面因素的共同促进下，本阶段出现了许多藏书超十万的藏书大家，收藏之精善亦令人瞠目。乾嘉时期最著名的藏书家是有"乾嘉四大藏书家"之称的黄丕烈、袁廷梼、

---

① 傅璇琮、谢灼华主编：《中国藏书通史（下）》，宁波出版社，2001年，第872—887页。

周锡瓒、顾之逵,他们的共同特征是嗜好收藏宋刻元椠、旧本精抄。此外,围绕着藏书、校书活动,这些藏书家或因地缘,或以交游,组成了大量文学社团,最终构成了一个藏书交流网络,他们互通有无,讨论版本异同,交流藏书经验,为我国古代藏书思想的理论化、体系化提供了学术土壤。

清末私人藏书,在动荡的时局、连年的战乱打击下受到严重破坏,特别是江南的私人藏书,连遭鸦片战争和太平天国运动的打击,许多藏书故家难以维持,藏书陆续散出。比如著名的范氏天一阁,鸦片战争期间,英军占领宁波,入天一阁劫掠数十种珍贵典籍而去。咸丰十一年(1861),太平军攻入宁波,城内大乱,天一阁藏书损失过半。光绪十五年(1889),据薛福成《天一阁见存书目》统计,此时的藏书仅余全盛时期的四成。① 此外,汪氏振绮堂,孙氏寿松堂,丁申、丁丙兄弟藏书楼,杨氏海源阁等藏书巨万之家,均损失惨重。这是因为一方面,以仕宦之家、乡绅地主阶层为主要成员的传统藏书家在社会变革中家道中落,纷纷变卖藏书;另一方面,新兴的买办、民族资本家、军事将领等新贵阶层兴起,并成为清末私人藏书的主力军。他们趁故家藏书散出之势,携巨资入市,在很短的时间内便积累起数量惊人的藏书。比如,清末上海最有名的藏书家郁松年,就是实力雄厚的大商人。广东著名买办伍崇曜,家藏宏富。这一时期私人藏书的一大特点,就是藏书向少数人手中集中,同时聚散无常,书籍流通频繁,最有代表性的就是清末四大藏书楼,分别为:江苏常熟瞿氏铁琴铜剑楼,山东聊城杨氏海源阁,浙江湖州陆心源皕宋楼,浙江杭州丁申、丁丙兄弟八千卷楼。

---

① 祝鸿熹、洪湛侯主编:《文史工具书词典》,浙江古籍出版社,1990年,第217页。

特别是最早的通商口岸之一——广东地区，私人藏书事业发展迅速，李文田泰华楼、孔广陶三十三万卷楼、曾钊面城楼、徐信符南州书楼、叶恭绰矩园、莫伯骥五十万卷楼等，皆为当时闻名一时的大藏书楼。除此之外，清末著名藏书家及其藏书楼尚有浙江瑞安孙氏父子玉海楼、山西灵石耿文光万卷精华楼、湖北宜都杨守敬武昌观海堂、广州巴陵方功惠碧琳琅馆、贵州独山莫友芝影山草堂等。此时私人藏书的地域分布，一定程度上打破了明清以来江南独占鳌头的局面，呈现出零散分布、多点开花的趋势。藏书逐渐集中于部分高官或豪商手中，藏书区域向沿海扩散，上海、广州等成为新兴的藏书中心。到了20世纪初，不少私人藏书家因不能自守，把图书推向市场，或寄存于图书馆和公立机构。① 藏书故家不能守业，许多珍本秘籍流于坊市，被多家分得，甚至流散至国外，是中国文化史上的重大损失。

有清一代，就藏书区域分布而言，江浙藏书家不仅数量为全国第一，藏书质量也堪称清代之首。根据《中国藏书通史》《中国藏书家辞典》《中国历代藏书家辞典》《中国私家藏书史》等工具书的统计，有记载的江浙清代藏书家共有423位，其中，江苏藏书人数202位，占比47.8％；浙江藏书人数221人，占比52.2％。利用数字化技术绘制区域分布热点图后发现，清代江苏藏书家主要分布在苏州、嘉兴、无锡等环太湖区域，而杭州、绍兴、宁波则是浙江区域的藏书中心。

清代江苏私人藏书首推苏州、常熟、昆山等地，南京、扬州、无锡和镇江等地次之。苏州府下辖的长洲、元和、吴县、常熟、昭

---

① 谢灼华：《清代私家藏书的发展》，《图书情报知识》2000年第1期。

文、昆山等地藏书家甚众。清初的长洲、元和、吴县藏书家中较著名者有惠栋、何焯、顾嗣立、蒋杲。乾嘉年间苏州藏书家最著名者为黄丕烈、袁廷梼、周锡瓒、顾之逵。此外，还有长洲汪士钟、吴县潘祖荫。常熟，清初有钱谦益、毛晋及其子毛扆、钱曾、陆贻典、孙从添。乾隆、嘉庆年间，常熟涌现大批藏书家，如曹炎、席鉴、黄廷鉴等，影响较大的是陈揆、张金吾两人。至晚清，常熟藏书家以铁琴铜剑楼瞿氏最为著名。昆山是清代藏书家集中地之一，清初有徐乾学传是楼，其兄弟徐元文含经堂、徐秉义培林堂，均名重一时。清代松江府包括今上海市各区县，如金山、青浦、华亭等地，也涌现出众多藏书家。金山以钱氏藏书最为有名，清末上海郁松年之宜稼堂，藏书甚多。江宁府（今南京）的黄氏父子千顷堂、曹寅楝亭、袁枚小仓山房、甘氏津逮楼、朱绪曾开有益斋以藏书著称。泰州的季振宜，江都的秦恩复，祁门马曰琯、马曰璐兄弟，扬州陈本礼陈逢衡父子、江藩、阮元等人收藏较富。

浙江也是私人藏书家集中的地区，各州府都有不少有名的藏书家。杭州有严氏清校阁、吴焯瓶花斋、龚翔麟玉玲珑阁、朱慕樵一半句留斋、黄树谷广仁义塾、姚际恒好古堂、赵氏小山堂、杭世骏道古堂、沈廷芳隐拙斋、汪沆小眠斋、孙宗濂寿松堂、汪辉祖环碧山庄、王德溥宝日轩、卢文弨抱经堂、汪日桂欣托斋、黄钟琴趣轩、翟氏书巢、郁礼东啸轩、关伯槐关氏书楼、宋大樽思茗斋、何元锡梦华馆、龚自珍父子宝燕阁、胡树声琳琅秘室、韩文绮玉雨堂、劳氏丹铅精舍、罗以智吉祥室、蒋氏蒋村草堂、瞿世瑛清吟阁、吴煦清来堂、朱学勤结一庐、王文韶退圃等。从外省迁入的有汪宪振绮堂、汪启淑开万楼、鲍廷博知不足斋。海宁有吴骞拜经楼、陈鳣向山阁、马瀛吟香仙馆、蒋光煦别下斋、蒋光焴衍芬草

· 39 ·

堂。嘉兴有曹溶倦圃、朱彝尊曝书亭、汪森裘杼楼、钱仪吉钱泰吉可读书斋。嘉兴所属平湖亦有藏书家数人：陈氏简香斋、朱氏三万卷楼、胡氏小重山馆等。湖州（吴兴）有陈焯湘管斋、刘桐眠琴山馆、丁杰小酉山房、严可均四录堂、周中孚郑堂、姚文田邃雅堂、章绶衔读汉书楼、俞樾春在堂、陆心源皕宋楼、姚觐元咫进斋、沈家本枕碧楼等。绍兴自明中后期开始，一直是浙东藏书的中心，延续至清代，有名的藏书家和藏书楼有祁氏澹生堂、章学诚翁云山房、姚振宗师石山房、沈复粲鸣野山房、平步青香雪崦等。同为浙东藏书重镇的宁波，则有范氏天一阁、万斯同寒松斋、郑性二老阁、全祖望双韭山房等，其中尤以卢址抱经楼声名最著，黄澄量五桂楼亦堪称藏书名楼，到了清末则有沈德寿、陈劢、董沛、徐时栋等人。

二、清代私人藏书家的主要贡献

明清两代在我国学术史上属于理论总结的时代，传统学问的各个分支都展现了类似的特征，即在经历萌芽、成长、成熟、巅峰的发展过程后，开始进入对本领域学术知识进行系统思考与总结的时期，其标志就是总结性理论著作的大量涌现，比如文献学、史学领域的《校雠通义》《文史通义》。古代藏书文化与藏书史领域也出现了类似情况，清代的私人藏书家在其中贡献了最重要的力量，他们广泛总结典籍在保存、传播、整理与校勘、藏书理论等方面的经验，出现了如《藏书记要》《藏书十约》等重要理论著作，极大提升了古代藏书措理之术的理论水平。

典籍保存的方法与经验，是私人藏书家对古代藏书事业最大的理论贡献。不论出于何种目的，是否善于利用藏书，藏书家聚书皆不易，通常也将藏书视为重要的家族财产，对千辛万苦搜集来的文献，必会设法妥善保存，以求能够传之久远，这种普遍的藏书心理客观上改善了典籍的存藏条件，延续了珍本秘籍的生命。而另有一些藏书家，在清末纷飞战火中有意识地抢救珍贵典籍，其精神就更值得钦佩了。比如咸丰十一年（1861），杭州文澜阁受太平天国战乱冲击，阁书散落民间，杭州藏书家丁申、丁丙兄弟得知后，不惜成本，不避艰险，四处搜寻购买、补抄，得书近万册。光绪六年（1880），浙江巡抚谭钟麟重建文澜阁，落成后，丁丙将辛苦搜求的文澜阁珍本尽数捐献，后又多方搜集和补抄，至光绪十四年（1888），文澜阁《四库全书》基本恢复原貌，一代文献皆赖其力得以保存。

刊刻典籍，是清代私人藏书事业的普遍现象。中国古代私人藏书家历来有刊刻家藏珍本秘籍的传统，通过这种方式，珍贵的书籍化身千万，被更好地传播、利用，清代的私人刻书活动活跃程度更超前代。清代私家刻书的代表，如黄丕烈的《士礼居丛书》、鲍廷博的《知不足斋丛书》、卢文弨的《抱经堂丛书》、毕沅的《经训堂丛书》、孙星衍的《平津馆丛书》、张海鹏的《学津讨原》、吴省兰的《艺海珠尘》等，以及常熟毛氏父子汲古阁刻书，均以刻印精良、校勘精善著称，成为后世收藏的"新善本"，对典籍保存起到了不可替代的作用。

藏书思想与理论方面，清代藏书家系统总结了历代藏书收集、整理的方法与经验，并将之记录下来，最著名的就是清中期的《藏书记要》和晚清的《藏书十约》。明末已经出现的儒藏思想，在清代得到了进一步发展，并有了更为完备的理论阐释，其代表就是曹溶的《流通古书约》和周永年的《儒藏说》。

　　清代是属于文献学的时代，文献学的各个分支，如版本、目录、校勘、辑佚、辨伪等领域均出现了经典著作。而文献学诸分支又与藏书实践密不可分，清代的大学问家大部分同时也都是藏书家，他们因读书而藏书，因藏书而积累丰富的文献校理实践经验，二者相辅相成、互相促进，最终形成了清代文献学繁荣发达的局面。因此，藏书整理方面的实践与理论贡献，是清代藏书家用力最勤、成就最大的领域，稍有名气的藏书家大都为自己的藏书编制了目录，在这个过程中，图书编目、分类理论得到了进一步的发展与完善。校勘方面，钱曾、何焯、卢文弨、顾广圻、陈鳣、洪颐煊、孙诒让、孙星衍、戴震、全祖望等乾嘉时期的知名学者，都参与了大量校勘群籍的实践，并留下了丰富的经验总结。辑佚也取得了很大成绩，乾隆年间为修《四库全书》，李绂和全祖望相继从《永乐大典》中辑出一些佚书，就此开启了清代学者辑佚之风。清代藏书家中辑佚成绩最突出者是黄奭和马国翰，黄奭辑有《汉学堂丛书》285种，① 马国翰《玉函山房辑佚书》辑录了唐以前佚书594种。② 此外，张澍专辑乡邦遗书为《二酉堂丛书》，收书21种。③ 张金吾历时12年，辑《金文最》120卷。严可均辑《全上古三代秦汉三国六朝文》764卷，3497家。④ 编纂方面，清代藏书家依靠手中丰富的藏书，编纂刊刻了许多大部头丛书与类书，如卢见曾的《雅雨堂丛书》、鲍廷博的《知不足斋丛书》、钱熙祚的《守山阁丛书》、黄

---

① 罗志欢：《中国丛书综录选注（上）》，齐鲁书社，2017年，第225—226页。
② 《辞海（修订稿）·文化、体育分册》，上海人民出版社，1977年，第19页。
③ 罗志欢：《中国丛书综录选注（上）》，齐鲁书社，2017年，第216—217页。
④ 张舜徽主编：《中国史学名著题解》，东方出版社，2019年，第443页。

丕烈的《士礼居丛书》、周永年的《贷园丛书》、陆烜的《奇晋斋丛书》、郁松年的《宜稼堂丛书》、阮元的《文选楼丛书》、毕沅的《经训堂丛书》、胡凤丹的《金华丛书》、王灏的《畿辅丛书》、蒋光煦的《别下斋丛书》、陆心源的《十万卷楼丛书》、潘祖荫的《滂喜斋丛书》、潘仕成的《海山仙馆丛书》、伍崇曜的《粤雅堂丛书》、缪荃孙的《云自在龛丛书》等。私人编纂的类书，较为有名的如陈元龙《格致镜原》、梁章钜《称谓录》、徐珂《清稗类抄》等。①

第四节　学校藏书

一、官学藏书

清代官办教育比较发达，除国子监外，各府、州、县均有学校，这使得地方官学藏书现象非常普遍。同时，在藏书内容上，其主要服务于科举考试，以经义、时文为主，体现出实用性的特点，这也是官学藏书的主要特征。② 其藏书来源有四：明代官学藏书遗存，朝廷颁赐书籍，官学购置、接受捐赠和官学自刻。清朝历代帝王均有向地方官学颁赐书籍的惯例，如各种御制、理学钦定书籍

---

① 高尚榘主编：《文献学专题史略》，齐鲁书社，2007年，第340页。
② 徐凌志主编：《中国历代藏书史》，江西人民出版社，2004年，第345页。

等，乾隆年间《四库全书》修成后，为方便南方士子查阅阁书，下令建南方三阁专门储之并允许士子入阁观书。在官方的重点关照下，官学藏书的保管与补充都比较及时有效，延续性较好。但总体看来，由于藏书内容的高度限定性，清代官学藏书的种类比较单一，数量也不多。由于官学藏书一般都允许师生借阅，因此需要制定较为严密的管理制度，清代官学藏书设有专门的藏书处，有专人管理，编有藏书目录，并发展出比较完善的登记、管理、奖惩制度，在藏书管理方面颇具特色。

地方官学藏书的历史作用与影响主要体现在以下几个方面。一是为生员提供教材，其藏书的构成对清代教育事业及青年士子思想导向有很大的影响。清代地方官学的突出特点是单一和完整：单一表现在以儒学教育为主，完整则体现在学校网络完备、生员基本涵盖社会各阶层。建立官学的目的是有效控制社会精英，推行朝廷文教政策，地方官学的功能就是为清政府培养后备官僚。地方官学藏书提供的教材以程朱理学为思想准绳，禁止一切不利于皇权及专制统治的思想言论。二是保存历朝上谕。三是为官员施政提供参考。地方官学藏书中有大量书籍属于律例类，这些图书是地方官员必不可少的参考书。而且在很多地方，地方官学藏书楼也是唯一可以提供这些图书的处所。四是保存地方文献和珍稀文献。[1] 清末学制改革后，地方官学藏书多已散失，只有部分转入公共图书馆或学校图书馆。[2]

晚清时期，在甲午战败的惨痛教训下，最高统治者不得不重新

---

[1] 王秀山：《清代湖南地方官学藏书考》，《湘潭师范学院学报》（社会科学版）2003年第2期。

[2] 傅璇琮、谢灼华主编：《中国藏书通史（下）》，宁波出版社，2001年，第816页。

审视一直以来对待西学的态度,1896年,光绪帝批复总理衙门的奏议:"拟援照八旗官学之例,建立官书局……专司选译书籍、各国新报,及指受各种西学。"① 同年,孙家鼐奉命担任管理官书局大臣后,遵旨拟定了官书局开办章程,分为藏书籍、刊书籍、备仪器、广教肄、筹经费、分职掌、刊印信七条。② 可见,蓝图中的官书局不仅要继续承担翻译西书的职责,还兼具藏书、展览、教育等功能。这种在西学东渐思潮下出现的"新式"官学,其藏书范围与旧日的官学相比已发生根本性变化。虽然,因清王朝很快覆灭,晚清学制改革也随之中辍,计划中的官书局,包括后来的大学堂,都没有达到预期成效,但诞生于晚清洋务运动的官书局,翻译刊刻了大量中西书籍,不仅直接促进了近代出版业的成熟与发展,同时亦推动了近代公共图书馆的产生。

二、书院藏书

清代是中国书院史最后的辉煌。由于清廷对汉人根深蒂固的防范心理,特别是对明末东林党人借书院讲学抨击时政之事心存忌惮,因此,对书院的管控较明代更加严格。清代的书院数量虽超过了明代,但学术思想的活跃程度却远不及前代。

清代的书院是从康熙时期才逐渐恢复的,至清中叶进入快速发展的阶段,有清一代各类书院的数量达到了5836所③,居历代之

---

① 汤志钧、陈祖恩、汤仁泽编:《中国近代教育史资料汇编·戊戌时期教育》,上海教育出版社,2007年,第146页。
② 汤志钧、陈祖恩、汤仁泽编:《中国近代教育史资料汇编·戊戌时期教育》,上海教育出版社,2007年,第146—148页。
③ 邓洪波:《中国书院史(增订版)》,武汉大学出版社,2013年,第450页。

首,对科举教育与文化发展产生了巨大影响。[①]

乾隆时期,随着书院的恢复,为了更好地控制书院,清廷进一步实施将书院纳入官学教育系统的措施。一方面,加强对各省官办书院的扶持;另一方面,继续严格控制民间书院的发展,对书院的各项制度施加全面干预,山长的委派、经费支持、学员选派等均要经过地方政府的同意。在书院大发展的背景下,书院藏书也得到了较快的发展。这一时期书院藏书的主要特点有:规模扩大、藏书特色化程度较高、藏书管理与利用制度比较完备等。

从藏书建设的角度看,书院藏书的主要来源包括:朝廷颁赐,社会捐赠,书院购买、募集和自行刊刻。朝廷颁赐书籍是清廷实现对书院控制的一种有效手段,通过将御制、钦定书籍赐给书院,可以规范书院讲授的内容与方向。此类书除御制书,以正经、正史为主,比如乾隆元年(1736),准协办大学士奏请,颁赐《十三经》《二十一史》各一部予省会府学,并令督抚出资购买刊行,分给府州县学;[②] 乾隆十六年(1751),南巡途中,颁赐江宁钟山书院、苏州紫阳书院、杭州敷文书院武英殿新刻《十三经》《二十一史》各一部,[③] 以钦定、颁赐教材的形式,对生徒的学习内容和阅读范围进行了限制。一般来说,书院是地方教育中心,对当地文化发展起着重要推动作用,因此,历代都有官方拨款,或者社会各界向书院捐赠图书的传统。除此之外,乾嘉时期大量书院都有自刻书籍的记载,书院刻本一般以经学、史学丛书,书院学者的学术成果为主,刻印质量较佳,促进了学术与知识交流。

[①] 崔来廷:《清代书院的社会经济视角》,《中国社会经济史研究》2010年第2期。
[②] 王炜编校:《〈清实录〉科举史料汇编》,武汉大学出版社,2009年,第215页。
[③] 《清实录》(第十四册),中华书局,1986年,第44—45页。

时至清末，相较其他三大藏书体系的整体衰落，书院藏书异军突起，焕发了新的生机。

首先，鸦片战争后，书院数量进一步增长，仅同、光两朝就增加了1233所。①国家危难之际，人们更加清楚地意识到教育、人才的重要性，书院数量的增长就是明证。与此同时，人们也日渐认识到传统书院的教育理念和教学内容已经不能适应社会发展的需要，加之西学东渐影响的逐渐深入，改革教育制度、引入西学内容、建立新式学校成为新的潮流。

传统书院和清末维新人士创办的新式书院，服务于科举考试和理学教育仍是其主要职能，但响应清末社会对经世致用学问的迫切需求，书院开始更新教育内容，如诂经精舍、学海堂等，淡化八股文教育，以深研经史、寻求治世之道为旨归。反映在书院藏书方面，在藏书内容上，部分书院从以传统的收藏经学、汉学典籍为主，转变为更加均衡地关注各个学科门类，特别是科学方面的书籍，如天文、地理、数学、医学、军政、商业、铁路等西文文献。比如，光绪二十三年（1897），熊希龄、蒋德钧等人募资为岳麓书院、城南书院、求实书院购买西学书籍2800余种。②成立于同治十三年（1874）的格致书院，是在李鸿章的支持下，由中外人士共同募资开办，以传播西学、培养新式人才为目标的新式书院。在藏书建设方面，其要求大力收集西学书籍："院中陈列旧译泰西格致书、各种史志、上海制造局新译诸书、各处旧有及续印新报、西国文字、各种格致机器新旧之书、格致机器新报、机器新式图册，以及天球地球各种机器小样、天文仪器、化学各器、格致入门各器、五

---

① 邓洪波：《中国书院史（增订版）》，武汉大学出版社，2013年，第612页。
② 周郁、蔡建国：《晚清书院藏书图书馆化述论》，《高校图书馆工作》2008年第2期。

金矿石各样。又备中国经史子集，以期考古证今，开心益智，广见博闻。"① 更将"泰西书籍"放在"中国经史子集"之前，详列其内容、范围，可见当时新式书院对西学的渴求。

除上述两种，清末书院还有一种新的类型，即教会创办的书院。这类型书院最初是为了传教而设，在我国东南沿海一带分布很广，著名的如上海中西书院、广州培正书院、福州格致书院、南京汇文书院等。鸦片战争后，这类书院淡化了宗教色彩，致力于在中国传播西学，因此受到洋务派和维新派的欢迎，发展迅速。由于其以教授西学为宗旨，书院藏书也显示出西学为主的特色。

无论上述哪种类型的书院，其藏书目的都是供书院师生使用，因此其开放程度是我国古代四大藏书体系中最高的一种，在管理利用制度建设方面也是最完善的。据学者统计，清代制定较为系统的借阅制度的书院就有十余个，其中不乏岳麓书院、丰湖书院、白鹿洞书院这样历史悠久的"明星"书院，也有如兴化县文正书院、安徽太平县仙源书院这样名不见经传的小书院。这些书院均制定了成文的规章、条款、章程、条规等，用以约束院方及师生的行为，其中涉及藏书的内容包括管理藏书人员的配置与职责、征书与购书的方法与原则、藏书保护措施、借阅规则、编目与整理细则等，极大地丰富了我国古代图书管理经验及思想学术的内容。

光绪二十七年（1901）八月初二，清廷下诏将书院改为学堂，省城书院改为大学堂，各府及直隶州的书院改为中学堂，各州县的

---

① 陈谷嘉、邓洪波主编：《中国书院史资料（下）》，浙江教育出版社，1998年，第2127页。

书院改为小学堂,并大量开办蒙养学堂。① 自此,书院退出了历史舞台,被各级各类学校所取代,书院藏书也日渐演化成为各类学校图书馆的收藏,书院藏书制度为下一阶段公共和学校图书馆事业的发展,奠定了重要的基础。

最后,我们简单总结清代书院藏书的特点:其一,分布广。建有书院的地区及平均数量超过以往所有朝代,边远省份如云南、甘肃、新疆、台湾等也都有书院,而且每个书院都有藏书楼。其二,藏书管理严格,自成体系,对清末新式图书馆管理制度的建立有一定的借鉴价值。其三,藏书延续前代传统,主要供院内生徒使用,比官府和私人藏书楼的服务范围要广泛得多,体现了书院藏书的教育性与社会性。其四,由于清代注重考据学,刊印经籍风气很盛,许多书院或由著名学者亲自主持刊印,或设立自己的书局专司刊印,刻书规模较大,质量精良,是足以代表我国古代刻书水平的精品,为后人整理古籍提供了可靠的依据。其五,书院藏书的兴衰与清政府的文教政策及当时的学术文化发展关系密切。②

---

① 顾明远总主编:《中国教育大系·历代教育制度考(二)》,湖北教育出版社,2015年,第1767页。
② 任继愈主编:《中国藏书楼·贰》,辽宁人民出版社,2001年,第1538页。

第五节 寺观藏书

一、寺庙藏书

满族的原始宗教信仰是萨满教,受蒙古族影响,满洲贵族大多也同时崇信佛教,特别是藏传佛教中的黄教,在清代上层人士中影响很大。

关外时期,清太祖努尔哈赤便大力兴建佛寺,清太宗皇太极与统治藏区的五世达赖建立了联系。入关之后,藏传佛教在清朝统治者的宗教信仰中占有非常重要的地位。元、明以来对佛教的尊崇、保护政策,几乎被清朝全盘照搬。① 此外,从政治的角度来看,佛教对巩固和维护封建统治、消弭人民抗清斗志也有一定的作用。因此,在统一全国的战争中,面对中原地区汹涌的抵抗浪潮,对誓不投降的抗清义士,清廷若不能杀之,则宁愿让其遁入空门。②

入关后的各位皇帝都笃信佛教,这对佛教在民间的传播产生了重要影响,甚至出现了开国皇帝顺治遁迹山西五台山削发为僧的传说,并广为流传。雍正皇帝自号园明居士,以佛教徒自居。由于皇

---

① 任继愈主编:《中国藏书楼·贰》,辽宁人民出版社,2001年,第1526页。
② 赖永海主编:《中国佛教通史》(第十三卷),江苏人民出版社,2010年,第23页。

帝信佛，故佛经刊刻在清代盛极一时，官府主持的刻经、刻藏、译经、赐经事业，一直没有停止。各地的名山大刹，都建有藏经楼、藏经阁、藏经院之类建筑，作为弄藏佛经的场所。官刻的经书除了免费颁赐各地大寺院收藏，经版还可供各地寺院僧俗"请藏"翻印，扩大了佛藏的传播范围。

清代佛藏，以始刻于雍正十一年（1733）的《大藏经》最为著名，该书历时五年，至乾隆三年（1738）才最终完成，共收经律论、杂著1670种，因经页边栏装饰有龙纹而被称为《龙藏》。[①]《龙藏》印成后，初印一百部，颁赐各地名山古刹收藏。据记载，收藏《龙藏》寺院有：北京清梵寺、妙应寺，河北大名临济寺，山西五台山塔院寺，江苏扬州法华寺、南京慧居寺、苏州中峰寺，浙江临安禅源寺、杭州海潮寺、普陀山法雨寺，四川峨眉山伏虎寺、华阳大慈寺，湖南衡山祝圣寺、衡山福严寺，湖北广济大藏寺、汉阳十方庵，江西德化能仁寺、星子瞻云寺，福建福州鼓山涌泉寺。另外，山西大同华严寺，上海玉佛寺，宁波七塔寺、阿育王寺，安徽九华山百岁宫、甘露寺，厦门南普陀寺，武汉归元寺，云南鸡足山祝圣寺，陕西长安兴教寺，甘肃武威海藏寺，湖南衡州岐山万寿寺、仁瑞寺等处亦有藏经。[②]

满文版《大藏经》，始刻于乾隆三十八年（1773），刻成于嘉庆三年（1798）。由于印数极少，仅有北京雍和宫、承德殊像寺等处曾有收藏。[③] 藏文版《大藏经》，始刻于康熙二十二年（1683），分

---

① 故宫博物院编：《尽善尽美：殿本精华》，紫禁城出版社，2009年，第76页。
② 傅璇琮、谢灼华主编：《中国藏书通史（下）》，宁波出版社，2001年，第1003—1005页。
③ 傅璇琮、谢灼华主编：《中国藏书通史（下）》，宁波出版社，2001年，第1005页。

《甘珠尔》《丹珠尔》两部分，主要在甘孜、西藏、甘肃、青海等地的喇嘛寺庙收藏。蒙古文版《大藏经》，元代初刊，清康熙年间重刻，据载，北京朝阳佑顺寺曾有收藏。①

除了收藏佛经，清代寺院也同时收藏世俗文献，如灵隐书藏与焦山书藏。杭州灵隐书藏创始人为著名学者翁方纲，主事者为阮元，阮元曾任山东、浙江两地学政，是乾嘉时期非常有权势的封疆大吏。②灵隐书藏是一次文人集体藏书于寺院的尝试，除了指定专人管理，还制定了《书藏条例》。其主要内容为：一、凡送书入藏者，管理寺僧均应给收到字票。二、入藏之书，不以四部分类，而以先后为序。三、凡入藏之书，封面和首页都加盖钤印。四、凡入藏之书，将书名写于封面上端或挂棉纸签，以便查检。五、守护灵隐书藏两僧人由监运司月拨香镫银六两。凡送书入藏者，若给以银钱，积聚起来充作修书增橱之用，但不给者亦不得索要。六、凡书进入灵隐书藏后，不许复出；如有人欲读藏书，只在阁中，不得携出阁门。凡寺僧有鬻卖、外借，或保管不善使书霉乱者，以及外人有携窃涂损者，皆要追究责任。七、所钤印内，及书籍登记簿"部"字之上分经史子集填注，一时分不清该列入何部类的，则阙之。八、管理寺僧若有出缺，由方丈秉公另举明静谨细、知文字之僧充补。③选择在寺庙藏书，主要是希望利用寺庙相对清幽的环境和较好的藏书保存条件，使更多文人士子得到读书的机会，带有一

---

① 傅璇琮、谢灼华主编：《中国藏书通史（下）》，宁波出版社，2001年，第1005—1006页。
② 谭卓垣、伦明、徐绍棨等撰，徐雁、谭华军译补：《清代藏书楼发展史 续补藏书纪事诗传》，辽宁人民出版社，1988年，第58页。
③ 王红蕾：《灵隐书藏与寺院藏书》，载国家古籍保护中心编《古籍保护研究》（第2辑），大象出版社，2016年，第82—83页。

定的公藏性质。灵隐书藏始建于嘉庆十四年（1809），咸丰十一年（1861）太平军二次进入杭州时毁于兵火。

镇江焦山书藏创建于嘉庆十八年（1813），倡议人为阮元，主持其事者为丁淮（百川）。嘉庆十四年（1809），阮元在杭州建立灵隐书藏后，拟在镇江焦山仿其制再建一座，于嘉庆十八年（1813）建成。焦山书藏建立时也订有《书藏条例》，与灵隐书藏条例大同小异。咸丰三年（1853），太平军进入江苏，镇江金山贮藏《四库全书》之文宗阁毁于兵火。八年后（1861），杭州再次陷入战火，文澜阁书被摧毁六七，灵隐书藏随之"龙象俱灰"，焦山与金山相邻，杭州藏书家丁丙遂以为其"亦不可复问矣"。① 光绪十七年（1891），丁丙与广东来杭友人梁星海谈起此事，梁言曾游焦山，见焦山书藏未毁。丁丙欣喜之余，取嘉惠堂藏书楼所藏、所刊、所写诸书，又从朋好分乞藏书共 451 部，计 2600 卷，1000 余册捐藏焦山书藏。②

早在公元 7 世纪，佛教就传入了西藏。在之后很长的一段时间内，藏传佛教宗派林立，斗争激烈。公元 15 世纪初叶，宗喀巴大师在宗教改革的基础上创立了藏传佛教新的派系——黄教（又称格鲁派喇嘛）。新兴的黄教戒律严格，体系严密，很快成为藏传佛教的主流派系。③ 由于藏传佛教的寺庙同时也承担了佛学院、医馆等机构的多种功能，故其藏书规模十分可观。特别是清代帝王普遍崇信黄教，给予寺院很高的社会地位与经济支持，因此清代藏传佛教

---

① 丁丙：《焦山藏书记》，载李希泌、张椒华编《中国古代藏书与近代图书馆史料（春秋至五四前后）》，中华书局，1982年，第84页。
② 傅璇琮、谢灼华主编：《中国藏书通史（下）》，宁波出版社，2001年，第1008页。
③ 李冀诚：《藏传佛教》，新华出版社，1993年，第47—53页。

藏书发展得十分迅速。

其中，以藏传佛教萨迦派的祖寺萨迦寺、布达拉宫，"黄教六大寺"即甘丹寺、哲蚌寺、色拉寺、扎什伦布寺、塔尔寺、拉卜楞寺最为著名。这些寺院不仅收藏了大量的满汉藏文经书如《甘珠尔》《丹珠尔》等，还有数量可观的医典、文学作品。不少寺院也成为藏区的刻经中心，在中国图书史上占据了一席之地。

以拉卜楞寺为例，该寺位于甘肃夏河县境内，始建于康熙四十八年（1709），是黄教六大寺中建立最晚的，以藏书著称于世。寺中建有正规的藏书楼，据云藏有经书228820部，藏文经版62000余块。① 1959年曾对该寺藏书进行过查点，编成的书目有17大类7824部，除了藏汉经书，尚有大量医药、音韵、戏剧、历史方面的书籍。②

二、道观藏书

清朝建立后，由于八旗贵族素无道教信仰，对道教的一些宗教活动加以限制，道教日趋衰落，全真派在清初略有中兴之象，稍具活力，正一派则日渐萎靡。整个清代，亦无重修《道藏》之举，仅有少数道观对收藏的《道藏》进行修补。所以，清代道观藏书仍以明代所刻《道藏》为主。③

《道藏》始刻于明正统年间，万历年间又刻《续道藏》，两次共

---

① 丹珠昂奔：《丹珠文存》（卷一·下），中央民族大学出版社，2013年，第645页。
② 肖东发主编：《中国宗教藏书》，贵州人民出版社，2009年，第102—103页。
③ 任继愈主编：《中国藏书楼·贰》，辽宁人民出版社，2001年，第1533页。

刻典籍 1476 种，5485 卷。① 正统《道藏》刻成后，据《正统实录》记载，英宗曾下旨颁赐天下道观，因此，在清代初年，国内主要道观均有《道藏》奉藏，后来由于受战火等因素影响，除一些著名道观，如北京白云观所藏《道藏》保存至今之外，大部分《道藏》都散佚在历史长河中。如苏州玄妙观、南京朝天宫，观宇犹存，但是所藏《道藏》已毁，吴山火德庙及所藏《道藏》亦毁于兵火。②

入清以后，清廷仍时有颁赐《道藏》之举，如：康熙八年（1669），颁赐奉天府承德县太清宫《道藏》一部；康熙二十五年（1686），颁赐钱塘佑圣观《道藏》一部；乾隆十五年（1750），颁赐苏州玄妙观《道藏》一部。③ 除此之外，福建龙溪玄妙观尚藏有《政和万寿道藏》564 函，清末毁于太平天国运动。④

全国各地收藏有道经的观宇还有：顺天府通州元灵观，保定府唐县清虚宫，定州曲阳县总元观，宣化府赤城县灵真观，兖州府邹县白云宫，登州府宁海神清观，泽州府阳城县紫微宫，陕州灵宝县道圣宫，江宁府上元县方山玄真观、黄鹿观，江宁府溧阳县泰清观，茅山乾元观，苏州府穹窿山上真观，扬州府仪征县玄妙观，宁波府鄞县冲虚真观，太平府当涂县希彝观，宁国府宣城县玄妙观，南昌府新建县建德观，潼川府三台县云台观等。

清代的道士虽无力重修《道藏》，但在整理道经方面作出了贡献。康熙年间（1662—1722），彭定求选《道藏》中 173 种道书编

---

① 傅璇琮、谢灼华主编：《中国藏书通史（下）》，宁波出版社，2001 年，第 1009 页。
② 傅璇琮、谢灼华主编：《中国藏书通史（下）》，宁波出版社，2001 年，第 1008—1011 页。
③ 毛旭、凌冬梅主编：《中国藏书的历史与传统》，朝华出版社，2020 年，第 147 页。
④ 任继愈主编：《中国藏书楼·叁》，辽宁人民出版社，2001 年，第 2059 页。

成《道藏辑要》，按二十八宿字号，分为28集，共200余册。嘉庆年间（1796—1820），蒋元庭又新编《道藏辑要目录》，收入道书279种，268册，仍分装28函。清光绪三十二年（1906），成都二仙庵又刻印《重刊道藏辑要》，贺龙骧撰《重刊道藏辑要子目初编》，共收287种道书，计531卷。其中含《道藏》外明末、清初新出道经114种，288卷，由贺龙骧初编，彭瀚然参订。同时，另刻《道藏辑要续编》和《女丹合编》，供道观收藏。①

以上我们简要回顾了清代藏书事业发展的社会文化背景，以及四大藏书体系的发展概况。总体来看，清代中期以前是我国古代藏书的鼎盛时期，收藏的发达促进了藏书经验的成熟、藏书理论的总结。清末风云突变，各种社会思潮跌宕起伏，又加速了古代藏书事业的现代转型，直接开启了中国图书馆事业的新篇章。下面，我们就将从藏书建设、管理、流通等各个方面，来系统梳理清代藏书思想的发展脉络。

---

① 胡孚琛、吕锡琛：《道学通论：道家·道教·仙学》，社会科学文献出版社，1999年，第674页。

第三章

清代的藏书观念与藏书建设思想

　　收聚是藏书活动的开端,藏书家的收藏观念决定着其藏书的类型、收聚标准、收聚方法等。清代是古代藏书史上的最后一个高峰,其藏书观念与明代相比,具有一定的继承性,比如,从明代中后期开始流行的"佞宋"之风,至清代愈演愈烈。同时,随着藏书事业的发展,清代藏书家的藏书观念也更加多元,体现出兼容并包的特征。

第一节　藏书观念

一、藏书价值观

　　藏书的价值是与书籍的价值、阅读的意义联系在一起的。清代是朴学的时代，清初知识分子总结明亡的教训，反思明末心学末流学问空疏之风，认为其导致了社会风气的败坏，因此提倡经世致用的学问。乾嘉以后，虽然这种思想解放的势头被愈发严苛的思想控制压制了，但求实的学问种子已经根植于清代学者心中，比如清初三大家之一的顾炎武，也被认为是清学的创始人。至乾隆、嘉庆时期，考据学盛行，学者们纷纷抛弃义理，采用汉儒训诂、考订的治学方法，对前代典籍进行了绵密、深入的考证，这种重证据罗列而少发议论的朴实学风，就是清学的主要特征。到了清末，清学日益僵化，变成了"皓首穷经"的"故纸堆"学问，面对内忧外患，有识之士又开始了对清学的批判，重新呼吁贴近社会现实、能够指导社会实践的学问。以上简单梳理了清代学术的发展脉络，可以看出，不论是清初的思想解放、清中叶乾嘉学派的大行其道，还是清末西学的传入、实学的再兴，整个清代的学风是比较朴素的。这种学问风气，反映到与之密切相关的读书求知方面，就是强调读书的现实意义，坚决反对空谈的学风。

清初，顾炎武认为明朝灭亡的根本原因是国家和社会伦理道德体系的崩溃，而理学、心学的清谈之风就是罪魁祸首："今日之清谈，有甚于前代者。昔之清谈谈老庄，今之清谈谈孔孟，未得其精而已遗其粗，未究其本而先辞其末。……以明心见性之空言，代修己治人之实学。股肱惰而万事荒，爪牙亡而四国乱，神州荡覆，宗社丘墟。"① 因此，他提倡经世致用，反对空谈，注意广求证据，提出："君子之为学，以明道也，以救世也。徒以诗文而已，所谓雕虫篆刻，亦何益哉！"② 也就是说，有志于学者，要树立远大理想，研究和讨论那些阐明世道、关乎国家长治久安的学问，否则即使写得一手锦绣文章，也不过是雕虫小技。顾炎武不仅提出了这样的主张，同时也是如此力行的，他的代表作《天下郡国利病书》详细罗列了天文气象、农田水利、采矿、制盐、造船、航海、海战、内陆湖泊河流等各方面的知识，甚至已经开始关注"坚船利炮"的问题。《清儒学案·亭林学案》评价他："亭林之学，实事求是。不分汉、宋门户，经世致用，规模闳峻，为有清一代学术渊源所自出。"③

这种求实、求用的读书观念在清初是非常有影响力的，与顾炎武齐名的黄宗羲也认为"明人讲学，袭语录之糟粕，不以六经为根柢，束书而从事于游谈，故受业者必先穷经；经术所以经世，方不

---

① 顾炎武：《夫子之言性与天道》，载顾炎武著、黄汝成集释《日知录集释》（第2册），上海古籍出版社，2014年，第158页。
② 顾炎武：《与人书二十五》，载唐敬杲选注、司马朝军校订《顾炎武文》，崇文书局，2014年，第91页。
③ 徐世昌编：《清儒学案》（一），中国书店，2013年，第122页。

为迂儒之学",故而"读书不多,无以证斯理之变化",①将读书作为明理阅世、增长才干的重要途径。清中叶以后,这种读书求知的观念更加深入人心。阎若璩"一物不知,以为深耻;遭人而问,少有宁日"②。顾祖禹"经史皆能背诵如流水"③。万斯同"博通诸史,尤熟于明代掌故,自洪武至天启实录,皆能暗诵"④。这些著名学者的传记材料反映了相同的读书观念:一为求博,勤学苦读,无书不观;一为将经史书籍等量齐观,特别重视史书阅读。而史部书,在古人的观念里,是可以明兴衰治乱之道、可资镜鉴的历史经验,反映了清人求实的学风。

从上引材料不难看出,清代学者是将读书与求知联系在一起的,读书是为了治学,没有书读,学问就成了无本之木、无源之水。那么,书从哪里来?在尚无公共藏书机构的清代,藏书就是读书的基本条件。一直到晚清,传统学者的治学路径仍然遵循着藏书—读书—治学的规律,可见我国古代传统学术系统的稳定性。罗振玉说:"予家无藏书,淮安亦无书肆。每学使案试,则江南书坊多列肆试院前。予力不能购,时时就肆中阅之。平日则就人借书,阅后还之,日必挟册出入。……予服习经史之暇,以古碑版可资考证。山左估人刘金科,岁必挟山左、中州、关中古碑刻至淮安。时

---

① 全祖望:《梨洲先生神道碑文》,载黄宗羲著、吴光主编《黄宗羲全集》(第22册),浙江古籍出版社,2012年,第7页。
② 江藩、方东树著,徐洪兴编校:《汉学师承记(外二种)》,中西书局,2012年,第9页。
③ 江藩、方东树著,徐洪兴编校:《汉学师承记(外二种)》,中西书局,2012年,第19页。
④ 钱大昕:《万先生斯同传》,载乔治忠、朱洪斌编著《增订中国史学史资料编年·清代卷》,商务印书馆,2013年,第195页。

贫不能得，乃赁碑读之，一纸赁钱四十。遂成《读碑小笺》一卷，又杂记小小考订为《存拙斋札疏》一卷。予妇脱簪珥，为予刻之。此为予著书之始。"①

在简要分析了清人关于读书、治学之间关系的看法后，就不难理解其"藏书为用"的基本理念了。藏书是治学的条件，费尽千辛万苦收集来的图书，当然要充分发挥其作用。谢灼华曾将清代的藏书家归纳为三类：为著述而藏书、读书的著述家藏书家，为搜集、收集典籍而藏书有特色的收藏家藏书家，以及为校勘、整理图书进行出版活动的出版家藏书家。②事实上，明清时期的藏书家往往集读书、校书、刊书于一身，按照上述标准对他们进行归类，只能反映某位藏书家在某一方面特别突出。就收藏、著述、出版而言，今天看来固然界限分明，但如果我们从传统文化的角度来理解，就会发现其自有内在逻辑。中国古代士大夫追求的最高人生境界，是"立德、立功、立言"，合称"三不朽"③。唐代孔颖达疏证："立德，谓创制垂法，博施济众；立功，谓拯厄除难，功济于时；立言，谓言得其要，理足可传。"④对读书人来说，通过科举入仕，成就一番功业，乃至创设万世之法，固然是最高追求。但对大多数人来说，这样的要求实在太高了，那么，退而著述，将毕生所学传布下去，就成为他们实现"三不朽"的第二选择。著书立说对于一般读书人来说，仍然是很困难的事，那么，再退而求其次，校勘整理珍贵典

---

① 罗振玉：《清代学术源流考》，江苏文艺出版社，2011年，第5页。
② 谢灼华：《清代私家藏书的种类》，载《谢灼华文集》，中山大学出版社，2014年，第48页。
③ 左丘明著，蒋冀骋点校：《左传》，岳麓书社，2006年，第197页。
④ 顾明远主编：《教育大辞典9·中国古代教育史（下）》，上海教育出版社，1992年，第60页。

·61·

籍，将其雕版刻印，化身千万，泽被士林，自己的名字也随着这些秘籍珍本流传千古，"立言"的目标就间接实现了。因此，也就不难理解为何清代许多藏书家身兼藏书与出版二职。在公共藏书事业尚不发达的时代，不管藏书家刊行书籍的初衷是什么，其行为都在客观上促进了书籍的流通利用，许多孤本、善本依靠这种方式流传至今，从文化史的角度，清代藏书家刊刻图书的积极意义非常深远。既然有刊刻流通、传之千古的需求，那么，除了搜集秘本满足藏书家鉴赏，藏书最主要的目的就是使用，使用的方式包括学术研究和用作刊刻底本两方面。

对此，清代最著名的藏书流派之一——常熟派，已经形成了清晰的认识。常熟藏书派，发端于明代中后期，整个清代一直长盛不衰，代有藏书大家、名家，除了藏书巨万，常熟派还以善于总结古代藏书经验著称。清代中期，常熟派代表人物张金吾在《爱日精庐藏书志·序》中明确提出了"藏书为读"的观点：

> 人有愚、智、贤、不肖之异者，无他，学不学之所致也。然欲致力于学者，必先读书，欲读书者，必先藏书，藏书者，诵读之资，而学问之本也。①

张金吾认为藏书是做学问的基础，凡读书者必须先占有丰富的藏书。比张金吾年代更早的另一位常熟派藏书家，钱谦益的族孙钱曾，其收藏特色以"佞宋"著称，即偏好收藏宋元旧本，但在他笔下立志收藏的初衷也是通读书之法，其《述古堂藏书目·序》云："忆年驱雀时，从先生长者游，得闻其绪论，经经文纬，颇知读书

---

① 张金吾著，冯惠民整理：《爱日精庐藏书志》，中华书局，2012年，"序"第2页。

法。逮壮，有志藏弆，始次第访求，问津知途，幸免于冥行擿埴。"① 只有通晓读书之法，才能避免在选择藏书时如盲人夜行，茫然无章法。可见，钱曾收藏图书的首要目的是诵读，而通晓读书之法又能反过来帮助他更有针对性地挑选图书，形成自己的收藏特色。因此，那些能够充分利用藏书、善加研读的藏书家，往往更加受到人们的尊重。如清末常熟瞿氏铁琴铜剑楼，五代递藏，并且代代均能藏而读之，受到了时人的推崇。季锡畴在《荫棠先生检书图》中说：

余尝念藏书与藏货财雅俗自异，乃往往不久散亡则同焉者，何欤？或曰聚必有散，或曰专一己之有，为造物所忌。是二说者皆非也。古人之精神寓于著述，其书之传之久者，尤其精神之不散者也。藏书之富是直聚数千年来千百古人于一堂之上。今夫人有宾朋燕集，而漠然不与酬接，鲜不怒而思去矣。然则书之散亡，亦藏之之人未相酬接而古人怒而去之耳。使其日与相亲，古人得一知己矣，将昵就之不暇，而肯轻去哉？先生非徒藏之而能读之，且义方有训，教其子子雍为高才生，以博闻著吴中，诸孙诵声琅琅一室。盖非徒一己读之，且欲令世世子孙读而守之，以迄于无穷。此《检书图》之作，所以垂示方来，意深远也。②

图书聚散有道，长聚不散者未尝闻也。古书是今人与古人对话

---

① 钱曾：《述古堂藏书目·序》，载瞿凤起编《虞山钱遵王藏书目录汇编》，古典文学出版社，1958年，第312页。
② 季锡畴：《荫棠先生检书图》，载叶昌炽撰、王欣夫笺证《藏书纪事诗 藏书纪事诗笺证（下）》，广西师范大学出版社，2021年，第1203—1204页。

的唯一桥梁，藏而不用，虽家藏万卷，必藏之不久；藏而能读，才可称得上古人知己。将珍贵的宋元旧椠，置之高阁，即使以金匮置之，终不免归于尘土。而树立正确的藏书观念，以读促藏，对藏书善加利用，才能培养子孙后代爱书、读书之风，才是古书能够世代相传的最好保障。常熟派的藏书家显然都认识到了这一点，这也是清代常熟多出藏书世家的文化基因。

二、佞宋嗜旧

雕版印刷术虽发明于唐代，但技术发展从应用到普及，需要一个接受过程。因此，宋代才是雕版印书盛行的时代，明代学者胡应麟曾云："魏晋以还，藏书家至寡……宋世骤盛……盖雕本始唐中叶，至宋盛行，荐绅士民有力之家但笃好则无不可致。"① 宋代文教事业发达，对书籍的刊刻也非常重视，因此，宋版书大多内容精审、刻印精良。明代谢肇淛《五杂俎》云："书所以贵宋板者，不惟点画无讹，亦且笺刻精好，若法帖然。"② 质量优良、刻印精美，加之中国自古以来的"崇古"文化心理，这些因素共同造就了宋版书在我国出版史上公认的善本地位，而收藏史上的"佞宋"观念则是从明代开其绪端的。

明中叶以后，随着宋版书传世数量越来越少，宋刻本的版本和文献价值愈发凸显，藏书家不仅费尽心力搜集宋元旧本，还开始有意识地总结宋版书的特征，为其他收藏家提供经验，而明中叶以后

---

① 胡应麟等撰，王岚、陈晓兰点校：《经籍会通（外四种）》，北京燕山出版社，2008年，第47页。
② 谢肇淛：《五杂俎》，山东人民出版社，2018年，第452页。

复古思潮的兴起，又带动了这种翻刻古籍、收藏旧本的风气，"佞宋"之风初步形成。明中晚期文坛领袖王世贞以一座庄园换取宋版两《汉书》①的故事就是这种风气的生动反映。在这种藏书风气影响下，还出现了如高濂《遵生八笺·论藏书》之类专门记载宋元旧本收藏故事和论述宋元旧本特征的理论总结。这种风气延续至清朝，不仅没有消歇，反而愈演愈盛。

一方面，明清之交，不少由明入清的大藏书家继续坚持嗜旧佞宋的藏书传统；另一方面，清朝朴学大兴，致力于在文献领域的求真、求实，相较于元、明、清三代刻本，宋版书距祖本时间更近，校勘、刻印得也更为精良，自然成为藏书家追逐的目标。对此，顾志兴曾评述："清代学者藏书的风气远比明人为盛。他们除了收藏明代和当代出版的典籍而外，尤重宋元刊本和旧抄本的收藏。这个风气明代已产生……这种以重金搜求宋元刊本和旧抄本的风气到清代尤甚……其中除有人'嗜古成癖'外，其直接原因，则是宋元刊本比较可信，而明之刻本则颇多可议之处。清代文人藏书为读书，为著述，因而其对藏书版本之考较，是情理中事。"②

清代藏书有"佞宋嗜旧"之风，最先被注意到的藏书家，仍然是明末清初异军突起的常熟派。清代苏州藏书家潘祖荫在总结常熟派支流时说："吾乡藏书家以常熟为最，常熟有二派，一专收宋椠，始于钱氏绛云楼、毛氏汲古阁，而席氏玉照殿之；一专收精抄，亦始于毛氏、钱氏遵王、陆孟凫，而曹彬侯殿之。"③将收集宋椠旧抄

---

① 叶昌炽撰，王欣夫笺正：《藏书纪事诗 藏书纪事诗笺正（上）》，广西师范大学出版社，2021年，第336页。
② 顾志兴：《浙江藏书家藏书楼》，浙江人民出版社，1987年，第145页。
③ 潘祖荫：《稽瑞楼书目》，载《滂喜斋丛书》（第5册），北京图书馆出版社，2003年，"序"。

看作常熟派最重要的流派特征。近人总结清代藏书史特征，亦云："清初的毛氏汲古阁和钱氏绛云楼起了开珍重宋元版风气之先的作用。"①

对于"佞宋"的评价，常熟的藏书家们也不以为意，反而慨然当之，甚至在言谈之中颇有得色。钱曾在《述古堂藏书目·序》中就不无得意地说：

> 竭予二十余年之心力，食不重味，衣不完采，摒当家资，悉藏典籍中。……然生平所酷嗜者，宋椠本为最。友人冯定远每戏予曰："昔人佞佛，子佞宋刻乎！"相与一笑，而不能已于佞也。②

钱曾的藏书部分得自其族叔祖钱谦益之绛云楼。钱谦益是明末文坛领袖，后来投降清朝，虽然气节有亏，但收藏眼光却十分老辣，绛云楼以收藏之富、藏书之精称雄清初，追求宋刊元椠也是其最主要的收藏特征。据钱氏在《书旧藏宋雕两汉书后》自云，王世贞以一座庄园换来的前后《汉书》，后来辗转归于牧斋，而钱谦益多年来耗费心力收集的宋元佳本亦不逊弇州山人当年。然庚寅（1650）之冬，绛云楼被火，所藏珍本书籍损失殆尽，唯两《汉书》早年价让四明谢氏，幸而逃过此劫。因此，钱谦益不无讥讽地说："今吴中一二藏书家，零星掇拾，不足当吾家一毛片羽。见者夸诩，

---

① 谭卓垣、伦明、徐绍棨等撰，徐雁、谭华军译补：《清代藏书楼发展史 续补藏书纪事诗传》，辽宁人民出版社，1988年，第47页。
② 钱曾：《述古堂藏书目·序》，载瞿凤起编《虞山钱遵王藏书目录汇编》，古典文学出版社，1958年，第312页。

比于酉阳、羽陵,书生饿眼,见钱但不在纸裹中,可为捧腹。"①

为什么要追求宋元旧本?钱谦益在藏书题跋中多处论及,如《跋玉台新咏》云:"凡古书一经妄庸人手,纰缪百出,便应付蜡车覆瓿,不独此集也。"②《跋列女传》云:"余藏《列女传》古本有二,一得于吴门老儒钱功甫,一则乱后入燕,得于南城废殿中,皆仅免于劫灰。此则内殿本也。功甫尝指示予:'图画虽草略,尚是顾恺之遗制。苏子容尝见旧本于江南人家,其画为古佩服,而各题其颂像侧。今此画佩服古朴,坐皆尚右。儒者生百世之下,得见古人形容仪法,非偶然者,吾子其宝重之。'余心识功甫之言不敢忘。近又检吴中旧刻,赞后又赞,乃黄鲁直以己作窜入,与古文错迕,读者习焉不察久矣。秦、汉古书,多为今世妄庸人驳乱,其祸有甚于焚燎,不可不辨。"③又《跋聂从义三礼图》云:"此等书,经宋人考定,其图象皆躬命缋素,不失毫发。近代雕本,传写讹谬,都不足观。余旧藏本,出史明古家。遵王此本,有俞贞木图纪,先辈名儒,汲古嗜学,其流风可想也。"④可见,钱谦益之嗜好古本,主要是出于文献价值方面的考虑。越古之本,距其祖本的时代更近,后世去古日远,书籍在刊印、传抄过程中,难免出现各种错误,更有甚者,庸妄之人擅改古书,使古书原貌尽失。后人研究古书首先

---

① 钱谦益著,钱曾笺注,钱仲联标校:《牧斋有学集(下)》,上海古籍出版社,1996年,第1529页。
② 钱谦益著,钱曾笺注,钱仲联标校:《牧斋有学集(下)》,上海古籍出版社,1996年,第1513页。
③ 钱谦益著,钱曾笺注,钱仲联标校:《牧斋有学集(下)》,上海古籍出版社,1996年,第1519页。
④ 钱谦益著,钱曾笺注,钱仲联标校:《牧斋有学集(下)》,上海古籍出版社,1996年,第1520页。

要做的就是恢复古书真容，宋元旧刊则是明清时人能见到的最权威的文献依据，因此在图书访求过程中，多方寻访宋刊元椠，既有经济价值方面的考虑，更是明晰版本源流、厘清古书本源的客观需求。

与钱谦益同时代的另一位常熟派藏书大家——汲古阁主人毛晋，同样是"嗜旧佞宋"的代表人物。汲古阁藏书富甲天下，亦以宋元旧本称雄，《重修常昭合志》卷三十二载其藏书事迹："晋奋起为儒，好古博览。构汲古阁、目耕楼，藏书数万卷……其所藏旧本，以宋本、元本椭圆印别之。又以'甲'字印钤于首，其余藏印用姓名及'汲古'字者以十数。"① 毛晋平生尤其钟爱宋元善本，藏书最盛时规模曾达 84000 余册。② 他的好友陈瑚为其撰写的《为毛潜在隐居乞言小传》记载："江南藏书之富，自玉峰菉竹堂、娄东万卷楼后，近屈指海虞。……而岿然独存者，惟毛氏汲古阁。登其阁者，如入龙宫鲛肆，既怖急，又踊跃焉，其制，上下三楹，始子讫亥，分十二架。中藏四库书及释、道两藏，皆南北宋内府所遗，纸理缜滑，墨光腾刻。又有金、元人本，多好事家所未见。子晋日坐阁下，手翻诸部，雠其讹谬，次第行世。至滇南官长万里遗币以购毛氏书。一时载籍之盛，近古未有也。"③ 为了访求宋元旧本，毛晋不惜重金，公开张榜求购宋椠、旧抄，以高于市场的价格收购，以致湖州书舶往来云集于毛氏门下，有古人千金买骨的遗风。对收集来的宋元善本，毛晋为之钤盖特殊印章并辟专室庋藏，其中特别珍贵的版本，精校后以刊印的方式促其进入流通领域。明末清初之

---

① 郑钟祥、张瀛修，庞鸿文等纂：《光绪常昭合志稿·卷三十二·人物》，载《中国地方志集成·江苏府县志辑》，江苏古籍出版社，1991年，第559页。
② 范凤书：《中国私家藏书史（修订版）》，武汉大学出版社，2013年，第618页。
③ 陈瑚：《确庵文稿·卷十六·古文》，清康熙初年毛氏汲古阁刻本，第1—2页。

间，汲古阁刻本行销天下，受到藏书家的追捧，在古代文化典籍保存方面作出了杰出的贡献。

前面提到的"佞宋主人"钱曾，是与毛晋比肩的常熟派大藏书家。以"佞宋"为号，足见其收藏旨趣。绛云楼被火后，心灰意冷的钱谦益将剩余善本赠予钱曾，在此基础上，钱曾多方搜集，终使述古堂藏书声名鹊起。钱谦益曾在《述古堂宋刻书跋序》中介绍钱曾藏书的情况："辛丑暮春，过遵王述古堂观所藏宋刻书，缥青介朱，装潢精致，殆可当我绛云楼之什三。纵目流览，如见故物。任意渔猎，不烦借书一瓻。良可喜也。吴儿穷眼，登汲古阁，相顾愕眙，如入群玉之府。今得睹述古堂藏书，又复如何？"[①] 极其自负的钱谦益都对述古堂藏书赞誉有加，足见钱曾收藏之精。

钱曾不仅是一位藏书家，同时也是一位勤奋的文献学者，他将在版本鉴定、图书整理方面的心得编成《也是园藏书目》《述古堂藏书目》《读书敏求记》等书目著作。由于钱曾在版本鉴定方面的深厚积累，这些书籍成为后世藏书家寻访善本的指南，而其好古的主张也在这些作品中得到较为系统的体现。如《读书敏求记》"春秋经传集解三十卷"跋云："南宋刻本，首列《二十国年表》，音义视他本较详。……此等书不论其全不全，譬诸藏古玩家，收得柴窑残器半片，便奉为天球拱璧，而况镇库典籍乎！"[②] "陆德明经典释文三十卷"跋："我友叶林宗，笃好奇书古帖，搜访不遗余力。每见友朋案头一帙，必假归躬自缮写，篝灯命笔，夜分不休。吾两人

---

① 钱谦益著，钱曾笺注，钱仲联标校：《牧斋有学集（下）》，上海古籍出版社，1996年，第1512页。
② 钱曾著，管庭芬、章钰校证，傅增湘批注，冯惠民整理：《藏园批注读书敏求记校证》，中华书局，2012年，第61—62页。

购得秘册,即互相传录,虽昏夜叩门,两家童子闻声知之,好事极矣。"① 常熟派对宋元旧本的重视,不仅在虞山一地蔚然成风,还一定程度上影响了整个清代的藏书风气。清末叶德辉就认为:"国朝藏书尚宋元板之风,始于虞山钱谦益绛云楼、毛晋汲古阁。"② 今人在比较常熟派与浙东派的特点时,也将"好宋元刻本、抄本和稿本"与"重视收集当代人的著作"③ 作为二派区别的标志。但是,常熟派虽然佞宋嗜旧,然其对宋元旧本的追逐,并非仅仅出于经济价值考虑。陈瑚在为毛晋撰写的《为毛潜在隐居乞言小传》中记载了一段毛氏关于宋本的对话:

子晋日坐阁下,手翻诸部,雠其讹谬,次第行世。……其所锓诸书,一据宋本,或戏谓子晋曰:"人但多读书耳,何必宋本为。"子晋辄举唐诗"种松皆老作龙鳞"为证,曰:"读宋本然后知今本老龙鳞之为误也。"④

这是对宋本价值的一次生动演绎,以毛晋为代表的常熟派藏书家,是从版本学角度出发,真正意识到了宋版书的文献价值。而这种观念在清代藏书家中并不鲜见,某种意义上,其可说是"读书派"藏书家的共识。因此,到了清代中期,常熟派藏书家陈揆在《论书贵旧本》中,对"佞宋"之风的评述便颇有理论总结色彩了。

---

① 钱曾著,管庭芬、章钰校证,傅增湘批注,冯惠民整理:《藏园批注读书敏求记校证》,中华书局,2012年,第81页。
② 叶德辉:《吴门书坊之盛衰》,载叶德辉著、紫石点校《书林清话(外二种)》,北京燕山出版社,2008年,第247页。
③ 曹培根:《古代私家藏书流派及虞山派、浙东派论析》,《常熟高专学报》2000年第1期。
④ 陈瑚:《确庵文稿·卷十六·古文》,清康熙初年毛氏汲古阁刻本,第2页。

在这篇文章中，陈揆论述了藏书家之所以重视收藏宋元旧本，首先是因为清代校勘学的兴盛，需要接近祖本的古本来作为校勘底本，达到"求真"的目的；再者，书籍是文化传承的载体，古书流传至今日，凝结了无数人的心血，后人有义务对其倍加珍爱，使其能够世代流传，文脉长存。① 这种思想反映了当时藏书家一种比较普遍的收藏心理。

除了在常熟藏书家群体身上得以集中体现，清代藏书"佞宋"之风在其他地域的藏书家身上也都有所展现。时代略晚于钱曾的江苏泰兴藏书家季振宜，有"藏书之富甲于天下"②的美誉。季氏藏书，泰半得自毛晋、钱曾旧藏，据《天咫偶闻》记载："毛、钱两家散出，半归徐健庵、季沧苇。"③ 其后江南故家散出的珍本秘籍，也多归季振宜，以其自编的《季沧苇藏书目》观之，绝大部分为宋元抄刻本，且以宋本居多，可见其收藏志趣。季振宜不仅雅好收藏宋元旧本，对藏书版本考证的精密程度也颇足称道，周中孚《郑堂读书记》卷三十二"季沧苇藏书目一卷 吴门黄氏士礼居刊本"云："是编乃其家藏书目，详载宋元板刻以至抄本，几于无所编略。盖其书半出钱氏述古堂藏本，而古书面目较诸钱氏所记更详。"④

与季振宜齐名的另一位清初大藏书家徐乾学，亦以宋元善本收藏著称。昆山徐氏兄弟，一门三鼎甲，且都身居高位，这为其藏书提供了很好的物质条件。其中，以徐乾学的传是楼最为著名，在时

---

① 黄丕烈著，屠友祥校注：《荛圃藏书题识》，上海远东出版社，1999年，第13页。
② 丁辉、陈心蓉：《中国进士藏书家考略》，黄山书社，2017年，第220页。
③ 震钧：《天咫偶闻》，北京古籍出版社，1982年，第70页。
④ 周中孚：《郑堂读书记》，北京图书馆出版社，2007年，第592页。

人口中便已有"传是楼藏书甲天下"①"积书寰中亦第一"② 的美誉。徐乾学是康熙九年(1670)探花,自幼饱读诗书,入仕后长期担任翰林院清贵之职,门生故旧遍天下,这为他充实藏书、搜集秘籍提供了便利。其藏书有自编《传是楼书目》和《传是楼宋元版书目》,共著录宋元版书 429 部,在清代藏书家中少有人能及。

乾嘉以后,古书古刻愈发稀少,藏书家重视宋元旧刻、明代精刊及手抄本的风气愈发普遍。③ 最有代表性的就是苏州的大藏书家黄丕烈。《同治苏州府志》记载:"(黄丕烈)喜藏书,购得宋刻百余种,学士顾莼颜其室曰'百宋一廛'。"④ 黄丕烈的宋版书收藏,在中国藏书史上可谓首屈一指,他曾自言:"予喜聚书,必购旧刻,昔人有佞宋之讥,有同情焉。"⑤ 苏州、常熟一带是清代私人藏书中心,黄丕烈借助地缘优势,藏书多得自绛云楼、述古堂、汲古阁之精品,也继承了这一藏书流派的风气。收藏之余,黄丕烈还是一位勤奋的文献学家,他为藏书撰写了大量的书目题跋、访书记等,其中最有价值的内容就是对藏书版本源流的考证,也体现了其重视宋版书的藏书思想。嘉庆七年(1802),黄丕烈迁居苏州悬桥巷,将多年累积的宋本书百余种专藏一室,请好友顾广圻作赋纪之,赋成后,黄氏又自作注,后赋注并刻入《士礼居黄氏丛书》刊行。这篇注文,集中展现了黄丕烈的版本观:

---

① 叶昌炽著,王锷、伏亚鹏点校:《藏书纪事诗》,北京燕山出版社,2008 年,第 309 页。
② 万斯同:《石园文集》,载《续修四库全书》编纂委员会编《续修四库全书·一四一五·集部·别集类》,上海古籍出版社,1995 年,第 451 页。
③ 谢灼华:《清代私家藏书的发展》,《图书情报知识》2000 年第 1 期。
④ 叶昌炽著,王锷、伏亚鹏点校:《藏书纪事诗》,北京燕山出版社,2008 年,第 445 页。
⑤ 黄丕烈著,屠友祥校注:《荛圃藏书题识》,上海远东出版社,1999 年,第 938 页。

夫书之言宋椠，犹导河言积石也。……自是至于后唐长兴九经刻版，周显德《经典释文》雕印，既省传写之劳，兼视丰碑为便，人事所趋，势固宜尔。于是终始宋代，官私所造，遍于四部，《玉海》及马氏《经籍考》等详其事焉。就中即有利病，究之上承转录，此其嫡脉。故曰："贻于后而留其真，以睎于先而袭其迹也"。及今远者千年，近者犹数百年，所存乃当日千百之一二耳，幸而得之，以校后本，其有未经改窜者鲜矣。夫君子不空作，必有依据，宋椠者，亦读书之依据也。故比之以司南，谓指南之车，韩子书为此称矣。①

　　可见，黄丕烈虽"狂热"追求宋版书，但对其价值的认知还是比较客观的，宋版书之所以价值高，是因其内容而非形式，其最核心的价值还是在于利用宋版书实现"求真"的学术追求。换句话说，宋版书的价值需要通过对其文献内容价值的挖掘才能得以体现。对此，黄丕烈有非常清醒的认识："夫书之贵贱，以有用无用为断，并以名实相副者为重。"② 而明刻本之所以不佳，就是因为在这些方面舍本逐末："明人喜刻书而又不肯守其旧，故所刻往往戾于古。"③ 黄丕烈的"佞宋"思想在清代藏书家中有很大的影响，吴骞将藏书楼命名为"千元十驾"，清末陆心源名其藏书楼为"皕宋楼"，都有以"百宋一廛"为"对手"，欲一较高下的心理。

　　从文献学的角度来说，宋元旧本的价值毋庸置疑，但是，如果一味追求旧抄旧刻，就会导致对旧本的过度迷信，限制学术创新。因

---

① 顾广圻撰，黄丕烈注：《百宋一廛赋注》，嘉庆十年（1805）吴郡黄氏士礼居刻本。
② 黄丕烈著，潘祖荫辑，周少川点校：《士礼居藏书题跋记》，书目文献出版社，1989年，第85页。
③ 黄丕烈著，潘祖荫辑，周少川点校：《士礼居藏书题跋记》，书目文献出版社，1989年，第85页。

此，在"佞宋"之风愈演愈烈的清代，也有许多藏书家认识到这一问题，对当代学者痴迷宋刻的风气进行了批评和反思。这在后文介绍清代藏书整理思想中的版本观念时，还会详细阐释，在此暂不赘述。

三、刊书为用

藏书为读，"佞宋嗜旧"的根本原因是旧本近古，有助于学术研究。古代很多藏书家，在醉心收藏的同时也热心刊刻，家刻本常以不惜工本、刻印精美著称，在中国书籍史上占有一席之地。藏书家为什么热衷刻书，除了受"立德、立功、立言"三不朽思想影响，让珍贵的典籍化身千万、嘉惠士林，尽到保存文明、传播文化的社会责任，也是一个很重要的原因。这一点在清代藏书家身上体现得尤为明显。

黄廷鉴在《朝议大夫张君行状》中论述了张海鹏一生致力于刊刻书籍的原因：

> 昔吾邑隐湖毛君，以一诸生，力刊经史诸书，广布海内，迄今几二百年，经史旧版，尚供摹印。前事可师，（张海鹏）遂矢愿以剞劂古书为己任。乃检旧藏所有，更广购自明以来罕见之旧本，互勘去取。其中秘藏书，则倩钱唐何上舍从文澜阁中写副储藏，以备汇刊。……居恒尝语人曰："藏书不如读书，读书不如刻书。读书只以为己，刻书可以泽人。上以寿作者之精神，下以惠后来之沾溉，视区区成就一己之学业者，其道不更广耶！"[①]

---

① 黄廷鉴：《朝议大夫张君行状》，载《第六弦溪文抄》，中华书局，1985年，第83—84页。

以刻书为己任的藏书家，其刊刻计划与目标必然影响到其择书标准。如上文所示，张海鹏"以剞劂古书为己任"，所以在购藏图书时，将宋明以来罕见之本作为重点，并且辗转抄得四部秘本。对张氏来说，世所罕见就是择书的首要因素。此外，刊刻者本人的学术取向也会影响其刊书、藏书的方向。钱谦益在介绍毛晋刻书标准时说：

> 子晋初名凤苞，晚更名晋。世居虞山东湖。……壮从余游，益深知学问之指。意谓经术之学，原本汉、唐，儒者远祖新安，近考余姚，不复知古人先河后海之义。代各有史，史各有事有文，虽东莱、武进以巨儒事钩纂，要以歧枝割剥，使人不得见宇宙之大全。故于经史全书，勘雠流布，务使学者穷其源流，审其津涉。其他访佚典，搜秘文，皆用以裨辅其正学。于是缥囊缃帙，毛氏之书走天下，而知其标准者或鲜矣。经史既竣，则有事于佛藏。①

从牧斋的介绍可以看出，毛晋刻书的缘由，一是对晚明以来复古风潮的响应，二是对时下经史之书多以类纂、选编形式刊布流传的不满。因此，汲古阁刻书以经史全书为首要任务，毛晋对古籍秘本的寻访也是围绕这个中心展开的。

概言之，清代藏书家虽以"佞宋嗜旧"自称，但在实际的藏书活动中，由于藏书家本身的收藏眼光和学术追求，并不以版本之珍贵作为收书的唯一标准，而是秉承藏书为读、刊书为用的观念，在藏和读之间巧妙地寻找平衡点。

---

① 钱谦益：《隐湖毛君墓志铭》，载钱谦益著、钱曾笺注、钱仲联标校《牧斋有学集（下）》，上海古籍出版社，1996年，第1140—1141页。

四、收书有序

中国古籍浩如烟海,穷尽个人或者家族之财力,也无法做到尽收天下图籍。于是,对藏书家来说,收藏次序,即先收何种书、后收何种书,就成了摆在他们面前的首要难题。

对此,张金吾深有感触:"汉、唐以来,书皆传写,后唐始有镂版,自是厥后,书日益多,至于今辇数千金至市,可立致万卷,则当今日而言,藏书亦何足贵?然而藏书不易言矣。著录贵乎秘,秘籍不尽可珍;椠本贵乎宋,宋椠不尽可宝。要在乎审择之而已。"[①] 书籍日多,而审择不易,那么,应该如何选择图书呢?

张金吾根据版本价值和书籍内容两方面的标准,将图书划分为三个等次:

> 宋、元旧椠,有关经史实学而世鲜传本者上也。书虽习见,或宋元刊本,或旧写本,或前贤手校本,可与今本考证异同者次也。书不经见而出于近时传写者,又其次也。而要以有裨学术治道者为之断。[②]

同时满足"宋元旧椠""有关经史实学""世鲜传本"三个条件者为第一等,满足这三个条件的某一方面者次之,而其总体原则是"有裨学术治道",就是对学术研究或国家治理有益的书。张氏提出的图书三等次说,不仅兼顾内容价值和版本价值,同时还考虑了其稀见与否,比之单纯追求"宋椠元刊"进步许多。上述择书标准,

---

① 张金吾著,冯惠民整理:《爱日精庐藏书志》,中华书局,2012年,第2页。
② 张金吾著,冯惠民整理:《爱日精庐藏书志》,中华书局,2012年,第2页。

即使放在今天也是有现实价值的。

张金吾的藏书次序说主要以版本和内容价值为判断依据，对藏书家的眼光有很高的要求。孙从添在《藏书记要·鉴别》中总结常熟派的藏书经验，提出：

藏书之道，先分经史子集四种，取其精华，去其糠秕，经为上，史次之，子集又次之。……所以书籍首重经史，其次子集。①

具体来说，每部类下应该重点关注的小类分别为：

经史中有疏义、注解、图说、论讲、史断、互考、补缺、考略、刊正谬俗、稗官野史、各国春秋传载、音释、句解者，当细心鉴之。至于杂记、小说、偶录之书，有关行谊、考据学问政治者，绸绎而收藏之。述古文词、翰苑经济之文、小学、字学、韵学、山经、地志、游览、技艺、养生、博物、种植、岁时、医卜、九流杂技之书，有关利济学术者，亦须留意。文辞、诗集、文集、词曲、碑记、性理、语录、子书、小说等，皆当择其最上者收藏之。各种书籍，务于旧刻秘抄，完全善本为妙。②

与张金吾的"审择"之道相比，孙从添总结的"藏书次第论"在操作性方面更胜一筹，也更能满足古代藏书家的现实需要。古人

---

① 孙庆增：《藏书记要》，载祁承㸁等撰《澹生堂藏书约（外八种）》，上海古籍出版社，2005年，第35—37页。
② 孙庆增：《藏书记要》，载祁承㸁等撰《澹生堂藏书约（外八种）》，上海古籍出版社，2005年，第37页。

读书，首重经史，其次子集，其他杂家、俗文学之书等而下之，其思想倾向在今天看来当然有明显的局限性，但就当时而言，是符合社会整体文化观和收藏习惯的，也便于藏书家以此为据访求图书。

清末，叶德辉根据文献的发展变化，又对孙从添的收藏次序思想进行了进一步拓展："置书先经部，次史部，次丛书。经，先十三经；史，先二十四史；丛书，先其种类多、校刻精者。初置书时，岂能四部完备？于此入手，方不至误入歧途。"① 清代丛书刊刻极多，出现了大量兼收经、史、子、集四部书的大部头著作，且丛书的编纂者或为饱学宿儒，或长于收藏，故在选本、内容选择方面都堪称精审，体现了较高的学术水平。因此，对藏书家来说，收藏丛书可达事半功倍之效，这是叶德辉根据清代图书事业发展提出的建议。当然，在晚清西学东渐的背景下，叶氏的藏书建设观念还是比较保守的，并未涉及新学书籍，亦可看成是对我国传统藏书家经验的最后总结。

五、兼容并蓄、突出特藏

清代藏书家强调收藏有序，这是就藏书活动的一般规律而言。但凡能够成为大藏书家者，在遵守收藏次序之外，同样讲究兼容并蓄、突出特藏。在实际藏书活动中，收藏家个人兴趣和学术追求的差异会直观反映在藏书类型上，除了普遍收藏经、史图书外，清代许多藏书家都以其特色收藏著称。

黄丕烈评价季振宜藏书时说："昔人聚书，不妨兼收并蓄，故

---

① 叶德辉：《藏书十约》，载祁承㸁等撰《澹生堂藏书约（外八种）》，上海古籍出版社，2005年，第43页。

得成大藏书家。余力万不逮季氏之一,而好实同之。"① 可见,"兼收并蓄"四字,就是黄氏认同并追求的藏书理念。在具体的藏书活动中,黄丕烈也是以此为指导方针的:"余喜蓄书,兼蓄重出之书,即破烂不全者,亦复蓄之。重出者,取为雠勘之具。不全者,或待残缺之补也。"② 前文已及,黄丕烈是清代藏书家"佞宋"的代表,但其醉心收藏宋元旧本并非单纯追求物质价值,而主要是为了服务学术研究和图书刊刻。学术研究和图书校勘,都需要尽可能全面地掌握资料,多蓄复本,虽零篇散佚也不能轻易放过,其出发点都是给校勘提供依据。以今存清代藏书目录观之,稍具规模的藏书家的收藏均四部兼备、包罗万象。乾隆中期,诏开四库馆,征集天下遗书,全国各地的私人藏书家进献了大量图书,进呈本内容丰富、种类繁多,为《四库全书》的编纂提供了坚实的支撑,可见民间收藏兼容并蓄风气之盛。

注重特藏是清代私人藏书的另一个特征,看似是"兼容并蓄"的对立面,其实恰好从另一侧面反映了清代藏书家开阔的藏书视野与包容的藏书观念。

首先,重视宋元旧椠是清代藏书家的普遍偏好,许多藏书家是以宋元刊本为其收藏特色的。在访求宋元旧本的同时,他们也对宋元人文集产生了兴趣。比如清初藏书家曹溶,"好收宋元人文集",其《静惕堂书目》著录的宋人文集"自柳开《河东集》已下凡一百八十家,元集自耶律楚材《湛然集》已下凡一百十有五家,可谓富矣"③。黄丕烈曰:"余所藏宋、元人词极富,皆精抄或旧抄,而名

---

① 黄丕烈著,屠友祥校注:《荛圃藏书题识》,上海远东出版社,1999年,第7页。
② 黄丕烈著,屠友祥校注:《荛圃藏书题识》,上海远东出版社,1999年,第622页。
③ 王士禛著,文益人校点:《池北偶谈》,齐鲁书社,2007年,第315页。

人校藏者。"①

其次，突破正统思想的藩篱，系统收藏说部、戏曲书籍。如扫叶山房主人席鉴、孙从添、鱼元傅等人，"皆斤斤以雪抄露校……惟多留心于说部小集，以一二零编自喜"②；谭公度藏有"嘉靖本《杂剧十段锦》、天顺本《揭文安公文粹》"③；清初徐乾学《传是楼书目》在"经部—乐类"下著录数十种戏曲作品等，展现了各具特色的收藏偏好。

最后，除了收集说部、戏曲作品，出于学术兴趣以及编书需要而特别关注某类图书、围绕某一主题展开系统收集，也是清代藏书家藏书特色之一。典型者如被黄廷鉴喻为"读书二友"的陈揆、张金吾，虽然同为藏书大家，但是由于学术兴趣的不同，收藏各有侧重："两君志趣同，而各有所主，张则钟于经籍，而兼爱宋元人集；陈则专于史志，而旁嗜说部。其大较以网罗散佚、存亡继绝为宗旨。"④

张金吾矢志编纂《金文最》，汇集金代文献，为此"网罗放（散）佚，掇拾遗残，自滹南、滏水、遗山数专集外，凡史书传记、山经地志，暨南宋、元初诸名家文集，金石之记，断蚀之刻，下逮医方谱录、杂家小说，旁及二氏之藏、外国之书，苟有残篇剩简，无不广搜博采，多金购访。自癸酉迄壬午，积十年之勤，稿凡三

---

① 黄丕烈著，潘祖荫辑，周少川点校：《士礼居藏书题跋记》，书目文献出版社，1989年，第314页。
② 黄廷鉴：《爱日精庐藏书志序》，载《丛书集成初编·第六弦溪文抄》，商务印书馆，1936年，第28页。
③ 冀淑英编：《自庄严堪善本书目》，天津古籍出版社，1985年，第129页。
④ 黄廷鉴：《藏书二友记》，载《丛书集成初编·第六弦溪文抄》，商务印书馆，1936年，第35页。

易,勒成《金文最》一百卷,其用心可谓专且挚矣"①。这是藏书家为了学术兴趣及编书需要而收集某一专题图书的例证。再如晚清陆心源:"守先阁藏明人集至多,吾吴先哲如都南濠、杨君谦、皇甫司勋之类,无所不有。"②浙东学派著名学者万斯同,受业于黄宗羲,潜心明史研究,注重搜访一切有关明代的笔记、野史、地方志、家谱等,其自述云:"吾少馆某氏,其家有列朝《实录》,吾默识暗诵,未敢有一言一事之遗也。长游四方,从故家求遗书,旁及郡志、邑乘、杂家、志传之文,莫不网罗参互。"③万斯同后来在康熙年间被举荐入京参与编修《明史》,其丰富的藏书为此助益良多。

注重乡邦文献是清代私人藏书的另一个收藏特色。与张金吾齐名的稽瑞楼主人陈揆就特别注重吴地乡邦文献的收集。孙原湘《陈子準传》载:

购访古籍,穷日夕读之。……所藏书尤备于地志……凡邑中著述,自宋、元迄今搜罗殆遍,庋诸破山寺之救虎阁,不下百余种。辑《琴川志注》,以每句为纲,蚕眠细书,条系于下,搜采赡博,较原书倍之。其续志称始于有元然无传,君采元史及桑邓诸志,下逮碑记文集,别撰十卷。又搜辑自唐迄元邑中文字,及他文集之有关吾邑者,为《虞邑遗文录》十卷、《补集》五卷。又欲尽拓邑中宋元金石作《虞易金石录》,未就。④

---

① 黄廷鉴:《金文最序》,载《丛书集成初编·第六弦溪文抄》,商务印书馆,1936年,第27页。
② 叶昌炽著,王锷、伏亚鹏点校:《藏书纪事诗》,北京燕山出版社,2008年,第531页。
③ 李元度:《万先生斯同》,载《国朝先正事略》,岳麓书社,2008年,第991页。
④ 孙原湘:《陈子準传》,载《天真阁集·卷四十九·文十一》,清嘉庆五年(1800)刻增修本。

重视乡邦文献的传统，在常熟派藏书家之间代代相继。清末常熟派代表铁琴铜剑楼主人以藏书宏富著称，其特色收藏就是常熟地方文献，铁琴铜剑楼乡邦文献收藏数量之众，系统之完备，在当时便享誉国内。曾任常熟市图书馆馆长的陈文熙在民国十八年（1929）七月编成的《常熟市图书馆续增旧书目录》序中介绍："罟里瞿氏自荫棠先生以来藏书已及五世，完好无恙。人第知铁琴铜剑楼之宋元椠本足以称雄海内，不知其先代遇乡贤之著述，收藏亦为闳富。其恬裕斋未刊书目所载多为吾乡文献之传，而本馆之抄藏本亦多数由彼传写也。"[①] 同邑翁氏藏书也包括了大量常熟藏书家收藏过的版本，本邑著作以及与常熟相关的文献，仅《江苏省立国学图书馆清点常熟翁氏捐藏书书目》所录《有关常熟地方文献书目》，就著录了115册。[②]

与常熟派齐名的浙东藏书代表——范氏天一阁，同样也以乡邦文献收藏著称。据学者统计，天一阁原藏明代省、府、州、县方志数量有435种之多，比《明史·艺文志》著录的还多，至1949年前，仍存266种。[③]

无独有偶，民国时期修刊的《福建通志·文苑传》亦载："郑杰字昌英，侯官人，乾隆间贡生。……杰自弱冠为诸生，即潜心稽古……喜博览肆搜，于闽中文献，尤宝贵勿失。每获一碑版卷轴有标题可识者，曰：'此吾乡先辈物也。呜呼！几亡之矣！'每获一诗文集，或版漫漶不恒见，或稿完具而未锓者，曰：'此吾乡先生之

---

① 仲伟行：《铁琴铜剑楼藏书质量考》，《江苏图书馆学报》1996年第4期。
② 常熟图书馆编著：《常熟藏书史》，江苏凤凰教育出版社，2015年，第271页。
③ 骆兆平：《天一阁丛谈》，宁波出版社，2012年，第82页。

著述也。呜呼！几湮没矣！'由是世袭珍藏，唯恐废坠。"[①] 生活在清代中叶的福建藏书家郑杰，平生亦致力于乡贤著述的收集整理。清末丁申、丁丙兄弟也有类似的收藏志趣，缪荃孙在为《善本书室藏书志》所作之序中总结其藏书特色：

> 其所长则有二焉。一在收明人之著述也。晁、陈收至南宋，时代最近。今距明末二百五十余年，距明初则五百年，阅世愈远，传本愈难，一刻再刻，业难考订，何敢轻弃，非变例也。一在拾乡先辈之丛残也。《爱日精庐》间收国朝人未刻之书，今仿其例，尤留意于乡人，虽一卷半帙，亦必详悉备载。如有贤子孙欲求先集，可望流播，以免散佚。宅心仁厚，于此可见。[②]

可见，丁申、丁丙兄弟收藏的重点是明人著述和乡邦文献。在兼容并蓄的基础上，根据藏书家个人喜好与藏书目标的差异，形成各有特色的专藏，是清代藏书的突出特点。

[①] 李厚基修，沈瑜庆、陈衍等纂：《福建通志·总卷三十九·文苑传八：清二》，1922—1938年刊本，第18页。
[②] 缪荃孙：《善本书室藏书志·序》，载丁丙著、曹海花点校《善本书室藏书志（外一种）》（第1册），浙江古籍出版社，2016年，第1—2页。

第二节 藏书收集的方法和理论

上一节主要介绍了清代藏书家藏书收聚的理念,观念指导实践,但在现实的藏书活动中,也需要一些具体的、可操作的方法。中国古代藏书,不论公私,藏书收集和扩充的方法不外征集、进献、购买、抄录、赠予、交换等几条。其中,征集、进献基本属于官府扩充藏书的"特权"。而不论官私,购买和抄录都是最常见的方式。

一、征集和进献

征书是清代国家藏书建设的重要方式。入关之初,顺治便下诏访求遗书,经过顺、康、雍三代的恢复,至乾隆时期,清代官府征书的规模达到顶峰。

顺治二年(1645),朝廷诏令"一切紧要图籍,俱著收藏毋失"[①],同年,清军平定南京,朝廷下达敕令:"南京各衙门图书史册,太常司祭器及天文仪象地理户口版籍,应用典故文字,责令各该衙门官吏,用心收掌,不许乘机抽毁,致难稽考。其或散失在民

---

① 《清实录》(第三册),中华书局,1986年,第152页。

间者，许赴官交纳，酌量给赏。"①但此时清廷与南明小朝廷的战争仍在焦灼，征书之议虚有其表，并不能实际推行。至康熙二十五年（1686），康熙帝给礼部、翰林院下诏：

自古帝王致治隆文，典籍具备，犹必博采遗书，用充秘府，以广见闻，而资掌故，甚盛事也。朕留心艺文，晨夕披览，虽内府书籍，篇目粗陈，而裒集未备。因思通都大邑，应有藏编；野乘名山，岂无善本。宜广为访辑，凡经史子集，除寻常刻本，其有藏书秘录，作何给值采集，及借本抄写事宜，尔部、院会同详议具奏，务令搜罗罔佚，以副朕稽古崇文之至意。②

清廷征书、访书活动正式拉开了大幕。康熙帝不仅下令征书，还对征书的范围进行了规定。求书诏下达后，经礼部、翰林院讨论，认为"购求遗书，应令直隶及各省督抚出事晓谕"，也就是要地方最高行政长官负责征集，最后汇总到礼部。于是，在最终下达给地方的旨意中又明确说明了征书的内容和范围：要求首先收集"发明心性，裨益政治"的经史书籍。诸子百家之书，被认为"泛滥奇诡，有乖经术"，"惟以经学史乘，实有关系修齐治平助成德化者"才可以收集，"其他异端稗说，概不准收录"。③

著名学者王士禛在《池北偶谈》中记载了此次征书的部分成果："时礼侍徐乾学疏进宋朱震《汉上易传》并图说十五卷，宋张

---

① 《清实录》（第三册），中华书局，1986年，第155页。
② 素尔讷等纂修，霍有明、郭海文校注：《钦定学政全书校注》，武汉大学出版社，2009年，第13页。
③ 蒋良骐撰，鲍思陶、西原点校：《东华录》，齐鲁书社，2005年，第200页。

浚《紫岩易传》九卷、《读易杂说》一卷,魏了翁《大易集义》六十四卷,曾穜《大易粹言》十卷,吕祖谦《东莱书说》十卷,元金履祥《尚书表注》十二卷,宋李樗、黄櫄《毛诗集解》三十六卷,赵鹏飞《春秋经筌》十六卷,王与之《周礼订义》八十卷,蔡节《论语集说》十卷,李焘《续资治通鉴长编》一百六十八卷,《唐开元礼》一百五十卷。共十二部。"① 清代征书的制度与范围就此基本确定。

乾隆朝是清代官府征书最活跃的时期,乾隆六年(1741)上谕:"从古右文之治,务访遗编。目今内府藏书,已称大备。但近世以来,著述日繁。如元、明诸贤以及国朝儒学,研究六经、阐明性理、潜心正学、醇粹无疵者,当不乏人。虽业在名山,未登天府,著直省督、抚、学政留心采访。不拘刊本、抄本,随时进呈,以广石渠、天禄之储。"② 经过三代访辑,至乾隆帝时期,清内府藏书已颇具规模,因此访求范围有必要进一步扩大,从康熙年间的正经、正史为主,扩展到近世以来的著作。范围的扩展,是学术发展与藏书规模扩大的必然要求,但尊崇程朱理学正统,并以此为判定书籍价值的标准,一直是官府征书秉持的不二律例。

乾隆初年的这次征书活动,反响似不如预期。乾隆十五年(1750),御史王应彩奏称:"伏思草茅下士,皓首穷经;人往而书始出,岁久而学乃传。曾不得与今日应选之士,同邀荣遇,可为深惜!请敕下内外大臣,细加搜访,上其遗书。果能斟酌群言,阐明

---

① 王士禛:《池北偶谈》(卷四),载《王士禛全集 4·杂著》,齐鲁书社,2007 年,第 2902 页。
② 素尔讷等纂修,霍有明、郭海文校注:《钦定学政全书校注》,武汉大学出版社,2009 年,第 13 页。

奥旨者，量与旌奖。其书藏诸秘府，以为绩学之劝。"乾隆皇帝下旨，"应如所请，令直省各衙门陆续采访进呈"①。可见，九年前的征书效果并不明显，征书之策也并未长期坚持。

真正大规模的征书活动是伴随《四库全书》的修纂而展开的。乾隆三十七年（1772），朝廷下令：

> 今内府藏书，插架不为不富，然古今来著作之手，无虑数千百家，或逸在名山，未登柱史，正宜及时采集，汇送京师，以彰稽古右文之盛。其令直省督抚会同学政等，通饬所属，加意购访。……庶几副在石渠，用储乙览，从此四库七略，益昭美备，称朕意焉。②

此诏下达后，各地藏书家及经办征书的官员起先担心清廷借此罗织文字狱，又忧惧官府无信，背弃归还原本的承诺，故献书者并不多。针对前者，乾隆屡次降旨解释："文人著书立说，各抒所长。或传闻异辞，或纪载失实，固所不免。果其略有可观，原不妨兼收并蓄"，"岂有下诏访求遗籍，顾于书中寻摘瑕疵，罪及收藏之人乎？"③并申明"至书中即有忌讳字面，并无妨碍。……与藏书之人，并无关涉，必不肯因此加罪。至督抚等经手汇送，更无关碍"④。针对担心借走不还的顾虑，乾隆帝规定各家献书送到之日，在书的封面上加盖翰林院图章，注明进书年月、官员、图书主人，

---

① 《清实录》（第十三册），中华书局，1985年，第953页。
② 中国第一历史档案馆编：《纂修四库全书档案（上）》，上海古籍出版社，1997年，第1—2页。
③ 素尔讷等纂修，霍有明、郭海文校注：《钦定学政全书校注》，武汉大学出版社，2009年，第14页。
④ 陈登原：《陈登原全集》（第4册），浙江古籍出版社，2014年，第48页。

并依此另造一册，逐一登记。待发还之日，按册与所献之书核对，如有交发不明，唯督抚是问。① 为了进一步激发各地督抚的"积极性"，乾隆三十八年（1773）的诏书甚至还"点名"了部分当时著名的藏书世家：

> 昨以各省采访遗书，奏到者甚属寥寥，已明降谕旨，详切晓示，予以半年之限，令各督抚等作速妥办矣。遗籍珍藏，固随地俱有，而江浙人文渊薮，其流传较别省更多，果能切实搜寻，自无不渐臻美备。闻东南从前藏书最富之家，如昆山徐氏之传是楼，常熟钱氏之述古堂，嘉兴项氏之天籁阁、朱氏之曝书亭，杭州赵氏之小山堂，宁波（万）范氏之天一阁，皆其著名者，余亦指不胜屈。并有原藏书目，至今尚为人传录者，即其子孙不能保守，而辗转流播，仍为他姓所有。第须寻原竟委，自不至湮没人间。纵或散落他方，为之随处踪求，亦不难于荟萃。又闻苏州有一种贾客，惟事收卖旧书，如山塘开铺之金姓者，乃专门世业，于古书存佚原委，颇能谙悉。又湖州向多贾客书船，平时在各处州县兑卖书籍，与藏书家往来最熟。……如能向此等人善为咨询，详加物色，因而四处借抄，仍将原书迅速发还，谅无不踊跃从事。②

从谕旨可以看出，乾隆帝对藏书事业的了解可谓"本色当行"，不但对当时江浙的著名藏书家如数家珍，还特别指出应通过市场渠道，充分利用书贾的优势征求书籍。在乾隆帝多番催促，甚至屡加

---

① 素尔讷等纂修，霍有明、郭海文校注：《钦定学政全书校注》，武汉大学出版社，2009年，第15—16页。
② 中国第一历史档案馆编：《纂修四库全书档案（上）》，上海古籍出版社，1997年，第70页。

申斥之后，征书效率大为提高。乾隆三十八年（1773）五月以后，大批图书被送至北京。为了鼓励藏书家献出数量更多、质量更好的书，乾隆帝制定了一些颇有针对性的办法，推进了整个献书活动。具体举措如下：一是皇帝题词。其规定，献书百种以上者，择其精本，请皇帝阅览，亲为评咏，题识简端，并将此书先交书馆录抄，再将皇帝亲笔题词的原书发还。二是赏赐图书。当时几部官修大型书籍刚刚问世，市面上还很难得到。乾隆遂赐鲍士恭、范懋柱、汪启淑、马裕等进献图书500种以上的四位藏书家《古今图书集成》各一部，赐其他进百种以上者《佩文韵府》一部。三是《总目》留名。乾隆三十九年（1774）七月规定，凡献书人收藏达百种以上者，可称之为藏书家，将其姓名附载于各书提要之后。① 上述三个办法，极大地满足了私人藏书家的心理需求，激发了他们献书的积极性。据统计，在《四库全书》编撰过程中，共征集图书12236种，其中江苏4808种，浙江4600种，江西1042种，安徽516种，山东366种，直隶238种，福建213种，河南113种，陕西103种，山西88种，湖北84种，湖南46种，广东12种，云南4种，奉天3种。②

在征书过程中，乾隆帝和主事的官员也一直在摸索征书的范围和标准。乾隆三十七年（1772）的谕旨中明令：

除坊肆所售举业时文，及民间无用之族谱、尺牍、屏幛、寿言等类，又其人本无实学，不过嫁名驰骛，编刻酬倡诗文，琐碎无当者，

---

① 素尔讷等纂修，霍有明、郭海文校注：《钦定学政全书校注》，武汉大学出版社，2009年，第15—16页。
② 黄爱平：《四库全书纂修研究》，中国人民大学出版社，1989年，第39页。

均毋庸采取外,其历代流传旧书,有阐明性学治法,关系世道人心者,自当首先购觅。至若发挥传注,考核典章,旁暨九流百家之言,有裨实用者,亦应备为甄择。又如历代名人,洎本朝士林宿望,向有诗文专集,及近时沉潜经史,原本风雅,如顾栋高、陈祖范、任启运、沈德潜辈,亦各有成编,并非剿说、卮言可比,均应概行查明。①

科考用书,印量极大,内容则千篇一律。族谱、书信等民间档案,今天看来当然极有史料价值,但对专制时代的朝廷来说,于国家治理、教化人心并无用处,所以这两类书被排除在外。传统的经、史书籍,是征集的首要目标。除此之外,诗文、传注、百家之言、名人文集等有裨实用的书籍均在征集范围之内,这是对清初征书规则的一次拓展。在征书过程中,为了打消献书者的顾虑,乾隆下令:"至书中即有忌讳字面,并无妨碍,现降谕旨甚明。即使将来进到时,其中或有妄诞字句,不应留以疑惑后学者,亦不过将书毁弃,转谕其家不必收存,与藏书之人并无干涉,必不肯因此加罪。"② 为了保证征集的全面性,可以暂不考虑书籍内容的犯禁之处,言明藏者无罪,在激发藏书家积极性的同时,最大程度地保证了收集的全面性。

为了保证征书顺利有序进行,乾隆帝要求:"但各省搜辑之书,卷帙必多,若不加之鉴别,悉行呈送,烦复皆所不免。着该督抚等先将各书叙列目录,注系某朝某人所著,书中要指何在,简明开

---

① 中国第一历史档案馆编:《纂修四库全书档案(上)》,上海古籍出版社,1997年,第1—2页。

② 中国第一历史档案馆编:《纂修四库全书档案(上)》,上海古籍出版社,1997年,第70—71页。

载,具折奏闻。候汇齐后,令廷臣检核,有堪备览者,再开单行知取进。庶几副在石渠,用储乙览,从此四库七略,益昭美备,称朕意焉。"① 在全国范围内征书,重复在所难免,为了节省人力物力,在原书解送京城之前,先令各地编辑目录,简要介绍该书的版本、内容情况,再由四库纂修人员根据目录去除重复,筛选需要解送京城的部分,各地方官只需要按照筛选后的回单进呈即可。

当然,虽然征书之举以"稽古右文"为名,但寓禁于征的意图也十分明显,乾隆三十九年(1774)八月,"各省进到书籍,不下万余种,并不见奏及稍有忌讳之书。岂有哀集如许遗书,竟无一违碍字迹之理?况明季末造野史者甚多,其间毁誉任意,传闻异辞,必有诋触本朝之语,正当及此一番查办,尽行销毁,杜遏邪言,以正人心而厚风俗,断不宜置之不办。此等笔墨妄议之事,大率江浙两省居多,其江西、闽粤、湖广,亦或不免,岂可不细加查核?……若见有诋毁本朝之书,或系稗官私载,或系诗文专集,应无不共知切齿,岂有尚听其潜匿流传,贻惑后世?……至各省已经进到之书,现交四库全书处检查,如有关碍者,即行撤出销毁。……著传谕该督抚等,于已缴藏书之家,再令诚妥之员,前去明白传谕,如有不应存留之书,即速交出,与收藏之人,并无干碍"②。明令查禁妄诞、违碍、忌讳书籍。如果说此时清廷为了鼓励藏书家进呈书籍,尚表现得"宽宏大量",随着征书活动的持续推进,其对违禁书籍的措辞也越来越严厉。同年十一月初九、初十

---

① 中国第一历史档案馆编:《纂修四库全书档案(上)》,上海古籍出版社,1997年,第2页。
② 中国第一历史档案馆编:《纂修四库全书档案(上)》,上海古籍出版社,1997年,第240页。

日,迭下上谕,查禁违碍各书:"寄谕各督抚再行晓谕如有违碍书不缴后经发觉以隐匿治罪"①,"谕各督抚再行晓谕如有悖谬书不缴日后发觉不复轻宥"②。以征书之名织就的文网越来越密,以至于出现藏书家因担心受到牵连而毁掉藏书之事。据统计,"在长达十九年的禁书过程中,共禁毁书籍三千一百多种、十五万一千多部,销毁书板八万块以上"③。足见本次禁书给典籍事业带来的沉重损失,当然从另一个角度,说明了乾隆年间此次征书活动,因组织得力、方法得当,取得的成就之大。④

二、购买

购买是藏书主体扩充图书最主要的渠道。明清时期,书业发

---

① 中国第一历史档案馆编:《纂修四库全书档案(上)》,上海古籍出版社,1997年,第282页。
② 中国第一历史档案馆编:《纂修四库全书档案(上)》,上海古籍出版社,1997年,第283页。
③ 黄爱平:《四库全书纂修研究》,中国人民大学出版社,1989年,第78页。
④ 应当注意到,在《四库全书》研究史上,向有"寓禁于征"的观点,即乾隆帝通过大规模征集图书,实际是想达到钳制思想、"净化"异端的目的。学者也从史料中找到了大量实例来证明此次征书活动实际销毁、删改了大量珍贵典籍,是我国古代典籍史的一次"劫难"。但客观来说,乾隆帝在征书初期,对征书方法、征书范围、激励措施的思考与设计,是细致并深入的,是对我国古代官府征书制度的一次"集大成"的总结,是藏书史和图书馆学史研究的重要史料。应当说,由于《四库全书》的编纂周期极长,在征书、编书过程中,乾隆帝对书籍,特别是所谓"违碍"书籍的态度是在不断变化的,征书的初衷确在于总结文化、稽古右文,而随着征书规模的扩大,"有碍观览"的书籍越来越多,从维护清朝统治的角度,便自觉不自觉地滑向了"禁毁"。对此,我们应当有客观认识,既肯定其征书措施、方法之得力,也要结合当时的社会文化背景,正确评价此次征书活动的历史影响。参见陈晓华《"四库总目学"史研究》,商务印书馆,2008年,第158—162页。

达,全国各地都出现了区域刻书中心,以刻印地为中心,遍布各地的书肆、书坊,以及行商摊贩,共同织就了一张便利的图书流通网络,为官府和私人藏书提供了便利。部分书商为了扩大销路,或提供送书上门服务,或借助江湖船舶之利往来湖海之间,主动向藏书家兜售,其中尤以京城和江南地区的购书环境最为便利。

自明代以来,北京、杭州、南京等地便是我国书业中心。入清以后,全国各地的书商都将四处寻访来的书籍运至京城贩卖,"京师为人文荟萃之区,二百余年,厂甸书肆如林"[①]。清代规定"满汉分居",汉人不能入住内城,宣南一带因交通便利、服务业发达,成为汉族知识分子的聚居地,纪昀、孙承泽、王士禛、朱彝尊等文化名人寓居于此,这些人自然成为书商的目标。于是,位于宣南地区的琉璃厂成为新的图书交易中心。

琉璃厂书肆众多,延续数百年不衰,各个时期都有学者以琉璃厂为中心,梳理其书业变迁,历数知名书肆及其经营特色。李文藻《琉璃厂书肆记》、叶德辉《书林清话》及孙殿起《琉璃厂书肆三记》三部著作是其中的杰出代表,它们记载了大量珍贵史料,为后人研究清代书业奠定了坚实的基础。

乾隆中叶开四库馆,广开征书之门,集天下饱学之士担任校书官。乾嘉时期著名学者翁方纲亦预其事,他在自著年谱《翁氏家事略记》"乾隆三十八年(1773)"条下有这样一条记录:

自癸巳春入院修书,时于翰林院署开四库全书馆,以内府所藏书发出到院,及各省所进民间藏书,又院中旧贮《永乐大典》内有摘抄

---

① 叶德辉:《都门书肆之今昔》,载叶德辉著、紫石点校《书林清话(外二种)》,北京燕山出版社,2008年,第250页。

成卷、汇编成部之书，合三处书籍，分员校勘。每日清晨入院，院设大官厨，供给桌饭。午后归寓。以是日所校阅某书，应考某处，在宝善亭与同修程鱼门（晋芳）、姚姬川（鼐）、任幼植（大椿）诸人对案，详举所知，各开应考证之书目，携至琉璃厂书肆访查之。是时江浙书贾，亦皆踊跃遍征善本，足资考订者，悉聚于五柳居、文粹堂诸坊舍。每日检有应用者，辄载满车以归家中，请陆镇堂司其事。凡有裨考核者，价不甚昂，即留买之。力不能留者，或急写其需查数条，或暂借留数日，或又雇人抄写，以是日有所得。①

以四库馆臣之识见、占有资料之丰富，仍然需要依靠琉璃厂书肆遍寻善本，以备考订、校勘之用，可见清中叶的琉璃厂书肆已经是藏书家公认的图书集散地。

繁盛的书业吸引了藏书家常年流连于此，朱彝尊《池北书库记》载清初藏书家王士禛事迹云："先生自始仕迄今，目耕肘书，借观辄录其副。每以月之朔望，玩慈仁寺日中集，奉钱所入，悉以购书。"② 王士禛自述亦云："昔在京师，士人有数谒予而不获一见者，以告昆山徐尚书健庵（乾学），徐笑谓之曰：'此易耳，但值每月三五，于慈仁寺市书摊候之，必相见矣。'如其言，果然。庙市赁僧廊地鬻故书，小肆皆曰摊也。又书贾欲昂其直，必曰'此书经新城王先生鉴赏者'，鬻铜玉、窑器，则曰'此经商丘宋先生鉴赏者，谓今冢宰牧仲（荦）也'。士大夫言之，辄为绝倒。"③

除京师之外，江南地区商品经济发达、人文底蕴深厚，也聚集

---

① 翁方纲：《翁氏家事略记》，国家图书馆藏清抄本，第36页。
② 朱彝尊：《曝书亭集（下）》，国学整理社、世界书局，1937年，第769页。
③ 王士禛撰，赵伯陶点校：《古夫于亭杂录》，中华书局，1988年，第68页。

了大量书肆、书商。明清之际，以苏州为中心的吴中地区形成了一个规模庞大的区域图书出版、买卖中心，为藏书家提供了便利。叶德辉《书林清话》卷九"吴门书坊之盛衰"根据黄丕烈《士礼居藏书题跋记》中图书买卖的记载还原了当时苏州一带书坊林立的盛况：

当时久居苏城，又值承平无事，书肆之盛，比于京师。今于《记》（按：黄丕烈《士礼居藏书题跋记》）中考之，有胥门经义斋胡立群、庙前（按：城隍庙）五柳居陶廷学子蕴辉、山塘萃古斋钱景凯、郡城学余堂书肆、玄妙观前学山堂书坊、府东敏求堂、玄妙观东闵师德堂、臬署前书坊玉照堂、臬署前文瑞堂、臬辕西中有堂书坊、醋坊桥崇善堂书肆、郡东王府基周姓墨古堂、阊门横街留耕堂、阊门书业堂、阊门文秀堂书坊、金阊门外桐泾桥头书铺芸芬堂、玄妙观前墨林居、紫阳阁朱秀成书坊、葑门大观局、遗经堂、酉山堂、本立堂书坊、王府基书摊高姓、胡苇洲书肆。

又有书友吕邦惟、郁某、郑益偕、胡益谦、邵钟麐、沈斐云、吴东亭、吴立方、郑云枝。书船友曹锦荣、吴步云、郑辅义、邵宝墉。估人吴东白、华阳桥顾听玉、常熟苏姓书估、平湖估人王徵麟、无锡浦姓书估、湖人施锦章、陶士秀、买骨董人沈鸿绍。

其在外者，有玉峰考棚汗筠斋书籍铺、扬州艺古堂、武林吴山玩遇赏楼书肆、会稽童宝音斋、琉璃厂文粹堂，又有萧山李柯溪去官业书，侨寓吴中。[①]

---

① 叶德辉：《吴门书坊之盛衰》，载叶德辉著、紫石点校《书林清话（外二种）》，北京燕山出版社，2008年，第248—249页。

从叶氏所记不难看到，当时的苏州城书业发达，店铺林立，还有大量没有固定门面的"书估"，这些书商往来乡里，对本区域内有实力的藏书家了如指掌。叶德辉在列举了众多书肆后，给出了这样的结论："其时书肆中人，无不以士礼居为归宿。"用今天的话说，书商们针对黄丕烈这样的"大客户"，提供的是"主动推送"服务。

对此，张金吾也曾有记述："及金吾有志储藏，袁氏书早散不及见，而三家之宋元旧椠及秘不经见者陆续四出，嘉湖书贾往往捆载而来，阅之如入龙宫宝藏，璀璨陆离，目眩五色，君与金吾各择其尤者互相夸示，而要必以书贾先至其家为快。"① 黄廷鉴《藏书二友记》描绘书商往来陈（揆）、张（金吾）两家之间的场景："四方之名士，书林之贾客，挟秘册，访异书，望两家之门而投止者，络绎于虞山之麓、尚湖之滨。"② 在经济利益驱动下，书贾愿意将箧中善本售予张金吾、陈揆这样实力雄厚的藏书大家，藏书家们也希望通过与书商建立长期合作的关系，保证能先人一步得到珍贵的版本。苏州大藏书家黄丕烈就是经营与书商之间关系的高手，"余素好书，于书友之往来者，即无甚当意，亦必稍与交易，毋使败兴而去，诚欲其以书示我也。郡城金阊门外桐泾桥头有书铺芸芬堂，与余居最远，岁不过一再至焉"。③ 为了鼓励书商将搜集来的好书优先推荐给自己，黄丕烈与不少书商结为"书友"，即使一时送来的版本并不称心如意也会买下，以维护长期关系。除了让书贾代为寻

---

① 张金吾：《陈子準别传》，载张金吾著、郑永晓整理《爱日精庐文稿》，凤凰出版社，2015年，第92—93页。
② 黄廷鉴：《藏书二友记》，载《丛书集成初编·第六弦溪文抄》，商务印书馆，1936年，第35页。
③ 黄丕烈著，屠友祥校注：《荛圃藏书题识》，上海远东出版社，1999年，第311页。

访，黄丕烈还与其他藏书家相约互为"代购"，如其与顾千里交谊深厚，顾多次为黄购买书籍。黄丕烈藏《韩非子二十卷》影宋抄本便是由顾氏代为购买的："余性喜读未见书，而朋友中与余赏奇析疑者，惟顾子千里为最相得。岁丙辰，千里借窗读书，兼任雠校，故余所好之书，亦惟千里知之为最深。每遇奇秘本，为余所未见者，千里必代购以归余。"①

除了与书贾往来，财力雄厚的藏书家还采用悬赏的形式购求珍本秘籍。汲古阁毛晋和铁琴铜剑楼瞿氏就是其中代表。据荥阳悔道人（郑德懋）《汲古阁主人小传》记载，为了求得珍贵的宋本书，毛晋"榜于门曰：'有以宋椠本至者，门内主人计叶酬钱，每叶出二百；有以旧抄本至者，每叶出四十；有以时下善本至者，别家出一千，主人出一千二百。'于是湖州书舶，云集于七星桥毛氏之门矣。邑中为之谚曰：'三百六十行生意，不如鬻书于毛氏。'前后积至八万四千册，构汲古阁、目耕楼以庋之"②。瞿镛聚书之时，江南商业发达，大江南北、浙水东西，书贾云集："自前明暨国初以来，诸家旧藏之本，咸集其门。府君辄出重价购之，不足则谋诸质库以应之。"③也是重金求购之例。

除私人藏书，书院也将购买作为充实藏书的主要手段，相较个人，书院藏书属于学校的"公产"，需要更为严格的制度规定，规范购书的行为。光绪二十四年（1898），河南大梁书院募集了一笔款项，准备至天津等地购买图书，行前专门订立了《购书略例》：

---

① 黄丕烈著，屠友祥校注：《荛圃藏书题识》，上海远东出版社，1999年，第254—255页。
② 郑德懋：《汲古阁主人小传》，载毛晋著、潘景郑校订《汲古阁书跋》，古典文学出版社，1958年，卷首。
③ 叶昌炽撰，王欣夫笺正：《藏书纪事诗 藏书纪事诗笺正（下）》，广西师范大学出版社，2021年，第1203页。

书籍期于有用,上之研穷性理,讲求经济,次之博通考据,练习词章,四者其大较也。近刻种类日繁,备购匪易,择其最有用者购之,若此间书肆及津局暂时阙如,只得异日续购。

所购各书大半官局新印,纸质坚韧,可以经久,其年远旧刊者,则纸多朽败,择购数种,聊补新印之阙。

各书偶有重出,或为单行本,或为丛刻本,或购自他处,艰于更易,故并存之。

医卜星相及一切技艺之书,均未购置,间有一二种列入丛刻本,则未能剔除。

藏书家侈插架之富者,每种或多至十余部,必一一注明某处刊本,藉资考证,兹则限于款项,无事夸多斗靡,故某处刊本大概从略。

此举聊为一篑之覆,殊惭简陋,若有才力闳肆者,起增高续长,蔚为大观,庶几餍众人之望。

捐款原启及原购各书价值清单,皆汇存一总簿,存书院内,可随时检查。①

书院藏书虽不如私人藏书家一掷千金,追求宋元旧刻的"豪气",但书院主事者拳拳之心溢于言表。书院藏书本就是为了培养学生,讲习学问所用,故在购买意向上,不追求版本而讲求实用,也在情理之中。官书局新出之书,印制精良,却不像宋元旧刻那样价昂难求,自然成为书院购书首先关注的渠道,这体现了清末图书和藏书事业的新趋向。

---

① 陈谷嘉、邓洪波主编:《中国书院史资料(下)》,浙江教育出版社,1998年,第2321—2322页。

三、抄写

抄写是藏书家汇聚图书的常见手段,到了明代,宋元版本日稀,明末刻书质量又不佳,使得藏书家更加重视抄写,这种风尚也延续到了清代。由于大量藏书家都主动参与、组织抄写图书的活动,在抄写的内容形式、方式方法上又有所创新。仅以俗文学作品为例,据曹之考察,清代抄书活动十分活跃,"有不少戏曲唱本、弹词小说方面的内容。根据有关书目著录,百本堂、金镒堂、聚春堂、老聚春堂、别野堂、燕翼堂、萃雅堂、升平署、车王府等均以传抄戏曲唱本著称"[1]。

(一)抄书的缘由和方式

抄写和购买是古代藏书家搜集藏书最主要的两种手段,在雕版印刷已经盛行的明清,虽然版刻较为易得,但不论官私,抄书的现象仍然十分普遍。究其原因,不外以下两点:其一,版刻虽量大易得,但受地理、交通等因素的限制,并不是所有区域的藏书家都能轻松获得;其二,许多珍贵的古籍为海内孤本,收藏者多秘不示人,或者虽有版刻但错漏百出,只能以抄写的手段获得副本。到了清代,已有学者从理论上总结抄录之法盛行的原因。

孙从添在《藏书记要》中专辟"抄录"一则,论述了抄书的必要性:

---

[1] 曹之:《清代抄书考》,《图书馆》1990年第1期。

书之所以贵抄录者,以其便于诵读也。历代好学之士,皆用此法,所以有刻本,又有抄本、有底本。底本便于改正,抄本定其字划,于是抄录之书,比之刊刻者更贵且重焉。况书籍中之秘本,为当世所罕见者,非抄录则不可得,又安可以忽之哉,从未有藏书之家而不奉之为至宝者也。①

其阐释了抄书的必要性有三:其一,这是自古以来的读书良方,所谓"眼过千遍,不如手过一遍"。其二,抄写的书籍便于改正,可以作为刊刻底稿。其三,罕见的珍本秘籍必须依赖手抄以流传。

清末叶德辉《藏书十约》"抄补""传录"两则,亦云:"旧书往往多短卷,多缺叶。"② 就是因为古书在流传过程中多有缺失,需要通过抄录来补全:"居今日而言收藏,可以坐致百城,琳琅满室矣。而犹有待于传录者,盖其书或仅有抄本,不能常留,过目易忘;未存副录,校刻则有不给,久假复不近情;有彼此借抄,可获分身之术。"③ 虽然版刻易得,但许多古书在长期流传之后仅有孤本存世,就需要通过互相借抄来促其传承。此外,从官藏的角度来说,清代编撰了大量大部头的丛书、类书,其中只有很少部分被雕版印行,其他的只能依靠抄写的方式流传。

官府藏书的抄写活动,以四库全书馆的规模最大。《四库全书》

---

① 孙庆增:《藏书记要》,载祁承㸁等撰《澹生堂藏书约(外八种)》,上海古籍出版社,2005年,第38页。
② 叶德辉:《藏书十约》,载祁承㸁等撰《澹生堂藏书约(外八种)》,上海古籍出版社,2005年,第48页。
③ 叶德辉:《藏书十约》,载祁承㸁等撰《澹生堂藏书约(外八种)》,上海古籍出版社,2005年,第49页。

修成后，除了抄写七份分藏南北七阁，《四库全书》收录的典籍还被分为了应刻、应抄、应存三类。四库馆中设有"缮写处"，书籍经纂修官厘定后，交由缮写处负责集中抄写。在修书过程中，朝廷先后雇用的抄书工达 3826 人，建立了严格完善的缮写制度，以保证抄录质量。①

私人藏书家的抄写活动就更加普遍了，如著名的藏书流派——常熟派，还被专门分出抄书一派，所谓"藏书有常熟派，钱遵王、毛子晋父子诸公为极盛，至席玉照（名鉴）而殿。一时嗜手抄者，如陆敕先、冯定远为极盛，至曹彬侯亦殿之"②。至清末叶德辉总结"明以来之抄本"时，列出的"明以来抄本书最为藏书家所秘宝者"共 13 家，其中常熟派藏书家独占 5 席，他们分别是：杨抄，常熟杨梦羽仪七桧山房抄本；秦抄，常熟秦西岩四麟致爽阁抄本；毛抄，常熟毛子晋汲古阁抄本；冯抄，常熟冯己苍舒、冯定远班、冯彦渊知十兄弟一家抄本；钱抄，常熟钱牧斋谦益绛云楼抄本，谦益从子钱遵王曾述古堂抄本，合之谦益从弟履之谦贞竹深堂抄本，皆谓之钱抄也，以及叶德辉二十五世祖石君公树廉朴学斋等。③

为了说明常熟派抄书之普遍，从各家书跋中摘录了部分常熟著名藏书家手抄本名目如下④：

毛晋汲古阁抄本：《新刊张小山北曲联乐府》三卷、《外集》一卷、《翠微先生南征录》十一卷、《东溪词》一卷、《拙庵词》一卷、

---

① 曹之：《清代抄书考》，《图书馆》1990 年第 1 期。
② 顾广圻著，王欣夫辑：《顾千里集》，中华书局，2007 年，第 331 页。
③ 叶德辉：《明以来之抄本》，载叶德辉著、紫石点校《书林清话（外二种）》，北京燕山出版社，2008 年，第 265—266 页。
④ 瞿冕良先生在《常熟先哲藏书考略》中详细列出了常熟藏书家手抄书名目，限于篇幅，此处列举的仅是部分较为著名者和未收入瞿文中者。

《碎锦词》一卷、《云台编》三卷、《藏一话腴》一卷。

冯氏兄弟抄本：《杜荀鹤文集》三卷、《李太白集》四本、《丁卯集》二卷、《续集》二卷、《云烟过眼录》一卷、《近事会元》五卷、《汉简》七卷、《元英先生诗集》十卷、《华阳国志》十二卷。

钱谦益绛云楼抄本：《开国群雄事略》、《双陆谱》一卷、《玄玄棋经》一卷。

钱曾述古堂抄本：《香奁集》、《卤簿图》、《营造法式》、《营造正式》、《春秋繁露》十七卷、《何博士备论》一卷、《文昌杂录》六卷、《东家杂记》二卷、《圭塘欸乃集》一卷、刻本《孟子音义》一卷、《吴越备史》四卷、《茶录》一卷、《教坊记》一卷、《北里志》一卷、《青楼集》一卷、《吕和叔文集》十卷、《昭德先生郡斋读书志》二十卷、《温庭筠诗集》七卷、《别集》一卷。

钱履之竹深堂抄本：《李群玉诗集》三卷、《后集》五卷、《唐风集》一卷。

曹彬侯抄本：《琴川志》十五卷、《契丹国志》十七卷、《武林旧事》十卷。

陆贻典抄本：《封氏闻见记》。

常熟派之外，其他地区的藏书家同样热衷抄书。清初藏书家彭士望（1610—1683）在为顾氏撰写的墓志铭中记载了其生平事迹：

君名𬭚，字开林，东吴之务实君子也。尝以文章受知于提学御史倪公元珙。甲申之变，谢诸生，性独好书，甚于饥渴饮食。其有裨于身心家国天下之务，足备一代之文献者。耳目所及，辄辗转穷搜之，必购得之为快。或书衰重及未板行而隐秘者，求之益力。得之则狂喜，神色飞动。或力有所不能得，则手自抄写，穷日夜可尽百十纸。夜尝不寐，寐亦止尽数刻，而张灯披衣，往往达旦。手不释卷，不停抄，自以为愉快极，虽老至不知也。凡抄阅校雠，精审不讹一字，稍涉疑义，则尽记之，举其辞问晰乃已。①

顾䩄的经历于清代藏书家中十分普遍，出于对收藏的热爱，这些藏书家为了收集图书殚精竭虑，手抄不辍。如清初著名学者黄宗羲，藏书楼的名字就叫作"续抄堂"，全祖望记其藏书、抄书事迹："既尽发家藏书读之，不足，则抄之同里世学楼钮氏、澹生堂祁氏，南中则千顷斋黄氏，吴中则绛云楼钱氏。穷年搜讨。游屐所至，遍历通衢委巷，搜鬻故书，薄暮，一童肩负而返，乘夜丹铅，次日复出，率以为常。"② 黄宗羲为浙东学派大家，一生潜心学问，藏书多从当时的收藏名家借抄而来，为了抄书，他还与苏州藏书家许元溥、刘城等人约定互相借抄，结成"抄书社"。清中期藏书家卢文弨："性好校书，终身未尝废辍。……闻有善本，必借抄之，闻有善说，必谨录之。"③ 知不足斋鲍廷博及其子藏书："浙东西诸藏书家，若赵氏小山堂、汪氏振绮堂、吴氏瓶花斋、汪氏飞鸿堂、孙氏寿松堂、郑氏二老阁、金氏桐花馆，参合有无，互为借抄。至先哲后人，家藏手泽，亦多假录。得则狂喜，若获重货。不得，虽积思累岁月不休。"④

---

① 叶昌炽撰，王欣夫笺正：《藏书纪事诗 藏书纪事诗笺正（上）》，广西师范大学出版社，2021年，第453页。
② 全祖望：《梨洲先生神道碑文》，载黄宗羲著、吴光主编《黄宗羲全集·第22册·附录》，浙江古籍出版社，2012年，第3页。
③ 陈康祺撰，晋石点校：《郎潜纪闻 初笔 二笔 三笔（下）》，中华书局，1984年，第685—686页。
④ 叶昌炽撰，王欣夫笺正：《藏书纪事诗 藏书纪事诗笺正（中）》，广西师范大学出版社，2021年，第686页。

清代藏书家抄书活动频繁，以大量实践活动为基础，因此清代的抄录也形成了一些特点。其一是家人姬妾均能抄书。藏书家个人力量有限，因此，大藏书家往往培养家人、书童、姬妾共同抄写。如钱曾《读书敏求记》卷二录"黄省曾《西洋朝贡典录》三卷"孙胤伽跋云："此书序见黄公《五岳集》久矣，往来于胸中者三十年。岁已未，钱受之搜秘册于郡城故家，得黄公手稿，归以贻予，遂命童子录之。此书初未入梓，自稿本外，只此册耳。"① 瞿氏家藏影抄宋本《古文苑》有孙岷自（江）手书跋语："赵凡夫藏宋刻《古文苑》一部，纸墨鲜明，字画端楷，灵均钩摹一本。友人叶林宗见而异之，亦录成一册，藏之家塾。辛巳夏同陆敕先假归，分诸童子，三日夜抄毕。但存其款式耳，其宋字形体，叶本已失之也。"② 汲古阁毛晋、扫叶山房席氏更是专门培养了大量抄书人，仆童皆善其事。其二是发明了"影宋"这种先进的抄写形式。据《天禄琳琅书目》（卷四）记载："毛晋藏书富有，所贮宋本最多，其有世所罕见而藏诸他氏不能购得者，则选善手以佳纸墨影抄之，与刊本无异，名曰'影宋抄'。于是一时好事家皆争仿效，以资鉴赏，而宋椠之无存者，赖以传之不朽。"③ 在影印技术尚未发明的时代，"影宋"的抄写方式，需要抄写者付出极大的耐心与毅力，是最有效地保存古本信息的手段，是明清藏书家对我国古代书籍事业作出的杰出贡献。

---

① 钱曾著，管庭芬、章钰校证，傅增湘批注，冯惠民整理：《藏园批注读书敏求记校证》，中华书局，2012年，第224页。
② 叶德辉：《刻书分宋元体字之始》，载叶德辉著、紫石点校《书林清话（外二种）》，北京燕山出版社，2008年，第42页。
③ 于敏中等撰：《天禄琳琅书目》（卷四），光绪十年（1884）长沙王氏刻本，第49页。

（二）抄录方法的经验总结

对抄写方法和经验的总结，最早见于清代藏书理论家孙从添《藏书记要》的"抄录"条。

什么书需要被"抄录"？"书籍中之秘本，为当世所罕见者，非抄录则不可得。"那么，如何判定"秘本"？"凡书之无处寻觅者，其书少，必当另抄底本，因无刻本故也。若抄录精工，则所费浩繁，虽书写不工，亦必珍之重之，留为秘本。"① 也就是说，没有刻本、流传甚稀、不易寻觅的那些书是"抄录"的首要对象。

具体的抄写方法方面，对于抄录底本的选择，要"从好底本抄录"，什么样的底本才算好底本，"校对精严，可称尽美"。② 对抄书者的素质有严格要求，"要明于义理者一手书写，无脱漏错误，无破体字，用墨一色，乃为最善。……若字好而不明文理者，仅可印抄而已"。在具体的抄录技艺上，字体上要求"以软宋字小楷，颜、柳、欧字为工，宋刻字更妙。摹宋板字样笔画，均匀不脱落、无遗误，乌丝行款整齐中带生动，为至精而备美。序、跋、图章、画像摹仿精雅，不可呆板，乃为妙手。……若抄底本，大部书用行书为上，草书亦可，但以不差落为主"。抄写书画则有更高的要求，"抄本书画图最难，用白描法，运笔古雅秀劲为主，人物画像要生动，又要清雅而端庄，方为合式"。③

---

① 孙庆增：《藏书记要》，载祁承㸁等撰《澹生堂藏书约（外八种）》，上海古籍出版社，2005年，第38—40页。
② 孙庆增：《藏书记要》，载祁承㸁等撰《澹生堂藏书约（外八种）》，上海古籍出版社，2005年，第39页。
③ 孙庆增：《藏书记要》，载祁承㸁等撰《澹生堂藏书约（外八种）》，上海古籍出版社，2005年，第40页。

到了清末，叶德辉在《藏书十约》中单独列出"抄补""传录"两则，在《藏书记要》的基础上，对古代图书抄写原则和方法进行了更详尽的总结。"旧书往往多短卷，多缺叶，必觅同刻之本，影抄补全。或无同本，则取别本，觅佣书者录一底本，俟遇原本，徐图换抄，庶免残形之憾。若遇零编断册，尤宜留心，往往有多年短缺之卷，一旦珠还合浦，仍为一家眷属者。"① 与孙从添一样，叶德辉也认为抄录底本的选择十分重要，需尽量觅得原本。若原本难寻，也要广泛搜罗，详加校勘，以保证内容的准确：

凡书经手自抄配者最佳，出自佣书之手，必再三覆校，方可无误。己抄之书，则人校之。人抄之书，则己校之。多一人寓目，必多校出二三处误字、脱文。经史更不得草率，一字千金，省后人多少聚讼，岂非绝大功德哉。

凡抄补之卷，苟其书不必影写，当依原书行格，刻一印板。所费不过千文，抄者既有范围，可以随写随校。如某行某字起，至某字止，一行抄毕，讹脱朗然。省事惜阴，覆校亦易。使抄而不校，校而不精，不如听其短缺，尚不至鱼目混珠也。佣书人未有能为唐人碑志体者，无已，取其无破体、无俗字者。破体、俗字，令校者不改不能，遍改不尽，至为眼花败兴之事，余受此厄多矣。②

叶德辉强调，为保证抄写的质量，藏书家应当尽量亲自抄写，

---

① 叶德辉：《藏书十约》，载祁承㸁等撰《澹生堂藏书约（外八种）》，上海古籍出版社，2005年，第48页。
② 叶德辉：《藏书十约》，载祁承㸁等撰《澹生堂藏书约（外八种）》，上海古籍出版社，2005年，第48—49页。

若实在办不到，退而求其次，至少要严加校对，而且还要采用分人多次校对的方法，保证校勘质量。在具体的抄写方法方面，他提出应当尽量按照原书的行款来抄写，为此还建议藏书家按照原书版式印制抄写专用纸张，这样抄错之处能被及时发现。

除了总结抄写的原则和方法，叶德辉在《书林清话》中还辑录了明、清两代知名藏书家的抄藏特征，为藏书家鉴定抄本提供依据：

> 明以来抄本书最为藏书家所秘宝者：曰吴抄，长洲吴鲍庵宽丛书堂抄本也；曰叶抄，先十八世祖昆山文庄公赐书楼抄本也；曰文抄，长洲文衡山徵明玉兰堂抄本也；曰王抄，金坛王宇泰肯堂郁冈斋抄本也；曰沈抄，吴县沈辨之与文野竹斋抄本也；曰杨抄，常熟杨梦羽仪七桧山房抄本也；曰姚抄，无锡姚舜咨咨茶梦斋抄本也；曰秦抄，常熟秦酉岩四麟致爽阁抄本也；曰祁抄，山阴祁尔光承爜澹生堂抄本也；曰毛抄，常熟毛子晋汲古阁抄本也；曰谢抄，长乐谢肇淛在杭小草斋抄本也；曰冯抄，常熟冯己苍舒、冯定远班、冯彦渊知十兄弟一家抄本也；曰钱抄，常熟钱牧斋谦益绛云楼抄本，谦益从子钱遵王曾述古堂抄本，合之谦益从弟履之谦贞竹深堂抄本，皆谓之钱抄也。
>
> 此外，吾家二十五世祖石君公树廉朴学斋，秀水曹洁躬溶倦圃，昆山徐健庵乾学传是楼，秀水朱竹垞彝尊潜采堂，吴县惠定宇栋红豆斋，仁和赵功千昱小山堂，钱唐吴尺凫焯绣谷亭，海昌吴槎客骞、子虞臣寿旸拜经楼，歙县鲍以文廷博知不足斋，钱唐汪小米远孙振绮堂，皆竭一生之力，交换互借，手校眉批，不独其抄本可珍，其手迹尤足贵。①

---

① 叶德辉：《明以来之抄本》，载叶德辉著、紫石点校《书林清话（外二种）》，北京燕山出版社，2008年，第265—266页。

除叶德辉列出的上述各家，清代以抄书闻名的藏书家尚有钱塘何元锡梦华馆、桐乡金檀文瑞楼、萧山王宗炎十万卷楼、钱塘丁丙八千卷楼、长洲顾苓云阳草堂、金山钱熙祚守山阁、归安姚觐元咫进斋、钱塘厉鄂樊榭山房、阳湖孙星衍平津馆等。

四、赠予

接受馈赠在藏书家聚书之法中所占的比重很小，仅作为购买和抄写的补充。顺治七年（1650）冬，钱谦益绛云楼被火，所积图书焚毁殆尽。此时钱谦益年逾古稀，无力维系收藏，遂将绛云楼余烬之书赠予族曾孙钱曾。钱曾《读书敏求记》跋文多次记载了这一事件。

《邵子皇极经世观物篇解》跋云：

> 忆己丑春抄，侍牧翁于燕誉堂，适见检阅此册，余从旁窃视，动心骇目，叹为奇绝。绛云一烬后，牧翁悉举所存书相赠，此本亦随之来。①

《洛阳伽蓝记》跋云：

> 然绛云一烬之后，凡清常手校秘抄书都未为六丁取去，牧翁悉作

---

① 钱曾著，管庭芬、章钰校证，傅增湘批注，冯惠民整理：《藏园批注读书敏求记校证》，中华书局，2012年，第238页。

蔡邕之赠。①

另，钱曾因思念牧斋而作的《寒食夜梦牧翁诗》云："绛云脉望收余烬，湘帙缥囊喜充韧。尽说传书与仲宣，只记将车呼子慎。"自注云："绛云一烬之后，所存书籍大半皆赵玄度脉望馆校藏旧本，公悉举以相赠。"②

这三条记述略有差异：一曰尽得绛云遗书，一曰所得皆脉望馆旧本，一曰所得遗书大半是脉望旧物。今人据《述古堂宋刻书跋》及《读书敏求记》著录诸书考证，钱曾应当是得到了钱谦益大部分的脉望馆旧藏，以及部分宋版书。③

藏书家之间这种大规模的赠书行为是比较少见的，大多只是友朋间联络情感的偶然之举。但是，在清代藏书史上有一种现象是特别值得关注的，那就是藏书在同乡藏书家之间的世代相继。虽然个人或者家族藏书活动盛衰有期，但是藏书流出后，很快就会被其他藏书家较为完整地收入，如赵琦美脉望馆、杨仪万卷楼、钱允治悬磬室藏书售予钱谦益，钱谦益藏书后又归钱曾，张金吾、陈揆的宋元旧刻多为"钱、毛两家旧物"，稽瑞楼藏书后被翁心存、瞿绍基两家分得。对于藏书家来说，藏书不能传之子孙后代固属不幸，但藏书流出后，若被同里或者熟悉情况的藏书之家较为完整地收走，则既延续了珍贵古籍的寿命，又经名家递藏、流传有序，且经过历代收藏者的精勘精校，往往又形成了新的"善本"，为清代版本、

---

① 钱曾著，管庭芬、章钰校证，傅增湘批注，冯惠民整理：《藏园批注读书敏求记校证》，中华书局，2012年，第204页。
② 王应奎、瞿绍基编，罗时进、王文荣点校：《海虞诗苑 海虞诗苑续编》，上海古籍出版社，2013年，第84页。
③ 孙楷第：《也是园古今杂剧考》，上杂出版社，1953年，第22—23页。

目录学研究创造了良好的条件。这也说明了浓厚的区域藏书风气是藏书事业与理论发展的土壤。

五、捐赠

除上述几种途径外,书院藏书的收集方法还有捐赠。我国历代都比较重视教育,书院建设受到地方政府、开明乡绅的支持,捐赠图书是最常见的一种方式,也是书院藏书的重要来源之一。

嘉庆年间,由诸生提议,湖南巡抚批示,会同山长、布政使等人商议后,制定了《岳麓书院捐书详议条款》,详细规定了书院接受捐赠的办法:

> 现经呈恳奏请颁发殿板诸书,尚有从前颁发查已遗失无存者,应请补购备贮。此外,如坊肆刻本及官绅士民家藏已刻未刻各本,应请通行札饬各属,劝募捐置,仰蒙各宪。现议陆续捐购,其现任湖南地方文武各宪及通省各属士民,如有家藏书籍情愿捐入书院,或自愿量力捐资以备购买书籍之用者,应请悉听其便。官捐者,官为购买,随时饬交监院收贮。民捐者,民为购买,亦随时呈请监院收贮。均令即行登入册档,一面申报院、司、道衙门存案。至各府厅州县新旧志书及别项书籍板片,向系官为经理者,应请饬属概行征收,以备贮藏等语。

> 查从前颁发诸书遗失无存,据该生等呈请补购,应请札饬该监院查明书目,即于道库贮存额增膏火项下动银购买,发交监院收贮。其有愿捐者听从其便,毋庸通饬劝捐。至府州县志书及别项书籍板片,

不必征收贮院，以省烦忧。①

上引各条款，实际上规定了购书和捐书两种聚书方法，总的原则就是尽可能扩大聚书范围，多渠道保证书院藏书的增长。具体的征集方案为：首先争取官府、士绅支持，鼓励其向书院捐赠书籍；对于特别重要而书院没有入藏的书籍，要动用书院"专款专用"的购书经费购买；不管哪种渠道征集来的图书，都要做好藏书登记、编目工作，以便后期管理与利用。

清末，丰湖书院订立《书藏四约》，专立《捐书约》，详细规定了书院接受捐赠的办法，以及捐赠图书的管理规章：

凡捐书者，宋元明刻、手抄、家刻、坊刻、局刻各种，均可捐入（已有者不妨重复，如《十三经注疏》《资治通鉴》《宋元学案》诸书，多多益善）。

凡捐书者，自一卷至十卷、百卷、千卷、万卷，均可捐入（目录内载捐书一种者甚多）。

凡愿捐者，未曾购书，以书价捐入，交董事办理。

凡捐赀者，自一钱至一两、十两、百两、千两，均可捐入。

凡愿捐者，无论捐书捐赀，交来时记写姓名、爵里，以便刻印。

每书每本上盖某人捐置木印（既免失落，且使诸生借观某书，即知某君所捐）。

每书第一卷内，上盖"丰湖书藏"石印四字（凡卷内有此四字，愿嗜书者卖书者切勿购售，阴德无量）。

---

① 吴道行、赵宁等修纂，邓洪波、杨代春等校点：《岳麓书院志》，岳麓书社，2012年，第501—502页。

凡外省、本省有捐书赀者，请寄至惠州丰湖书院董事等点收（书在省城重订号字后寄院尤好，以省转折）。

凡本府有捐书赀者，请到院面交董事点收（凡书必妥寄省重订号字方好编目，有路远未能到院者，移交同县住院生徒转至董事等亦可）。

书藏之意甚欲搜罗历朝国朝人文集，凡捐书者能加意此层，采书尤广（自著文集，均可捐入，董事、掌书生徒须细加审阅，如人无可取，文亦平庸，切勿编目，捐书者当自知之）。

凡捐书赀者，无论自他处本处寄院时，要取收条，以示信约。见刻木印，上书"某年某月某日收到某先生捐书几种捐赀若干，管理丰湖董事、生徒同启"字样。来时记写住址，庶易寻觅，外省者写本省某处代收。①

此办法，首先表明了对捐书行为热烈欢迎的态度，不论是捐赠实物（图书），还是捐钱，书院均表示欢迎，且细大不捐；对捐赠图书的管理考虑得也十分周到，从接受捐赠时的收条，到入藏时的编目、钤印，与现代图书馆管理捐赠图书的方法何其相似，既给予了捐赠者最充分的尊重，也从制度上保证了捐赠工作的开展和捐赠书籍的妥善保管。

---

① 陈谷嘉、邓洪波主编：《中国书院制度研究（上）》，浙江教育出版社，1997年，第212—213页。

第三节　藏书购求理论的系统总结

宋代郑樵的"求书八法"和明代祁承㸁的"更有三说"论，基本上囊括了古代藏书建设思想的主要内容，清代藏书家对于藏书购求理论的总结是在前代基础上的继续深化。

购求"四最"是常熟派藏书家孙从添提出的重要图书购求理论。他也是清代藏书家中第一位系统梳理藏书经验和理论的人，在《藏书记要》开篇第一则"购求"中，孙从添开宗明义地提出"购求书籍，是最难事，亦最美事、最韵事、最乐事"[①]，堪称古代藏书家的宣言。为什么这么说？孙从添接着解释道：

知有是书而无力购求，一难也；力足以求之矣，而所好不在是，二难也；知好之而求之矣，而必欲较其值之多寡大小焉，遂致坐失于一时，不能复购于异日，三难也；不能搜之于书佣，不能求之于旧家，四难也；但知近求，不知远购，五难也；不知鉴识真伪，检点卷数，辨论字纸，贸贸购求，每多缺轶，终无善本，六难也。有此六难，则

---

① 孙庆增：《藏书记要》，载祁承㸁等撰《澹生堂藏书约（外八种）》，上海古籍出版社，2005年，第33页。

虽有爱书之人，而能藏书者，鲜矣。①

上述"六难"，虽然没有直接给出购书的方法，但藏书者面临的困难，往往就是购求书籍时必须考虑之处。换句话说，不论是书价，还是书籍本身的价值、真伪，甚至与书贾的价格往还，求书之远近，对这些条件综合考察后的结果，都是藏书家判断某本书是否应该购藏的标准。

面对上述"六难"，即使爱书之人也很难坚持，故而真正能藏书的人终究是少数。真正的藏书家，不惧千难万阻，偶得一善本，也足为人生最乐事。

而我谓购之求之，得一善本为美事者，何也？夫天地间之有书籍也，犹人身之有性灵也。人身无性灵，则与禽兽何异？天地无书籍，则与草昧何异？故书籍者，天下之至宝也。人心之善恶，世道之得失，莫不辨于是焉。天下惟读书之人，而后能修身，而后能治国也。是书者，又人身中之至宝也。以天下之至宝而一旦得之，以人身之至宝，而我独得之，又不至埋没于尘土之中，抛弃于庸夫之室，岂非人世间一大美事乎？②

将书籍当作人生至宝，道出古今中外爱书者的心声，非此不足以克服求书之难。真正爱书之人，看重的不是书籍本身价值若何，

---

① 孙庆增：《藏书记要》，载祁承㸁等撰《澹生堂藏书约（外八种）》，上海古籍出版社，2005年，第39页。
② 孙庆增：《藏书记要》，载祁承㸁等撰《澹生堂藏书约（外八种）》，上海古籍出版社，2005年，第33—34页。

而是通过藏书、读书提高个人修养，为社会作出贡献。孙从添总结的读书之乐，恰好说明了常熟派藏书家提倡的以读为目的的收藏，藏书为读，藏书为用，在这种共同观念的支撑下，才有了常熟派历经数百年而不衰的动人篇章。

且与二三知己，与能识古本今本之书籍者，并能道其源流者，能辨原板翻板之不同者，知某书之久不刷印，某书之止有抄本者，或偕之闲访于坊家，密求于冷铺，于无心中得一最难得之书籍，不惜典衣，不顾重价，必欲得之而后止。其既得之也，胜于拱璧，即觅善工装订，置之案头，手烧妙香，口吃苦茶，然后开卷读之，岂非人世间一大韵事乎？至于罗列已多，收藏既富，牙签锦轴，鳞比星章，不待外求而珍宝悉备，以此为乐，胜于南面百城多矣。①

在藏书之乐的支撑下，若能再聚集几位有相同爱好的书友，同访厂肆，遍寻秘本，日积月累之下，收藏日富，终至坐拥书城，人生乐事，莫过于此。孙从添为我们形象地勾画了爱书成癖的"老书蠹"与书相伴、其乐无穷的生活愿景。真爱藏书者，读至此处，怎能不发出此生无憾的感叹！孙从添总结的购求"四最"原则，虽然没有给藏书家直接的指导，但是其描绘的由难至乐的购求过程，栩栩如生，为古今有志于藏书事业者提供了无尽的心理慰藉和精神力量。"六难"可以看作图书购求的六条原则，"最韵"论及的几个方面，则是藏书家应具备的素质要求。

---

① 孙庆增：《藏书记要》，载祁承爜等撰《澹生堂藏书约（外八种）》，上海古籍出版社，2005年，第34页。

第四章

清代的藏书保藏思想

　　图书入藏后,藏书家要解决的第二个问题就是如何保护、管理好藏书。古籍珍贵易损,不论是水火灾害,还是虫蚀鼠咬,都会给其带来灭顶之灾。为了最大程度地避免书厄,清代藏书家在总结前代经验的基础上反复实践,不断完善藏书保护、管理的方法。本章将介绍他们在藏书楼、室的营建,曝书、防虫、防潮等书籍保护方法,以及书籍装帧修复方面的贡献。

第一节　藏书楼、室的营建

一、建筑理念

中国古代建筑以木质结构为主，因此，在营建藏书处所时，藏书家考虑的要素主要有防火、防潮、防虫、防盗四方面，而在满足建筑实用性之余，藏书家亦十分重视藏书环境的营造。

水火之灾是藏书的大敌，因此，如何防火、防水便成了藏书家在建造藏书楼时首先考虑的因素。在古代社会有限的物质和技术条件下，石室金匮的建筑理念得到了藏书家的普遍认同。从邱濬提出"金匮石室"的建议，到明代皇史宬的建设，修建石质结构藏书楼以防火的理念逐渐被人们接受。一般来说，私人藏书家出于建筑成本和审美方面的考虑，不会真的建造"石室"，但在确定建筑原则时，也会充分吸收石室的优点。比如，孙从添在《藏书记要》中说：

古有石仓，藏书最好，可无火患，而且坚久，今亦鲜能为之。惟造书楼藏书，四围石砌风墙，照徽州库楼式乃善。不能如此，须另置一宅，将书分新旧抄刻，各置一室封锁，匙钥归一经管。每一书室，一人经理，小心火烛，不致遗失，亦可收藏。若来往多门、旷野之所，或近城市又无空地，接连内室、厨灶、衙署之地，则不可藏书。而卑湿之地，不待言矣。①

书惧火厄，因此专辟石室储书固然"坚久"防火，但从成本和中国古代私宅营造法式的角度，绝少有人在居处建石室贮书。因此，仿照徽州库楼样式的藏书楼为次一等选择。所谓"徽州库楼"，指的是明清时期徽派建筑"马头墙"的建筑风格。马头墙，亦称"叠落山墙""封火山墙"，将两际山墙自檐口砌高三数尺，并随屋面斜坡做成阶梯形或其他曲线，主要功能是防火。②孙从添提倡这种建筑形制，看中的就是其防火属性。如果实在无力营建专门的楼宇，至少也要做到人书分离，即生活区和藏书区分隔。有火灾隐患和低矮潮湿之处，是绝对不能作藏书之用的。

无独有偶，叶德辉在《藏书十约》中亦云："藏书之所，宜高楼，宜宽敞之净室，宜高墙别院，与居宅相远。室则宜近池水，引湿就下，潮不入书楼。"③藏书处所最好是单独的高楼别院，用高墙隔开，防止火灾，如果条件不允许，那么就要修建在有水源的地方。

在藏书活动最发达的江南地区，潮湿气候也是藏书的大敌，解决这个问题的方法除了定期晾晒，最主要就是重视建筑设计的通风性能。所以孙从添介绍了藏书楼选址经验后继续总结："四面窗棂，

---

① 孙庆增：《藏书记要》，载祁承㸁等撰《澹生堂藏书约（外八种）》，上海古籍出版社，2005年，第46页。
② 夏征农、陈至立主编：《大辞海·美术卷》，上海辞书出版社，2012年，第292页。
③ 叶德辉：《藏书十约》，载祁承㸁等撰《澹生堂藏书约（外八种）》，上海古籍出版社，2005年，第52页。

须要透风。窗小棂大,楼门坚实,锁要紧密,式要精工。"① 叶德辉亦建议书库"宜四方开窗通风,兼引朝阳入室。遇东风生虫之候,闭其东窗。窗橱俱宜常开,楼居尤贵高敞,盖天雨瓦湿,其潮气更甚于室中也"②。良好的通风,可以保持室内空气干燥清新,避免书籍霉烂,小窗户的设计则主要出于防盗的考虑。上述从通风防潮、安全防盗、防范水火之灾等角度出发的营建理念,在今天的古籍保护领域仍在广泛应用,足见其价值。

二、建筑样式

(一)仿天一阁式

浙江宁波天一阁是我国现存最古老的私人藏书楼,其建筑样式因被四库七阁采用,对我国清代藏书建筑产生了巨大影响,国内现存的许多藏书楼都能依稀看到天一阁的影子。比如卢址抱经楼"修广间架,皆摹天一阁"③,甘熙津逮楼"制仿范氏天一阁"④ 等。福建藏书家李彦彬,仿天一阁样式,筑"榕园""吉祥馆",收储毕生所得。⑤ 其余仿照或参考了天一阁建筑式样者,不胜枚举。当然,清代藏书楼中仿天一阁制式最成功、最有名的,仍数收贮《四库全

---

① 孙庆增:《藏书记要》,载祁承㸁等撰《澹生堂藏书约(外八种)》,上海古籍出版社,2005年,第45页。
② 叶德辉:《藏书十约》,载祁承㸁等撰《澹生堂藏书约(外八种)》,上海古籍出版社,2005年,第52页。
③ 陈登原:《陈登原全集》(第4册),浙江古籍出版社,2014年,第178页。
④ 南京市白下区地方志编纂委员会编:《南京市白下区志(1986—2005)(下)》,方志出版社,2011年,第1044页。
⑤ 卢美松编著:《福州名园史影》,福建美术出版社,2007年,第90页。

书》的南北七阁。

乾隆三十九年（1774），四库馆甫一开馆，乾隆帝就考虑到了书成后储藏的问题，他下令杭州织造寅著亲自前往范家考察天一阁的建筑样式。寅著接到旨意后，迅速赶赴宁波，在范氏后人的陪同下对天一阁进行详细的勘察，并将考察结果写成奏折上报乾隆帝。这份奏折也是第一份对天一阁建筑形制进行了详细描述的文献资料：

> 天一阁在范氏宅东，坐北向南，左右砖甃为垣，前后檐上下俱设窗门，其梁柱俱用松杉等木。共六间，西偏一间，安设楼梯，东偏一间，以近墙壁，恐受湿气，并不贮书。惟居中三间，排列大橱十口，内六橱，前后有门，两面贮书，取其透风。后列中橱二口，小橱二口，又西一间，排列中橱十二口。橱下各置英石一块，以收潮湿。阁前凿池。其东北隅又为曲池。传闻凿池之始，土中隐有字形如"天一"二字，因悟天一生水之义，即以名阁。阁用六间，取地六成之之义。是以高下、深广及书橱数目尺寸，俱含六数。特绘图具奏。①

寅著的回奏十分合乾隆心意，于是不久之后他便下令在京师、盛京、江南等地仿天一阁样式修建七阁。在总体样式上，七阁吸收了天一阁的建筑理念，外观为两层木质书楼，底层共六间，上层为一大通间。但是，七阁为皇家书楼，建筑规模和风格，与天一阁还是有明显差别的。

由于七阁是为了收贮《四库全书》专建的，成书后的《四库全书》卷帙浩繁，为免空间不敷足用，七阁在上下楼板之间增建了一层夹层，使内部空间得以扩大，一楼、二楼和夹层均能存储书籍，

---

① 王先谦：《东华续录·乾隆朝·卷79》，上海广百宋斋1887年石印本，第12—13页。

打造出明二暗三的建筑格局。① 外观方面，七阁屋顶改硬山式为歇山式，显得比天一阁要高大宏伟。同时，皇家书楼注重与周边宫廷建筑群的协调一致，尽显皇家建筑的气派。比如紫禁城的文渊阁："阁三重，上下各六楹。层阶两折而上，瓦青绿色。阁前甃方池，跨石梁，引御河水注之。左右列植松桧，阁后叠石为山，山后垣门一，北向。门外稍东，设直房，为直阁诸臣所居。"② 又如承德避暑山庄文津阁，幽静肃穆，独居一处，阁前假山、曲池、花台错落有致，阁楼外观为二层重檐结构，内有三层，中层藏书为底檐遮挡。再如文溯阁，一楼正门顶上设有一个藻井，从大厅即可见二楼的藏书，视野开阔。杭州文澜阁："在孤山之阳，左为白堤，右为西泠桥，地势高敞，揽西湖全胜。外为垂花门，门内为大厅，厅后为大池，池中一峰独耸，名'仙人峰'。东为御碑亭，西为游廊，中为文澜阁。"③

天一阁的建筑样式之所以受到乾隆的青睐，与其"天一生水"的传说关系密切。据后世学者考证，范钦在修建天一阁时，恐怕并没有明确提出"天一生水，地六成之"的建筑理念，所谓"天一生水"之说更大可能是寅著揣测乾隆心意而特意宣扬的。果然，乾隆收到回奏后，不仅没有对这座东海之滨的普通两层木质建筑失望，反而龙颜大悦，下令在宫中、西苑以及盛京、承德等处建造书楼，并在为七阁撰写的谕旨、碑文、御制诗中反复申说此意。如乾隆五十八年（1793），《题文津阁》诗夹注中明白陈述："初辑《四库全

---

① 饶国庆：《四库七阁：皇家藏书的典范》，《中国文化遗产》2006年第5期。
② 庆桂等编纂，左步青校点：《国朝宫史续编（上）》，北京古籍出版社，1994年，第422页。
③ 冯培纂修：《重修两浙盐法志·卷二·文澜阁图说》，嘉庆年间刻本，第90—91页。

书》,因闻海内藏书家惟范氏天一阁之制为最善,阁凡六楹,前临水池,盖取'天一生水,地六成之'之意。而梁栋宽深尺寸,悉有精义。是以自明嘉靖末至今二百余年,虽时修葺,未曾改易。于是,四阁之式一仿其制为之,而规制经营,实始于此。其次乃文源,又次为文渊,文溯则成于最后也。"[1]

书楼形制仿自天一阁,庭院布局同样也是有"蓝本"的,比如最早建成的文津阁,乾隆四十年(1775),《趣亭》诗曰:"天一阁前原有池,池南更列假山峙。文津之阁率仿为,故亦垒石成崟巁垒。……东则月台西有山,又如宝晋斋传米……"[2]宝晋斋是宋代大书法家米芾在京口的住所。乾隆的诗句证明,七阁的庭院布局是吸收天一阁和宝晋斋之长而精心设计的。七阁的命名,更见乾隆帝的期盼,除文宗阁外,其余六阁均取"水"旁,"宗"亦有"江河朝宗于海"之义,希望以水镇火的心思表露无遗。在《文津阁记》中,乾隆帝也申说了北方四阁名称的来由:

盖渊即源也。有源必有流,支派于是乎分焉,欲从支派寻流,以溯其源,必先在乎知其津。弗知津,则蹞迷途而失正路,断港之讥有弗免矣。故析木之次丽乎天,龙门之名标乎地,是知津为要也。[3]

既取水能灭火的物理原理,同时以书喻学术变迁,颇见匠心。

(二)富厚堂式

富厚堂是清末名臣曾国藩的藏书楼,在清代砖木结构的藏书建

---

[1] 张淑敏编著:《乾隆御笔避暑山庄碑诗》,新华出版社,1998年,第153页。
[2] 张淑敏编著:《乾隆御笔避暑山庄碑诗》,新华出版社,1998年,第158—159页。
[3] 别廷峰:《乾隆御制碑文〈文津阁记〉》,《河北民族师范学院学报》1982年第3期。

筑中独具一格。富厚堂建于同治六年（1867），位于湖南省双峰县，为曾氏宅邸建筑群中的两栋独立建筑，总面积约 2054 平方米，实际藏书空间约有 800 平方米，为宋代回廊式建筑风格。① 书楼分为南北两幢，环境清幽，松竹环绕。南楼名求阙斋、归朴斋，北楼名艺芳馆、思云馆，均为三层砖木结构建筑，一楼为日常起居读书之处，二楼、三楼为藏书处。外墙材料为青砖麻石，飞檐式楼顶，楼内以 12 根木柱为支撑。室外还设计了双层内外走廊，内廊用作通道，外廊备晒书之用。楼内空间开阔，通风极佳，有很好的防潮防湿效果。与天一阁相比，其建筑制式最大的特点就是双廊和窗户的设计，前者扩展了书楼的空间，同时保护了墙体，降低雨水、曝晒对室内藏书的损害；后者使藏书室南北通透，且窗户内外均可开启，便于根据天气情况调节，具有很强的科学性。

（三）藏书处所与藏书环境的营造

除了上述代表性藏书建筑，清代的很多藏书家都在书楼建筑上花费了大量心血，其设计不仅要满足书楼的各种使用功能，还致力于营造清幽雅致的阅读环境。

如钱谦益为柳如是建造的绛云楼，位于半野堂之后：

房栊窈窕，绮疏青琐。旁庋古金石文字，宋刻书数万卷，列三代秦汉尊彝环璧之属，晋唐宋元以来法书名画，官哥定州宣成之瓷，端溪灵璧大理之石，宣德之铜，果园厂之髹器，充牣其中。②

---

① 胡卫平：《曾氏富厚堂藏书楼及其主人（上）》，《图书馆》1990 年第 1 期。
② 顾苓：《河东君传》，载何仲琴编《艳语》，广益书局，1928 年，第 1 页。

此楼富丽堂皇，远胜一般藏书之家。

汲古阁毛晋藏书、刻书并擅，并为此修建了多处藏书处所，《履园丛话》载：

> 凡三所。汲古阁在湖南七星桥载德堂西，以延文士；又有双莲阁在问渔庄，以延缁流；又一阁在曹溪口，以延道流。汲古阁后有楼九间，多藏书板，楼下两廊及前后，俱为刻书匠所居。阁外有绿君亭，亭前后皆种竹，竹叶凌霄，入者宛如深山。又二如亭左右则植以花木，日与诸名士宴会其中，商榷古今，殆无虚日。①

藏书楼兼作刻书工坊，并且互有分工，体现了毛晋良好的经营观念。

上面提到的这些藏书楼今大多已不存于世，其余如脉望馆、铁琴铜剑楼等尚有实物存世的，大多也建于清幽之地，周边是茂林修竹，山石池亭，将江南园林之美与藏书之富完美地融为一体。江南夏季潮湿闷热、蚊虫滋生，因此，修建高于地表的楼宇建筑来作藏书楼，是藏书家的共识。只要经济条件允许，藏书家均会建独立的高楼储书。藏书楼的内饰则依藏书家的经济实力与审美情趣而异，如绛云楼般富丽堂皇者，在中国藏书史上也是比较少见的。

---

① 钱泳撰，张伟校点：《履园丛话》，中华书局，1979年，第579页。

第二节　藏书维护方法

藏书收聚不易，长期保存更难。纸本脆弱，水火侵袭、日晒雨淋，甚至维护不当，都可能给书籍造成致命伤害。因此，大凡能在中国藏书史上留名者，多精于藏书维护、保养。如孙从添在《藏书记要》中所云："收藏书籍，不独安置得法，全要时常检点开看，乃为妙也。若安置虽妥，弃置不管，无不遗误。"[①] 藏书能够长期保存，必须要靠藏书家平日里的辛勤养护。

一、日常维护

（一）藏书处所维护

对藏书楼、室的维护，主要包括建筑维护和修葺，以及日常的安全、防水、防盗工作等。我国古代的藏书楼以砖木结构为主，极易朽坏，明清以来，江南园林的建筑风格风靡全国，有实力的藏书家多花费巨力营造藏书楼与其周边环境，因此在维护方面也必须投入大量的精力、财力。

[①] 孙庆增：《藏书记要》，载祁承㸁等撰《澹生堂藏书约（外八种）》，上海古籍出版社，2005年，第45页。

以天一阁为例，据史料记载，明代隆庆年间和清代嘉庆年间曾多次修缮书阁。据全祖望《天一阁碑目记》记载，康熙四年（1665），范钦的重孙范光文在天一阁周围增构池亭，堆筑"福禄寿""九狮一象"形状的假山、花亭，改善书阁周边环境。① 康熙二十五年（1686），范光燮再次"葺天一阁诸屋，以安祖泽"②。道光十年（1830），历经百余年风雨的天一阁已经不堪重负，亟须大修，故范氏后人集资大修，《范氏重修天一阁记》记载此事曰：

> 至道光十年，范氏子孙节省其祀田之余，鸠工庀材，上自栋瓦，下至阶庭，左右墙垣，罔不焕然一新，阅八月而告成。明年，更复修砌岩石，浚深池水。所费计千余缗，工坚料实，足垂永远。③

此后直至光绪年间，天一阁的维修工作一直没有停止。可见，定期维护才是藏书楼能够屹立不倒的必要条件。

书楼的日常维护，除了修缮，防火、防水、防盗也是非常重要的方面。天一阁禁碑文中规定："阁上门槛、橱门、锁钥、封条，房长每月会同子姓稽考，并察视漏水、鼠伤等情，以便即行修补。"④ 这是常见的日常安保措施，分掌钥匙可以避免家人监守自盗；经常视察，才能随时发现问题。在防火方面，古代藏书家能够想到的最好办法就是远离火源，具体做法包括：区分生活区和藏书区，禁止火种进入藏书楼，夜晚不许登楼等。叶德辉在《藏书十

---

① 《宁波词典》编委会编：《宁波词典》，复旦大学出版社，1992年，第387页。
② 骆兆平：《天一阁丛谈》，宁波出版社，2012年，第62页。
③ 骆兆平编：《天一阁藏书史志》，上海古籍出版社，2005年，第3—4页。
④ 骆兆平编：《天一阁藏书史志》，上海古籍出版社，2005年，第16页。

约》中云:"灯烛字篓,引火之物,不可相近。绛云楼之炬,武英殿之灾,此太平时至可痛心之事也。"① 这些是藏书家总结历史经验后的切身体会。

(二)书库维护

书库是藏书建筑内直接存放图书之所,现代图书馆大多采用恒温恒湿系统来调控书库环境。古代藏书家没有先进的技术手段,但他们善于因地制宜地采取措施,尽最大可能保持书库干燥和温度适宜。

首先是保持室内通风。叶德辉在《藏书十约》中指出:"宜四方开窗通风,兼引朝阳入室。遇东风生虫之候,闭其东窗。窗橱俱宜常开,楼居尤贵高敞。盖天雨瓦湿,其潮气更甚于室中也。"② 叶氏说的"东风生虫之候",指春、夏两季,尤其是潮湿多雨的春季。在这样的气候状况下,要将东边的窗户关上,避免潮湿空气大量涌入书库,以防霉变。除此之外,开闭窗户并非一劳永逸,需要随时根据天气情况调整,书橱应该常常打开,防止潮气凝结。"春夏之交,宜时时清理,以防潮湿。四五月黄霉,或四时久雨不晴,则宜封闭。六七月以后至冬尽春初,又宜敞开。"③ 即要根据气候特征和变化,并与藏书环境结合,因时因节地进行藏书维护。

其次,书库维护应有专人负责,定点进行。梁鼎芬在丰湖书院

---

① 叶德辉:《藏书十约》,载祁承㸁等撰《澹生堂藏书约(外八种)》,上海古籍出版社,2005年,第53页。
② 叶德辉:《藏书十约》,载祁承㸁等撰《澹生堂藏书约(外八种)》,上海古籍出版社,2005年,第52页。
③ 叶德辉:《藏书十约》,载祁承㸁等撰《澹生堂藏书约(外八种)》,上海古籍出版社,2005年,第53页。

《书藏四约》中指出:"每日清晨,看守书藏之人,开楼窗,开箱门(分行按次放在架外勿乱),日落时一一关闭完密,不得误忽(地方尤宜洁净,每遇雨后须细看有无渗漏,有则速治)。"① 书库的日常维护是一项比较烦琐的工作,需要专人负责,定点定时进行。

(三)使用维护

前面总结清代藏书观念时已经论及,"藏书为读"是清代藏书家的普遍观念。入藏的图书需经常取出阅读,难免产生一些损耗。为了在利用的同时,让自己辛苦收集来的藏书能够传之久远、纸白如新,清代藏书家将爱书、惜书的理念与做法发挥得淋漓尽致,是中国藏书史上最动人的篇章。

爱书、惜书与否,是衡量藏书家是否合格的标准。早在南北朝时期,颜之推便说:"借人典籍,皆须爱护,先有缺坏,就为补治,此亦士大夫百行之一也。济阳江禄,读书未竟,虽有急速,必待卷束整齐,然后得起,故无损败,人不厌其求假焉。"② 颜之推认为,爱惜书籍是读书人基本的道德、行为准则,懂得书籍价值、小心呵护图书之人,人们自然就信任他,乐意将书籍借给他。《颜氏家训》被称为"家训之祖",其思想符合我国古代的正统价值观,受到历代士绅阶层的追捧与效法。上述论述也被后人反复引用,以此来说明读书人对待图书应有的态度,如清黄丕烈《士礼居藏书题跋记》、王士禛《居易录》、阎若璩《潜邱札记》、张英《渊鉴类函》等,都引用了颜之推的观点来阐明读书人应有的惜书、爱书之情。

敬惜书籍的具体做法,藏书家普遍强调在翻阅过程中诚心敬

---

① 梁鼎芬:《书藏四约》,清光绪十四年(1888)刻本,第4页。
② 颜之推著,刘开举译注:《颜氏家训译注》,上海三联书店,2018年,第52页。

意，对待典籍始终保持敬畏、爱惜之心。比如明代藏书家杨慎、赵琦美、胡应麟都曾经抄录过一则书跋：

聚书藏书，良非易事。善观书者，澄神端虑，净几焚香。勿卷脑，勿折角。勿以爪侵字，勿以唾揭幅，勿以作枕，勿以夹刺。随损随修，随开随掩。后之得吾书者，并奉赠此法。①

这条据说出自元代书法家赵孟頫的书跋，被明、清两代藏书家奉为不易之论，他们不仅身体力行，还要求家族子孙严格遵守。祁承㸁甚至专门在《澹生堂藏书约》中辟出专章，收录古今藏书家爱惜书籍的事例来教导子孙珍视藏书。上述这些爱书、惜书的事例与观念，在清人记述中也并不鲜见。比如梁章钜在《退庵随笔》中引用了《颜氏家训》和司马光的事例，来表明对传统观念的尊奉。总的来说，从使用者角度，清代藏书家惯常采用的惜书措施包括：首先，在使用过程中保证阅读环境的整洁，不随意放置书籍，以免为自己或旁人所污，或者不慎遗失。其次，翻阅书籍时，保持手部干燥无污物，翻页时小心谨慎，勿折伤书页，同时禁绝饮食，不要将水、食物残渣掉在书上。最后，书籍被取阅多次后，难免出现损伤，此时要及时修补。对此，清末叶德辉曾做过全面总结：

非有书可以互抄之友，不轻借抄。非真同志著书之人，不轻借阅。舟车行笥，其书无副本者，不得轻携。远客来观，一主一宾，一书童相随，仆从不得丛入藏书之室。不设寒具，不箸衣冠，清茗相酬，久谈则邀入厅事。钱振笰注《义山文集》，每窃供用之书，京师书坊，至

---

① 李慈铭著，由云龙辑：《越缦堂读书记》，上海书店出版社，2000年，第947页。

今言之疾首。魏源借友人书,则裁割其应抄者,以原书见还,日久始觉。不独太伤雅道,抑亦心术不正之一端。凡此防范之严,所以去烦劳,消悔吝,正非"借书一痴,还书一痴"也。①

为了保证藏书安全,应当尽量避免闲杂人等进入书库,如需长谈,不可在书库进行。同时叶德辉也批判了某些为了得到别人的珍籍秘本,不惜采用卑劣手段的行径。

二、曝书制度

除了上述日常维护的观念、方法和制度,清代藏书家在继承前代经验的基础上,继续优化曝书、防虫、防潮等措施,并进行了理论总结。下面两节我们重点介绍曝书、防虫的具体做法。

曝书,就是利用阳光中的紫外线照射书籍,去除书籍中的水分、杀菌除虫的方法。我国古书的主要材料是手工纸,容易受潮,湿气长期不除,会滋生细菌,还会引来虫蛀鼠咬。在技术条件有限的古代,利用阳光杀菌的原理曝书,几乎是唯一的选择。至明清时期,曝书还从单纯的书籍保护方法,衍生出曝书会、曝书节等文化活动,成为国家文教事业兴盛发达的标志。相比明代,清代的曝书活动更加频繁,相关方法和理论也更为成熟。

官府藏书方面,曝书的最早记载见于清陈康祺《郎潜纪闻初

---

① 叶德辉:《藏书十约》,载祁承㸁等撰《澹生堂藏书约(外八种)》,上海古籍出版社,2005年,第53页。

笔》:"秘阁曝书,以每年三月六日,自康熙壬寅始也。"① 即清代宫廷藏书的曝书活动,开始于康熙六十一年(1722)。至乾隆朝文教大兴,曝书制度也日渐完善,据《日下旧闻考》(第1册)记载,乾隆四十一年(1776)六月初一,皇帝下旨仿照宋制设置文渊阁官制:"自宜酌衷宋制,设文渊阁领阁事总其成;其次为直阁事,同司典掌;又其次为校理,分司注册点验。所有阁中书籍,按时检曝,虽责之内府官属,而一切职掌则领阁事以下各任之,于内阁翰詹衙门内兼用。其每衔应设几员及以何官兼充,著大学士会同吏部、翰林院定议,列名具奏,候朕简定。"② 清人赵慎畛《榆巢杂识》较为详细地记载了宫中曝书的时间和程序:"我朝渊海缥缃,储藏美富,每岁按三、六、九月,由提举阁事大臣会同领阁事大臣,定期奏请曝书,直阁、校理各员咸集,公同翻晾。其排次清厘,列庋原架,则文渊阁检阅所司。检阅官例设八员,由领阁事大臣于科甲出身之内阁中书,遴选充补,亦酌仿宋秘书省检阅文字官而设也。"③ 由是观之,清宫的曝书活动由文渊阁直阁事和校理负责,每年分春、秋两季定期举行。

乾隆五十三年(1788),因曝书过程中书籍错乱、损坏等问题频繁发生,乾隆帝特意下旨申斥,并下令停止文渊阁曝书活动:

> 向来文渊阁藏庋《四库全书》,设有领阁、提举、直阁、校理、检阅等官,原未详立规条,以专责成。所有司事收发,一切不免彼此推

---

① 陈康祺撰,晋石点校:《郎潜纪闻初笔 二笔 三笔(上)》,中华书局,1984年,第41页。
② 于敏中等编纂:《日下旧闻考》(第1册),北京古籍出版社,1985年,第166页。
③ 赵慎畛:《榆巢杂识》,中华书局,2001年,第93页。

诱,是以内阁、翰林院、内务府、奉宸院各衙门经理,即曝晒书籍、插架归函,竟未能顺叙,殊非慎重秘书之道。因思文渊阁提举阁事一员,系由总管内务府大臣兼充,其司员以及看守扫除之人,皆其所辖,呼应较灵。即着交提举阁事一人专为管理,其领阁、直阁、校理、检阅等官,俱作为兼充虚衔,不必办理本阁事务。至各书装贮匣页用木,并非纸背之物,本可无虞蠹蚀。且卷帙浩繁,非一时所能翻阅,而多人抽看曝晒,易至损污,入匣时复未能详整安贮,其弊更甚于蠹。嗣后止须慎为珍藏,竟可毋庸曝晒,其地面一切,亦无须奉宸苑经理,庶专司有人,而藏书倍为完善。①

宫廷藏书曝书制度自此中辍,民间的曝书活动则始终盛行。如《燕京岁时记》记载:"京师于六月六日抖晾衣服书籍,谓可不生虫蠹。"② 正是由于曝书活动的频繁与普遍,曝书日渐演化成藏书、治学精神的代名词,比如清代著名学者朱彝尊的文集叫《曝书亭集》,钱泰吉亦撰有《曝书杂记》。清代诗文也有大量关于曝书场景的描写,如潘奕隽《六月六日晒书诗》曰:"三伏乘朝爽,闲庭散旧编。如游千载上,与结半生缘。读喜年非耋,题惊岁又迁。呼儿勤检点,家世只青毡。"③ 唐秉钧《文房肆考图说》卷八"收藏字画书册碑帖法"记载了晒书画的方法:"收藏当于牡丹开之际,或略后,必有燥天,此时正是梅雨未至,而晒取极燥。书入楼中,画入橱内,以纸封门缝及周隅小衅隙,令不通风,不入蒸湿之气。若着色

---

① 中国第一历史档案馆编:《纂修四库全书档案(下)》,上海古籍出版社,1997年,第2142页。
② 富察敦崇:《燕京岁时记》,北京古籍出版社,1983年,第71页。
③ 潘奕隽:《六月六日晒书诗》,载孙民选注《古代风俗诗画》,辽宁美术出版社,1992年,第170页。

之画，见日烈晒则易变色，须倒卷放松，于无日照处晾之，俾燥风透入，自然干燥。凡字画晾过必须紧卷，庶免压绉之虞。"① 对曝晒过程中需要考虑的因素、方法，介绍得十分细致。

在大量实践活动支持下，清代的曝书理论亦随之发展。清代藏书理论代表著作《藏书记要》《藏书十约》《说剑轩余事》《书藏四约》等均有专门的章节介绍曝书的制度和经验。

比如，孙从添《藏书记要》第八则"曝书"云：

曝书须在伏天，照柜数目挨次晒，一柜一日。晒书用板四块，二尺阔，一丈五六尺长。高凳搁起，放日中，将书脑放上面，两面翻晒，不用收起，连板抬风口凉透，方可上楼。遇雨抬板连书入屋内阁起最便。摊书板上，须要早凉，恐汗手拿书，沾有痕迹。收放入柜亦然。入柜亦须早，照柜门书单点进，不致错混。倘有该装订之书，即记出书名，以便检点收拾。曝书秋初亦可。②

他建议将曝书之期定在盛夏或者初秋，要之，应选择日照最足之时。晒书之时除了要注意不损伤图书，还需特别留意依序曝晒，不致错乱。同时，晒书也是藏书家检查自己藏书状况的好机会。稍具规模的藏书之家，往往插架上万，平时不可能一一检视，所以应当善用晒书的机会，对藏书的保存状况进行审查，遇到需要修补装订的书籍，可以随时处理，晒书方能一举两得。

---

① 唐秉钧：《文房肆考图说》，载《续修四库全书·一一三一·子部·谱录类》，上海古籍出版社，2002年，第410页。
② 孙庆增：《藏书记要》，载祁承𤏖等撰《澹生堂藏书约（外八种）》，上海古籍出版社，2005年，第46—47页。

其他几部论著记载的方法大致相同，但在操作细节上，清代藏书家的认识和观点则各有不同。首先，晒书的时机。史书记载的古代晒书活动，大多在阴历七月初七，或六月初六，大致是在夏秋之交的一段时间。孙从添的观点与古来经验相合，"曝书须在伏天""曝书秋初亦可"，就是每年七月中旬至八月中旬之间。叶德辉则认为固定在七月晒书并不合理，他注意到中国南北气候的差异，指出晒书应因地制宜："南方七月正值炎薰，烈日曝书，一嫌过于枯燥，一恐暴雨时至，骤不及防。"① 七月盛夏，天气变化无常，而且日照过于强烈，也会对脆弱的书页造成损害，因此他认为："朝曝夕收，其热非隔宿不退，若竟收放橱内，数日热力不消。不如八九月秋高气清，时正收敛，且有西风应节，藉可杀虫。南北地气不同，是不可不辨者也。"② 根据时令和区域气候特征选择合适的晒书时机，体现了实践带来的进步。在此基础上，叶德辉进一步提出了依四时气候分别进行藏书维护的观点："春夏之交，宜时时清理，以防潮湿。四五月黄霉，或四时久雨不晴，则宜封闭。六七月以后至冬尽春初，又宜敞开。"③ 较之单纯依靠晾晒防蠹的做法，已大为进步。除上述二人之外，林树梅《说剑轩余事·晒书》提出："每年择六月风日晴和，预防晴晡时急雨。"④ 即在尚未进入盛夏，气温较低，天

---

① 叶德辉：《藏书十约》，载祁承㸁等撰《澹生堂藏书约（外八种）》，上海古籍出版社，2005年，第53页。
② 叶德辉：《藏书十约》，载祁承㸁等撰《澹生堂藏书约（外八种）》，上海古籍出版社，2005年，第53页。
③ 叶德辉：《藏书十约》，载祁承㸁等撰《澹生堂藏书约（外八种）》，上海古籍出版社，2005年，第53页。
④ 林树梅：《说剑轩余事》，载林树梅著、陈茗点校《林树梅集》，商务印书馆，2018年，第279页。

气晴和之日进行。梁鼎芬则提出"每年按季晒书一次""晒书要则晴日,无风"等观点。上述材料说明,时至清末,按季节、气候晒书已经成为新的共识。

除了考虑气候因素,一天内的时间选择对晒书同样重要。孙从添、叶德辉认为晒书当在白天进行,林树梅则认为:"假如今日晒书之面,今夜晾于堂中,明日转晒书背,再晾一夜,收藏可也。"① 因为白天温度较高,如果晒完后即刻入柜,则余温尚未散尽,纸张容易脆化。为了解决这个问题,清代藏书家也想了很多办法。如《式古堂书画汇考》云:"扫地风无力,推窗月晒书"②,即以"月"晒书。袁枚认为:"牙签都放西廊下,自有斜阳来曝书"③,即在傍晚夕阳西下之时晒书。曹寅则云:"十五年间万卷藏,中年方觉曝书忙。遥怜挥汗缤翻处,时有微风送古香"④,是说晒书选在有微风之日为佳。

概言之,在晒书时机方面,虽然藏书家的观点略有差异,但是选择气温较高(避雨、避日光直射)的日子,等书页彻底凉透后再入书柜是被普遍接受的做法。

其次,晒书的操作方法。上引孙从添《藏书记要》进行了示范性说明。曝书并非将藏书移出,晒完收齐就结束了,而是包括器具准备、取书、晒书、晾书、收书、入柜等步骤的系列过程。器具方

---

① 林树梅:《说剑轩余事》,载林树梅著、陈茗点校《林树梅集》,商务印书馆,2018年,第279页。
② 卞永誉:《式古堂书画汇考》,载《景印文渊阁四库全书》(第827册),台湾商务印书馆,1988年,第364页。
③ 袁枚:《山居绝句》,载王英志编纂校点《袁枚全集新编》(第1册),浙江古籍出版社,2018年,第175页。
④ 曹寅:《楝亭诗抄》,载《四库全书存目丛书·集部》(第257册),齐鲁书社,1997年,第120页。

面,孙从添提到的"晒书板"和"高凳"两种,都是为了避免人手直接接触书籍,使藏书免受污损的一项有创意的发明。取书和入柜的要点则是要按序进行,按照书柜上的"柜门书单"依次取出,不能因晒书使各柜图书散乱。晒书的方法,具体包括:两面翻晒,务必使图书被晒透,收起后,等书彻底凉透才能入柜。林树梅《说剑轩余事》亦云:"将书册平平安放,不可鳞叠。放毕,一任晒透,使湿气自上而下,勿即翻转,恐湿气仍归注册中,易于蠹坏。假如今日晒书之面,今夜晾于堂中,明日转晒书背,再晾一夜,收藏可也。"①

最后,曝书的延伸功能。曝书最早只是单纯的藏书维护措施,但经过漫长的实践,藏书家们发现可以借助曝书完成一些额外的工作,如清点图书、检视书籍状况等。比如孙从添提出曝书之时,"倘有该装订之书,即记出书名,以便检点收拾"②。梁鼎芬亦云:"有须重订者,检出存记,寄省重订。"③ 对古代藏书家,特别是收藏数量可观的藏书家来说,平时检点图书是一件非常费工夫的事情,不可能时常进行,天长日久,图书收藏情况难免混乱,趁晒书之机,检视家底,验看图书保存情况,实乃一举两得之事。有些藏书家甚至在晒书过程中发现"漏网之鱼",觅得珍本秘籍,这就属于意外收获了。比如《爱日精庐藏书志》卷二十九"《杜荀鹤文集》三卷·旧抄冯氏手校北宋本"条云:

冯氏手跋曰:此予家藏南宋板抄本。癸卯春仲借得隐湖毛氏北宋

---

① 林树梅:《说剑轩余事》,载林树梅著、陈茗点校《林树梅集》,商务印书馆,2018年,第279页。
② 孙庆增:《藏书记要》,载祁承㸁等撰《澹生堂藏书约(外八种)》,上海古籍出版社,2005年,第47页。
③ 梁鼎芬:《书藏四约》,清光绪十四年(1888)刻本,第5页。

板细校一过，异同处悉两存之。

叶氏手跋曰：冯氏书法为临池正传，此卷其所抄本也。遒劲流丽，出入钟、王。不知何时流落敝箧，半充脉望之腹。项因晒书检得，深悲其遭际之失所也。拔登邺架，眠食与俱，又虑其糜蠹之难存也，特为裱而装之，以寿于世。①

这部珍贵的南宋版《杜荀鹤文集》就是一次曝书时的"意外之喜"。更有甚者，由于明清时期曝书活动之普遍，曝书还从一项藏书保护举措演变成为藏书家的"社交平台"。借曝书之期，藏书家以书会友、聚会同道，江南各地的"曝书节""曝书会"②屡见不鲜。以曝书为名，一群藏书家、学者得以汇聚，共同研讨学问、品评藏书，客观上促进了藏书流通、学术发展，这是曝书作为一种文化活动所发挥的作用。

三、防虫技术

除湿防虫，是古代藏书维护的重点。虫蛀鼠咬，是藏书之大害。梁鼎芬在丰湖书院《书藏四约》中云："箱内书头处有空地，易招鼠耗，小本书尤宜留心。箱内易生蠹鱼（用辟蠹散最好，否则用香烈之品，亦可防避。然总以人力为主，能勤检理，所胜多矣）。"③叶德辉也说："食物引鼠，不可存留。"④可见，防治虫鼠害

---

① 张金吾著，冯惠民整理：《爱日精庐藏书志》，中华书局，2012年，第402页。
② 桑良至：《曝书会：藏书文化活动之一》，《大学图书情报学刊》1996年第4期。
③ 梁鼎芬：《书藏四约》，清光绪十四年（1888）刻本，第5页。
④ 叶德辉：《藏书十约》，载祁承㸁等撰《澹生堂藏书约（外八种）》，上海古籍出版社，2005年，第53页。

是藏书家普遍关注的问题。防治的方法，大致可以分为几个方面：其一是保持书楼通风干燥，降低湿度，防止霉变，以绝虫害。其二是勤于检视，一旦发现问题要及时处理，同时也可避免损失进一步扩大。其三就是各种物理防治方法，比如天一阁的"芸香草"等。下面我们将重点介绍物理防治的具体措施。

首先是药物防治。古人为了防虫除蠹，首先想到的就是利用各种中草药的药性。比如天一阁大名鼎鼎的"芸香草"，虽然已被现代科学证明其效用并不明显，但在当时，它是一种被藏书家大加推崇并广为使用的物品。到了清代，关于药物防治的探索更进一步。据清沈初《西清笔记》记载："羊脑笺以宣德磁青纸为之，以羊脑和顶烟墨窨藏久之，取以涂纸，砑光成笺。墨如漆，明如镜。始自明宣德间，制以写金，历久不坏，虫不能蚀。"① 就是使用羊脑和顶烟墨两种材料，通过涂抹纸张获得防虫效果。类似方法在藏文写经纸制作过程中也经常用到，常用的材料包括毒狼草、灯台树皮、野茶花树等。②

虽然效果很好，但由于制作成本的关系，以药物染纸的做法在清代并不普遍，更简便的做法是在书中夹装染纸或药物。清代最著名的是"万年红纸"，即用红丹染过的纸作为书籍的衬纸，或将其置放在书柜、书橱中，以达到防虫的目的。红丹的主要成分是四氧化三铅，是一种有毒化学物质，但其性质较为稳定，不易溶于水，又名铅丹、铅红。万年红纸，就是将铅红等化学材料研磨成粉，加入桃胶溶液和添加剂，用水调匀后涂抹于纸张单面制成。③ 南方气

---

① 沈初：《西清笔记》，载王云五主编《丛书集成初编》（第2966册），商务印书馆，1936年，第13页。
② 周和平主编：《第一批国家级非物质文化遗产名录图典（下）》，文化艺术出版社，2006年，第927页。
③ 刘仁庆：《论万年红纸：古纸研究之十八》，《纸和造纸》2012年第3期。

候湿热，空气湿度大，万年红纸以其化学性质的稳定受到了藏书家的欢迎，使用较为广泛。

芸香是另一种常见的避蠹材料。早在三国时期，就有关于芸香避蠹的记载，至明清时期，这种观念愈发深入人心。《康熙字典》便以"芸香辟蠹"来解释"芸"字的含义。时至清末，叶德辉在《藏书十约》中仍云："橱内多放香烈杀虫之药品，古人以芸草，今则药草多矣。肉桂、香油或嫌太贵，西洋药水药粉品多价廉，大可随时收用。"[1] 可见，在西洋化学药品传入之前，芸香草是一种普遍使用的防虫药物。

除上述几种药物，孙从添在《藏书记要》中提到的防虫方法还有："柜顶用皂角炒为末，研细，铺一层，永无鼠耗。恐有白蚁，用炭屑、石灰、锅锈铺地，则无蚁。柜内置春画辟蠹石，可辟蠹鱼。供血经于中，以辟火。"[2] 这些方法不一定有科学道理，但确是对明清时期藏书家惯常做法的系统总结。

其次是放置位置和装帧方式的防虫处理。选定药物后，将药物置于何处，以及如何避免因装帧修补造成虫蛀鼠咬，也是藏书家关心的问题。前引孙从添论述，皂角味辛有毒，将其炒熟后研磨成粉，铺在书柜顶上，可防止鼠咬。炭屑、石灰和锅锈，铺在书库地面上，可以避免蚁患。至于春宫画、经血辟火，则不足论矣。叶德辉同样也认为，将芸草、花椒、皂角等味道辛烈的植物均匀铺洒在书橱之下，能起到防虫的作用。梁鼎芬在丰湖书院《书藏四约》中亦云："箱脚拟

---

[1] 叶德辉：《藏书十约》，载祁承爜等撰《澹生堂藏书约（外八种）》，上海古籍出版社，2005年，第53页。
[2] 孙庆增：《藏书记要》，载祁承爜等撰《澹生堂藏书约（外八种）》，上海古籍出版社，2005年，第46页。

用瓦器盛之，中藏石灰，可去湿，可避蚁。"① 书箱的脚垫安放在盛满石灰的瓦器里，可以同时起到防虫和除湿的效用。

最后，古书长期流传，书页易散，需要藏书家勤于修缮装订，但是装裱所用的糨糊容易招致虫害。如何解决这个问题，孙从添介绍了毛晋汲古阁的经验：

> 惟毛氏汲古阁用伏天糊裱，厚衬料，压平伏，裱面用洒金墨笺，或石青、石绿、棕色、紫笺，俱妙。内用科举连裱里，糊用小粉、川椒、白矾、百部草细末，庶可免蛀。然而偶不检点，稍犯潮湿，亦即生虫，终非佳事。②

这是专门针对装裱程序的一条防虫经验，古代裱书用的糨糊，以面粉或淀粉为原料，是书虫喜食之物。但修补书籍必须要用到糨糊，毛晋在实践过程中总结的经验就是，在糨糊中添加书虫不喜的辛辣药物，这是药物防虫原理的特殊应用。

第三节 装帧、修缮方法

我国古代书籍的装帧和修缮技术，是中国图书和藏书史上最具

---

① 梁鼎芬：《书藏四约》，清光绪十四年（1888）刻本，第4页。
② 孙庆增：《藏书记要》，载祁承㸁等撰《澹生堂藏书约（外八种）》，上海古籍出版社，2005年，第43页。

中国特色的内容。书籍装帧，主要指书籍抄写或者刻印完成后，如何将散页以一定的形式合为一本，在这个过程中既要考虑美观，还要保证经过装订后的书籍坚固耐用；书籍修复，则是针对使用或者收藏过程中形态发生变化的书籍，进行保护性或者抢救性修补，目的是延长书籍的寿命。二者都是古代书籍保护技术的重要组成部分。中国书籍史源远流长，在长期发展过程中形成了图书形制的阶段性特征，从上古时期的简牍、卷子，到魏晋南北朝、唐代的写本卷轴装、经折装、旋风装，再到宋代以后的蝴蝶装、包背装、线装，每种不同的形制，都有独特的装帧、修补方法。至明清时期，线装成为书籍的主要形态，藏书家对装帧和修复技术的探索也主要是针对线装书。

一、装帧的方法与理论

（一）装订的方法与原则

装订是书籍装帧的第一步。孙从添在《藏书记要·装订》中首先阐释了装订的总体原则："装订书籍，不在华美饰观，而要护帙有道。款式古雅，厚薄得宜，精致端正，方为第一。"[①] 装订的根本目标不是追求美观，而是要使书籍保存和流传得更加久远。清末叶德辉的认识与此类似："书不装潢，则破叶断线，触手可厌……今日得之，今日装之，则不至积久意懒，听其丛乱。装订不在华丽，

---

① 孙庆增：《藏书记要》，载祁承㸁等撰《澹生堂藏书约（外八种）》，上海古籍出版社，2005年，第42页。

但取坚致整齐。"① 他同样也强调装订的终极目标是更好地保护书籍，因此，齐整、坚固、古雅是必须遵守的装订原则。

在确立了基本原则后，孙从添详细论述了线装书装订的程序，依次为：折书页、订书眼、订线、留天地头、装副页、裱书面、贴书签。每个步骤都有许多注意事项，孙从添一一为之列出。在本则的结尾，孙氏特别提出，"虞山装订书籍，讲究如此"，强调这是虞山派装订书籍的一般方法。清末，林树梅在《说剑轩余事》中也总结了装订的步骤：书页顺序折叠、检线既齐、草订、添看页、加书皮、贴书签等。

折书页是装订的第一个步骤，雕版印成的书籍，每个单页印刷完成后，需要人们手工将其对折以备装订。这个步骤的关键就是要求平整，在没有机器辅助的时代，它对工人技术的精细程度要求很高。一般来说，折书页的参照标准是每张书页中间的鱼尾或版心黑线。因此，孙从添总结为："折书页要折得直、压得久、捉得齐，乃为高手。"具体操作时，要以上下鱼尾、黑口书的黑线、白口书的栏线等为参照，务必上下对齐，保证折叠线笔直，这样才能保证折叠后的书页形制完全一致。不同装帧形态的书页，折叠方向各有不同，蝴蝶装是将书页由书口向内对折，有字的一面相对；线装则正好相反，版心向外，有字的一面相背折叠。

书页折好后，要按压一段时间才能使其固定不变形，现代印刷技术是通过专门的压书机来解决这个问题的。而其原理在古代出版、藏书实践中已经被普遍应用了，林树梅提出："将书页照数目次序折叠，夹于板中，用石压平，检对黑线，令其整齐，不可参差

---

① 叶德辉：《藏书十约》，载祁承㸁等撰《澹生堂藏书约（外八种）》，上海古籍出版社，2005年，第46页。

错乱。"① 在折书页的时候要按照其在书中的次序依次进行，以免错乱。折好后，给叠好的书页上下加木板，再用石器压在木板上。石块用以加压定型，用木板则既可保证书页的清洁，也可避免书页因过分受力被压坏。

书页折好排齐后，就可以在装订侧打孔，为订线做准备。孙从添给出的订书眼程序为："订书眼要细，打得正，而小草订眼亦然。又须少，多则伤书脑，日后再订，即眼多易破，接脑烦难。"② 眼小则穿线美观，不至出现拉线过紧、书页受损的现象。普通书籍一般订四眼，尺寸较大也可订六眼或八眼，应根据书籍尺寸、厚薄决定，总体来说要遵循尽量少打孔的原则。订眼过多，对于脆弱的纸张来说是一种负担，且古书在流传过程中，难免需要重订，若初订时孔打得太多、太密，会给之后的修补、维护工作带来困难。

订线是保证书册牢固不易散的关键步骤，孙从添云："订线用清水白绢线双根订结，要订得牢，嵌得深，方能不脱而紧，如此订书，乃为善也。"③ 叶德辉亦云："钉以双丝线。"④ 林树梅则云："线用大条白丝双钉打结，须扎实为妙。究用漂白苎线，方不蛀。钉书包角，棋盘钉不过一时雅观，久即蠹蛀，钉孔亦有伤，不便重装

---

① 林树梅：《说剑轩余事》，载林树梅著、陈茗点校《林树梅集》，商务印书馆，2018年，第279页。
② 孙庆增：《藏书记要》，载祁承㸁等撰《澹生堂藏书约（外八种）》，上海古籍出版社，2005年，第42页。
③ 孙庆增：《藏书记要》，载祁承㸁等撰《澹生堂藏书约（外八种）》，上海古籍出版社，2005年，第42页。
④ 叶德辉：《藏书十约》，载祁承㸁等撰《澹生堂藏书约（外八种）》，上海古籍出版社，2005年，第46页。

也。"① 丝线是我国古代订书的主要材料，绢也是丝线的一类。苎麻制成的苎线，精细、有韧性，古时多用于制作渔网，用来订书不仅结实耐用，而且防蛀，成本也比丝线便宜，故而在古代也是常用的一种材料。订的方法，叶德辉说："书内破损处，觅合色旧纸补缀。……书背逼至钉线处者，亦衬纸如之。衬纸之处钻小孔，一孔在衬纸，一孔在原书之边，以日本薄茧纸捻条，骑缝跨钉，而后外护以面纸，再加线钉。线孔占边分许，而全得力于纸捻。日久线断而叶不散，是为保留古书之妙法。"② 以纸捻为辅助材料固定衬纸，再加以装订，使之更加坚固。

至此，装订的主要工作就完成了，但装订的程序还没有结束。首先是留天地头，也就是书页上下栏线的空白。林树梅说："书页上额下脚及钉线处，俱于印刷时要留宽地步，不独雅观，将来亦可裁修也"③，总结了天地头的作用。封面用纸是书的"门面"，也要慎重选择，孙从添说："书面用古色纸，细绢包角。"林树梅提出："书皮用栗壳色厚纸，或桑皮棉纸，全页对折，不可用半，亦不可用糊。签用白罗文加烟刷好，满用白芨粉为糊实贴，庶乎不蛀。"④叶德辉总结："面纸以细纹宣纸染古铜色，内裱以云南薄皮纸，钉

---

① 林树梅：《说剑轩余事》，载林树梅著、陈茗点校《林树梅集》，商务印书馆，2018年，第279页。
② 叶德辉：《藏书十约》，载祁承㸁等撰《澹生堂藏书约（外八种）》，上海古籍出版社，2005年，第46页。
③ 林树梅：《说剑轩余事》，载林树梅著、陈茗点校《林树梅集》，商务印书馆，2018年，第279页。
④ 林树梅：《说剑轩余事》，载林树梅著、陈茗点校《林树梅集》，商务印书馆，2018年，第279页。

时书面内衬以单宣或汀贡（汀州所造，竹料厚者）。"① 虽然描述不同，但他们的意见基本一致，就是应以古色纸为佳，不仅耐用，且显得古朴雅致。

贴书签是装订程序的最后一步，书签上记载了书名、卷册数、作者等信息，给装订好的图书加贴书签，既是为了美观，也是为了后期使用时查找方便。孙从添说："书签用深古色纸裱一层，签要款贴，要正齐，不可长短阔狭，上下歪斜，斯为上耳。"② 至于书签的材料："书签用宋笺藏经纸古色纸为上。至明人收藏书籍，讲究装订者少，总用棉料古色纸，书面衬用川连者多。钱遵王述古堂装订，书面用自造五色笺纸，或用洋笺书面。虽装订华美，却未尽善，不若毛斧季汲古阁装订书面，用宋笺、藏经纸、宣德纸，染雅色自制古色纸更佳。至于松江黄绿笺纸书面，再加常锦套，金笺贴签，最俗。收藏家间用一二锦套，须真宋锦或旧锦、旧刻丝，不得已细花雅色上好宫锦则可，然终不雅，仅可饰观而已矣。"③ 林树梅也认为："书标、书签俱用雅淡好色罗纹笺，全张对折，加烟刷两遍，使极明朗，不可用大红俗色。"④ 对书签的要求兼顾美观和实用，颇有一些现代文创产品的意味了。

---

① 叶德辉：《藏书十约》，载祁承㸁等撰《澹生堂藏书约（外八种）》，上海古籍出版社，2005年，第46页。
② 孙庆增：《藏书记要》，载祁承㸁等撰《澹生堂藏书约（外八种）》，上海古籍出版社，2005年，第43页。
③ 孙庆增：《藏书记要》，载祁承㸁等撰《澹生堂藏书约（外八种）》，上海古籍出版社，2005年，第42页。
④ 林树梅：《说剑轩余事》，载林树梅著、陈茗点校《林树梅集》，商务印书馆，2018年，第279页。

（二）装订的材料

糨糊是古书装订的黏合剂，糨糊的好坏决定了书籍的坚固程度，制作工艺不过关的糨糊，不仅不能保护图书，还可能引来虫害。明代藏书家在糨糊制作工艺方面已很有心得，清代在此基础上又有所发展。孙从添介绍了汲古阁的糨糊制作方法后，他认为："糊用小粉、川椒、白矾、百部草细末，庶可免蛀。"[1] 不同成分的糨糊性能略有不同，从这个角度出发，林树梅专门介绍了修补书籍使用的糨糊："补书用白芨粉水粘补，无虞虫蛀，此法之最妙者。"[2] 白芨粉入水，可以起到稀释糨糊的作用，补书是很精细的操作，故而要用较稀的糨糊。使用糨糊的时机和具体方法，孙从添总结道："惟毛氏汲古阁用伏天糊裱，厚衬料，压平伏。裱面用洒金墨笺，或石青、石绿、棕色、紫笺，俱妙。内用科举连裱里，糊用小粉、川椒、白矾百部草细末，庶可免蛀。"[3] 夏天适合糊裱，在书籍的不同位置应当使用不同的装裱材料，这些都是很有价值的经验总结。

古书比较软，无法像现代书一样立在书架上，藏书家一般采用横放的方式陈列。为了更好地保护书籍，对一些比较稀有珍贵的书籍，还要给其制作专门的硬制材料——函套，保证书籍在陈列、翻阅的过程中不会受损。常见的函套形态有木质书箱、书匣、书夹板、硬制书套、软制书套等，在长期实践过程中，函套不仅发挥了

---

[1] 孙庆增：《藏书记要》，载祁承㸁等撰《澹生堂藏书约（外八种）》，上海古籍出版社，2005年，第43页。
[2] 林树梅：《说剑轩余事》，载林树梅著、陈茗点校《林树梅集》，商务印书馆，2018年，第280页。
[3] 孙庆增：《藏书记要》，载祁承㸁等撰《澹生堂藏书约（外八种）》，上海古籍出版社，2005年，第43页。

保护图书的作用，藏书家还赋予了其独特的艺术和美学特征，一些专门制作的精美函套，还成了藏书家的标志。

清代的官私藏书都十分喜爱使用函套，珍贵古籍大多选用由名贵材料制成的夹板、函盒存放。比如，扬州文汇阁《四库全书》："书帙多者用楠木作函贮之，其一本二本者用楠木版一片夹之，束之以带，带上有环，结之使牢。"①《养吉斋丛录》亦云："四库书，每部以香楠木二片上下夹之，约以绸带，外用香楠木匣贮之。书面皆用绢，经用黄，经解用绿，史用赤，子用蓝，集用灰色，所约带，及匣上镌书名，悉从其色。"② 在这里，函套既发挥了保护书册的实际功用，提升了藏书的美观度，更被赋予了丰富的文化意蕴，尽展宫廷藏书的堂皇富丽。《四库全书》在书册装帧上同样精益求精：纸张选用洁白如新的浙江上等开化榜纸；书册装帧形制，采用绢面包背装，先将书页正折，使版心朝外，书叶左、右两边向内，用纸捻订牢。再用丝绢作封面，从书背方向将一册书页包裹糊连。为便于识别、检阅，特别采用分色包背装法，用不同颜色的绢面，区分目录以及经、史、子、集各部书籍。

当然，并不是所有藏书家都认可函套的作用。比如孙从添就认为函套起不到保护书籍的功用，他指出："藏书断不可用套，常开看则不蛀"，"书套不用为佳，用套必蛀，虽放于紫檀香楠匣内藏之，亦终难免"。③ 孙从添认为函套加之无益，反而会招致虫蛀，保证书籍不被蠹鱼所侵的唯一方法是经常翻阅通风。林树梅的观点与

---

① 李斗著，汪北平点校：《扬州画舫录》，中华书局，1960年，第104页。
② 吴振棫：《养吉斋丛录》，北京古籍出版社，1983年，第184页。
③ 孙庆增：《藏书记要》，载祁承㸁等撰《澹生堂藏书约（外八种）》，上海古籍出版社，2005年，第43—46页。

孙从添不谋而合："藏书不必用套，糊粘泔刷，封裹甚密，虽便携带，实为虫所丛。失于翻阅，便蛀烂不堪，大为书籍之害。"[1] 叶德辉从地域差异的角度阐释哪些地方不适合使用函套："北方多用纸糊布匣，南方则易含潮。"[2] 书套适用于北方，是因为北方气候干燥，而南方潮湿，保存书籍的首要条件是通风，若给书籍加上一层套，会影响潮气挥发，因此南方藏书并不适合加装函套。清代藏书家对于函套的观点，比之前代在认知方面有明显进步。

　　南方不适用厚函套，但保护书籍的需求是客观存在的，根据实践积累的经验，简易函套受到了藏书家的欢迎。如叶德辉认为："用夹板夹之最妥。"夹板，就是在一册或者一套书的封面、封底各加一块木板，然后在木板上打孔，以绳系之，上下牵连。叶德辉在《藏书十约》中介绍了夹板的制作方法："夹板系带边孔须离边二分，其上下则准书之大小。如书长一尺，带离上下约二寸，以此类推，指示匠人遵守勿失。盖离上下过近则眉短腹长，离上下过远则头足空而不着力，此亦装钉时所宜讲求者也。"夹板的材质"以梓木楠木为贵，不生虫，不走性，其质坚而轻。花梨枣木次之，微嫌其重。其他皆不可用"[3]。夹板作为函套的替代品，能够起到保护书籍的作用，又避免了因过于密封而导致的潮气侵蚀。

　　在装订辅助措施方面，孙从添认为："凡书页少者宜衬，书页多者不必。若旧书、宋元抄刻本，恐纸旧易破，必须衬之，外用护

---

[1]　林树梅：《说剑轩余事》，载林树梅著、陈茗点校《林树梅集》，商务印书馆，2018年，第279—280页。

[2]　叶德辉：《藏书十约》，载祁承㸁等撰《澹生堂藏书约（外八种）》，上海古籍出版社，2005年，第46页。

[3]　叶德辉：《藏书十约》，载祁承㸁等撰《澹生堂藏书约（外八种）》，上海古籍出版社，2005年，第46—47页。

页，方妙。"要不要加衬纸，须根据书籍的厚薄和珍稀程度而定。关于书籍要不要包角，叶德辉也有论述："北方书喜包角，南方殊不相宜，包角不透风，则生虫，糊气三五年尚在，则引鼠。"① 书籍包角与否和加函套的标准类似。要之，孙、叶二人均认为，南方藏书最重要的一点是避湿气，而去湿的根本方法在于保持通风，函套、包角之类的措施，实用价值并不高。

二、修缮的方法和理论

我国古代修复技术最早产生于书画修补领域，唐张彦远《历代名画记》云："自晋代以前，装背不佳；宋时范晔始能装背。"② 由于所用材质基本一致，古代书画修补和古籍修补，方法与技术多有共通之处。孙从添曾言："至于修补旧书……俱照补旧画法。"③ 书、画修复技术本属同源，随着技术手段的进步，二者又生长出各自独特的内容，诞生了专门的图书修补工艺与技术。

清代藏书家普遍重视藏书的修补，叶德辉在《藏书十约》中说："书不装潢，则破叶断线，触手可厌。余每得一书，即付匠人装饰。今日得之，今日装之，则不至积久意懒，听其丛乱。"④ 这里的"装潢"实际上指的是修复，叶德辉认为书不经修复，品相不

---

① 叶德辉：《藏书十约》，载祁承㸁等撰《澹生堂藏书约（外八种）》，上海古籍出版社，2005年，第46页。
② 张彦远著，俞剑华注释：《历代名画记》，上海人民美术出版社，1964年，第57页。
③ 孙庆增：《藏书记要》，载祁承㸁等撰《澹生堂藏书约（外八种）》，上海古籍出版社，2005年，第42—43页。
④ 叶德辉：《藏书十约》，载祁承㸁等撰《澹生堂藏书约（外八种）》，上海古籍出版社，2005年，第46页。

佳,且不利于长期保存,因此必须重视及时修补图书。正是基于对古籍修补价值的充分认知,清代藏书家才在前代基础上,对书籍修补的经验和理论进行了系统总结。

(一)修复原则

修复的原则,是整个修复工作的指导思想,决定了修复的走向和措施。首先,修复工作就实质而言,是对书籍施加的一种外力影响,而且这些影响有一部分是不可逆的。所以修复者谨慎保守的态度,是修复工作的首要原则,其中既包含对书籍内容、原始形态的尊重,又涉及修复措施及其影响的科学评估等多个层面的内容。

谨慎保守的态度,是我国古代长期修复实践中被确立并坚持下来的首要原则。早在宋代,著名画家米芾就在《画史》中说:"古画若得之不脱,不须背裱。若不佳,换裱。一次背,一次坏,屡更矣,深可惜。盖人物精神发彩,花之秾艳蜂蝶,只在约略浓淡之间,一经背多或失之矣。"[①] 不论修复装裱工艺如何高妙,只要动手,对古书画的影响都是无法避免的,甚至可能在不经意间便改动了书籍、古画的内容,因此需要修复者慎之又慎,多方权衡。这条原则得到了历代收藏家的认同,清代周二学《赏延素心录》是一部关于书画装裱与修复的专著,其在"装裱十则·第一则"中开宗明义地指出:"装潢书画,好手难得。倘幸购剧迹,兼获法装,即缣楮苏脱,宜斟酌修整,不可重背。"[②] 用今天的话来说,就是要在古

---

① 米芾著,韩雅慧点校:《宝章待访录(外五种)》,浙江人民美术出版社,2018年,第73页。
② 周二学:《赏延素心录》,载王云五主编《丛书集成初编》(第1563册),中华书局,1985年,第1页。

籍修复过程中坚持"最少干预"原则。①

对于那些必须施以修复手段的书籍，则要坚持与"最少干预"对应的另一条基本原则——"整旧如旧"，这也是迄今仍被古籍工作者广泛坚持的一条工作准则。所谓"整旧如旧"，就是在修复过程中要最大限度地保持古籍的原始风貌和风格。② 对此，清代学者也有类似的认知，上引《赏延素心录》第一则云："至古人寸峦尺壑，流传后世，完好者什不得一。惟治积年霉白，揭去背纸，正托白粉平案，用秋下陈天水湔洗。治屋漏黄迹，亦如前揭托，先用前水洒渗，次渍镫草盘结，依迹轻吸。迹既浮动，即斜竖案，再用前水，淋漓递灌，亦尘垢尽出。按揭洗良法，能不损粉墨，不伤古泽。若红黑霉点及油污，譬之杂毒入心，不能去也。"③ 论述的就是"整旧如旧"原则。在实践活动中，清代藏书家同样坚持贯彻这一原则。如黄丕烈在收藏的宋本《史载之方》题识中云：

> 余重其书之秘，出白金三十两易得，重加装潢。遇上方切去原纸处，悉以宋纸补之。尾叶原填阙字，亦以宋纸易去。命工仍录其文，想前人必非无知妄作者也。上下卷通计一百单七翻，合装潢费核之，几几乎白金三星一叶矣。④

在惊叹黄丕烈对宋版书"一掷千金"的同时，也不难看到，在修复宋版书的过程中，坚持使用旧纸，不妄加改动，是"整旧如

---

① 杜伟生：《古籍修复原则》，《国家图书馆学刊》2007年第4期。
② 朱赛虹：《古籍修复技艺》，文物出版社，2001年，第194页。
③ 周二学：《赏延素心录》，载王云五主编《丛书集成初编》（第1563册），中华书局，1985年，第1页。
④ 黄丕烈著，屠友祥校注：《荛圃藏书题识》，上海远东出版社，1999年，第276页。

旧"原则的实践应用。

在普遍遵从"整旧如旧"原则的清代，另一位著名藏书理论家孙从添则提出了略显独特的观点："至于修补旧书，衬纸平伏，接脑与天地头、并补破、贴欠口，用最薄棉纸熨平，俱照补旧画法。摸去一平，不见痕迹，弗觉松厚，真妙手也。"[1]针对宋元版书的修复，"而宋元板有模糊之处，或字脚欠缺、不清，俱用高手描摹如新，看去似刻，最为精妙"[2]。他认为书中模糊不清的字迹，要人为补上，这与"整旧如旧"的原则是有一定出入的。但细究之，孙从添并不是真的反对"整旧如旧"，他同样也认为修复过后的书籍完全看不出痕迹，是修复的最高水平。对宋元版书的处理是一种特例，这与常熟派"佞宋"的风尚是密切相关的，完整的宋版书当然比残缺的价值更高，孙从添亦强调要以"高手"为之，做到与原刻完全一致。但是，这种做法对修复者的要求极高，如果遵从一般的修补原则，很可能因修复导致书籍内容或形态上发生变化，因此，在重视考据之学的清代并不普遍。

（二）修复工艺与方法

修复古籍是一门纯手工技艺，因此，手段高超的能工巧匠就显得尤为重要了。前引周二学《赏延素心录》开篇即云："装潢书画，好手难得。"而良匠的经验都是世代累积下来的，按照程序，书籍修复技艺大致可以分为：破损书页的修补、污损书页的清理、陈旧

---

[1] 孙庆增：《藏书记要》，载祁承㸁等撰《澹生堂藏书约（外八种）》，上海古籍出版社，2005年，第42—43页。
[2] 孙庆增：《藏书记要》，载祁承㸁等撰《澹生堂藏书约（外八种）》，上海古籍出版社，2005年，第43页。

书页的解裱和替换等。

藏书家不一定会亲自动手修补书籍,但要了解修补的原理和基本工艺。因此,清代藏书家在进行理论总结时,也都涉及修补的技艺和方法。如孙从添和叶德辉都总结过衬纸的经验,孙从添认为对于宋元旧刻,更要加倍用心:"若旧书宋元抄刻本,恐纸旧易破,必须衬之,外用护页方妙。"[1]

叶德辉论破损图书的修补:"书内破损处,觅合色旧纸补缀。上下短者,以纸衬底一层,无书处衬两层,则书装成不至有中凸上下低之病。书背逼至钉线处者,亦衬纸如之。衬纸之处钻小孔,一孔在衬纸,一孔在原书之边,以日本薄茧纸捻条,骑缝跨钉,而后外护以面纸,再加线钉。线孔占边分许,而全得力于纸捻。日久线断而叶不散,是为保留古书之妙法。"[2] 选择与原书颜色、质地接近的材料来修补书页,实际上也是"整旧如旧"思想的实践应用。

第四节 藏书管理

藏书管理是指图书入藏后管理的方法与措施,具体包括:藏书

---

[1] 孙庆增:《藏书记要》,载祁承㸁等撰《澹生堂藏书约(外八种)》,上海古籍出版社,2005年,第43页。
[2] 叶德辉:《藏书十约》,载祁承㸁等撰《澹生堂藏书约(外八种)》,上海古籍出版社,2005年,第46页。

庋藏制度、日常管理制度、借阅制度等。如果将藏书处所比作"硬件",那么藏书管理和维护的方法与制度,就是藏书能够传之久远的"软件"。

一、庋藏制度

藏书庋藏制度,包括书架的制作、排列、安置等与藏书存放和储藏相关的经验和方法。

首先,收藏书籍的总则是"不独安置得法,全要时常检点开看,乃为妙也"。在妥善安放之余,更要勤于检点。

在书柜的材料方面:"至于书柜,须用江西杉木或川柏、银杏木为之。紫檀、花梨小木易于泛潮,不可用做。"① 要之,应当选用材质坚韧、不易受潮变形的木材,最好同时具有防虫的效用。书柜样式建议:"一封书式,朴素精雅,兼备为妙。请名手集唐句刻于柜门上,用白铜包角装订,不用花纹,以雅为主。"书柜或者书架的安置位置与方法,"可分可并,趁屋高下,置于楼上"②。书柜就是有门的书架,孙从添的建议兼顾了实用性和美观度,以素雅为主,靠壁而立,既节省了空间,也让书柜更加稳固。同理,"书架宜雅而精,朴素者佳,下隔要高,四柱略粗,不可太狭,亦不可太阔,约放书二百本为率"③。

---

① 孙庆增:《藏书记要》,载祁承㸁等撰《澹生堂藏书约(外八种)》,上海古籍出版社,2005年,第45页。
② 孙庆增:《藏书记要》,载祁承㸁等撰《澹生堂藏书约(外八种)》,上海古籍出版社,2005年,第45页。
③ 孙庆增:《藏书记要》,载祁承㸁等撰《澹生堂藏书约(外八种)》,上海古籍出版社,2005年,第46页。

叶德辉对书柜制式的建议更加细致："单本、小本之橱,其中间以直格,宽窄不一,再间以横格,高二三寸或四五寸不等。横格皆用活板,以便随时抽放。丛书类少者,一部占一橱,多者一部占二橱、三橱不等。由上至下,以三橱为一连。橱宽工部尺一尺八寸,高二尺。每橱列书三行,合三橱一连,高六尺,并坐架一尺二寸,共七尺二寸,取阅时不至有伸手之劳。"① 折合成今天的度量单位,三橱一连合计高约2.4米,每层橱宽60厘米、高67厘米。将横板设置成随意抽放的样式,应当是为了陈列部分尺寸特殊的书籍,更便利于存放图书。

书柜和书橱制作好后,摆放位置也有一定之规。对此,孙从添认为:"安置书架,勿于近窗并壁之处。"紧挨窗户,日晒过强,近壁则不利通风。梁鼎芬在丰湖书院《书藏四约》中亦云:"书箱布列,不可太密,宜疏行以通气","院内墙壁每生白蚁,最宜小心（凡安放书架切勿近墙）"。② 同样也认为书架的摆放不可太过靠近墙壁,其一不利通风,其二易生白蚁。

叶德辉则从摆放方位的角度提出,"列橱之法,如宁波范氏天一阁式。四库之文渊阁、浙江之文澜阁,即仿为之。其屋俱空楹,以书橱排列,间作坎画形,特有间壁耳"③。什么叫作"坎画形"？奉乾隆之命前去调查的寅著记载:"惟居中三间排列大橱十口,内六橱前后有门,两面贮书,取其透风。后列中橱二口,小橱二口。

---

① 叶德辉：《藏书十约》,载祁承㸁等撰《澹生堂藏书约（外八种）》,上海古籍出版社,2005年,第47页。
② 梁鼎芬：《书藏四约》,清光绪十四年（1888）刻本,第4—5页。
③ 叶德辉：《藏书十约》,载祁承㸁等撰《澹生堂藏书约（外八种）》,上海古籍出版社,2005年,第52—53页。

又西一间，排列中橱十二口。"① 简单地说，就是藏书室以一个大通间为宜，不要在室内设置太多的墙壁，这样更便于采光和通风。同时，书橱应摆成一个"坎画形"，既不浪费空间，也最大程度地照顾到通风需要。

书柜和书架摆放好后，就可以将藏书上架了，孙从添提出："书放柜中或架上，俱不可并，宜分开寸许，放后亦不可放足"，"书架宜雅而精，朴素者佳，下隔要高，四柱略粗，不可太狭，亦不可太阔，约放书二百本为率"。此外，"书分新旧抄刻"应该各置一室，分开存储。②梁鼎芬在丰湖书院《书藏四约》中规定："每格内放书不可太密，不可太高。密则难取，高则逼紧，易于皱折。凡放书，每行末一本，卷尾最易抽坏，宜分二次放好，要齐整，勿忙急。……外省书籍，多用布套纸套，最易生虫，切勿有此。……楼上两廊可放书架，不宜皮箱，此处风日暄暴，易损书籍。"③梁鼎芬此议充分考虑了上架后管理的便利性，为了以后取用方便，必须在上架过程中按序摆放，错落有致。

书籍摆放好后，为后期利用、取阅考虑，还要给架上书按照摆放次序编目，并贴于柜上。孙从添给出的方案是"编制分类书柜目录"：

先将书柜分编字号，柜内分三隔。柜门背左、实贴书单三张，分上中下，各照柜隔、写书目本数于上，以便查取。右门背、贴书数目，亦分三张上下中。另写一长条于旁，记书总数目。而所编之书目，照

---

① 王先谦：《东华续录·乾隆朝·卷79》，上海广百宋斋石印本，1887年，第12—13页。
② 孙庆增：《藏书记要》，载祁承㸁等撰《澹生堂藏书约（外八种）》，上海古籍出版社，2005年，第46页。
③ 梁鼎芬：《书藏四约》，清光绪十四年（1888）刻本，第5页。

柜字号，亦分写上中下三隔，先写经部某字号柜内上隔某一部若干卷、某人作、某板，共几册。上隔共书若干部，共若干本。二三隔照写。一柜则结总数，都写完，则写大总结数于末行后页。①

此方案就是将图书按照类别集中起来，某柜放某几类书是提前确定的。排架时，按照类别将图书放入，在查检书籍时，只需确定某本书在某一类，再按照分类排架方位图寻找到某一书柜，即可寻得。孙从添提出的排架方法，在常熟派藏书家的实践中很早就得到了应用，如明末赵琦美脉望馆，按照千字文的顺序，分类排列书橱，并在类名下用小字标明庋藏位置，今有传本存世的《脉望馆书目》，应当就是脉望馆的分类排架书目。可见，孙从添总结的图书庋藏之法，是常熟派长期经验的结晶。清末叶德辉也赞同孙从添"编制分类书柜目录"的做法，他认为："陈列既定，按橱编一草目，载明某书在某橱。遇有增省，随时注改。体例视正目有殊，明《文渊阁书目》盖已先为之矣。"②供列架用的目录与藏书目录应有区别，除了书籍的基本信息，供列架用的目录要特别标明书陈列在某橱某层。

为了更快地查检书籍，孙从添还非常重视书柜的分类标记："锁匙上挂小方牌，或牙或香，将经、史、子、集、释、道字刻于正面，字外用圆线，嵌红色，字嵌蓝色，旁刻某字号第某书柜，嵌绿色，下刻小圈中，反面写宋刻、元刻、明刻、旧抄、精抄、新抄

---

① 孙庆增：《藏书记要》，载祁承爜等撰《澹生堂藏书约（外八种）》，上海古籍出版社，2005年，第44页。
② 叶德辉：《藏书十约》，载祁承爜等撰《澹生堂藏书约（外八种）》，上海古籍出版社，2005年，第48页。

等名色为记。"① 这种以颜色区分类别的方法，在清代藏书活动中使用得十分普遍。官藏中最著名的《四库全书》，就是以四色代表四部，乾隆帝多次在御制诗文中提到，"经、史、子、集四部，各依春、夏、秋、冬四色装潢"，诗注解释曰，"经部用青色绢，史部用赤色绢，子部用月白色绢，集部用灰黑色绢"。② 同时，为了便于保存和查检，乾隆帝还下令制作专门的楠木书函，每函衬以夹板，绸带束之，在函面恭楷精写全书名称、书函序号以及所属部类和具体书名，其色与该书所属部类及书册封面相同，以色分部，一目了然。此外，还专门绘制了《四库全书排架图》，庋藏时按图摆放，管理时亦可按图索骥。

四部分类是明清时期藏书家最常用的分类排架方法，即以经、史、子、集四部来区分书橱，除了坚持基本原则，藏书家亦会按照实际需要进行创新和调整。叶德辉即云："编列书籍，经为一类，史为一类，子为一类，集为一类，丛书为一类，其余宋元旧刻、精校名抄别为一类。"③ 总原则是依据四部列类入橱，但特增"丛书""宋元旧刻、精抄"两类单独安放。丛书包罗万象，严格按照部类划分，需打散摆放，因此将其别为一类，既能保证整套书的完整性，也较为美观。将善本单独陈列，则是出于现实需要，此类书价值高昂，一般都是藏书家的"心头好"或"镇室之宝"，单独陈列更便于维护管理。重视宋元旧刻，是清代普遍的藏书风气；丛书的

---

① 孙庆增：《藏书记要》，载祁承㸁等撰《澹生堂藏书约（外八种）》，上海古籍出版社，2005年，第45—46页。
② 向斯：《历朝皇宫宝籍》，中国文史出版社，2002年，第102页。
③ 叶德辉：《藏书十约》，载祁承㸁等撰《澹生堂藏书约（外八种）》，上海古籍出版社，2005年，第47页。

大量出现，则是清代中后期图书事业的重要特征，叶德辉对四部陈列法的微调，是对这种风气的回应。

除了坚持按类陈放的大原则，叶德辉还充分考虑了书籍外在形态对排架的影响："单本一二卷者，袖珍巾箱长不及五寸，大本过尺许者，以别橱庋之。单本、小本之橱，其中间以直格，宽窄不一，再间以横格，高二三寸或四五寸不等。横格皆用活板，以便随时抽放。丛书类少者，一部占一橱，多者一部占二橱三橱不等。"①分类目录虽可按照内容将同类书集中在一起，但完全按照分类目录来陈列图书则不一定适用，因书的形态各异，开本不同，完全不加变通地将同类书放在一起就可能产生空间浪费的问题。因此，对于一些特殊开本的书籍，叶德辉认为应当另架贮之，并以活动板来改变书橱的高度，以达到节省存储空间的目的。即使是同部类、开本类似的图书，叶德辉也认为应该按照各类书的具体情况分别处理：

列书依撰人时代，亦以门户相聚。如十子、七子、五子、三家、四家、八家之类，皆衔接相承，则易于查阅。又如总集，有以元明国朝人选集唐宋者，有以国朝人选录三代秦汉魏晋人者，仍以诗文时代为衡，不论撰人之先后。其专诗专文，各以类从，不使凌杂。至都会郡邑之诗文总集，依省次列之。钦定之书，冠于国朝之首，大抵陈列之次，不必与目录相同。诸史志尚有以类相排比者，固未尝拘拘于时代也。释道二藏，本自有目。远西各国艺学、宗教，自明以来，连床塞屋。钱谦益《绛云楼书目》以西书为一类，《四库》则附之杂家杂学。今中外交通，著述日众，翻译之作，家数纷歧，宜并释藏别室储

---

① 叶德辉：《藏书十约》，载祁承㸁等撰《澹生堂藏书约（外八种）》，上海古籍出版社，2005年，第47页。

之，不复绳以四部之例。惟道家断自隋唐，次于诸子。以古之道家，非宋之道流，其习不同，其书究有别也。①

各部书籍应该以著者时代为序依次排列，诗文集则按诗文时代之先后为序；地方文献以地域别之；释道、西学、自然科学等书，原不在四部范围内，自可不按四部之序储之。

分类排架应当是清代藏书家的普遍选择，清末丁氏兄弟八千卷楼为晚清四大藏书名楼之一，丁立中在《八千卷楼自记》中描述了家藏图书的陈列情况：

光绪十有四年，拓基于正修堂之西北隅，地凡二亩有奇，筑嘉惠堂五楹。堂之上为八千卷楼，堂之后室五楹，额曰"其书满家"。上为后八千卷楼，后辟一室于西，曰善本书室，楼曰小八千卷楼，楼三楹，中藏宋元刊本约二百种有奇，择明刊之精者、旧抄之佳者及著述稿本、校雠秘册，合计二千余种附储左右；若《四库》著录之书，则藏诸八千卷楼，分排次第，悉遵《钦定简明目录》，综三千五百部，内待补者一百余部，复以《钦定图书集成》《钦定全唐文》附其后，遵定制也。凡《四库》之附存者，已得一千五百余种，分藏于楼之两厢。至后八千卷楼所藏之书，皆《四库》所未收采者也，以甲、乙、丙、丁标其目，共得八千种有奇，如制艺、释藏、道书，下及传奇小说，悉附藏之。计前后二楼书橱凡一百六十，分类藏储。以后历年所得之书，皆因类而编入矣。②

---

① 叶德辉：《藏书十约》，载祁承㸁等撰《澹生堂藏书约（外八种）》，上海古籍出版社，2005年，第47—48页。
② 丁丙辑：《善本书室藏书志》，光绪二十七年（1901）丁氏自刻本，"附录"第8—9页。

可见,《四库全书》成书后影响之巨。当然,也有一些藏书家采用其他方法陈列图书,比如天一阁坚持明代建阁时的传统,仍以千字文为序排列书橱,这种方法显然是受到明《文渊阁书目》的影响。

二、管理制度

图书入藏后,其日常管理、藏书保护、借阅维护等工作便成了长期工程,为保证藏书的安全、利用有序,就需要建立一套制度来维持藏书活动顺利进行。随着时代发展,藏书管理制度也在不断完善,时至清代,不论官私藏书,都已建立起较为严格的藏书管理体系。四大藏书体系中,官府藏书和书院藏书更加重视管理的规范化和制度化,私人藏书则在世代相传中不断总结经验,提炼出许多有利于书籍长期保存的实用方法。

（一）官府藏书管理制度

官府藏书管理的人员配置和管理制度,主要是通过朝廷馆阁制度来实现的。清代承历代官府藏书管理经验之大成,建立了完善的宫廷与中央官署藏书管理机构和制度,其中最具代表性的就是文渊阁和国子监。

文渊阁是明、清两代宫廷最重要的藏书处所。乾隆四十一年（1776）,为贮藏《四库全书》,在文华殿后专门建造了一座藏书楼,起名"文渊阁"。为了更好地管理藏书,乾隆帝下令仿照宋代馆阁制度,"设文渊阁领阁事总其成;其次为直阁事,同司典掌;又其次为校理,分司注册点验。所有阁中书籍,按时检曝,虽责之内府官属,而一切职掌则领阁事以下各任之,于内阁翰詹衙门内兼用"①。根据乾隆的旨意,文渊阁的属员和执掌很快被确定下来,并写入了《历代职官表》,成为朝廷典制:

  文渊阁领阁事,满、汉各一人,掌总领秘书,典司册府……以大学士、协办大学士、掌院学士兼充。文渊阁提举阁事一人掌率内务府官属以综理阁务;文渊阁直阁事六人,掌典守厘辑之事,以时与校理轮番入直,凡春秋曝书则董率而经理之;文渊阁校理十有六人,掌注册点验之事;文渊阁检阅八人……掌排次清厘之事;文渊阁办理事务,内务府司员四人,笔帖式四人……掌一切收发启闭扫除及稽查宿直之事。②

  提举以下诸官,负责文渊阁日常事务的管理,各有执掌,分工明确。在完善人员配置的同时,文渊阁也制定了严格的管理制度:"邃阁尊严,储藏清秘,凡管钥启闭等事,并属内府司存,亦宜设立兼衔,以重职守。考宋制秘书省有提举官,以从臣充。应仿其制,请旨交内务府,将经管之大臣,开列名单,奏请特派一员,令其兼充文渊阁提举阁事衔,用资管理。至阁内收发、宿直诸事,应于内府司员、笔帖式内,分派掌管。其应设几员兼管之处,即交派出之提举大臣,酌量奏明管理,似于制度更为详密。"③ 在文渊阁官员之外,从内务府管理大臣中任命一人兼管阁事,由其严格把控阁门开闭,起到了双重保障的作用。此外,为保证文渊阁藏书的安

---

① 于敏中等编纂:《日下旧闻考》(第 1 册),北京古籍出版社,1985 年,第 166 页。
② 纪昀、永瑢:《历代职官表》,载《景印文渊阁四库全书》(第 601 册),台湾商务印书馆,1986 年,第 479—480 页。
③ 中国第一历史档案馆编:《纂修四库全书档案(上)》,上海古籍出版社,1997 年,第 525—526 页。

全,还设立了值班制度:"今文渊阁缄镝出入,典之内府,稽察维严,自毋庸别议宿直,而一切勘核登载,均系阁职所掌,自当量予直庐,用资料理。应请俟《四库全书》告竣后,于文渊阁就近,酌拨房屋数间,作为阁职直舍,令校理各员,轮番日直。"① 每夜安排专人值守,人员各司其职,杜绝管理上的"漏洞"。同时,规定文渊阁阁职一旦出缺要及时递补,"各员自定额以后,如遇领阁事、直阁事阙员,应由翰林院列名具疏,题请简授。其应充校理之庶子以下员数较多,如遇校理阙员,应请由领阁事大学士会同翰林院掌院学士遴选学问优长者数员,带领引见,请旨充补,以慎其选。如各员中有出差等事,仍依日讲官例,请旨简员署理"②。

此外,尚值得一提的是文渊阁的曝书制度,前面在介绍藏书保护措施时已经提到,文渊阁设立初期,特别规定了定期晒书的规则:

(按:宋代秘书省)每岁五、六月内,提举阁事大臣会同领阁事大臣定期奏请曝书,令直阁校理各员咸集,公同启阁翻晾,用昭巨典。惟是《全书》卷帙繁重,必须明习故典者,方可排次清厘,似非内府员役所能帮同整比。查宋制秘书省,又有检阅文字官,系不常置。应请酌仿其制,再设文渊阁检阅官八员,由领阁事大臣于科甲出身之内阁中书内遴选,奏明兼充,令其于检曝书籍时,诣阁随同点阅,更足以昭慎重。③

---

① 中国第一历史档案馆编:《纂修四库全书档案(上)》,上海古籍出版社,1997年,第526页。
② 中国第一历史档案馆编:《纂修四库全书档案(上)》,上海古籍出版社,1997年,第525页。
③ 中国第一历史档案馆编:《纂修四库全书档案(上)》,上海古籍出版社,1997年,第526页。

其规定每年阴历五、六月例行晒书，为了保证晒书活动的顺利进行，还专门安排八位检阅官负责其事。然而，由于晒书过程中出现了书籍取用无序错乱、藏书被污损的情况，乾隆五十三年（1788），乾隆帝下令停止宫内晒书。

在借阅制度方面，文渊阁的管理者亦作了较为周密的安排：

> 阁中书籍，皆经我皇上亲加厘订，甲乙分储，玉笈牙签，珍逾球璧。若概许开函翻阅，恐不无黦损之虞。查《四库全书》各种，其由《永乐大典》采掇裒辑者，俱属稿底现存，若系旧本流传，更有原书足资检览。应请俟全书告竣后，各藏其副于翰林院署，择邃密高燥之地，立架分贮，依《全书》目次，四部编排，标签安庋，置簿详记，派本院办事翰林诚干之员数人，公司其籍。如翰林及大臣官员内欲观秘书者，准其告之领阁事，赴署请阅。有愿持笔札就署抄录者，亦听之。其司籍之员，随时存记档册，点明帙数，不许私携出院，致有遗缺。如所抄之本，文字偶有疑误，须行参校者，亦令其识明某卷、某页、某篇，汇书一单，告之领阁事，酌派校理一员，同诣阁中，请书检对，仍须敬谨翻展，不得少致污触。如此，则尊藏宝册，既可毋虑轻亵，而外书之掌，副在有司，海宇儒流，益得以诵神经而窥秘牒，于我皇上嘉惠来学之意，尤足沾溉无穷矣。①

文渊阁最重要的收藏是《四库全书》，乾隆帝修四库，是为了彰显盛世天子"稽古右文"之意，不开放借阅不符合"右文"之

---

① 中国第一历史档案馆编：《纂修四库全书档案（上）》，上海古籍出版社，1997年，第527页。

意。但文渊阁深处禁中,且库书被频繁翻阅难免损坏,于是便立下此法,将《四库全书》修纂过程中的底本集中藏于翰林院,想要查阅库书者,可先赴翰林院查阅,确需检看原书的,再会同管理人员开启阁门,共同校看。

中央官府则以国子监藏书最为丰富,其管理制度也相对完善。《钦定国子监则例》卷三十二"典籍厅·经理"中详细列明了国子监图书版片的管理办法,其中有6条是与藏书有关的内容,如设"汉典籍"一人,负责"贮监书籍、碑石、版刻,凡匠役开晒,拓印各事宜"①。具体规定如下:

祗领书籍:凡恭遇恩赏书籍,俟武英殿行文到监,备文亲赍赴领,将恩赏年月日及书若干种若干部若干函若干本,由厅立册登记存案。

藏贮书籍:凡恭奉钦颁书籍,设立总册,填注若干种,每种若干部,每部若干函若干本,由厅谨司藏贮,每值夏月,逐一晒晾一二日,仍照旧收藏。

收发书籍:凡肄业诸生需读书籍,向六堂及博士厅领取凭移付给发,即登记某厅、某堂,某人取书若干函,若干本。按季催缴,其有留看者,仍凭付覆入册存案;或肆加丹黄,并遗失破损,各该处自行查明,饬令赔补。该生缘事出监,不行催缴,责在博士助教;或遇博士助教升迁事故,不为查询催缴,责在典籍。至本监堂官取阅各书亦皆登记入册,阅毕领回,不得损失。

购补书籍:凡存贮书籍有年久损坏者,如系殿版,查明某书部数、本数,照官价赴武英殿买补;系坊刻则按时价赴书坊买补,所需价值

---

① 汪廷珍等纂修:《钦定国子监则例》(卷三十二),清道光四年(1824)武英殿刻本,第1页。

均于恩赏银两内支销。其有旧无此书,应行添补者,亦照此例。

......

春秋二季查书:凡每岁春秋二季,本监堂官亲赴御书楼查核书籍,或派员查核,由厅呈出印册,随同经理。

收管锁钥:凡本监御书楼及大成殿戟门两旁石鼓栅门封锁,其钥匙由厅收贮,遇有刷印书籍、拓印碑刻,随时启闭。①

对从书籍入藏时的登记造册到日常管理,再到藏书借阅的规则,藏书补充、检点、曝晒,以及书楼开闭的制度,均进行了详细的规定。

(二)书院藏书管理制度

书院藏书的初衷是为师生研讨学业所用,属于书院的"公产",故在管理制度方面也最为完备。

首先,在人员配备方面,清代书院设立了各类专门司书的职务包括司书、司书吏、掌书、书办、看守等,此外还有对书院管理负全责的山长,各级管理人员斋长、学长、管干等,也都有司书之责,形成了立体的管理体系。按照运作机制的不同,清代书院的管理方式大致有四种情形:

其一,监院负责制。由监院负责藏书工作,如湖南益阳箴言书院,"院中书籍、金石文字悉登于册,监院掌之"②,作为书院藏书的总负责人,监院要在每年四季交替之时,查检藏书,追缴借出书籍,并向官府和书院山长负责,在人事更替时做好藏书清点和交接

---

① 汪廷珍等纂修:《钦定国子监则例》(卷三十三),清道光四年(1824)武英殿刻本,第7—10页。
② 胡林翼:《益阳箴言书院志·志规制第二·卷上》,清同治五年(1866)刻本,第13页。

工作。监院之下，再设司书一人，负责藏书的日常管理工作，需及时清查藏书，做好日常借阅管理，如因玩忽职守导致书籍丢失、损坏，就要酌情领受责罚。著名的湖南岳麓书院亦采用类似的管理方式，组成由监院、书吏、监交等人员构成的图书管理班子，监院为总负责人，书吏负责编目，看役管理书楼的钥匙，并负责日常的藏书维护。① 监院人事变动之时，则另设监交一人，负责清点上任监院任期内图书收存情况，交接完成后，若再出现书、目不符的情形，监交和监院要各赔一半。

其二，山长负责制。山长是书院的最高领导人，由山长负责书院藏书管理也较为普遍。比如清末南京惜阴书院借书局规定："事领于官，而簿钥出纳则绅士掌之"，"凡借者，随同典书者禀明山长，上楼开柜。事毕，即扃锁，以杜盗窃"。②

其三，斋长负责制。最典型的就是岳阳书院："院中所藏各书，应立书目印薄三本，一存本府，一存监院，一存两斋长，遇有购置书籍到院，随时分别登记。本府每年点查一次，监院每节点查一次，斋长每月点查一次。"③ 斋长有两人，常年住在藏书楼下，专门管理藏书事宜，是书院藏书的直接负责人。下设斋夫，协助斋长完成晒书、清点等工作。其他如江苏睢宁昭义书院、重庆黔江墨香书院、保定莲池书院等，均采用这种方式。

其四，董事会负责制，即成立由乡绅、董事、书藏看守、掌书生徒共同组成的董事会，对书院藏书负集体责任。在董事会指导

---

① 陈谷嘉、邓洪波主编：《中国书院制度研究（上）》，浙江教育出版社，1997年，第206—207页。
② 邓洪波主编：《中国书院学规集成》（第一卷），中西书局，2011年，第199页。
③ 邓洪波主编：《中国书院学规集成》（第二卷），中西书局，2011年，第1187页。

下，安排书藏看守、掌书生徒负责日常管理。古代书院的运行，离不开地方乡绅的资助，故其对书院的事务也享有发言权，这是董事会制诞生的现实土壤，而且这种制度也最能调动各方面的积极性，保证了书院藏书的妥善管理。最典型的实行董事会制的书院是清末的丰湖书院，其在《守书约》中明确规定："每年书院值年各绅士，拟请每月十二日到书藏，同董事、掌书生徒查检一回。每年书院董事拟令兼掌书藏事，每月同掌书生徒八人，查检三回，年终送银四两。每年拟派生徒八人掌书，每月同董事查检三回，年终致送银二两。"① 其中由董事会委任的掌书藏事，是书院藏书管理的实际负责人，他直接参与藏书管理，并向董事会负责。

总体来看，发展到清代，书院藏书的管理体制已经十分完备，不论采用哪种方式，只是主要领导者，或者最终负责者的区别，其共同特点在于有专人负责。四种模式，都在总负责人下安排了专司日常管理的人员，这些人员有些是书院的工作人员，有些则是兼任的学生。这些管理人员各司其职，职能完备，并有明确的惩罚措施。

其次，在日常管理方面，除了安排专人负责，因人员流动性较大，书院一般采取订立约规的方式来保证管理的连续性与规范性。以晚清丰湖书院《书藏四约》为代表，清代书院藏书的管理制度一般有以下一些内容：

书箱布列不可太密，宜疏行以通气（大箱两个一行，小箱三个一行，取书方易）。箱脚拟用瓦器盛之，中藏石灰，可去湿，可避蚁。

每日清晨，看守书藏之人开楼窗，开箱门（分行按次放在架外勿乱），日落时一一关闭完密，不得误忽（地方尤宜洁净，每遇雨后，须

---

① 梁鼎芬：《书藏四约》，清光绪十四年（1888）刻本，第4—5页。

细看有无渗漏,有则速治)。

每楼一层,置书架四个,为检书放书之用(并多置扫布等件)。

每楼一层,置长木桌四张,为检书晒书之用(有椅可坐,便于看书)。

每年按季晒书一次(二月二十二日、五月二十二日、八月二十二日、十一月二十二日,均至二十五日)。

晒书要择晴日无风,要按次布晒,收时勿乱,要两面翻晒,晒凉透后,方可收回(有须重订者,检出存记,寄省重订)。

楼上禁食水烟(一切食物并行禁止,杂乱桌几,污点签帙,都不相宜)。

晚间禁止上楼(灯烛要谨慎,晚间不能借书,不开楼门,锁匙交看守之人管理)。

院内墙壁,每生白蚁,最宜小心(凡安放书架,切勿近墙)。

箱内书头处有空地,易招鼠耗,小本书尤宜留心。

箱内易生蠹鱼(用辟蠹散最好,否则用香烈之品亦可防避,然总以人力为主,能勤检理,所胜多矣)。

每格内放书不可太密,不可太高,密则难取,高则逼紧,易于皱折。

凡放书,每行末一本卷尾最易抽坏,宜分二次放好,要齐整,勿忙急。

四部书籍皆分列目录,查检时各手一本,按次清理。外省书籍多用布套、纸套,最易生虫,切勿有此。

外省书籍都非干订,如有捐书未重订者,寄省重订。

每箱分列字号,每号先定三箱(如有续捐,系某部之书,即添入四号以下,虽数十号亦可如此办理,免致书满易号,不合部居)。

楼上两廊可放书架,不宜庋箱,此处风日暄暴,易损书籍。

装订书籍要粗珠线干订齐,齐墨深色纸皮加丹反叠,方称雅观。

书脚必要号字,易于查检(以目校字,审其舛漏)。①

上述条款涉及的内容包括书柜摆放、书楼通风、防潮去湿、防虫防蠹、定时检查、及时曝晒、分类存放、书箱编号等各个方面,其考虑到了藏书管理的所有环节。

最后,书院藏书的流通率较其他类型藏书要高得多,因此借阅管理是管理制度的最重要的内容。具体规定包括:

在借阅资格方面,书院藏书的使用对象是书院师生,藏书的借阅权限也首先是向书院内部人员开放的,如丰湖书院《借书约》规定:"管理书藏之绅士及董事,许其借书。"② 在满足本院师生所用之余,书院作为保存地方文脉的文化机构,受官府和乡绅资助,因此也有义务扩大开放范围,更好地起到育才的作用,比如湖南益阳箴言书院就规定:"凡院外之人愿读某书者,自具薪水蔬油来院,呈明监院,限以日月而借之。"③ 更进一步者,除了允许至院阅读,清末部分书院还将借阅权限扩大到了全体读书人,如南京惜阴书院,规定其藏书可向"本籍士子无书者"开放;④ 厦门博闻书院规定"厦地仕宦绅商文雅之士"皆可领取"执照",入院观书;⑤ 上海格致书院的借阅规定更为宽松,"凡遵约登楼观书者",均不设限。⑥ 这已经颇具近代公共图书馆的雏形了,亦可见清末西方新思潮传入

---

① 梁鼎芬:《书藏四约》,清光绪十四年(1888)刻本,第4—6页。
② 梁鼎芬:《书藏四约》,清光绪十四年(1888)刻本,第2页。
③ 邓洪波主编:《中国书院学规集成》(第二卷),中西书局,2011年,第1230页。
④ 邓洪波主编:《中国书院学规集成》(第一卷),中西书局,2011年,第199页。
⑤ 邓洪波主编:《中国书院学规集成》(第一卷),中西书局,2011年,第573—574页。
⑥ 陈谷嘉、邓洪波主编:《中国书院史资料(下)》,浙江教育出版社,1998年,第2319页。

后对我国藏书事业的影响。

在开放时间方面,清代书院藏书大部分是定时开放的,与书院开馆时间保持一致。如丰湖书院《借书约》规定:"借书之期,以每月初二日、十二日、二十二日三日为限,借书者是日清晨亲到书藏携取。"即十日开放一次。浏阳洞溪书院则规定每月逢一、五日,经管人应当如期在藏书楼守候,"领书期,斋外限每月初一、十五日,斋内限以每旬逢一、五日。经管人如期守候收发,即或有事外出,须请慎重人代理"①。岳阳慎修书院则是在书院开放期间,日日开放藏书:"院中斋长二人,住居楼下,随时经理。于登记书目簿外,另行刊备借书簿一本,盖用监院钤记,凡院生领书,以及山长借看,均须令其亲笔登簿。"②清末教会书院或受西方思潮影响的新式书院,开放时间则更长,如上海格致书院:"每日午后二句钟起至五句钟,晚刻七句钟起至九句半钟止,礼拜日停阅","每年正月二十外开楼,十二月二十内闭楼,停夏一月,均预期登报周知"。③厦门博闻书院:"定于每日早晨十点钟开门,以日没之时关闭。天长约以六、七点钟为度,天短约以五、六点钟为度。院内皆不继烛。"④除受照明条件限制,其与现在大学图书馆的开放规则几乎一致。

在借阅期限、额度方面,大部分清代书院对此是有严格限制的,古籍贵重,西学书籍亦不易得,不论在清代的哪个时期,必要的借阅限制是图书正常流通的保证。借阅期限以十至十五日居多,

---

① 邓洪波主编:《中国书院学规集成》(第二卷),中西书局,2011年,第1148页。
② 邓洪波主编:《中国书院学规集成》(第二卷),中西书局,2011年,第1187页。
③ 陈谷嘉、邓洪波主编:《中国书院史资料(下)》,浙江教育出版社,1998年,第2319—2320页。
④ 邓洪波主编:《中国书院学规集成》(第一卷),中西书局,2011年,第574页。

如肇庆端溪书院"如半月不归还，准管书人催问查追"①。针对住校或不住校的学生，借阅期限也有所变通，如浏阳洞溪书院："斋内准一次领某部几本，限五日缴还，依次再领，斋外准一次领某部几本，限半月缴还，依次再领。倘或违限不缴，罚钱一百文。若有污坏及遗失者，按书成本并力钱赔偿。经管人不得徇情，以昭公允。"②院外学生居住地较远，不如院内学生往来借还方便，所以借期要长一些。还有的书院是按照借出数量灵活规定归期，如岳阳、慎修两书院："生童领书，出具领条，须载明若干日看完字样……无论何书，至多以十本为度，随即点明每本若干页，每一日约看十页，扣日立定届限，无论曾否看完，定令如数缴还，以便他人领看。"③借阅限额则主要视各个书院藏书数量而定，规定为五至十本不等。如丰湖书院《借书约》云："借书不得全帙携取（五本为一部者，许借一本，第一本读毕，再借第二本。若一本为一部者，许在书藏桌上翻阅，不得带出）"，"凡书五本一部以上者，以四本为限，不得多借（期止十日，易于终卷一也；卷数无多，便于携带二也）"，"凡借书不得过三种（种数过多，难于查检，且贪多则不实，好博则不专，非读书有得之道），污损卷面，罚令重订；破烂遗失，罚令赔偿，后不复借（董事、掌书生徒徇情不究者，赔偿斥退）"。④再如华阳书院，"诸生看书，不准径将全部携出，只准先取一二本，俟看完再向邺架调取。若此，则一部书可备数人看矣"⑤。之所以限制借阅数量，特别是规定不允许借走完整一部书，

---

① 邓洪波主编：《中国书院学规集成》（第三卷），中西书局，2011年，第1364页。
② 邓洪波主编：《中国书院学规集成》（第二卷），中西书局，2011年，第1148页。
③ 邓洪波主编：《中国书院学规集成》（第二卷），中西书局，2011年，第1187页。
④ 梁鼎芬：《书藏四约》，光绪十四年（1888）刻本，第1—2页。
⑤ 陈谷嘉、邓洪波主编：《中国书院史资料（中）》，浙江教育出版社，1998年，第1853页。

一方面是为了避免书籍被借走不还,另一方面也是为了提高流通效率。此外,书院藏书中版本较为珍贵的,仅有孤本、抄本存世的,或者需求量较大的工具书,大多不允许借出,只能在书院内观看。如芜湖中江书院规定:"《史》《汉》《三国》及各种类书,只准偶尔翻查,不准借出。四史局价甚廉,须各置一部,或数人分买传观亦可。若类书一查即了,不必借出,且恐常有人来查。至于孤本、抄本,尤不准借。"① 厦门博闻书院也规定:"本书院内所有各书各报,欲看之人,俱请来院阅看。无论何人,一概不准借出。倘有无耻之辈,私自窃取出门,一经发觉,定照窃律究治。"②

在借阅程序方面,相比后世的图书馆,书院藏书的借阅手续甚至还要更简便一些,只要在借书时办理"执照"便可,如厦门博闻书院:"凡厦地仕宦绅商文雅之士,有志欲来本书院观看各书各报者,须向司理书院董事取给执照,方可出入。"③ 这里的"执照",类似后世的借书证。有些书院要求借书者要有担保人,如大梁书院规定:"书院置一阅书簿,交司书吏收执,凡肄业生欲阅书者,必邀同斋长一人告司书吏检取,于簿内记明某月某日取某书几卷几本,某生阅,斋长某人,各于簿下书押","肄业生取阅各书,均当加意护惜,如有损失,势须购补,否则累及斋长"。④ 这种类似"连坐"的制度,虽可保证借出书籍的安全,但因需担保人承担连带责任,可能会造成担保人不愿提供担保的情形,影响正常借阅,因此并不普遍。更为普遍的形式是在借书时开具"借条",浏阳洞溪书院要求:"凡领书看者宜自书领条,由经管给发","无论斋内斋外

---

① 邓洪波主编:《中国书院学规集成》(第一卷),中西书局,2011 年,第 459—460 页。
② 邓洪波主编:《中国书院学规集成》(第一卷),中西书局,2011 年,第 574 页。
③ 邓洪波主编:《中国书院学规集成》(第一卷),中西书局,2011 年,第 573—574 页。
④ 陈谷嘉、邓洪波主编:《中国书院史资料(下)》,浙江教育出版社,1998 年,第 2323 页。

人等，未书领条，不得擅行携去翻阅，以免遗失"，"领书条式须写某人某月某日领某书"。① 白鹿洞书院的借条叫"借读藏书票"，学员来借书时，须"写一票于管干处领出，以便稽考，缴书销票"，其样式为："某于某月日，借洞内藏书某样一部，计几本看阅。缴书销票，损失赔还，不致久淹时日，此照。"② 还有的书院设立借书簿、阅书簿等登记借书，要求借阅者亲笔登载借走图书的书名、数量、时间，并签字画押，比如大梁书院，"每届一季，司书吏将阅书簿呈监院官阅，年终送院长阅"③。学海堂，"设借书册九本，其一存堂，八学长各分贮一本。学长如借读藏书，先在分贮之借书册自注某时借读某书，凡若干本，约以某时交回，分送现管课两学长，各照抄入分贮册内，仍于存堂之借书册照式注明，然后借出，遇公集之日，当众说知，后来交回，亦由现管课者核明书无缺少污损，方可收入，于各册注销，倘届期未交，现管课者须问明何故，即详记于存堂之册"④。通过学生之间互相监督，保证借出书籍的安全。

在违约惩罚措施方面，前面已经提到，为了防止借出的书籍损坏、丢失，书院一般都规定了相应的惩罚措施，甚至采用"连坐"的方法，希望能够激发借书者的责任心。除了上面已经引述的内容，安徽芜湖中江书院的做法亦值得一记："诸生借阅，掌书者先将书页当面数清，如有脱页，即于书头上盖戳记。收还亦须当面过数，倘有缺损，须借书补抄（恐有懒于照抄，将书撕下，或有忌人

---

① 邓洪波主编：《中国书院学规集成》（第二卷），中西书局，2011年，第1148页。
② 陈谷嘉、邓洪波主编：《中国书院史资料（中）》，浙江教育出版社，1998年，第1517页。
③ 陈谷嘉、邓洪波主编：《中国书院史资料（下）》，浙江教育出版社，1998年，第2323页。
④ 邓洪波主编：《中国书院学规集成》（第三卷），中西书局，2011年，第1298页。

知之者，会课时尤宜防）。若妄加圈点批评，亦须面斥，以后不准借书。"① 对于故意偷书之人，惩罚更重，"古刻珍秘之本，阅者不得以近刻之本换出，如有更鹜，罚从夺牛"②，更有甚者，会遭到"送官究治""驱逐出院""按窃律论处"等重罚。

（三）私人藏书管理制度

相比官府和书院藏书，私人藏书属于个人或者家族的"私产"，其管理方法和经验多在父子、宗族间传承，较少行之笔端，制定明文规章。而宁波天一阁是一个特例。在介绍明代藏书管理思想时已经提到，因乾隆的推崇，天一阁在清代受到了特别的重视，颇有藏书界"精神图腾"的意味，其管理、维护似乎也超越了范氏一门、一族的范围，而受到地方官员的直接干预。因此，在道光九年（1829）重修天一阁后，范氏后人在阁内立禁碑3座，申明管理办法与违约处罚措施15条，是私人藏书史上难得的关于管理思想和方法的完整记述。这里我们只从管理思想的角度进行总结，借以概见清代私人藏书管理的经验。

首先是专人管理、轮流执掌的理念。天一阁禁碑明载："阁下每月设立巡视二人，其护程及阁下各门锁钥，归值月轮流经管。"③自范钦父子两代为天一阁定下"代不分书"的规定，阁书便属于族产，由范氏宗族共有。范氏子孙蕃息，人数众多，后人难免良莠不齐、鱼龙混杂，定下专人管理、轮流执掌的规矩，就是为了避免后世子孙不肖，趁族人不备窃取图书。同时，书楼不归于一人专守，

---

① 邓洪波主编：《中国书院学规集成》（第一卷），中西书局，2011年，第459页。
② 邓洪波主编：《中国书院学规集成》（第一卷），中西书局，2011年，第460页。
③ 宁波市海曙区地方志编纂委员会编：《宁波市海曙区志（下）》，浙江人民出版社，2014年，第1681页。

而是由族中各支轮流掌管，类似今天的委员会或董事会制度，可以很好地起到互相监督的作用。这种方法是藏书家们总结历代藏书经验后达成的共识，孙从添在《藏书记要》中同样建议："将书分新旧抄刻各置一室封锁，钥匙归一经管。每一书室，一人经理。"① 专人管理，职责明确，万一出现问题，亦便于追查。

其次，严格的借阅管理制度。大多数古代私人藏书家都不愿将藏书轻易示人，故而借阅管理对私人藏书来说近似"伪命题"，清代的私人藏书一般只在有限范围即家人或至交好友之间流通，这也是私人藏书最为后世学者诟病的一点。其中尤以天一阁受到的批评最多，在《明代卷》的相关章节，我们已经对这种说法提出了异议，天一阁在明末清初的一段时间里默默无闻，外间并不知道在东海之滨有这样一座藏书楼，事实上，范氏后人也没有刻意隐藏消息，相反在清初相当长的时间里，除了黄宗羲、李嗣邺、全祖望等人亦多次登楼观书，从开放程度看，其与一般的私人藏书楼并无太大差异。真正让天一阁走向"封闭"的，大致还应"归咎"于乾隆下旨仿天一阁建筑七阁。由于受到了最高统治者的关注，"上有所好，下必甚焉"，以阮元为代表的地方官吏，对天一阁也给予了特别的重视，有证据证明，天一阁愈发严厉的管理规章，是在阮元的直接授意下，由范氏后人共同商定的。

在这里我们要强调的是，私人藏书属于"私产"，而且大多数私人藏书家的收藏都是耗尽毕生精力、财力，历经波折才终成大观的，通俗地说，藏书就是他们的"心头好"，对于自己珍爱的东西，设计严格的管理制度，本就是保护藏品的必要措施，是完全可以被

---

① 孙庆增：《藏书记要》，载祁承煠等撰《澹生堂藏书约（外八种）》，上海古籍出版社，2005年，第46页。

理解的,并不能因此对藏书家提出批评。从藏书保护的角度来说,以天一阁为代表的清代藏书楼,其经验仍值得总结和借鉴。比如要求"书不出阁",钥匙由众人分掌,需要获得宗族的同意才能入内观书,只能在阁内阅览而不能携出,这些措施直到今天仍在图书馆古籍管理实践中使用。孙从添也建议:"如有人取阅借抄,即填明书目上,某年某月某日某人借或取阅,一月一查,取讨原书,即入原柜,销去前注。借者更要留心,若一月不还,当使催归原柜,不致遗失。"①清末玉海楼也规定:"楼中书籍,不许管书人私自携出或借出。如有各房子弟或外人来阅,先具一字条,开明何书,陈报主人,经许可后乃借之。然亦只许逐日在楼下坐阅,不许携出。"②从制度的角度杜绝漏洞,可避免不必要的损失。

应当说,爱惜书籍、择人而借是清代藏书家的普遍观念,因此对藏书借阅的态度大多比较保守。但是,也应该看到,发展到清代,收藏已经成为藏书家的一种社交行为,在一个比较小的熟人"圈子"里,借抄、借阅活动是普遍存在的。为了防止书籍"所托非人",藏书家也想了不少办法。其一就是要审慎地判断借书人的品德,比如黄丕烈在《辛稼轩长短句十二卷》跋文中说:"余平生爱书如护头目,却不轻借人,非恐秘本流传之广也,人心难测,有借而不还者,有借去轻视之而或致损污遗失者,故不轻假也。"③将书籍借出,对藏书家来说是有一定风险的,可用作信用保证的,无

---

① 孙庆增:《藏书记要》,载祁承㸁等撰《澹生堂藏书约(外八种)》,上海古籍出版社,2005年,第44—45页。
② 孙衣言:《玉海楼藏书规约》,载庄建平主编《近代史资料文库》(第10卷),上海书店出版社,2009年,第114页。
③ 黄丕烈著,潘祖荫辑,周少川点校:《士礼居藏书题跋记》,书目文献出版社,1989年,第318页。

非是借书人的人品和两人的交情，对藏书家来说，不可不慎之又慎。那么，如何判断对方是否是可借之人呢？钱大昕提出："世固有三等人不可借。不还，一也；污损，二也；妄改，三也。"① 有借有还、珍爱书籍，是对借书人的基本要求。清末叶德辉亦云：

非有书可以互抄之友，不轻借抄。非真同志著书之人，不轻借阅。舟车行笥，其书无副本者，不得轻携。远客来观，一主一宾，一书童相随，仆从不得丛入藏书之室。不设寒具，不著衣冠，清茗相酬，久谈则邀入厅事。②

借抄、借阅只能严格限制在知根知底的友朋范围之内。除了考察借书人的人品，完善的借阅制度也同样起到保障的作用。上引天一阁事例之外，玉海楼亦规定："借阅书籍，不许擅用丹黄，轻加圈点，亦不许稍有污损。违者罚赔""读书如对严师庄友，不可跛倚倾侧，或欹枕灯火之旁，阅时，先将楼下几案拂净，用蓝布一方，拥在几上，再将所借书取出，打开函帙，正身端坐，细心阅读。不得以指甲掐裂中缝，以唾揭起纸函。阅毕一本，即将此本安放底下，书脑向左，以次照式逐本叠起。看竣一函，将全函揭转，书脑向右，则次序不致倒乱，随将函帙扣好，还归管书人，再换取次函。其逐日阅看，或十页，或廿页，各于纸角略略折入寸许，以便明日续读"。③ 看完之后的书籍，要及时入柜，叶德辉说："阅过

---

① 徐陵志：《中国古代的藏书保护理念及措施》，《江西图书馆学刊》2006年第4期。
② 叶德辉：《藏书十约》，载祁承㸁等撰《澹生堂藏书约（外八种）》，上海古籍出版社，2005年，第53页。
③ 孙衣言：《瑞安孙氏规约数种》，载张宪文整理《近代史资料·总52号》，中国社会科学出版社，1983年，第18页。

即时检收,以免日久散乱。"① 玉海楼也有类似的规定:"所借书从何架何叠取出,归还时仍放原处,不得随手放置,致有错乱散失。"②

最后是明确的赏罚措施。再严密的措施,如果没有具有威慑力的赏罚手段作为保障,其效果也是要大打折扣的。天一阁的管理规定就体现了这一点,对于每种被禁止或者不允许的行为,根据严重程度,禁约都给出了相应的惩罚措施。比如,"子孙无故开门入阁者,罚不与祭三次;私领亲友入阁及擅开书橱者,罚不与祭一年;擅将藏书借出外房及他姓者,罚不与祭三年。因而典押事故者,除追惩外,永行摈逐,不得与祭"③。

三、钤印制度

给藏书钤盖印章,是古代藏书家的惯例,对外起到标识收藏史、宣示所有权的作用;对内则是藏书家表达对藏书的个人喜好、价值判断的方式,是一种文人雅趣。对后来的收藏者而言,藏书印还起到揭示收藏史、判断版本真伪的作用。因此,至明清时期,钤印的行为更加普遍。

清代内府藏书制度基本承袭明代,在印玺制度方面,继承了明代"二十四宝",清高宗取《周易》"天数二十有五"的吉数,添至"二十五宝",其中,"广运之宝""钦文之玺""表彰经史之宝",专

---

① 叶德辉:《藏书十约》,载祁承㸁等撰《澹生堂藏书约(外八种)》,上海古籍出版社,2005年,第53页。
② 孙衣言:《瑞安孙氏规约数种》,载张宪文整理《近代史资料·总52号》,中国社会科学出版社,1983年,第17—20页。
③ 骆兆平:《天一阁丛谈》,宁波出版社,2012年,第31页。

供钤盖图书。[1]内府藏书按藏处和用途不同，依例要在卷端钤盖陈设殿宇的名称，如"避暑山庄""重华宫宝""养心殿"等，均属宫廷藏书中的"殿座印"。

除此之外，皇帝还刻有大量专用于藏书的私玺，乾隆皇帝就是最热衷钤印的一位，但凡他读过的书籍，必加盖印章。登基之前，他曾使用"皇四子""弘历图书"章，登基后则有"信天主人""月池居士"等章。等他当了太上皇，常用的印章则有"五福五代堂古稀天子宝""八征耄念之宝""太上皇帝之宝""乾隆御览之宝"等。乾隆以后，清代的历代天子也都有专门的藏书印章，如"嘉庆御览之宝""宣统御览之宝"等。

清代的宗室诸王，也有不少爱好藏书者，较为著名的有果亲王、怡亲王、成亲王等。果亲王允礼，是康熙十七子，雅好藏书。去世后无子，由清世宗第六子弘曕入继王位。两代果亲王均喜爱藏书，是宗室中首屈一指的大藏书家。果亲王府藏书印有"果亲王读本""果亲王点定""果亲王宝""自得居士"等。怡亲王允祥，康熙帝十三子，因在康熙末年夺嫡之争中支持胤禛，雍正年间极受信任。安乐堂是其藏书处所，藏书皆盖"安乐堂藏书印"，此外尚有"怡府世宝""明善堂览书画印记""明善堂珍藏书画印记""明善堂鉴定书画印"等。成亲王永瑆，乾隆十一子，多藏宋元旧刻秘本，藏书印有"皇十一子""成亲王""校理秘文""皇十一子永瑆鉴赏古书真迹珍藏之印""诒晋斋印"等。

书院藏书也有盖印的传统，书院藏书属于"公产"，借阅频率较高，除为标识收藏，钤印主要是为了方便管理，避免书籍散失。如岳麓书院，藏书封面盖"岳麓书院监院"，首尾两页盖"岳麓书

---

[1] 王志敏、闪淑华：《中国的印章与篆刻》，商务印书馆，1997年，第45—46页。

院藏书"。丰湖书院规定每书加盖捐赠者木印,"既免失落,且使诸生借观某书,即知某君所捐",卷端另钤"丰湖书藏"石印。长沙城南书院在每本书首页、尾页分别盖"城南书院官书"红戳和"庶免偷换等弊"印记。①

私人藏书印的形制与样式更加多样。汲古阁主人毛晋及其子孙均爱好收藏,《东湖丛记》载:"汲古阁毛氏于宋元刊本之精者,则以'宋本''元本'椭圆式印别之,又以甲字钤印于首。"②其余藏印尚有"毛晋秘箧审定真迹""毛氏藏书""东吴毛氏图书""汲古阁世宝""子孙永宝""子孙世昌""在在处处有神物护持""开卷一乐""笔砚精良,人生一乐""汲古得修绠""汲古主人""仲雍故国人家""毛子九读书记""凤苞"等。③

钱曾的藏书印有"虞山钱曾遵王藏书""述古堂图书记""钱曾""遵王"等。徐乾学传是楼藏书的印文很有特色,为"黄金满籝,不如一经",教育儿孙要爱惜先辈藏书,揭示了读书的价值。此外还有"昆山徐氏乾学健庵藏书""徐乾学印""传是楼印记"等。鲍廷博的藏书印有"鲍以文藏书记""廷博""鲍氏收藏""知不足斋鲍以文藏书"等。拜经楼主人吴骞,自题藏书室为"千元十架",藏书印众多,有"吴骞之印""拜经楼""宋本""临安志百卷人家"等。"百宋一廛"主人黄丕烈,藏书印有"荛圃过眼""黄丕烈""荛圃卅年精力所聚""荛圃手校善本""荛圃手校""复翁""佞宋主人""书魔""士礼居藏"等。清末四大藏书楼之一的铁琴铜剑楼,藏书印有"虞山瞿绍基藏书之印""铁琴铜剑楼""瞿秉清

---

① 陈谷嘉、邓洪波主编:《中国书院制度研究(上)》,浙江教育出版社,1997年,第215页。
② 蒋光煦著,梁颖校点:《东湖丛记》,辽宁教育出版社,2001年,第157页。
③ 叶德辉著,李庆西标校:《书林清话》,复旦大学出版社,2008年,第168页。

印""瞿启甲"等。山东杨氏海源阁，藏书印有"东郡杨二""杨以增印""杨氏海源阁鉴藏印"等。丁氏兄弟八千卷楼，藏书印有"八千卷楼""善本书室""八千卷楼所藏""嘉惠堂藏阅书"等。陆心源藏书印有"陆心源印""十万卷楼""潜园鉴赏"等。

  以上我们简要介绍了清代较为有名的藏书印。与宋元相比，明清藏书印的取材、内容更丰富，材质也更加多样，藏书家将对书籍的珍爱倾注在小小一方印章之上，故而对藏书印的制作也十分重视，从而使藏书印成为古籍版本鉴定的重要依据。与宋元相比，明清藏书印主要有四个特征：第一，诗文印的广泛使用；第二，出现以官署印或者关防印作为个人藏书印的情况；第三，记事印的出现，将藏书精神、藏书事迹用印章的形式钤盖在书上，一方面表达了对书籍的珍爱，另一方面也在提醒后世子孙要善加爱护；第四，图形印的出现和普及。①

  由于明清金石学发达，有关印章资料整理与理论总结的著作也大量出现，较为有名的如周亮工的《赖古堂印谱》《赖古堂印人传》，汪启淑的《飞鸿堂印谱》等等，为藏书家了解印章历史进而进行版本鉴定提供了丰富的资料。

---

① 吴芹芳、谢泉：《中国古代的藏书印》，武汉大学出版社，2015年，第165页。

第五章

清代的藏书整理思想

清代是属于文献学的时代，特别是乾嘉以降，以文献考据见长的"乾嘉学派"成为学术界执牛耳者，让文献学与文献整理实践共同发展至巅峰。文献整理在清代的昌盛，是多方面原因造成的。首先，明亡清兴，少数民族入主中原，给当时的知识阶层造成了巨大的精神冲击。明末以后，知识阶层反思理学，倡导实学之风兴起。明末清初，以顾炎武为代表的学者，将明亡的原因之一归纳为理学家空谈误国，进而转向追求重实证、重证据的新学风，开启了清代考据学的先河。其次，清朝建立后，历代统治者都比较重视文教事业，组织了多次大型文献整理活动，如开三通馆、四库馆，编纂《康熙字典》《古今图书集成》《四库全书》等，活跃的实践活动为文献整理理论的发展和总结提供了土壤。最后，不可否认，清代统治者重视文献整理工作的另一层含义，就是希望通过大兴"稽古右文"之事，打消汉族士大夫对满族统治的敌意，从而达到钳制思想、维护统治的目的。为此，清中叶以前，迭兴文字大狱，高压统治下，知识阶层不敢关注现实，只能转向相对安全的文献整理与研究。以上这些因素，共同造就了清代文献整理事业与文献整理理论的繁荣。下面笔者将从分类、编目、校勘等几个方面，逐一介绍清代文献整理工作与相关理论的成就。

第一节　清代藏书目录概述

一、官府藏书目录

（一）清代官府藏书的整理活动

据《清史稿·艺文志》所载，清代官府藏书整理大致可分为三个阶段：入关前，主要是将汉文典籍翻译成满文，供八旗贵族学习。后又仿照宋代制度，设立了国史、弘文、秘书三院，负责国史编纂和国家藏书管理。至乾隆统治时期，以《四库全书》的修纂为标志，通过一系列的征书、修书、编书活动，清代内廷和中央官府藏书达到巅峰。

《四库全书》的修纂，首先以《永乐大典》辑本为基础，从《永乐大典》中辑出大量前代秘本。然后开始面向全国大规模征书，各省征集来的图书，统一由翰林院负责收藏。同时，为了满足皇帝随时观览的需求，从《四库全书》中辑出的精华——《四库荟要》

两部，分别收藏在宫内的摛藻堂和圆明园味腴书屋。又将从《永乐大典》中辑出的385种珍贵图书，交武英殿并以聚珍版印行，底版存于武英殿修书处。"宋元精椠，多储内府，'天禄琳琅'"，"天禄琳琅"则是指宫内善本书库。

鸦片战争后，西风东渐，"竞译西书，道艺并重。而敦煌写经，殷墟龟甲，奇书秘宝，考古所资，其有裨于学术者尤多，实集古今未有之盛焉"①。国力暗弱的大清国，对内纲纪混乱，对外无法抵抗外侮，国家藏书事业走向衰落，但是，近代学术转型又给传统藏书事业带来了新的生机。"曾国藩倡设金陵、苏州、扬州、杭州、武昌官书局，张之洞设广雅书局，延聘儒雅，校刊群籍，私家亦辑刻日多，丛书之富，曩代莫京。"②图书与藏书事业反而呈现一片欣欣向荣之势。

清代的官府藏书编目活动，主要发生在第二阶段，其代表成果就是乾隆年间修成的《四库全书总目》和《天禄琳琅书目》。

（二）《四库全书总目》的编纂及特点

《四库全书总目》（以下简称《总目》）亦称《四库全书总目提要》，是清乾隆年间修《四库全书》的"副产品"。成书后的《总目》共200卷，著录书籍10254种，172860卷，其中包括"存目"中的书籍6793种，93551卷，是我国古代最大的官修目录。③虽然是为《四库全书》的纂修而编制的目录，但却比《四库全书》多收

---

① 赵尔巽等撰：《清史稿》（卷一四一至卷一六三），吉林人民出版社，1998年，第2882页。
② 赵尔巽等撰：《清史稿》（卷一四一至卷一六三），吉林人民出版社，1998年，第2882页。
③ 万依主编：《故宫辞典》，文汇出版社，1996年，第339页。

6000多种书,因此,它不仅是《四库全书》的书目,也可以说是清乾隆以前中国古籍图书的总书目,是历代学者了解、研究乾隆以前古籍的重要工具。

1644年,清朝建立,为了更好地笼络汉族精英知识分子,清王朝统治者一直十分重视文化政策。康熙年间,开博学鸿词科,组织编纂《明史》《古今图书集成》等大部头的丛书、类书;雍正时期,大兴文字狱,实行严酷的思想钳制;到了乾隆统治时期,下令纂修《四库全书》,仍是这一文化政策的延续。到乾隆即位时,清朝立国已逾百年,经过数代经营,政权稳固,国家统一,经济发达,史称"乾隆盛世",这为《四库全书》的编纂奠定了坚实的物质条件。

乾隆三十七年(1772),乾隆皇帝下诏"稽古右文"采访遗书,标志着《四库全书》编纂工作的正式开始。在发布访求遗书诏的同时,乾隆接受朱筠等人的建议,下令在访书过程中,需为采进之书撰写简明提要,是谓《总目》编写之缘起。需要注意的是,在下诏之初,乾隆的本意只是为采进之书编一个类似后来《四库全书简明目录》的书,经过安徽学政朱筠,大学士刘统勋、于敏中等人上书讨论后,最后编成的《四库全书总目》是一个仿照"刘向校书《序录》成规"的叙录体目录。该目著录完备,特别是提要的撰写充分汲取了前代目录的经验,其体例之完备,资料之丰富,为历代之冠。只此一点,便可见我国目录学"辨章学术,考镜源流"传统之强大。

1.《四库全书总目》的编纂过程

《总目》的编撰工作与《四库全书》几乎是同时展开的。自乾隆三十七年(1772)开馆,到乾隆六十年(1795)左右武英殿版刊行,前后历时二十余年,大致可分为三个阶段。

第一阶段:乾隆三十七年(1772)至乾隆四十六年(1781)。

乾隆三十七年（1772）正月初四日，谕旨要求在采集图书时，各书叙列目录，注明作者、时代、书中要旨。乾隆三十八年（1773）五月初一日，谕旨要求词臣详为勘核，凡应刊、应抄、应存的书，系以提要，辑成《总目》。乾隆三十九年（1774）年底，编写完成《永乐大典》辑佚书和各省征集书，一万多种提要初稿。乾隆四十六年（1781）二月十三日，《四库全书》总裁奏进所办总目提要。乾隆四十六年（1781）二月十六日，《总目》初稿办竣。旋即奉旨改变体例，将历朝御纂各书分列各家著撰之前，并将御题《四库全书》诸书诗文从《总目》卷首撤出。

第二阶段：乾隆四十七年（1782）至乾隆五十一年（1786），这一阶段主要是增补官书和修订《四库提要》。

乾隆四十七年（1782）七月十九日，《总目》编次改定，永瑢等奉表奏上，同时完成《四库全书简明目录》。此后，《总目》随《四库全书》的抽毁删补而不断修订。赶办《大清一统志》《开国方略》《盛京通志》《满洲源流考》《宗室王公表传》《皇朝通典》《通志》等官书提要，将其收入《总目》。

第三阶段：乾隆五十二年（1787）至乾隆六十年（1795）。

乾隆五十二年（1787），发现李清、周亮工、吴起贞、潘柽章诸人入选书籍有违碍之处，降旨撤销。乾隆五十五年（1790）至乾隆六十年（1795），武英殿本、浙本先后刊出。[①]

《四库全书》是中国古代最大的官修丛书，在乾隆帝的直接督导下进行编撰，因此也得以汇集了当时最出色的学者，据统计，在二十余年里，参与纂修的馆臣前后有近四百人。

---

① 参见司马朝军《〈四库全书总目〉研究》，社会科学文献出版社，2004年，第1—115页。

首先，参与编修工作的有位于金字塔顶端的清高宗。在通行本《四库全书总目》书名上，都有"钦定"二字，意即这部书的编纂是秉持着乾隆皇帝的旨意进行的。当然，乾隆帝只是名义上的领导者，《总目》编纂机构实际的最高领导者是总裁官，他们大都由皇室郡王、大学士以及六部尚书、侍郎兼任，总理馆内一切事务，并对《总目》的编纂负有领导责任。总裁官以下是总阅官、总纂官、总校官。总阅官，总理书籍的审阅工作；总纂官，负责"各书详检确核，撮举大纲，编纂总目"事宜；总校官，总管全部书籍的校订工作。其中，担任总纂官的有纪昀、陆锡熊、孙士毅等人，从存留的《纂修四库全书档案》来看，这三人对《总目》作出了更多的贡献。总纂官再下一层可以统称为分纂官，或者分校官，按照负责书籍的类别，纂修官们还被授予了不同的职务。分纂官是四库馆中人数最多的一个职位，他们具体承担了《总目》初稿的写作、审核工作，可以说，是《总目》编纂最"基层"的工作人员。从纂修官名单来看，四库馆集中了当时最有名望的学者名流，列名纂修官的，均可称得上一时之选。在纂修官之外还有一类人，被统称为提调官，从清代一位提调官留下的日记来看，提调官的日常事务是负责翰林院、武英殿等处藏书的提取与收储，职责类似于图书管理员，并不直接参与提要撰写或图书校对的工作。

据档案记载，撰写提要的工作流程大致如下：首先从《永乐大典》、内府书籍，以及各省督抚采进本和各地藏书家进呈本中比较挑选底本。然后，由总纂官根据纂修官的学术专长进行分工，将每种书分配给分纂官撰写提要初稿。纂修官根据分工分别对每一种书的作者、成书年代、内容异同、版本优劣和流传情况等进行考证，然后将考证成果以另纸粘于该书卷末，形成提要初稿。总纂官要为各书提要补订润色,做最后的学术把关。此时,基本定稿的提要需交总裁官裁正,过去的学者多认为总裁官由位高权重的大臣担任,故其只是徒具虚名而已,实际上由于清高宗的重视,总裁官对此也不敢马虎。陈垣在《书于文襄论〈四库全书〉手札后》中就曾说:"于敏中以大学士总裁其事,据寻常观察,必以为徒拥虚名,机轴实出纪、陆二人之手,今观诸札,所有体例之订定,部居之分别,去取之标准,立言之法则,敏中均能发纵指示,密授机宜,不徒画诺而已。"① 总裁官裁正后,馆臣的工作基本告一段落,但是提要最终能不能通过,决定权在乾隆帝手中。作为一国之君,乾隆帝不会关注《总目》的细枝末节,他唯一需要把控的是臣下的工作是否贯彻了他的思想,是否利用修书达到控制文化的目的。

2. 《四库全书总目》对目录学的贡献

作为中国历史上最大的官修目录,《总目》凝结了一代学者20余年的心血。它在目录学、分类学等方面都取得了极高的学术造诣,是古代目录学的巅峰成就,其影响至今仍在延续。

自西汉刘向、刘歆父子开创"条其篇目,撮其指意"的著录方式后,历代目录学者都极推崇这一传统,注重对书籍"辨章学术,考镜源流",亦即通过对书籍的评述达到梳理学术史的目的。《总目》对提要的编写有明确规定:"每书先列作者之爵里,以论世知人,次考本书之得失,权众说之异同,以及文字增删,篇帙分合。"② 这个原则始终贯彻于《总目》编纂过程,使《总目》较之历代任何一部目录都更加详尽、全面,并且善于针对每部书的实际情

---

① 吴泽主编,陈乐素、陈智超编校:《陈垣史学论著选》,上海人民出版社,1981年,第353页。
② 永瑢等撰:《四库全书总目》,中华书局,1965年,"凡例"。

况，侧重于某一方面的叙述、考评。如《水经注》因年代久远，至清时已篇目错乱，注文不清，几乎无法卒读，其提要就侧重对体例、经文进行阐述，为后人留下了极宝贵的资料。再如北宋文学家欧阳修著作宏富，其文集多为后人裒辑，因而各自流传，刻本繁多，提要就重点抓住一个本子，着重考其版本源流，以反映各书全貌。凡此种种，按照著录规则的要求，对各书从学术价值、版本源流、篇章体例等方面进行考证，使目录真正起到提纲挈领、指点门径的作用。

《总目》的另一个特点是于各部前设小序，小序的意义在于综合叙述各学术门类的源流得失，反映书籍的辑佚情况。如列于四部之首的"经"部，收录的是儒家经典及历代注经之作，《总目》在《经部总序》中全面而简练地介绍了经学两千年的发展历史，并且总结为"要其归宿，则不过汉学、宋学两家互为胜负"。再如，"史"部收录的主要是有关历史、地理、职官、政事、人物传记等方面的著述，《总目》阐述了史部的发展过程："汉《艺文志》无史名，《战国策》《史记》均附见于《春秋》。厥后著作渐繁，《隋志》乃分正史、古史、霸史诸目。"这为读者明晰史类图书的发展情况提供了指引。

以上是《总目》在目录学方面的贡献。在图书分类方面，《总目》亦在全面汲取前代经验的基础上有所创新。《隋书·经籍志》后，四分法正式取代六分法，成为我国知识分类与图书分类的主流。从唐代到清朝中期，四分法经过了长期的发展，不断改进、完善，至《四库全书总目》而集其大成。我们以《隋书·经籍志》与《总目》的类目体系作对比：

《隋书·经籍志》

经部：易、书、诗、礼、乐、春秋、孝经、论语、纬书、小学。史部：正史、古史、杂史、霸史、起居注、旧事、职官、仪注、刑法、杂传、地理、谱系、簿录。子部：儒、道、法、名、墨、纵横、杂、农、小说、兵、天文、历数、五行、医方。集部：楚辞、别集、总集。附道经：经戒、服饵、房中、符录。附佛经：大乘经、小乘经、杂经、杂疑经、大乘律、小乘律、杂律、大乘论、小乘论、杂论、记。①

《四库全书总目》

经部包括：易类、书类、诗类、礼类、春秋类、孝经类、五经总义类、四书类、乐类、小学类等10个大类。礼类又分周礼、仪礼、礼记、三礼总义、通礼、杂礼书6属，小学类分训诂、字书、韵书3属。

史部包括：正史类、编年类、纪事本末类、别史类、杂史类、诏令奏议类、传记类、史抄类、载记类、时令类、地理类、职官类、政书类、目录类、史评类等15类。其中诏令奏议类分诏令、奏议2属；传记类分圣贤、名人、总录、杂录、别录5属；地理类分宫殿、总志、都会郡县、河渠、边防、山川、古迹、杂记、游记、外纪10属；职官类分官制、官箴2属；政书类分通制、典礼、邦计、军政、法令、考工6属；目录类分经籍、金石2属。

子部包括：儒家、兵家、法家、农家、医家、天文算法、术数、艺术、谱录、杂家、类书、小说家、释家、道家等14大类。其中天文算法类分推步、算书2属；术数类分数学、占候、相宅相墓、占卜、命书相书、阴阳五行、杂技术7属；艺术类分书画、琴谱、篆刻、杂技4

---

① 长孙无忌、魏徵等撰：《隋书·经籍志》，载王云五主编《丛书集成初编》，商务印书馆，1936年，第1—134页。

属;谱录类分器物、食谱、草木鸟兽虫鱼3属;杂家类分杂学、杂考、杂说、杂品、杂纂、杂编6属;小说家类又分杂事、异闻、琐语3属。

集部包括:楚辞、别集、总集、诗文评、词曲等5大类。其中词曲类分词集、词选、词话、词谱词韵、南北曲5属。①

比较两个类目表可以看出,《总目》的类目表设立得更加详细、科学,各大部类下均设二级类目,有的二级类目下还增设子目,较《隋书·经籍志》的类目安排更趋合理,条目也更加清楚,展示了分类体系的成熟。同时,其还对四部分类的"成法"进行增减修改,如"经部"中的"四书"类,虽然已由《论语集注》《孟子集注》《大学章句》《中庸章句》合并而被冠以"四书",专立一门,成为科举考试必读之书,但有一些目录,除设"四书"专类,又分设《论语》《孟子》各门,造成重复。《总目》认为,"四书"已流传几百年,自元、明以来的目录,大都将"四书"作为一个独立的门类分离出来,专门阐释《论语》《孟子》的书寥寥无几,因此,既然设置"四书"类,就应当取消《论语》等类目,使《总目》的分类体系更具科学性和实用性。又如"史部"中的"诏令""奏议"类,《文献通考》将它们收在"集部",《总目》则将它们收入"史部",主要考虑到诏令、奏议都是有关国政大事的文章,因此,收入"史部"更为恰当。《总目》以科学的方法,使万余种古籍条理清楚地展现在读者面前,并根据当朝图书事业的发展情况,以及当时人们对知识体系的认知,完善"四部分类法",建立了一套比较严密、完善的分类体系,再次确立了四分法的历史地位,使明代以来的目录学异彩纷呈,独出心裁的分类法改革尝试改变了四分法

---

① 永瑢等撰:《四库全书总目》,中华书局,1965年,"门目"第1—8页。

"一统天下"的局面,这是其最大的历史贡献与影响。

(三)《天禄琳琅书目》的编纂及特点

《天禄琳琅书目》,是乾隆年间编纂的宫廷藏书善本目录。乾隆九年(1744),出于鉴赏和便于利用的目的,乾隆帝下令内阁诸臣从内府藏书中挑选宋、元、明善本进呈御览,挑选出的书籍陈列于乾清宫昭仁殿。乾隆亲自为之题写匾额"天禄琳琅",自此这里就成为清宫最重要的善本书库。乾隆四十年(1775),因藏书达到一定规模,命大学士于敏中主事,对"天禄琳琅"藏书进行整理编目,最终的成果就是钦定《天禄琳琅书目》十卷(简称《前编》)。

该目共收书429部,属于叙录体版本书目,按照版本年代编排,分为宋版、金版、宋抄、元明版等类,同一时代的再按经、史、子、集分类。同一书的不同版本、同一版本的不同印次,悉数著录。著录项目包括:书名、函册数、提要。提要内容有一定之规:"首举篇目,次详考证,次订鉴藏,次胪阙补。"[①] 这与其善本书目的性质是吻合的,在叙述书籍源流时,其特别注重对版本年代、历代收藏者相关信息、印章、版本残缺情况的著录,考证部分则着重于版本真伪、时代的判定。

嘉庆二年(1797)十月,乾清宫、交泰殿失火,与之相连的"天禄琳琅"藏书亦遭回禄之灾。复建工作在一年之后完成,清宫秘藏再次汇聚昭仁殿。彭元瑞等人奉命对新入藏之书进行整理,编成《天禄琳琅书目后编》二十卷,共收宋、元、明善本663部,数量较《前编》增加了三分之一。

---

① 于敏中等撰:《天禄琳琅书目》,中华书局,1995年,"凡例"第7页。

著录体例方面，《后编》悉遵《前编》，彭元瑞在《后编识语》中云：

> 体例纪载，一依前帙……而其规模有拓而愈大，析而弥精者。如《前编》书目十卷，《后编》则二十卷；《前编》书四百部，《后编》则六百六十三部，万有二千二百五十八册，视《四库全书》逾三之一。《前编》宋元明外仅金刻一种，《后编》则宋辽金元明五朝俱全。凡皆宛委琅函，嫏嬛宝笈，前人评跋，名家印记，确有可证，绝无翻雕赝刻，为坊肆书贾及好事家所伪托者。①

据学者考证，在嘉庆初年（1796）到道光年间，清宫还曾编有《天禄琳琅书目三编》，光绪十八九年开始续编《天禄琳琅目录四编》，因甲午战争之故，其事中辍，遗稿亦不知所踪。②

二、书院藏书目录

明清是书院发展的黄金期。书院藏书与其他类型的藏书不同，是带有公产性质的，且主要是为师生提供研习之用，因此，为了更好地管理、利用图书，书院藏书一般都编有书目。以下是我们根据《中国书院制度研究》记载的清代书院藏书目录整理的表格。表中所列目录，有分类的大部分属于单行本，即书院专门编制的藏书目录；没有分类的多属于方志或书院志中载录的院藏书目。

---

① 彭元瑞等撰：《天禄琳琅书目后编》，中华书局，1995年，第462页。
② 张升：《明清宫廷藏书研究》，商务印书馆，2015年，第198—199页。

表 1　清代主要书院藏书目录分类表

书院所在地	书目名	藏书数量	分类体系	时间
江西庐山	白鹿洞书院书籍志	92 种 1286 本		清康熙年间
	白鹿洞书院书籍存目	45 种 527 本		清同治年间
湖南长沙	岳麓书院御书楼书目	18 种 40 函		清康熙年间
	岳麓书院新置官书总目录	387 部 3271 本 10054 卷	经、史、子、集	清嘉庆末年
	岳麓书院新捐官书目录	220 部 5720 册 14130 卷		清同治年间
	捐助岳麓书院书籍题名	120 种 400 余本		清光绪二十四年
云南昆明	五华书院藏书目	20000 余卷	经、史、子、集	清康熙至道光年间
云南建水	崇正书院藏书目录	26 种		清雍正、乾隆年间
云南昆明	育才书院藏书目	26 种		清乾隆至道光年间
江西吉安	白鹭洲书院书籍志	34 部 222 本	经、史、子、集	清乾隆年间
山东济宁	任城书院藏书目录	25 种		清乾隆年间
上海	敬业书院院存书籍目录	18 种		清乾隆三十五年
上海松江	云间书院书籍目录	5000 余卷		清乾隆五十三年
福建仙游	金石书院书籍目录	52 种 156 本		清乾隆十九年
河南偃师	二程书院藏书目录	27 种 39 部		清乾隆四十八年

续表1

书院所在地	书目名	藏书数量	分类体系	时间
福建福州	鳌峰书院藏书目录	863部22879卷	经、史、子、集	清嘉庆年间
	鳌峰书院藏书目录	969部29729卷	经、史、子、集	清道光年间
陕西安康	关南书院藏书目录	32种881册		清嘉庆十二年
山东济南	泺源书院存书目录	106种	经、史、子、集	清道光年间
河南开封	彝山书院书籍目录	90种101函又4本		清道光二十二年
甘肃山丹	仙堤书院藏书名目	16种18套100本		清道光十二年
江苏南京	钟山书院旧存书籍目录	32种		清咸丰年间
湖南益阳	箴言书院典籍志	1337部36261卷	经、史、子、集、碑	清同治五年
河北卢龙	敬胜书院存储书籍目录	65种561函4773本		清同治十一年
河北乐亭	遵道书院藏书目录	27种2979卷		清同治十二年
山东高密	通德书院书籍目录	5种72函		清同治年间
江苏南京	惜阴书院借书局藏书目录	116种		清同治十年
江苏太仓	安道书院藏书目录	15种		清同治年间
上海	龙门书院院存书籍目录	166种	经、史、子、集	清同治年间
	龙门书院存院书籍目录	171种		清光绪年间
江西修水	培元书院书籍志	63种	经、史、子、集	清同治年间

续表2

书院所在地	书目名	藏书数量	分类体系	时间
江西高安	筠阳书院藏书目	36种3474卷		清同治十二年
江西赣州	阳明书院藏书目	8种1069册		清同治十二年
河北保定	莲池书院万卷楼目录	33711卷	经、史、子、集	清光绪八年
河北玉田	经州书院藏书目录	4部数千卷		清光绪八年
河北遵化	燕山书院书籍目录	15种		清光绪年间
河北平山	天柱书院购存书籍目录	41种	经、史、子、集	清光绪年间
河北霸州	益津书院藏书目录	360册		清光绪年间
山东宁津	临津书院存书目录	67种		清光绪年间
山东阳谷	寿张书院书籍目录	15种		清光绪年间
安徽合肥	庐阳书院存储书目	32种46部		清光绪年间
江苏睢宁	昭义书院藏书目录	29种	理学、经学、举业	清光绪年间
江苏句容	华阳书院储院书目	32种		清光绪二十三年
上海	求志书院存院书籍目录	268种	经、史、掌故、舆地、算学、词章、丛书	清光绪年间
河南开封	大梁书院藏书总目	2999部42151卷	经、史、子、集、丛	清光绪二十四年
	大梁书院续藏书籍目录	533部6177卷	经、史、子、集、丛、算学、时务	清光绪三十年

续表3

书院所在地	书目名	藏书数量	分类体系	时间
湖北黄石	金湖书院书籍目录	13种657本		清光绪八年
湖南岳阳	岳阳、慎修两书院藏书数目	370余种	甲、乙、丙、丁	清光绪年间
广东广州	广雅书院藏书目录	2672部43555册，又附7000余册	经、史、子、集、杂著、丛	清光绪年间
广东惠州	丰湖书院藏书目录	15177册53556卷	经、史、子、集、典志、类书	清光绪年间
重庆黔江	墨香书院藏书目录	66种1235本4216卷	经、史、子、集	清光绪年间
四川大竹	凤鸣书院藏书楼书目	200种	经、史、子、集、掌故、考据、数理、杂著	清光绪二十七年
云南腾冲	来凤书院院中书籍目录	40部1511本		清光绪八年
陕西泾阳	陕甘味经书院藏书目录	15012卷	经、史、子、集	清光绪年间

从分类的角度看，清代书院藏书目录基本都遵循四部分类，这说明《四库全书总目》颁行后，四部分类再次确立了其权威地位。同时，书院藏书与官藏、私人藏书相比，又有一定的特殊性，即书院藏书是教育、培养学生的辅助手段，其藏书内容比较倾向于举业和经世致用的书籍，体现在图书分类上，就是将典章制度、地理、理学、举业类别的图书单独列类。"丛书"类的出现则是清代丛书出版发达在书目中的直观反映。晚清以后，书院书目中又出现了"数理""算学"等西学类别，体现了西学东渐对我国传统教育事业的影响。

以清末著名学者胡林翼编的《箴言书院藏书目录》为例，此目载《箴言书院志》中，占全志一半以上篇幅，著录款目也非常详细。胡林翼是汉学名家，对《四库全书总目》（以下简称《总目》）极为推崇，所以《箴言书院藏书目录》的分类体系基本按《总目》的框架搭建，实行部—类—属三级分类，共分 5 部 54 类 36 属。同时，为了适应书院藏书的特殊性，胡林翼也对分类系统进行了微调：首先，减少了一定类属。比如较之《总目》，删去了"史抄"、"时令"、"艺术"、"释家"等属，这当然是由箴言书院实际藏书情况决定的。史抄类，虽然是有价值的学问，但书院力有未逮，并没有此类藏书。至于"释家"以及"占卜"、"命书"之类，本就为正统士大夫不喜，认为其无关经世致用。其次，合并了部分类目。如将经部礼类下的"通礼""杂礼"合作"通礼杂礼"，将"杂事""异闻""琐谈"三属，合为"异闻琐谈"。其三，更改了部分类目名称。如将"小学类"改为"尔雅小学类"，改"韵书"为"音韵"等。其四，增益了部分类属。如在史部地理类中增设"宫殿山水古迹"类。其五，改动了部分类目的次序。将"四书"类提到"孝经"之前，即提升了"四书"的位置，显示对其格外重视。[①] 概言之，书院藏书因其特殊作用，以及其藏书是最符合正统观念的，故而在分类方面能够较好地被四部分类法容纳，这是书院藏书目录分类体系不发达的内在原因。此外，书院藏书大多不是由专业文献学家编撰的，这也影响了其在分类体系、编目规则方面的创新。但是，清代书院藏书目录中也有个别目录，能根据藏书实际情况、知识门类的沉潜，对四部分类进行有价值的损益，因此，其对古代目录学的贡献是不容忽视的。

---

① 参见邓洪波《箴言书院及其藏书（上）》，《图书馆》1988 年第 6 期；参见邓洪波《箴言书院及其藏书（下）》，《图书馆》1989 年第 2 期。

三、私人藏书目录

清代是目录学发展的极盛期。据学者统计，有清一代，私人藏书目录共计 600 余种，其中存留至今的有 300 余种，[①] 数量几乎是前代之总和。

清代的私人藏书目录，从体例上来说，有仅记书名、卷数的簿录式书目，也有继承了《七略》传统的提要（解题）式书目。由于《四库全书总目》的巨大影响，解题式书目被清代学者视为目录之"正宗"，因此，清代私人藏书目录也多有解题，且多是藏书家多年校理图书经验之总结，在历代书目中质量最高，这是清代私人藏书目录的最大特点。

此外，明中叶后兴起的"佞宋嗜旧"风气，至清代愈演愈烈，特别是苏州、常熟一带的藏书家，将"佞宋"的藏书风尚发展到极致。为了表现对宋元刻本、名抄名校本的重视，藏书家往往在藏书总目之外单独编制善本书目，因而清代善本书目尤其发达，这是清代私人藏书目录的第二个特点。

而在分类和著录方面，由于《四库全书总目》的出现，经、史、子、集四部分类法具有权威的地位。在确立书目分类体系时，清代藏书家不像明代藏书家那样天马行空、大胆创新，而是比较严格地遵从四部成法，只有清末孙星衍《孙氏祠堂书目》这样的"少数派"，独辟蹊径，自创新法，促进了分类理论在清代的发展。以下我们从各种工具书中摘录了清代主要私人藏书目录的版本信息，

[①] 来新夏、柯平主编：《目录学读本》，上海交通大学出版社，2014 年，第 213 页。

之后再从中选取存留至今的具有代表性的书目作具体介绍。

表2 清代著名私人藏书目录举要

藏书家	书名	存佚情况	初刻/版
钱谦益	《牧斋书目》一卷	佚，《千顷堂书目》著录	
	《绛云楼书目》四卷	存	清道光三十年（1850）刻本，收入《粤雅堂丛书》
	《绛云楼题跋》	存，潘景郑辑	
	《绛云楼书目补遗》	存，叶德辉辑	清光绪二十八年（1902）刻本，收入《观古堂丛刊》
曹溶	《静惕堂书目》二卷	存	清光绪二十八年（1902）刻本，收入《观古堂丛刊》
	《静惕堂藏宋元人集目》一卷	存	上海国粹学报社1911年版
王弘	《砥庵跋尾》	存	清同治十三年（1874）刊本，收入《小石山房丛书》
朱彝尊	《曝书亭书目》不分卷	存，刘喜海抄本	国家图书馆藏
	《潜采堂书目》四种	存，唐翰题抄本	国家图书馆藏
	《潜采堂宋人集目录》一卷	存	宣统三年（1911）叶氏刊本，《观古堂书目丛刻》本
	《潜采堂元人集目录》一卷	存	宣统三年（1911）叶氏刊本，《观古堂书目丛刻》本
毛晋	《隐湖题跋》	存	汲古阁刻本；1916年丁祖荫《虞山丛刻》本
	《汲古阁书跋》	存，潘景郑在《隐湖题跋》基础上补辑	上海古典文学出版社1958年版
	《汲古阁校刻书目》一卷，补一卷	存，悔道人（郑德懋）辑	清道光壬寅（1842）顾氏刊本

续表1

藏书家	书名	存佚情况	初刻/版
毛扆	《汲古阁珍藏秘本书目》一卷	存	清嘉庆五年（1800）黄丕烈刊本，收入《士礼居丛书》
	《毛扆书跋》	存，潘天祯搜得百篇，辑为《毛扆书跋零拾》	收入《潘天祯文集》，上海科学技术文献出版社2002年版
钱曾	《也是园藏书目》十卷	存	清宣统二年（1910）罗振玉刊本，收入《玉简斋丛书》
	《述古堂藏书目》四卷，附一卷	存	清道光三十年（1850）刻本，收入《粤雅堂丛书》
	《读书敏求记》	存	书目文献出版社1984年版
	《述古堂宋板书目》	存	瞿凤起编《虞山钱遵王藏书目录汇编》，上海古典文学出版社1958年版
季振宜	《季沧苇藏书目》一卷	存	清嘉庆十年（1805）黄氏刻本，收入《士礼居丛书》
徐乾学	《传是楼书目》	存	民国四年（1915）王存善刊本，收《二徐书目合刻》
	《传是楼宋元版书目》一卷	佚	《北京图书馆普通古籍总目》著录
徐秉义	《培林堂书目》不分卷		民国四年（1915）王存善刊本，收入《二徐书目合刻》
陈梦雷	《汇编目录》	存，《古今图书集成》草目	
席鉴	《扫叶山房书目》	佚，《中国目录学家辞典》著录	
曹寅	《楝亭书目》四卷	存	收入《辽海丛书》
金檀	《文瑞楼书目》十二卷	存	清嘉庆十六年（1811）刻本，收入《读画斋丛书》
何焯	《义门读书记》五十八卷		中华书局1987年版

续表 2

藏书家	书名	存佚情况	初刻/版
王闻远	《孝慈堂书目》六卷	《北京图书馆善本书目》著录	清抄本
	《孝慈堂书目》不分卷		民国十年（1921）叶氏刻本，收入《观古堂书目丛刻》
吴焯	《绣谷亭薰习录》二卷		民国七年（1918）吴氏刻本，收入《松邻丛书》
允祥	《怡府书目》	《北京图书馆普通古籍总目》著录	
孙从添	《藏书记要》	存	清嘉庆十六年（1811），黄丕烈《士礼居丛书》本
	《上善堂书目》	佚，《清史稿·艺文志》著录	
	《上善堂宋元版精抄旧抄书目》一卷	存	民国十八年（1929）陈氏刻本
张宗松	《清绮斋藏书目录》四卷	《北京图书馆善本书目》著录	管庭芬抄本
马思赞	《马氏道古楼书目》一卷	《北京图书馆普通古籍总目》著录	抄本
姚鼐	《惜抱轩书录》四卷		清光绪五年（1879）徐氏刻本，收入《惜抱轩遗书》
全祖望	《鲒埼亭跋》一卷	《书目类编》著录	刘喜海抄本
张海鹏	《收书目录》	佚，《小安乐窝文集·记收书目录后》	
张仁美	《宝闲斋藏书目》	佚，《藏书纪事诗》著录	
张金吾	《爱日精庐藏书志》三十六卷，续四卷	存	清道光七年（1827）张氏家刻本
	《爱日精庐简目》	存，《北京图书馆善本书目》著录	清抄本
张大镛	《自怡悦斋书画录》		罗振常印本，收入《逸园丛书》

续表 3

藏书家	书名	存佚情况	初刻/版
卢址	《四明卢氏藏书目录》	《北京图书馆普通古籍总目》著录	抄本
	《抱经楼藏书目录》十二卷	《北京图书馆普通古籍总目》著录	抄本
	《抱经楼书目》	《北京图书馆普通古籍总目》著录	清抄本
周永年	《借书园书目》五卷	《书目类编》著录	刘喜海抄本
周广业	《四部寓眼录》二卷		民国癸酉（1933）罗氏刻本
彭元瑞	《知圣道斋书目》四卷		清宣统二年（1910）罗氏刻本，收入《玉简斋丛书》
吴寿旸	《拜经楼藏书题跋记》五卷		清道光年间刻本，收入《别下斋丛书》
孙冯翼	《问经堂书目》	《北京大学图书馆善本书目》著录	稿本
吴翌凤	《古欢堂经籍举要》		民国二十九年（1940）排印本，收入《庚辰丛编》
邵晋涵	《江南书录》一卷		清光绪中刘氏刻本，收入《聚学轩丛书》
赵魏	《竹崦庵传抄书目》一卷		清光绪卅年（1904）叶氏刻本，收入《观古堂书目丛刻》
顾广圻	《思适斋书跋》四卷，补一卷		民国二十四年（1935）王氏印本，收入《黄顾遗书》
孙星衍	《平津馆鉴藏书籍记》三卷，补一、续一		清道光二十年（1840）江宁陈氏刻本，收入《独抱庐丛刻》
	《廉石居藏书记》二卷		清道光十六年（1836）江宁陈氏刻本，收入《独抱庐丛刻》
	《孙氏祠堂书目》内四卷，外二卷		清嘉庆十五年（1810）济南刻本，收入《岱南阁丛书》

续表 4

藏书家	书名	存佚情况	初刻/版
陈鳣	《经籍跋文》一卷		民国间商务印书馆印行,收入《独抱庐丛刻》
钮树玉	《匪石日记抄》一卷		上海商务印书馆1936年版,收入《丛书集成初编》
黄安澜	《姚江黄氏五桂楼藏书目》四卷		清光绪二十一年(1895)黄氏家刻本
张海鹏	《收书目录》	《小安乐窝文集》卷二	
黄丕烈	《百宋一廛书录》一卷		民国二年(1913)乌程张氏印本,收入《适园丛书》
	《求古居宋本书目》一卷		《观古堂书目丛刻》
	《士礼居藏书题跋记》六卷	潘祖荫辑	滂喜斋刻本
	《士礼居藏书题跋续记》二卷	江标辑	江氏刻本
	《荛圃藏书题识》十卷	潘、江、缪合辑	
	《荛圃藏书题识续录》四卷,续三卷	王大隆辑	收入《黄顾遗书》
周中孚	《慈云楼藏书志》	《慈云楼藏书考》记	
阮元	《文选楼藏书记》六卷	《北京图书馆普通古籍总目》著录	
	《四库未收书目提要》	《四库全书总目》附录	
许宗彦	《鉴止水斋藏书目》	《北京图书馆普通古籍总目》著录	
陈乔枞	《陈朴园藏书目录》	存	福建省图书馆藏
陈树杓	《带经堂书目》四卷		

续表 5

藏书家	书名	存佚情况	初刻/版
陈揆	《稽瑞楼书目》四卷	存	清光绪三年（1877）吴县潘氏刻本，收入《滂喜斋丛书》
	《兴福寺书目》	佚	
庞泓	《步云楼书目》		
瞿镛	《恬裕斋藏书目录》二十四卷	佚，《中国著名藏书家传略》著录	
	《恬裕斋藏书记》四卷	存	清钞本
瞿启甲	《铁琴铜剑楼藏书目录》二十四卷	存	清光绪二十四年（1898）武进董氏刊本
	《铁琴铜剑楼藏宋元本书目》	存	《铁琴铜剑楼丛书》本
	《铁琴铜剑楼宋金元本书影》	存	民国十一年（1922）《铁琴铜剑楼丛书》本
	《铁琴铜剑楼藏书题跋集录》	存	上海古籍出版社1985年版
何绍基	《东洲草堂藏书目》不分卷	《北京图书馆善本书目》著录	
顾修	《汇刻书目》		清嘉庆四年（1799）顾氏刻本
赵宗建	《旧山楼书目》	存	上海古典文学出版社1957年版
	《旧山楼书目补录》	佚，《赵宗建小传》著录	
翁同龢	《翁文恭所藏明以来七十家书目》	佚，《中国目录学家辞典》著录	
汪士钟	《艺芸书舍书目》不分卷	《北京图书馆善本书目》著录	
	《艺芸书舍宋元本书目》		清同治二年（1863）潘氏刻本，收入《滂喜斋丛书》

续表6

藏书家	书名	存佚情况	初刻/版
杨绍和	《海源阁藏书目》一卷		清光绪十四年（1888）江氏刻本，收入《江刻书目三种》
	《楹书隅录》五卷，续四卷		清光绪二十年（1894）杨氏家刻本
杨保彝	《海源阁宋元秘本书目》四卷	山东图书馆1931年刊	
钱泰吉	《曝书杂记》二卷		民国间上海商务印书馆，收入《丛书集成初编》
封文权	《韩氏读有用书斋书目》		民国二十三年（1934）陈氏印本
	《读有用书斋古籍目录》	《北京图书馆普通古籍总目》著录	抄本
	《西吴韩氏书目》	《北京图书馆普通古籍总目》著录	抄本
韩应陛	《松江韩氏书目》	《北京图书馆普通古籍总目》	抄本
	《松江韩氏藏宋元明本书目》	《北京图书馆普通古籍总目》著录	
佚名	《读有用书斋藏书志》		南京图书馆藏
邹百耐	《云间韩氏藏书题识汇录》四卷		上海图书馆藏
张鉴祥	《刘燕庭藏书目》	刘喜海藏书	山东大学图书馆藏
马国翰	《玉函山房藏书簿录》二十五卷		道光年间刻本
许瀚	《攀古小庐书目》	手稿本	北京图书馆藏
郑珍	《郑学书目》一卷		清光绪七年（1881）归安姚氏刊本，收入《晋石厂丛书》
邵懿辰	《增订四库简明目录标注》		上海古籍出版社1979年版

第五章 清代的藏书整理思想

·207·

续表7

藏书家	书名	存佚情况	初刻/版
莫友芝	《郘亭行箧书目》不分卷	佚，《中国著名藏书家传略》著录	
	《宋元旧本书经眼录》		清同治十二年（1873）莫氏刊
	《郘亭知见传本书目》	清宣统间刊本	
潘遵祁	《香雪草堂书目》	稿本	天津图书馆藏
潘祖荫	《滂喜斋藏书目录》	《北京图书馆普通古籍总目》著录	国家图书馆藏
	《滂喜斋藏书目记》	《北京图书馆普通古籍总目》著录	国家图书馆藏
	《滂喜斋宋元本书目》一卷	《北京图书馆普通古籍总目》著录	国家图书馆藏
	《滂喜斋藏书志残稿》	《北京图书馆普通古籍总目》著录	国家图书馆藏
孙延钊	《玉海楼丛书细目》五册	稿本	温州图书馆藏
	《瑞安孙氏玉海楼藏温州乡贤遗书》	浙江图书馆1935年印本	
孙诒让	《玉海楼善本书目》	稿本	现藏玉海楼
	《瑞安孙氏玉海楼藏书目录》	《图书馆季刊》一、二卷三期	
劳经元等	《劳氏碎金》三卷		民国二十六年（1937）王氏印本
瞿世瑛	《清吟阁书目》四卷		民国三年（1914）石印本
郁松年	《宜稼堂书目》	《北京图书馆普通古籍总目》著录	

续表 8

藏书家	书名	存佚情况	初刻/版
朱学勤	《别本结一庐书目》	清光绪二十八年（1902）叶氏刻本	收入《观古堂书目丛刻》
	《结一庐藏宋元本书目》	清光绪二十八年（1902）叶氏刻本	收入《观古堂书目丛刻》
丁日昌	《持静斋藏书记要》二卷	民国十三年（1924）苏州文房活字本	
	《持静斋书目》四卷，续一卷		清同治九年（1870）丁氏自刻本
	《丰顺丁氏持静斋书目》五卷		清光绪二十一年（1895）江氏刻本
丁申、丁丙	《善本书室藏书志》四十卷		清光绪二十七年（1901）丁氏刻本
	《八千卷楼书目》二十卷		民国十二年（1923）丁氏铅印本
	《八千卷楼经部乐类书目》		民国十二年（1923）丁氏铅印本
王韬	《弢园藏书志》二册	《西谛书目》著录	稿本
	《弢园藏书目》一册	《西谛书目》著录	稿本
方功惠	《碧琳琅馆书目》四卷	《北京图书馆普通古籍总目》著录	
	《碧琳琅馆藏书记》	《北京图书馆普通古籍总目》著录	
	《碧琳琅馆藏书目录》四卷	《北京图书馆普通古籍总目》著录	
	《碧琳琅馆珍藏目录》二卷		北京大学图书馆藏

续表 9

藏书家	书名	存佚情况	初刻/版
耿文光	《万卷精华楼藏书记》一百四十六卷	民国间排印本	收入《山右丛书》
李慈铭	《越缦堂书目》二册	《诒庄楼书目》著录	抄本
	《越缦堂读书记》		中华书局 1963 年版
姚觐元	《咫进斋善本书目》四卷	《北京图书馆普通古籍总目》著录	
陆心源	《皕宋楼藏书志》一百二十卷，续四卷		清光绪八年（1882）陆氏家刻本
	《仪顾堂题跋》十六卷，续十六卷		清光绪八年（1882）陆氏家刻本
徐树兰	《古越藏书楼书目》二十卷		清光绪三十年（1904）印本
张之洞	《书目答问》四卷		清光绪甲辰年（1904）刻本
杨守敬	《日本访书志》十六卷		清光绪辛巳年（1881）杨氏刊本
	《观海堂藏书目》		国家图书馆藏
盛宣怀	《愚斋图书馆藏书录》十八卷		民国二十一年（1932）大成书局印本
	《盛氏图书馆善本目录》四卷	《北京图书馆普通古籍总目》著录	
缪荃孙	《艺风堂藏书记》八卷		清光绪二十六年（1900）刻本
	《艺风堂藏书续记》八卷		民国元年（1912）刻本

续表 10

藏书家	书名	存佚情况	初刻/版
康有为	《万木草堂书目》		民国七年（1918）上海长兴书局影印本
	《日本书目志》十五卷		上海大同书局 1896 年版
叶德辉	《叶氏观古堂藏书目》四卷	《北京图书馆普通古籍总目》著录	稿本
	《观古堂书目》四卷		民国五年（1916）叶氏观古堂印本
	《郋园读书志》十六卷		民国十七年（1928）上海澹园印本

上表列举了明清时期重要的私人藏书目录，下面将选择介绍其中较有代表性的书目，并概述其分类编目方面的特点。

（一）《静惕堂书目》一卷

曹溶撰。曹溶字鉴躬，号倦圃，浙江秀水人。崇祯十年（1637）进士，官至广东布政使。好藏书，尤好宋元人文集。《静惕堂书目》又名《静惕堂宋元人集书目》，专门著录曹溶收藏的宋元人文集，有刘氏味经书屋抄本，收入《观古堂书目丛刻》。叶德辉在序言中介绍其藏书特色云：

王文简《池北偶谈》云："曹秋岳侍郎好收宋元人文集，尝见其《静惕堂书目》所载宋自柳开以下，凡一百八十家，元自耶律楚材以下，凡一百十五家，可谓富矣。"今按此本，宋自徐铉《骑省集》以下，凡一百九十六家，元自元好问《遗山集》以下，凡一百三十九家，较文简所见,共多四十家。盖后编最足之本。①

(二)《千顷堂书目》三十二卷

黄虞稷撰。黄虞稷(1629—1691),字俞邰,福建晋江人,康熙十七年(1678)举博学鸿词科,因母丧未能进京。康熙十八年(1679),受徐元文所荐,以布衣入翰林,参与《明史》修撰,后又转随徐乾学修《一统志》,卒于任上。黄虞稷出身藏书世家,其父黄居中,酷嗜书籍,"千顷斋"便是其父藏书室名。黄居中与当时的文坛领袖钱谦益交好,钱谦益为编明诗集,曾赴千顷斋查阅书籍,对能够继承父志、好读敏学的黄虞稷大加赞赏。因黄虞稷曾应诏入馆编修《明史》,此目与《明史·艺文志稿》之间的关系自清代以来便有许多争议。

首先,从性质上来说,《千顷堂书目》并不是严格意义上的私人藏书目录。该目收明人著述12000余种,显然不是一家所藏能够做到的。日本著名书志学家长泽规矩也据此认为:"此书非藏书目录,而是明人著述目录。"② 当然,黄虞稷父子是明末藏书名家,与其交往的也都是同道中人,比如黄虞稷曾与丁雄飞建立古欢社,有互抄之约。因此也有人推断:"千顷斋藏书、金陵丁氏藏书、江宁龚氏藏书,为俞邰著录《千顷堂书目》的依据。"③ 结合黄虞稷修《明史》的背景来看,《千顷堂书目》应是为修《明史·艺文志稿》备用的,在著录过程中很可能参考了诸家藏书目录。

---

① 叶德辉:《静惕堂书目序》,载《观古堂书目丛刻》,湘潭叶氏观古堂刻本。
② 长泽规矩也编著,梅宪华、郭宝林译:《中国版本目录学书籍解题》,书目文献出版社,1990年,第26页。
③ 严佐之编著:《近三百年古籍目录举要》,华东师范大学出版社,2008年,第10页。

其次,《千顷堂书目》与《明史·艺文志稿》的关系。对于这个问题,清代以来的学者有两种观点。一派认为《明史·艺文志稿》在先,《千顷堂书目》在后,清代著名学者卢文弨、近代谢国桢先生均持此种观点。如谢国桢便认为:"黄氏曾参加编修《明史》中的《艺文志》。可是《明史》编成以后,《明史·艺文志》采用他的原稿并不很多,而编辑亦较为简陋。虞稷回到江南,寄居在南京以后,闭门潜居,毕其一生精力,编成了《千顷堂书目》三十二卷,综记由宋辽金元以来一直到明代末年各家的著述目录。"① 另一派观点正好与此相反,认为先有《千顷堂书目》,再有《明史·艺文志稿》初稿,比如上海古籍出版社标点本《千顷堂书目》的"出版说明":"《千顷堂书目》是在其父《千顷斋藏书目录》六卷的基础上,于家中编定的。入明史馆后,另有一部《明史·艺文志稿》,是以《千顷堂书目》为基础,广为采撷公私藏书编录的。王鸿绪的《明史稿·艺文志》、张廷玉的《明史·艺文志》即据黄虞稷的《明史·艺文志稿》删削而成。"② 从今存《千顷堂书目》和《明史·艺文志稿》的校勘结果来看,《明史·艺文志稿》在后的说法似更符合逻辑。

最后,《千顷堂书目》的类例在明末清初私人藏书目录中是比较完备的。该目按四部分类,设两级分类体系,其分类表如下:

经部:易、书、诗、三礼、礼乐、春秋、孝经、论语、孟子、经

---

① 谢国桢:《简介黄虞稷〈千顷堂书目〉标点校勘本》,载《明清史谈丛》,辽宁教育出版社,2000年,第215页。
② 黄虞稷撰,瞿凤起、潘景郑整理:《千顷堂书目》,上海古籍出版社,1990年,"出版说明"。

解、四书、小学（附算学）。

　　史部：国史、正史、通史、编年、别史、霸史、史学、史抄、地理、职官、典故、时令、食货、仪注、政刑、传记、谱系、簿录。

　　子部：儒、杂、农、小说、兵、天文、历数、五行、医家、艺术、类书、释、道。

　　集部：别集、制诰、表奏、骚赋、总集、文史、制举、词曲。①

　　著录项目包括著者姓名、书名、卷数等，大部分条目附有小字提要，内容包括作者生平考证、书籍内容介绍、著作年代考证等。

　　（三）《也是园藏书目》《读书敏求记》等

　　《也是园藏书目》十卷，钱曾编撰，为钱氏藏书目录中收书最多的一部，成书后以抄本行世，1910年，罗振玉刻入《玉简斋丛书》，但讹夺之处颇多。是书共著录图书3800余种，著录极简，一般著录项目仅有书目、卷数。为改四部分类法者，二级类目方面，经史子集外，设明史、三藏、道藏、戏曲小说，合计八部，部下再分子类，共有145类。相比钱曾的其他书目著作，本书在编目方面价值不高，但分类设计较为独特，大类下细分子类的做法，在明清目录著作中并不多见。此外，将戏曲小说单列一部，可能是为了考虑也是园藏书的实际需要，同时也反映了明清时期俗文学作品影响力的提升。

　　《述古堂藏书目》四卷，钱曾编撰，成书于康熙八年（1669）。附《述古堂宋板书目》一卷，亦系钱曾藏书总目。抄本原不分卷，《四库全书总目·存目》著录。道光三十年（1850），南海伍崇曜选

---

① 参见黄虞稷撰，瞿凤起、潘景郑整理《千顷堂书目》，上海古籍出版社，1990年。

入《粤雅堂丛书》，析为四卷，首有钱曾《述古堂藏书目序》，末附伍崇曜跋，始有刊本行世。民国初年涵芬楼《丛书集成》据以排印。原书共著录书籍 2200 余种，也是一部简目，著录项目包括著者、书名、卷册数，间附版本信息（小字双行）。分类亦不用四部，采用列举式分类法，共设一级类目 78 个。附录《述古堂宋板书目》共收宋版书 98 种。《四库全书总目》评价该目："曾此编乃其藏书总目。所列门类，琐碎冗杂，全不师古。其分隶诸书，尤舛谬颠倒，不可名状，较《读书敏求记》更无条理。"[①] 今天客观地看待该书，不可否认其在分类方面确实存在比较大的问题，甚至不如前述《也是园藏书目》，但其著录较之详细一些，部分类目名称也在后世目录著作中得到延续，并且附录的《述古堂宋板书目》，开创了清代常熟派善本书目的先河，在目录学史上自有其价值。

《读书敏求记》四卷，钱曾撰，系钱氏撰写的藏书题跋合集。书成后流传甚广，有多种抄本、刻本行世，在清代私人藏书目录中实为仅见。关于此书的早期流传尚有一则书林轶事。相传在康熙二十年（1681），钱曾《读书敏求记》初成之时，新任江南副乡试官朱彝尊在金陵召集名士大会，钱曾应邀赴会。朱彝尊知钱曾此书已成，但"出入每自携，灵踪微露"，"谋之甚力，终不可见"，于是趁此次大会，重金贿赂遵王侍书小史，以半夜之功，将《读书敏求记》与《绝妙好词》同时抄出。后被钱曾发觉，朱彝尊立誓秘不外传，方才将此事平息。康熙五十六年（1717），钱塘大藏书家吴焯重金购得一部传抄本，欣喜之余，遂在书后记下了两则跋语，此事遂成定谳。[②] 对此，刘尚

---

① 永瑢等：《四库全书总目·卷八十七·目录类存目》，中华书局，1965 年，第 745 页。
② 吴焯：《读书敏求记跋》，载叶德辉《书林清话：附书林馀话》，广陵书社，2007 年，第 205 页。

恒从《绝妙好词》的刊刻年代,《读书敏求记》的版本流传情况以及钱曾对藏书的态度等方面进行了辨证,认为"诡得"之说子虚乌有,[①] 实为竹垞辩诬之功臣。朱彝尊"诡得"之说虽然不尽不实,但足以说明《读书敏求记》在藏书家群体影响力之巨。

  流传至今的《读书敏求记》版本甚众,钱曾初稿署名《述古堂藏书目录题词》,残稿今藏国家图书馆。早期流传的主要是各家辗转传写的抄本,讹误之处甚多,故自清初以来,有数十位藏书家都对其进行过批校,著名者如邵恩多、黄丕烈、吴焯、周星诒、管庭芬、陆心源、丁日昌、莫友芝、叶德辉、章钰等。此书见于记载的最早刻本是雍正四年(1726)吴兴赵孟升松雪斋本,后松雪斋书板被转售多人,先后出现了雍正六年(1728)濮梁延古堂重修本、乾隆十年(1745)沈尚杰双桂草堂递修本、乾隆六十年(1795)沈炎耆英堂递修本。与松雪斋并行的另一刻本系统,初刻本为道光五年(1825)仪征阮福小嬛嫏仙馆刻本,道光十五年(1835)阮亨另辑录《补遗》一卷单行,此二本后被收入《文选楼丛书》。道光二十七年(1847),潘仕成以耆英堂本与小嫏嬛仙馆本互校,辑入《海山仙馆丛书》,《丛书集成初编》据以排印。光绪年间,著名版本目录学家章钰以"咫园"藏精校本为底本,汇集28种校抄本和刻本互相参校,并多方查阅史料,完成了《钱遵王读书敏求记校证》,民国十五年(1926)刊行,民国二十一年(1932),又增刻《续补遗》一卷,为本书最精最善之传本。此外,1958年,上海古典文学出版社刊出铁琴铜剑楼后人瞿凤起整理的《虞山钱遵王藏书目录汇编》,将前述钱曾三部书目合为一体,按《也是园藏书目》的著

[①] 刘尚恒:《〈读书敏求记〉辨证两题》,载《二餘斋文集》,天津古籍出版社,2013年,第248—254页。

录次序排列，其余两种书目著录的同书内容相随，《也是园藏书目》未著录的附后，极便检索。

《读书敏求记》著录图书634种，采用与《述古堂藏书目》基本相同的分类体系，每条都有详尽的解题。《四库全书总目》著录该书，评述其内容："手所题识，仿佛欧阳修《集古录》之意。……其分门别类，多不甚可解。……其中解题，大略多论缮写刊刻之工拙，于考证不甚留意。"责其分类不精、考证不确，但仍认为："然其述授受之源流，究缮刻之同异，见闻既博，辨别尤精。但以版本而论，亦可谓之赏鉴家矣。"[①] 这个评价是比较公允的。从目录学发展角度来看，《读书敏求记》的价值有三：首先，它开创了清代藏书目录的新体裁——藏书题跋记。其次，《读书敏求记》重视反映版本信息，奠定了清代版本目录学的基础。最后，《读书敏求记》中记载了大量藏书源流、书林轶事的史料，具有很高的文献价值。

（四）《传是楼书目》

《传是楼书目》不分卷，是徐乾学传是楼藏书的总目录，共著录图书3900余种。该目依四部分类，子类极为详细，郑鹤声《中国史部目录学》评价其："繁琐最甚。其间如运历、实录，皆编年之属，分而为三。器用、酒茗、食经、种艺、豢养，皆食货之属，分而为五。"[②] 分类之细，可见一斑。各书按照排架顺序编目，排架以千字文为序，一橱一字，共计58橱，著录内容比较简单，仅记书名、卷数，可证其账簿目录的性质。

《传是楼宋元版书目》一卷，是徐乾学专门编撰的家藏宋元善本

---

① 永瑢等撰：《四库全书总目·卷八十七·目录类存目》，中华书局，1965年，第745页。
② 郑鹤声编：《中国史部目录学》，商务印书馆，1933年，第125页。

目录,著录宋版书260部、元版书203部,宋抄本、元抄本、宋元杂本五六百部。该目为版本目录,先著录版本,再记书名、卷数。

(五)《季沧苇藏书目》

《季沧苇藏书目》是清初跟徐乾学齐名的另一位大藏书家——季振宜的藏书目录。该目一卷,另有卷端题名《延令宋版书目》,共著录图书千余种。类例体系较为混乱,先分经、史、子、集、杂五部著录"宋元版书"210余种,再设"宋元杂版书""崇祯历书总目""经解目录"三部,"宋元杂版书"下又细分为经、史、古文选、韵书、子书、文集、诗集、类书、杂部、内典、儒书、医书、方舆等13类。著录项目包括书名、卷册数与版本。

黄丕烈赞其曰:"载宋元板刻以至抄本,几于无所漏略。……今沧苇之书已散失,每从他处得之。证诸此目,若合符节。方信藏书不可无目,且不可不载何代之刻、何时之抄,俾后人有所征信也。"① 所言未免过誉,事实上,《季沧苇藏书目》的版本著录十分简略,但其记载了重要的藏书源流信息,为后世重视版本的目录学流派所珍视。这也是黄丕烈对《季沧苇藏书目》爱不释手,并为之整理、校勘、增补藏书源流信息的根本原因。

(六)《隐湖题跋》和《汲古阁珍藏秘本书目》

《隐湖题跋》一卷,《续跋》一卷,毛晋撰。毛晋为明清之际刻书大家,每刻一书,必作跋文一篇,附于书末。后应友人之请,将所撰题跋专门汇为一编,原题"题跋"。后因毛晋居于"隐湖",故

---

① 黄丕烈著,屠友祥校注:《荛圃藏书题识》,上海远东出版社,1999年,第8页。

重刻时改题"隐湖题跋"。有汲古阁毛氏自刻本、民国五年（1916）丁祖荫《虞山丛刻》本。今人潘景郑病其不全，曾为补辑，重为排比，勒成一编，潘氏所辑用"※"号标出，1958年上海古典文学出版社以《汲古阁书跋》之名刊出。

毛晋原书共收题跋152篇，潘氏辑补249篇，另有毛晋之子所撰题跋28篇附后。原书未分类，均以"跋某某（书名）"为题。由于其并非编于一时，体例较为随意，并无成规，跋文的基本内容以述作者著书宗旨、版本流传源流为主。就其目录学价值而言，并无太大建树，但从中可观毛晋的学术思想与刻书倾向。

《汲古阁珍藏秘本书目》，毛扆编撰，此目为毛扆售书目录。毛晋故去后，汲古阁日渐凋零，至其子毛扆晚年时已难以为继，此目即毛扆为售书给潘耒遂初堂而编。潘耒（1646—1708），字次耕，又字稼堂，吴江（今属江苏）人。据毛扆题识，是书大约成于康熙四十四年（1705）。① 此书以抄本传世，嘉庆五年（1800），黄丕烈将其收入《士礼居丛书》，是为初刻本；民国初年，商务印书馆《丛书集成初编》据《士礼居丛书》本排印。

该书共著录图书481种，因为是售书目录，所以特别突出版本信息。著录项目包括书名、卷册数、版本特点、所用纸张、书价等。吕绍虞曾经评价该书"将善本集中编成目录的，或以毛扆所撰《汲古阁珍藏秘本书目》为最早"②，誉其为善本书目鼻祖。纵观本书，除了收录宋元旧椠，还著录多种嘉靖以前的明刊本，以及各种抄本。善本观较之同邑前辈钱曾、徐乾学等人有所拓展，也更符合清初藏书事业的实际情况。

---

① 毛扆编：《汲古阁珍藏秘本书目》，嘉庆五年（1800）士礼居黄氏丛书本，第27—28页。
② 吕绍虞：《中国目录学史稿》，武汉大学出版社，2012年，第109页。

(七)《上善堂宋元版精抄旧抄书目》

《上善堂宋元版精抄旧抄书目》一卷，孙从添编，系孙氏善本藏书目录。据《清史稿·艺文志·史部》记载，孙从添另有《上善堂书目》，为孙氏藏书总目，著录为一卷。此外，民国十八年（1929）陈准所辑《湫漻斋丛书》收《上善堂宋元版精抄旧抄书目》一卷，郑振铎《西谛书目》亦著录有该书抄本一卷。由于《上善堂书目》长期未见披露，有学者认为这部《上善堂宋元版精抄旧抄书目》就是《上善堂书目》。而翻检《上善堂宋元版精抄旧抄书目》即可发现，该目共著录藏书475种，6032卷，与文献所记孙氏"收藏逾万卷"不符，由此可知，此目并非收藏总目，而是善本书目。①同时，在《藏书记要》"编目"一则，孙从添主张藏书家应编制"大总目录""宋元刻本抄本目录""分类书柜目录""书房架上书籍目录及未订之书"四种目录，据此可知，《上善堂书目》应为孙氏收藏总目，而《上善堂宋元版精抄旧抄书目》是善本书目。

《上善堂宋元版精抄旧抄书目》最大的贡献在于开创了按照版本分类的先例，全书不依四部，仅分宋版、元版等六类。每本书除按年代归类外，尚详细著录收藏源流，体现了常熟派重视版本的收藏旨趣。

(八)《拜经楼藏书题跋记》

拜经楼主人吴骞，是乾嘉时期浙江最有名的藏书家。《拜经楼藏书题跋记》是吴骞之子——吴寿旸，在继承了拜经楼藏书后为纪

---

① 张家荣：《孙从添〈藏书记要〉研究》，台湾花木兰文化出版社，2008年，第40—41页。

念父亲编成。该书与一般藏书目录的体例不同，主要收录书籍题跋。其内容来源于三个方面：吴骞题跋、诸家题跋，以及吴寿旸按语。从所占比例来看，几乎所有篇目都有吴寿旸按语，约三分之一篇目仅有吴寿旸撰写的题跋。因此，该书的性质属于吴寿旸以其父及名家题跋为素材，整理编撰而成的一部书目题跋。

该书共分五卷，共收书 321 余种，其中"群经小学"收书 61 种，"正史载记"收书 49 种，"地志目录"收书 30 种，"诸杂家"收书 79 种，"别集总集"收书 102 种。与众不同的体例和内容，使得《拜经楼藏书题跋记》在目录学史上独具特色。吴寿旸不是简单地抄录其父或前人题跋，而是用自己的按语将前人论述有机结合在一起，这对古书考订有更大的帮助。

该目最早刻本是道光二十七年（1847）《别下斋丛书》本，后有光绪五年（1879）会稽章氏《式训堂丛书》本、光绪三十年（1904）朱氏《校经山房丛书》本等。

（九）《百宋一廛赋注》《士礼居藏书题跋记》

黄丕烈是清中期藏书家声名最盛的一位，后世关于其研究成果之丰富，为清代藏书家仅见，黄丕烈在藏书整理理论领域的贡献是多方面的，包括目录、校勘、版本、辑佚等文献学分支，在这里，我们仅重点介绍其目录、题跋作品。

《百宋一廛赋注》是一部特殊的藏书目录。"百宋一廛"是黄氏宋版书专藏的名称，书室筑成后，黄丕烈特别邀请好友顾千里以赋体记录"百宋一廛"所藏宋版书的情况。但受文体限制，无法反映具体的书目信息，于是，黄丕烈亲自为之作注，著录各书作者、内容、行款、存佚等项。共著录宋版书 109 种，收入《士礼居丛书》，初刊于嘉庆十一年（1806），其后的版本都是以《士礼居丛书》本为底本重刊重印的。

《百宋一廛书录》一卷，是黄丕烈手编的宋版书目录。自序云："十余年来，究心载籍，欲仿宋人晁、陈两家例，辑录一书，系以题识，名曰《所见古书录》，究苦择焉而不精，语焉而不详，故迁延未成。适因迁居东城县桥，重理旧籍，特搜集宋刻本汇藏一室，先成簿记，谓之《百宋一廛书录》。"① 该目著录可与《百宋一廛赋注》互相参照。民国初年（1912），张钧衡刻印《适园丛书》收入本目。

《求古居宋本书目》，为黄丕烈家藏善本书目，编成于嘉庆十七年（1812），主要收录《百宋一廛赋注》后新入藏的宋本书，著录十分简略，仅记书名、卷数和残阙情形。末附《求古居宋本书目考证》，著录"目有赋无者七十五种"。民国七年（1918），叶德辉刊行《观古堂丛书》时收录本书。

黄丕烈《士礼居藏书题跋记》在版本、校勘学方面的贡献，主要体现在其数以千计的题跋中，然而在他生前这些题跋并没有得到系统整理。黄氏故去后，藏书散入各家，给辑录带来了巨大的困难。因此，一直有学者以黄氏题跋为对象，进行辑佚或者补辑的工作，使《士礼居藏书题跋》的版本面貌变得尤其复杂。影响较大的几种辑本如下：《士礼居藏书题跋记》六卷，光绪十年（1884）潘氏滂喜斋刻本。由清末著名藏书家潘祖荫所辑，分经、史、子、集四部，其中集部占两卷，收录200余篇。《士礼居藏书题跋记续》二卷，光绪二十二年（1896）江标《灵鹣阁丛书》收入，由缪荃孙补辑，新收题跋70种。《士礼居藏书题跋再续记》二卷，缪荃孙

---

① 黄丕烈著，屠友祥校注：《荛圃藏书题识》，上海远东出版社，1999年，第938页。

辑，增补题跋 50 种，收入《古学汇刊》第一集。《莎圃藏书题识》十卷，《莎圃刻书题识》一卷，是缪荃孙、章钰、吴昌绶等人在前述三记基础上，增补重编而成的，民国八年（1919）江阴缪氏刻本。《莎圃藏书题识续录》四卷，《莎圃藏书题识再续录》一卷，王欣夫辑，与《思适斋题跋》合刻为《黄顾遗书》。

（十）《爱日精庐藏书志》

《爱日精庐藏书志》三十六卷、《续志》四卷，张金吾编撰，系张氏家藏书志。张金吾弱冠之年即立下藏书志向，故本书的编撰也贯穿了他的一生。据该书新旧序和张氏自订年谱《言旧录》，嘉庆二十三年（1818）夏，张金吾藏书规模已达八万卷，在此基础上"略加诠次"，编成目录二十卷，①继之"又择传本较稀及宋元明初刊本暨传写文渊阁本另为一编"，越两年，成《爱日精庐藏书志》四卷，嘉庆二十五年（1820）以活字排印，是为此书之四卷本。此后，随着诒经堂藏书日富，至道光三年（1823），又取所藏宋元刊本及新旧抄本为世所罕见者，重新编成《爱日精庐藏书志》（以下简称《藏书志》）三十六卷，后又陆续补编《续志》四卷，于道光七年（1827）全部刊成，是为此书之四十卷本。该书的四卷嘉庆活字本传世甚稀，日本汉学家长泽规矩也曾于京师厂肆购得一本，后归静嘉堂。国内藏本被披露的仅有国家图书馆和南京图书馆两部。②重编之《藏书志》三十六卷、《续志》四卷本，张氏原刻本亦甚难

---

① 原序作"一十卷"，据张金吾《言旧录》年谱，此处应为"二十卷"。参见中华书局（2012）《爱日精庐藏书志》、上海古籍出版社（2014）《爱日精庐藏书志》（标点本）"整理说明"。
② 柳向春：《张金吾及其爱日精庐藏书志》，《收藏家》2014 年第 2 期。

得，光绪十三年（1887），吴县徐氏灵芬阁以木活字排印出版；1982年，台湾文史哲出版社据以影印。近年来，中华书局《清人书目题跋丛刊（1990—1995）》据张氏自印本影印。2012年中华书局《书目题跋丛书》、2014年上海古籍出版社《中国历代书目题跋丛书》（第四辑）先后据张氏自刻本标点整理，为读者提供了便利。

该书共著录古籍780余种，按照经、史、子、集四部排列。著录体例为：每书先录书名、卷数、版本年代、校藏者姓氏。如为《四库》未收之书，则仿照《郡斋读书志》《直斋书录解题》之例撰写"解题"；如为元代以前抄本，则仿《文献通考·经籍考》，收录序、引、题识、跋语等与本书有关的资料。另规定，有刻本者不录，见于本人文集者不录，经部见于《经义考》《小学考》者不录，唐文见于《全唐文》者不录。后世对该书的评价，以顾千里《爱日精庐藏书志·序》最为精到："若夫月霄之目，乃非犹夫人之目也。观其某书，必列某本，旧新之优劣、抄刻之异同，展卷具在，若指诸掌，其开聚书之门径也欤？备载各家之序跋，原委粲然，复略就自叙、校雠、考证、训诂、簿录，汇萃之所得，各发解题，其标读书之脉络也欤？世之欲藏书、读书者，苟循是而求焉，不事半功倍欤？"①

从版本目录学史来看，张金吾此书的价值尚可总结如下：首先，开创了藏书志这一新的目录体制。《藏书志》的"部件"——叙录体或辑录体提要、解题目录，古已有之，张金吾的创造性工作在于将之有机地融为一体。张金吾本人极为推崇《四库全书总目》（以下简称《总目》），《藏书志》的编写也深受其影响，而《总目》可以被称为中国叙录体目录之巅峰。《藏书志》一方面吸收了《总

---

① 顾千里：《爱日精庐藏书志·序》，载张金吾著、冯惠民整理《爱日精庐藏书志》，中华书局，2012年，第2页。

目》体例上的优点，精于辨析，梳理源流；另一方面还能补足《总目》之缺，重视版本考证，补充了大量版本考订方面的资料和信息，也反映了常熟派一贯的藏书理念。同时，有选择地辑录大量序跋，与解题并行，保证了学术性和资料性的统一，为读者提供了更多有用的信息。故而在《爱日精庐藏书志》后，清代藏书家多有效仿，出现了诸如《楹书隅录》《善本书室藏书志》《皕宋楼藏书志》等大量同类型著作，极大地丰富了传统目录的体制。其次，《爱日精庐藏书志》的两篇自序（新序、旧序）以及《例言》，是中国目录学理论的三篇重要文献。在张金吾以前，尚未有哪位藏书家如此精确、缜密地设计过编目条例，这几篇文献，不仅具有极高的实操价值，同时也是作者对目录学实践有意识的理论总结，是中国目录学史上难得一见的兼具理论与思辨性质的重要史料。最后，在具体的编撰体例方面，张氏的创见还体现在对著录书籍选择标准的把握。前面已经介绍过多种常熟派藏书家书目，无不体现了这一流派重视宋元旧版的价值取向，而张金吾在此基础上提出了"止取宋元旧椠及抄帙之有关实学而世鲜传本者"，体现了张氏"藏书不如读书"的藏书观念。

(十一)《铁琴铜剑楼藏书目录》

《铁琴铜剑楼藏书目录》二十四卷，瞿镛编撰，系铁琴铜剑楼藏书善本书目。瞿镛是铁琴铜剑楼第二代主人，瞿氏藏书，至瞿镛已大成，名列晚清四大藏书家之一。瞿镛为家藏图书编制书目，未及刊行其人已逝。其子瞿秉渊、瞿秉清二人继承父志，延请同邑王宝之、太仓季菘耘校雠，长洲宋于庭为之序，于咸丰七年（1857）付梓，刊成经部三卷。未几，逢太平天国之乱（咸丰十年，1860），书板尽毁于兵燹。战乱平息后，再以家藏旧稿录副，复请同郡管申季、王黻卿、叶鞠裳至家中重校，缺者补之，误者正之。书尚未成，瞿秉清暴病而亡，临逝前犹以书未行世而深以为恨。秉清子启甲痛惜父志未竟，承伯父之命，增修全板，于光绪五年（1879）陆续梓行。[①] 后来，瞿启甲又发现已经刊行的书间有谬误，重与诸名家商定其篇，悉加更正，于光绪二十四年（1898）全部刊出，是为瞿氏家塾刻本，后有瞿启甲跋文，并附校勘记。[②] 在瞿氏家刻本之前，光绪二十三年（1897）董康诵芬室亦刊出一个二十四卷本，无张瑛序和瞿启甲跋。2000 年，上海古籍出版社出版瞿果行标点、瞿凤起复校本。

该书按照四部分类法著录，共收录图书 1194 种，卷一至七为经部，八至十二为史部，十三至十八子部，十九至二十四为集部。著录项目包括书名、卷帙存佚、行款字数、序跋、印章、诸本异同等。相比《爱日精庐藏书志》，《铁琴铜剑楼藏书目录》在规范性上稍有欠缺，载录的序跋不如前者详尽，著录体例也并不十分严谨。但瞿氏藏书世代相传，称雄吴中，其书目在考订版本方面用力甚勤，所得亦多。瞿目每书均选异本校勘，具载各版本之间的差异，故有"读一书可得数书的功用"[③] 之美誉。

另，瞿镛编的家藏目录尚有两种抄本。其一是《恬裕斋书目》四卷两册，清抄本，清劳权校，今藏南京图书馆。又有一本不分卷，劳权校、周星诒校并跋，今藏上海图书馆。南京图书馆抄本前有劳权题记："此瞿目未刻以前传抄本。"正文前有黄廷鉴《恬裕斋藏书记》、

---

① 参见张瑛《铁琴铜剑楼藏书目录·后序》，载仲伟行等编著《铁琴铜剑楼研究文献集》，上海古籍出版社，1997 年，第 127—128 页。
② 参见瞿启甲《铁琴铜剑楼藏书目录·后跋》，载仲伟行等编著《铁琴铜剑楼研究文献集》，上海古籍出版社，1997 年，第 128 页。
③ 王欣夫：《文献学讲义》，上海古籍出版社，2005 年，第 52 页。

宋凤翔《序》，以及编者所撰《例言》。《例言》共计十条，是瞿氏家藏书目的编目条例，有一定的文献价值。其二是《恬裕斋藏书目录》二十四卷，稿本，常熟市图书馆藏，王振声校，与刊本体例略同。①

《铁琴铜剑楼藏宋元本书目》四卷，题瞿镛藏。光绪二十三年（1897）江标《江刻书目三种》收录，共收录宋元版书400余种，考之实摘录《铁琴铜剑楼藏书目录》而成。②

《铁琴铜剑楼藏书题跋集录》，瞿启甲编，汇集铁琴铜剑楼藏书上前人题跋而成。该书是瞿启甲修订刊行《铁琴铜剑楼藏书目录》时的副产品。据其自序："然两编（按：指《铁琴铜剑楼藏书目录》和《铁琴铜剑楼宋金元本书影附识语》二书）对于诸家题跋，每略而不详，遂起汇录诸家题跋之志。"③稿成后，未及付印，战事遂起。直到1985年才由其子瞿凤起重加标点，由上海古籍出版社刊出。该书收录图书380余种，按四部分类。基本没有铁琴铜剑楼主人自己撰写的题跋，而且只要是出现在藏书上的，不论其详略，不论其位置，以及是否与书籍内容相关，全部一一照录。在其著录的部分图书已经散佚的情况下，洵为珍贵。

(十二)《孙氏祠堂书目》

孙星衍的《孙氏祠堂书目》，在清代藏书目录中显得尤为特殊，在四部占据统治地位的时代，独创十二分法。下面录其《孙氏祠堂书目·序》中关于分类的部分，以见其主要思想：

---

① 参见梅华、曹培根《从铁琴铜剑楼藏书目看瞿氏藏书》，《图书馆学刊》2015年第10期。
② 严佐之编著：《近三百年古籍目录举要》，华东师范大学出版社，2008年，第136页。
③ 瞿启甲：《铁琴铜剑楼藏书题跋集录》，上海古籍出版社，1985年，第1—2页。

曰经学第一：汉魏人说经，出于七十子，谓之师传，亦曰家法。六朝唐人疏义，守之不失。以及近代仿王氏应麟辑录古注，皆遗经佚说之仅存者，学有渊源，可资诵法。至宋明近代说经之书，各参臆见，词有枝叶，不合训诂。或有疑经，非议周汉先儒，疑误后学，宜别存之，以供取舍。

曰小学第二：先以字书，次及声韵，六义不明，则说经不能通贯，或且望文生义。文字之变，隶楷递改，滋生日多，既集汉魏字书，亦及后世，以尽其变，声音反切，虽起六朝，或推本读若旧音而作，且引古字书，足资校证，亦宜兼列。

曰诸子第三：九流区分，互有改易。班《书》隋《志》，部分最当。依此为类，庶非臆见。《六韬》旧入于儒，《管子》还列于道。周秦述作之才，几于圣哲，或多古韵古字。伪书后出，判然可知。唐宋依托前人，号为子书，文多肤浅，入录甚少。

曰天文第四：黄帝巫咸甘石之学，是有五官分野，按五行以占吉凶，出于保章左史，其书最古，谓之天部。《九章》《五曹》之书，惟知转算，不必长于观象，谓之算法。遁甲六壬，其术亦古，不可中废。合以命书算法，谓之阴阳。三者俱属天文，各有专门，后世或不能别，仅传算学。

曰地理第五：先以统志，次以分志，或总纪区宇，或各志封域。《禹贡》古文说及周地图之言，存于列代地志及《水经注》《括地志》诸书。宋元方志，多引古说，证经注史，得所依据，宜存旧说。地名更易，今古殊目，兼载今志，以资博考。

曰医律第六：先以医学，次以律学。医律二学，代有传书，并设博士，生人杀人，所关甚重。经称"十全为上""医不三世，不服其药"。史称郭镇、陈宠世传法律。此学古书未火于秦，历代流传，尤不可绝。医则祛其后出偏见者，律则今代损益尽善。欲悉源流，兼载古时令甲云。

曰史学第七：先以正史，次以杂史，次以政书。古今成败得失，一张一弛，施之于政，厥有典则，存乎正史。史臣为国曲讳，或有抵牾，尤赖杂史，以广异闻。朝章国典，著作渊薮，举而措之，若指诸掌，则政书尤要云。

曰金石第八：金石之学，始自宋代。其书日增，遂成一家之学。钟鼎碑刻，近代出土弥多，足考山川，有裨史事。古今兼列，无所删除。

曰类书第九：先以事类，次以姓类，次以书目。古书亡佚，独赖唐宋人采录，存其十五。非独獭祭词章，实亦羽仪经史，谓之事类。谱学之传，自东晋板荡，南宋播迁，周秦世系，不可复寻，或多伪托。唐宋学有专家，传书幸在，故为姓类。流传书籍，自有渊源，证以各家著录，伪书缺帙，不能妄托，宜存其目。

曰词赋第十：先以总集，次以别集。汉、魏、六朝、唐人之文，足资考古，多有旧章，美恶兼存。自宋以下，人自为集。取其优者，入于书目，余则略之。

曰书画第十一：先以总谱，次之分谱。六朝以来，以行楷争奇，存乎绢素。或摹绘山川故事，以传往迹。书画小技，不绝于今，宜考其真赝，鉴赏之学，游艺及之，所谓贤于博弈。

曰小说第十二：稗官野史，其传有自：宋以前所载，皆有出典，或寓难言之隐。今则矫诬鬼神，凭虚臆造，并失《虞初》志怪之意。择而取之，余同自郐焉。①

此序成于嘉庆五年（1800），嘉庆十五年（1810）书目刻成，有孙氏自刻本。

---

① 孙星衍：《孙氏祠堂书目》，嘉庆十五年（1810）孙氏金陵祠屋刊本，"自序"第2—3页。

第二节 分类思想

清代的官私书目，在《四库全书总目》出现后，大部分都谨遵钦定"官书"划定的界限，较为严格地遵守四部分类法，中断了明代关于类例体系的探索。早期也有一些书目延续了明代的惯性，采用了列举式分类法。清末，随着西学的传入，给传统分类体系带来了较大的冲击。下面我们择取较有代表性的清代书目，用列表的形式将其类目体系罗列如下：

表3 清代重要私人藏书目录分类表

类别	书名	作者	一级类目	二级类目
不依四部分类者	也是园藏书目	钱曾	经、史、明史、子、集、三藏、道藏、戏曲小说	**经部** 经总、易、书、诗、春秋、三礼、乐、舞、论语、续语、孝经、尔雅、孟子、四书、字书、韵书、碑刻、数、小学 **史部** 正史、通史、编年、史论、运历、杂史、故事、职官、仪注、谥法、国玺、家礼、祭礼、射仪、职掌、营建、律令、法守、时令、货宝器用、酒茗、食经、种艺、豢养、传记、忠义、节孝、名臣、遗民、仙佛、神、列女、校书、科第、冥异、地理志、都城、宫苑、陵墓、郡邑杂志、图志、朝聘、行役、别志、属夷、川渎、山志、名胜、游览、人物、文献、谱牒、姓氏、年谱、总目

续表1

类别	书名	作者	一级类目	二级类目
不依四部分类者				**明史部** 御制、敕修、玉牒、纪注时政 **子部** 儒家、道学、道家、墨家、法家、名家、纵横家、杂家、农家、小说、兵家、军占、天文、星象、五行、玩占、六壬、太乙、奇门、律历、易数、卜筮、占梦、阴阳、星命、相法、相家、宅经、葬书、医书、医家、经论、针灸、本草、方书、伤寒、风科、疮肿、眼科、祝由科、妇人、小儿、摄生、房中、艺术、画录、类家 **集部** 制诰、表奏、骚赋、文集、诗集、集句、诗文、集总、诗文评、四六、词 **三藏** 经论、此土著述 **道藏** 洞真部、洞玄部、洞神部、太玄部、符箓部 **戏曲小说** 古今杂剧、曲谱、曲韵、说唱、传奇、宋人词话、通俗小说、伪书
	述古堂藏书目	钱曾	无,共七十八类	**卷一** 经、易、书、诗、春秋、礼、礼乐、易数、儒、小学、六书、金石、韵学、史、杂史、传记、编年、年谱、杂编、姓氏、谱牒、政刑、文献、女史、较书 **卷二** 子、子杂、文集、诗集、词、诗文评、四六、诗话、类书 **卷三** 小说家、仪注、职官、科第、兵家、疏谏、天文、占验、六壬、太乙、奇门、历法、军占、地理总志、舆图、名胜、山志、游览、别志、人物志、外夷 **卷四** 释部、神仙、医书、卜筮、星命、相法、形家、农家、营造、文房、器玩、岁时、博古、清赏、服食、书画、花木、鸟兽、数术、艺术、书目、国朝、掌故

续表2

类别	书名	作者	一级类目	二级类目
不依四部分类者	读书敏求记	钱曾	无	**卷一** 经、礼乐、字学、韵书、书、数书、小学 **卷二** 史、时令、器用、食经、种艺、豢养、传记、谱牒、科第、地理舆图、别志 **卷三** 子、杂家、农家、兵家、天文、五行、六壬、奇门、历法、卜筮、星命、相法、宅经、葬书、医家、针灸、本草方书、伤寒、摄生、艺术、类家 **卷四** 集、诗集、总集、诗文评、词
	上善堂宋元版精抄旧抄书目	孙从添		宋版、元版、名人抄本、影宋抄本、旧抄本、校本
	孙氏祠堂书目	孙星衍	经学、小学、诸子、天文、地理、医律、史学、金石、类书、词赋、书画、说部	**经学** 易、书、诗、礼、乐、春秋、孝经、论语、尔雅、孟子、经义 **小学** 字书、音学 **诸子** 儒家、道家、法家、名家、墨家、纵横家、杂家、农家、兵家 **天文** 天部、算法、五行术数 **地理** 总编、分编 **医律** 医学、律学 **史学** 正史、编年、纪事、杂史、传记、故事、史论、史抄 **类书** 事类、姓类、书目 **词赋** 总集、别集、词、诗话、诗文评
	群碧楼书目初编①	邓邦述	宋本、元本、影宋抄本、明刻本、嘉靖刻本、批校本	

---

① 江庆柏:《邓邦述藏书目录考说》,《古籍研究》1999年第4期。

续表3

类别	书名	作者	一级类目	二级类目
不依四部分类者	日本书目志	康有为		生理、理学、宗教、国史、政治、法律、农业、工业、商业、教育、文学、文字语言、美术、小说、兵书
	爱日精庐藏书志	张金吾	经、史、子、集	**经部** 易、书、诗、礼、春秋、孝经、五经总义、四书、乐、小学 **史部** 正史、编年、纪事本末、别史、杂史、诏令奏议、传记、载纪、地理、职官、政书、目录、史评 **子部** 儒家、兵家、法家、医家、天文算法、术数、艺术、谱录、杂家、类书、小说、释家、道家 **集部** 楚辞、别集、总集、诗文评
	郑堂读书记	周中孚	经、史、子、集	**经部** 易、孝经、五经总义、礼、乐、诗、书、春秋、四书、小学 **史部** 正史、编年、纪事本末、别史、杂史、诏令、奏议、传记、史抄、载记、时令、职官、政事、政书、目录、史评、地理 **子部** 儒家、兵家、法家、农家、医家、天算、术数、艺术、谱录、杂家、类书、小说家、释家、道家 **集部** 别集（余佚）
	持静斋书目	丁日昌	经、史、子、集	子类仿四库总目
	铁琴铜剑楼藏书目录	瞿镛	经、史、子、集	**经部** 易、书、诗、礼、春秋、孝经、五经总义、四书、乐、小学 **史部** 正史、编年、纪事本末、别史、杂史、诏令奏议、传记、史抄、载记、时令、地理、职官、政书、目录、史评 **子部** 儒家、兵家、法家、农家、医家、天文算法、术数、艺术、谱录、杂家、类书、小说、释家、道家 **集部** 楚辞、别集、总集、诗文评、词曲

续表4

类别	书名	作者	一级类目	二级类目
依四部分类者	皕宋楼藏书志	陆心源	经、史、子、集	**经部** 易、书、诗、礼、春秋、五经总义、四书、孝经、乐、小学 **史部** 正史、编年、纪事本末、别史、杂史、诏令奏议、传记、史抄、载记、时令、地理、政书、职官、目录、史评 **子部** 儒家、兵家、农家、医家、天文算法、术数、艺术、谱录、杂家、类书、小说、释家、道家 **集部** 离骚、别集、总集、诗文评、词曲
依四部分类者	善本书室藏书志	丁丙	经、史、子、集	**经部** 易、书、诗、礼、春秋、孝经、五经总义、四书、乐、小学 **史部** 正史、编年、纪事本末、别史、杂史、诏令奏议、传记、史抄、载记、时令、地理、职官、政书、目录、史评 **子部** 儒家、兵家、法家、农家、医家、天文算法、术数、艺术、谱录、杂家、类书、小说家、释家、道家 **集部** 楚辞、别集、总集、词曲
依四部分类者	观古堂藏书目	叶德辉	经、史、子、集	**经部** 易、书、诗、礼、乐、春秋、论语、孝经、尔雅、石经、经解、小学、纬候 **史部** 正史、编年、注历、霸史、杂史、杂传、政书、地理、谱系、簿录、金石、史评 **子部** 儒家、道家、阴阳家、法家、名家、墨家、纵横家、杂家、农家、小说家、兵书、数术、方技、艺术 **集部** 楚辞、别集、总集、诗文评、词类、曲类

续表5

类别	书名	作者	一级类目	二级类目
依四部分类者	木犀轩藏书书录	李盛铎	经、史、子、集	**经部** 易、书、诗、礼、春秋、孝经、五经总义、四书、乐、小学 **史部** 正史、编年、纪事本末、别史、杂史、诏令奏议、传记、史抄、载记、地理、职官、政书、目录、史评 **子部** 儒家、兵家、法家、农家、医家、天文算法、术数、艺术、谱录、杂家、类书、小说家、释家、道家 **集部** 楚辞、别集、总集、诗文评、词曲

如上表所示，清代私家书目的分类体系可分为两大类，一类是仿《四库全书总目》（以下简称《总目》）者，另一类是打破四部分类者。具有如下特点：

第一，是否依四部分类体系的时间节点大致在乾隆中期。乾隆以前的书目，大多采用自设类目，不遵从四部的分类体系。乾隆后的书目则基本参照《总目》的分类，不越雷池一步。《四库全书总目》是清代最大的官修书目，同时也代表了中国传统目录学的巅峰。在《总目》出现之前，虽然四部分类法已成为主流，但是在二级类目设置，以及分类体系的合理性方面，仍有许多不足之处。乾隆末年（1796），《总目》在编撰过程中便已在小范围内流传，武英殿刻本的刊行进一步扩大了它的影响力。因其官书的性质，《总目》的类例体系、评价标准，都对清代公私书目的编纂起到了示范作用。当然，《总目》自身的编纂水平也较高，设置的类目相对合理。所以乾隆中期之后的私人藏书目录，大多仿照《总目》的体例和分类体系。

第二，非依四部分类的几种书目，二级类目都划分得十分详细。这在中国古代目录学史上还是比较少见的。其中一些类目的设置对后世分类理论发展产生了重要影响。但总的来说，这些书目的二级类目设置得比较随意，缺乏明确的标准，许多子类实际上并不属于同一层次。如《绛云楼书目》将本朝文献单独列出，有可能是出于钱谦益本人修明史的需要，但是这在分类体系上并不科学。再如，《也是园藏书目》将戏曲小说与经、史、子、集并列为一级类目，也许是为了体现钱曾的收藏特色，但是二者显然并不在同一层次上。

第三，除了以学科类别为标准的分类体系，孙从添的《上善堂宋元版精抄旧抄书目》提出了以书籍外在形式为依据的分类标准，这也是清人在分类方法上的创举。

第三节　编目思想

古时藏书家编制目录，首先是为了记录收藏情况，方便藏书家本人或家人清点查检。因为并不考虑流通，所以编制体例比较随意，在著录项目、著录标准方面，全凭己意，并无一定之规。许多今天看来并不科学的编目方法，可能恰好反映了某位藏书家的收藏特色。正因如此，与分类理论相比，中国古代编目理论发展得并不成熟，缺乏系统、全面的总结梳理。在这种情况下，明清时期藏书家在编目理论方面的探索与贡献就显得尤为珍贵了。除了丰富的编目实践，钱曾《述古堂藏书目序》《也是园藏书目后序》，张金吾

《爱日精庐藏书志》的"序"和"凡例",瞿镛《恬裕斋藏书记》"例言",孙从添《藏书记要·编目》,这些都是编目学史上的重要的理论文献。特别是《藏书记要》,是中国古代藏书史上少有的将编目理论和编目方法特别提出,并进行系统总结的著作。下面将以上述资料为依据,从书目编制宗旨、技术、方法等多个环节,逐一述之。

一、书目的功用和宗旨

前面已经提到,古代藏书家编撰书目,一般是为了满足藏书排架、管理的需要,藏书秘不示人,所以编成的目录也仅供其家族内部使用,或者只在小范围内流传。在这种现实需求的驱动下,藏书家不需过多考虑对书籍内容和价值的深层次揭示,书目的作用更多体现为图书账簿。在这种背景下,张金吾等人提出"略述源流""以识流别"的编目宗旨,给目录学发展带来一股新风。

嘉庆二十五年(1820),张金吾《爱日精庐藏书志》初稿勒成,为纪念此事,张金吾自撰序言志之:

> 目录之名自康成始。其有序释则《七略》《别录》所由昉也。然目录之存于今者,自晁、陈两家外,惟《读书敏求记》略述源流,故储藏家每艳称之。……金吾年二十始有志储藏。更十年,合旧藏新得以卷计者不下八万。今夏略加诠次,为目录一十卷,继又择传本较稀及宋元明初旧刊本暨传写文澜阁本,另为一编,凡万二千卷,非有裨学问、藉资考镜者不与焉。①

---

① 张金吾著,冯惠民整理:《爱日精庐藏书志》,中华书局,2012年,"旧序"第3页。

其中两点值得注意：其一，对中国古代目录学发展历程的回顾。张金吾认为，汉代的郑玄首先提出了"目录"的名称，至刘向、刘歆父子《七略》《别录》首创目录书序、提要的体例。汉代之后，虽然出现了多种官修、私人书目，但是只有宋代的晁公武和稍晚的陈振孙能够继承刘向父子"叙录体"提要的传统。《直斋书录解题》《郡斋读书志》是南宋时期的两种解题式书目，其中，《直斋书录解题》创造性地开拓了"解题目录"这一新体例，受到历代治目录学者的推崇。对这两种目录，张金吾也是十分服膺的。至作者生活时代前后，只有《读书敏求记》略微接近解题式目录的形制，能够"略述源流"，但在张金吾看来，《读书敏求记》在体例以及择书标准方面存在很多问题，这一点在下面还会详细论述，这里暂不展开。那么，当代所编目录，张氏认为哪种才能继承刘向父子的目录学传统呢？

> 我朝文治休明，典籍大备。伏读钦定《四库全书总目》，考核源流，折衷至当。草茅愚贱，何敢复赞一词。①

《四库全书总目》是张金吾认为的在内容与体例两方面均达到最高标准的目录著作。至此可对张金吾的编目思想作出总结，纵观中国目录学史，自《郡斋读书志》和《直斋书录解题》后，解题式目录日渐式微。元、明两朝，这一优良传统竟然断绝两代之久。到了钱曾《读书敏求记》，这种题跋记式的目录，其实也是解题目录的变体，虽然《读书敏求记》在一些细节上还不完美，但对恢复叙

---

① 张金吾著，冯惠民整理：《爱日精庐藏书志》，中华书局，2012年"例言"。

录、解题目录的传统起到了重要的作用。王重民先生在梳理《四库全书总目》源流时说:"《四库全书总目提要》总结了并折衷了刘向以来,特别是宋代公私藏书目录编写提要的方法方式,也汲取了清代《读书敏求记》和朱彝尊及常熟派校书家所写题跋记的方法和形式,从而形成了一种新的反映图书版本、文字和内容……的提要形式。"① 《四库全书总目》是中国传统目录集大成之作,而它之所以能够达到这样的高度,离不开对历代目录学家编目经验的总结,在这些经验中,最重要的就是刘向父子开创的叙录体传统。张金吾之所以推崇《四库全书总目》,与其坚持的目录学思想是一致的。在他看来,只有带提要、叙录的解题式目录,才能真正发挥目录的作用。这是对南宋以来账簿式目录盛行、提要式目录衰微这一现象的反思与批判,在这种反思的基础上,张金吾才最终确定了"藏书志"这种深受当世和后世赞赏的新目录体制,并对清中叶以后的编目实践产生了重要影响。

其二,对目录功能的深刻认识。叙录体或提要体属于目录的形制,好的形式必须有相应的内容支撑,才能发挥目录的作用。那么,什么是好的目录?或者换句话说,应该以什么标准来衡量目录的功效?张金吾给出的答案是"有裨学问、藉资考镜者"。清代是属于文献学的时代,揭示文献源流、指示学问门径的目录尤其受到重视,清中叶章学诚总结的"辨章学术,考镜源流",就是对目录价值的高度精练。张金吾对目录作用的认识也受到了这一思想的影响。好的目录不仅要反映客观的书籍信息,更重要的是给人们指明读书的路径、学问的通途。这与张金吾的藏书观也是一致的。道光

---

① 王重民:《论〈四库全书总目〉》,载《中国目录学史论丛》,中华书局,1984年,第247—248页。

六年（1826），增编后的《爱日精庐藏书志》完稿，张金吾复撰一序志之：

> 人有愚、智、贤、不肖之异者，无他，学不学之所致也。然欲致力于学者必先读书，欲读书者必先藏书，藏书者诵读之资而学问之本也。汉、唐以来，书皆传写，后唐始有镂版，自是厥后，书日益多，至于今挈数千金至市，可立致万卷，则当今日而言，藏书亦何足贵？然而藏书不易言矣。著录贵乎秘，秘籍不尽可珍；椠本贵乎宋，宋椠不尽可宝。要在乎审择之而已。……窃尝论之，藏书而不知读书，犹弗藏也，读书而不知研精覃思，随性分所，近成专门绝业，犹弗读也。①

这段话主要阐述了张金吾的藏书观，他认为藏书是为了读书，读书是治学的门径。但是张氏将之作为所编的书目之序，亦可见其言外之意。藏书是为了读书，读书则需择别。上古之时，书籍稀少，学者可以做到皓首穷经；汉唐以来，雕版盛行，书籍数量激增，即使见书就读，穷尽一生也不能尽其万一，更别提有所成就，因此读书人需要寻找适合自己的读书方法，为学者指示学问门径的目录应运而生。目录通过什么形式达到这一目标呢？除了前面说的解题、提要，梳理学术源流、书籍聚散，还有一种重要的方式，就是对著录图书的择别，也就是张金吾所说的"要在乎审择之而已"。编目者通过图书甄别，向读者提供应该读哪些书，以及先读哪些书、后读哪些书的建议，从而发挥指示读书方法、学问门径的作用。从这个意义上说，《爱日精庐藏书志》也可看作张金吾提供的

---

① 张金吾著，冯惠民整理：《爱日精庐藏书志》，中华书局，2012年，第2页。

一份推荐书目。

张氏的这种目录学思想在清代藏书家中并不少见，继爱日精庐而起，雄视东南的铁琴铜剑楼，第二代主人瞿镛在编制《恬裕斋藏书记》时也特别指出，编目的目的在于"分类排次，汇为书目一编，仰体先人传纪之意，以备后人检读，非敢侈收藏之富也"①。其后，瞿氏一门三代在编撰《铁琴铜剑楼藏书目录》时，也全仿《爱日精庐藏书志》的体例，可见张氏编目思想之影响。

二、目录的种类

清代目录学最大的贡献，就是创制了多种新的目录体式，丰富了目录的种类。钱曾的《述古堂藏书目》附注了详细的版本信息，并附有《述古堂宋板书目》一卷，前者恢复并发展了版本目录，后者首创了宋版书目录这一新的体式。宋版目录的出现，受明清藏书"佞宋嗜旧"之风的直接影响，钱曾能创制此例，与其对宋版元椠孜孜不倦的追求息息相关。在《述古堂藏书目·序》中，钱曾首先回忆了自己二十年来节衣缩食购求古籍的经历，对"佞宋"之好毫不讳言。后因家道中落，不得已将家藏宋刻之重复者售予泰兴季沧苇，言谈之中仍念念不忘，甚至对世人录副以全藏书的做法不屑一顾，所谓"若谓藏书多缮写本，本未足援，据此乃假好书之名，而无真好书之乐者，竟谓之不知书，不足与言可也"②。可见其对旧本的追求始终如一，也无怪会创制出宋本书目这种新体式。

《读书敏求记》开创了藏书题跋记这一目录体例。所谓题跋，

---

① 梅华、曹培根：《从铁琴铜剑楼藏书目看瞿氏藏书》，《图书馆学刊》2015 年第 10 期。
② 钱曾：《述古堂藏书目》，商务印书馆，1935 年，"序"第 2 页。

其实也可看作提要、解题的一个变种，只是相对于解题形式更加自由一些。明代以前，题跋主要见于金石书画鉴赏，明代书跋渐多，但是将书跋结集，汇为一编，仍要推《读书敏求记》为首。此外，《读书敏求记》与一般题跋相比，于版本信息尤其留意，建树颇多，"在图书版本鉴定方法上找出了一定的规律，提出从版刻、字体、纸张、墨色等不同特征以考定图书雕版刷印的年代；从初印、重印、原版、翻刻等方面去评定图书的版本优劣。从而开扩了目录学的研究领域，为古籍版本学的发展奠定了初步基础"①。

毛扆的《汲古阁珍藏秘本书目》被认为是善本书目之滥觞。《汲古阁珍藏秘本书目》是毛扆为鬻售藏书而编制的书目，虽然著录信息简略，但为了售卖之便，集中著录了汲古阁所藏珍本。吕绍虞认为"将善本集中编成目录的，或以毛扆所撰《汲古阁珍藏秘本书目》为最早"②。

再如，孙从添的《上善堂宋元版精抄旧抄书目》，开创了以版本形态分类图书的先河。《爱日精庐藏书志》将题跋与书目结合，创制了"藏书志"这种新的目录体制，达到了"开聚书之门径"与"标读书之脉络"的统一③。

以上是清代藏书家在目录体式方面的创新。不同类型的目录有不同的编纂目的，对藏书家来说，只编制单一类型的目录并不能完全满足藏书活动的需要。

孙从添在《藏书记要·编目》中提出要为藏书编制四种不同类型的书目，就是为了解决这一问题。具体名目如下：第一是《大总

---

① 钱曾撰，丁瑜点校：《读书敏求记》，书目文献出版社，1984年，"前言"第2页。
② 吕绍虞：《中国目录学史稿》，武汉大学出版社，2012年，第109页。
③ 张金吾著，冯惠民整理：《爱日精庐藏书志》，中华书局，2012年，第2页。

目录》，即按照四部分类的藏书总目。第二是《宋元刻本抄本目录》，即详细注明版本信息的珍本、善本书目。第三是《分类书柜目录》，即书柜排架目录。第四是《书房架上书籍目录及未订之书》，即未入库书目。①

上述四种书目的用处各不相同，《大总目录》"写清装成，藏于家"，属于备查的藏书账簿；《宋元刻本抄本目录》是珍贵书籍的登记目录，提醒收藏者这些书应该尤其用心保存；《分类书柜目录》则供书库日常管理之用，在排架、检索、借阅时参考；《书房架上书籍目录及未订之书》，则是因各种原因尚未放入书库的图书的登记清册，是为了提醒藏者早日处理，以免日久遗失。

三、编目规则

清代藏书家对编目理论的贡献，还在于制定了详尽具体的书目编纂条例以及著录项目的规范化。典型例子如张金吾的《爱日精庐藏书志》和瞿镛的《恬裕斋藏书记》，一改前人将著录规则隐于书中的做法，在正文前条列之。今移录二文如下。

《爱日精庐藏书志·例言》

一是编所载，止取宋元旧椠，及抄帙之有关实学而世鲜传本者。其习见之书，概不登载。若明以后诸书，时代既近，搜罗较易，择其尤秘者，间录数种，余俱从略。

---

① 参见孙庆增《藏书记要》，载祁承爜等撰《澹生堂藏书约（外八种）》，上海古籍出版社，2005年，第43—45页。

——是编义取阐明经训,考证古今,故经史两门所录较备。若别集一类,古人精神所寄,要皆卓然可传,故亦兼收并采,不名一格。至若艺术谱录、九流小说,以及二氏之书,择其稍古而近理者,略存数种,以备一家。盖编录遗书,当以穷经研史为主,不以百氏杂学为重也。

——我朝文治休明,典籍大备。伏读钦定《四库全书总目》考核源流,折衷至当。草茅愚贱,何敢复赞一词。其或书出较后,未经采入四库者,仿晁、陈两家例,略附解题以识流别。至若医家一类,金吾素未究心,不敢妄为之说。

——自来书目无载序跋者,有之自马氏《经籍考》始,是编略仿其体。诸书序跋,凡世有刊本暨作者有专集行世、其序其跋载于集中者,以及经部之见于《经义考》《小学考》,唐文之见于《全唐文》者,不更录入。外余则备载全文,俾一书原委灿然可考。

——所载序跋,断自元止。惟《真西山集》载十世祖端严公及莆阳黄巩两序,《水利刍言》载十一世祖果斋公一序,以先世手泽变例录之。至先辈时贤手迹,题识校雠岁月,藏弆姓名,皆古书源流所系,悉为登录,不在此例。

——先辈时贤手跋,以"某氏手跋曰"五字冠之。

——所载序跋,抄帙居多,辗转传写,颇多舛误。是编所录,凡无别本可据者,虽显然谬误,一仍其旧,不敢以一知半解妄下雌黄也。

——标题一依原书旧式,所增时代及撰著等字,以阴文别之。

——一书而两本俱胜者,仿《遂初堂书目》例并存之。①

---

① 张金吾著,冯惠民整理:《爱日精庐藏书志》,中华书局,2012年,"例言"。

《恬裕斋藏书记·例言》

——吾邑故多藏书家，先人雅慕遗风，勤于搜访，凡吴越书贾以异本售者，必获之后快。数十年来储藏遂伙。今特检点缃囊，分类排次，汇为书目一编，仰体先人传纪之意，以备后人检读，非敢侈收藏之富也。

——吾家所得之书，多前人藏弆旧帙，若万卷楼杨氏、脉望馆赵氏、汲古阁毛氏、述古堂钱氏、淡生堂祁氏、辛夷馆季氏、传是楼徐氏、潜彩堂朱氏、倦圃曹氏、千顷堂黄氏，以及近之小读书堆顾氏、百宋一廛黄氏、艺芸书舍汪氏，邑中爱日精庐张氏、稽瑞楼陈氏，而稽瑞尤多。又有孙道明、吴方山、秦酉岩、宋蔚如、鱼虞岩诸公所手录者，赵清常、冯己苍、孙潜夫、钱遵王、毛斧季、陆敕先、何义门及近之黄荛圃、顾涧滨诸公所手校者，是编一一记明，间有跋语，亦皆录入。前辈风流，于兹可见。

——是编所录之书，上者为宋元椠本；次则影抄宋本、元明人抄本、名人校本；又次为明刊本，近时抄本。皆于书名下注明，以备参核。

——撰者之人以元代为断。若明人及国朝人著述，当俟续编。

——编次门类，谨遵国朝《四库全书总目》之例。

——标举书名及作者、题款，悉仍原刻之旧。

——书之原序原跋，其撰人悉皆记载；即刻板之人载有序跋，亦所不遗。

——是编专考版本异同，及校正俗刻舛讹脱失处。至书之本末已详《四库总目提要》者，不复赘述。间有前人未及发明，或偶然笔误者，略举一二，以备参考。

——书有后出未经采入《四库》者，略著原委，以备后人访求，不致湮没。

——是编只就臆见记录，有考订未实者，尚冀宇内博雅君子匡所不逮。幸甚。①

两相比较，二目著录规则涉及的内容基本一致，都包括对以下事项的说明：收录范围、分类体系、著录项目、特例的处理方式。瞿目特别强调版本信息著录的方法，说明二者在收藏旨趣上存在一些细微差异。与今天的编目规则相比，张目和瞿目的例言都远未称善，它们的价值在于促进了编目工作的规范化，使得编目不再像过去一样完全依赖编者的主观意志，而是变得有迹可循、有法可依，同时也方便了读者的使用和检索。

除了详尽具体的编目条例，清代藏书家的另一个贡献，是促进了著录信息的丰富化和规范化。在《藏书记要·编目》中，孙从添从理论上对此进行了总结，将每类书目的著录项目一一列明。

《大总书目》著录事项：卷数（某书若干卷），责任者（某朝人作，该写著者、编者、述者、撰者、录者、注者、解者、集者、纂者），版本（宋板、元板、明板、时刻、宋元抄、旧抄、明人抄本、新抄本），其他责任者（某人校本，下写几本或几册）、装帧形式（有套无套等）。

《宋元刻本抄本目录》著录事项：除去上述各项外，刻本应著录：北宋、南宋、宋印、元印、明印本、收藏跋记、图章姓名、有缺无缺、校与未校。抄本应著录：精抄、旧抄、宋元人抄本。秘本书目应著录：何人抄本、记跋、图章姓名、有缺无缺、不借本、印宋抄本、有板无板、校过者书某人校本或底本、临本。

《分类书柜目录》著录事项：每柜分三格，每隔应著录：部类、书

---

① 梅华、曹培根：《从铁琴铜剑楼藏书目看瞿氏藏书》，《图书馆学刊》2015年第10期。

柜字号、栏隔位置、卷帙数、册数、责任者、版本、每隔书总数。①

私人藏书之外，书院藏书也是比较重视编制藏书目录的。书院藏书到院后第一件事，就是对其进行登记编目。相较私人藏书目录，书院藏书目录一般著录得比较简略，著录项目大致包括书名、卷册数、入藏时间、图书来源等。如岳麓书院规定："新收者，或系颁发，或系征取，俱于各书名下注明几卷几本几套，系某年月日收到字样。内捐置及购买者，除照前注明外，并添注何员何人捐购字样。"② 此类书目多为书院藏书的原始记录，主要作用是供管理人员清点、日常管理所用。

图书入藏后，为便于检索利用，则要编制更为详尽的藏书目录，较之登记账册，其最大的区别就是按类编排。清代书院藏书目录传世甚多，但有详细编目规则的并不多，兹以光绪二十四年（1898）《大梁书院编次目录略例》为例，引录其中的相关规定：

自晋李充为著作郎，以五经为甲部、史记为乙部、诸子为丙部、诗赋为丁部，一变刘歆《七略》、荀勖四部之旧，而经史子集之名遂为隋唐以来志经籍艺文者所不废。兹编亦因之，惟近刻丛书多有单行不经见之本，而品类杂糅，不得不于四部外别列一部。

某书应归某类，必从其用之所近，如《经世文编》或有入史部诏令奏议类者，实觉未协，兹则归入政书类。又如各朝学案入史部传记

---

① 孙庆增：《藏书记要》，载祁承㸁等撰《澹生堂藏书约（外八种）》，上海古籍出版社，2005年，第43—44页。
② 吴道行、赵宁等修纂，邓洪波、杨代春等校点：《岳麓书院志》，岳麓书社，2012年，第502页。

总类,《读史兵略》入子部兵家,皆取其便于用。

《四库书目》史部内传记类有圣贤之属,名人之属及总录、杂录各子目,政书类有通制、仪制、邦计、军政、法令、考工各子目,兹编则种类未全,暂难求备。

汇刻各书,如《十三经注疏》《廿四史》《百家子书》《百三家集》之类,即录其总名以总字括之,不分列各种。

丛刻各书原系一类者,仍归原类,不入丛部,如《经学丛书》之类。

各书有数种并在一函者,则取其第一种或此一种卷帙较多者归类,余即附入,免致分散,如《复古编》后附《二张集》,《建炎进退志》后附《靖康传信录》之类。

丛刻各书皆详列其目录,取便检阅。

书名从近刻本,如宋董楷《周易程朱氏说》,通志堂刻本作《周易传义》,附录之俞琰《周易集说》,通志堂刻本作《俞氏易集说》,明来知德《周易集注》坊本均作《易经来注》之类,今悉仍之。又如《牧令书五种》,乃坊刻通称,今亦仍之。

前朝人所撰各书,皆注明某朝某人,若国朝人所撰辑者,则注其籍贯。

《总目》草率编成,恐有疏漏,尚俟后人匡正。①

其大部分内容是对图书归类方法的规定,可见分类在编目工作中的重要性。而其中体现的要根据时代发展、图书种类变革,对分类体系和编目规则进行增益改进的思想,是值得我们肯定并借

---

① 陈谷嘉、邓洪波主编:《中国书院史资料(下)》,浙江教育出版社,1998年,第2322—2323页。

鉴的。

在编目方法和著录项目上，书院藏书目录也有自身特色。以清末箴言书院《箴言书院藏书目录》为例，该目由著名学者胡林翼编撰，著录藏书1337部，36000卷，即使与清代藏书名楼相比，数量上也不逊色。该目基本依照四部分类编排，除对子类做了一些损益外，在编目方法上也有创新。

该目每部书记载的信息由基本著录项目和注释两部分构成，基本著录项目包括书名、种/卷数、责任者及其基本信息、版本、复本等。注释非必备项，有需要特别说明之处则加之，所谓"于疑晦者则释之，无疑晦者则以类举"[①]。注释的内容涉及书名诠释、作者及版本考证、内容优劣评价、图书行款说明等，即一切能够起到"辨章学术，考镜源流"作用的内容。

著录方法方面，多采用互著、别裁之法，如宋王应麟《玉海》除在子部著录外，在王应麟的其他著作条目后，均有标注。再如《皇清经解》，收录清人解经之书，除在"经部"之"群经总义"著录，丛书中析出的单本又被著录于其他相关类别之下。

四、择书标准

对以反映全部藏书为目的的藏书总目来说，不存在择书标准的问题。除此之外，但凡以部分藏书为著录对象的书目，如藏书志、书目题跋等，都需要明确取舍的标准。对此，清代藏书家是有意见分歧的。

[①] 郑樵：《通志略》（四），山东画报出版社，2004年，第11页。

以钱曾为代表，清代的许多藏书家都偏好从书籍版本价值的角度来选择著录书籍。前面已经提到，张金吾编制《爱日精庐藏书志》借鉴了《读书敏求记》的体例，但对其颇有微词。

目录之名自康成始，其有序释则《七略》《别录》所由昉也。然目录之存于今者，自晁、陈两家外，惟《读书敏求记》略述源流，故储藏家每艳称之。然卮言、小说、术数、方伎居其大半，下至食经、卧法、鹘谱、鸽论以及象戏之局，少林之棍、种树之书，与夫雷神纪事之荒诞，孟姜女集之无稽，兼收博采，并登簿录，虽小道可观，恐难语乎择焉而精矣。若传注之羽翼，经训史籍之纪载，朝章及有关学术政治之大者，则寥寥数种，半属习见，心窃惑之。……至采录之旨，别择之意，视《敏求记》义例不无少殊，孰得孰失，必有能辨之者。若夫矜宋刻之精，标抄帙之富，则吾岂敢。①

张氏认为《读书敏求记》的不足有两点：其一是收书太滥，大半都是与世道民生无关的杂书。其二是片面追求版本。虽然他没有直接提出批评，但言语中的臧否之意一目了然。

针对《读书敏求记》存在的问题，张金吾提出了自己的择书标准：

夫所谓审择之者，何也？宋、元旧椠，有关经史实学而世鲜传本者，上也。书虽习见，或宋元刊本，或旧写本，或前贤手抄本，可与今本考证异同者，次也。书不经见而出于近时传写者，又其次也。而

---

① 张金吾著，冯惠民整理：《爱日精庐藏书志》，中华书局，2012年，"旧序"第3页。

要以有裨学术治道者为之断。此金吾别择之旨,不无少异于诸家者也。①

审择的首要标准是书籍的内容价值,即其对经世致用、学术研究是否有用。在此基础上,再考虑其版本的稀见性。在此无意评价二种观点的优劣,只用来说明藏书家收藏旨趣和藏书观念对其择书标准的影响。

第四节　藏书校勘、版本思想

一、校勘理论

版本和校勘就像一枚硬币的两面,关系密切。版本鉴别的依据大多来自校勘的成果。清代许多藏书家都是嗜书如命的书痴,对藏书爱逾珍宝,都能做到手自丹黄,勤于校雠,为古代校勘学发展作出了突出的贡献。

(一)清代校勘活动及其特点

纵观清代校勘活动,主要具有以下几个特点:

---

① 张金吾著,冯惠民整理:《爱日精庐藏书志》,中华书局,2012年,第2页。

第一，勤于校雠。清代藏书家校勘之勤，在中国藏书史上是首屈一指的，几乎每个藏书家都留下了校勘书籍的记载。如黄廷鉴在《爱日精庐藏书志·序》中说"以余所闻，如玉照席氏、庆增孙氏、虞岩鱼氏，皆斤斤以雪抄露校，衍其一脉"[1]。现藏于台北"图书馆"的七卷本《王氏书画苑》，载有清光绪三年（1877）魏锡曾过录孙从添所作的《广川书画跋》跋文："此本书跋，陆敕先藏本也，得之于叶石君之孙所售，借钱氏本校过，偶邱广成翁将杨氏本再校，并无差误，独多后跋，即一一录出誊上，可谓善矣。康熙丙申九月，孙庆增从添记。"[2] 此外，开创了虞山诗派的二冯兄弟，也是清代著名的校勘大家，后人称其"两先生所好同，所学同，所穷年矻矻，丹黄两豪，不省去手亦同"[3]。凡此种种，足见清代藏书家校书的勤奋。

第二，广罗众本。底本和校本是决定校勘活动成败的关键。理想状态下的校勘工作，第一步就是要收集校勘对象全部知见版本，然后根据具体情况决定底本和校本、参校本。清代藏书家在收集底本与校本方面可谓不遗余力。如冯班、冯舒兄弟校勘《才调集》，冯舒跋曰：

万历三十五年借得研北翁孙氏本，即沈氏所刻之原本也。沈本为俗子所窜，伪处不可胜乙。崇祯壬甲，严文靖曾孙翼馆于余家，携宋本至，前五卷为临安陈解元宗之家刻，后五卷为徐玄佐录本，始为是

---

[1] 黄廷鉴：《爱日精庐藏书志·序》，载《丛书集成初编·第六弦溪文抄》，商务印书馆，1936年，第28页。
[2] 王世贞编：《王氏书画苑》，明万历十八至十九（1590—1591）王元贞金陵本，魏锡曾过录孙跋。
[3] 陈望南：《海虞二冯研究》，中山大学出版社，2011年，第239页。

正。又从钱宗伯假得焦状元本,亦从陈书抚写,与孙本不殊。焦本尽改"娇娆"为"妖娆",可当一笑,今悉正之。^①

再如,王象晋《隐湖题跋·引》中称:"(毛晋)于书无所不窥,闻一奇书,旁搜冥探,不限近远,期必得之为快。然不以秘帐中而以悬国门,必乎自雠校,亲为题评,无憾于心,而始行于世。"^②

第三,抄校结合。清代藏书家校书,常将抄书与校书相结合,边抄边校,抄写完校对亦完,宛然一善本矣。如张金吾《爱日精庐藏书续志》卷三"《齐民要术》十卷黄琴六先生校朱本"下载黄廷鉴跋:"《齐民要术》为隋唐以前仅存之旧籍,其书最为切用而久无善本。嘉庆初,照旷阁据胡震亨本梓入《学津讨原》,予任雠勘之役。以《农桑辑要》校补脱误……惟出于后人征引,其中文句保无增损窜易,至今耿耿。今春月霄于鹿城书肆得明人单刻本……取胡本勘之……同里陈君子准曾手临吴门士礼居所藏校宋本六卷,月霄假以畀余,遂合照旷新刊本逐条细勘。"^③ 其他如黄丕烈、顾广圻、张海鹏、鲍廷博、陆心源、叶德辉等历代藏书家,均有手校本流传,其丹黄淋漓,手泽如新,有极高的版本、收藏价值。

(二)校勘工作的理论总结

对校勘理论的总结,首推孙从添在《藏书记要》中列出的"校雠"一节。孙从添先对校勘者提出了要求,认为"校雠书籍,非博

---

① 韦谷辑:《才调集》,清康熙四十三年(1704)新安汪氏垂云堂刻本。
② 毛晋撰,潘景郑校订:《汲古阁书跋》,古典文学出版社,1958年,第8页。
③ 张金吾著,冯惠民整理:《爱日精庐藏书志》,中华书局,2012年,第659页。

学好古、勤于看书而又安闲者,不能动笔校雠书籍"。校勘古籍是一件十分枯燥的事情,学问不精和不能安心于此的人,无法胜任校勘的工作。接下来,孙从添谈到了校勘的要求,"改正字谬错误,校雠三四次",才能达到尽善尽美的地步。

在提出校勘总则后,其将校勘对象分为宋元版书、明版书、抄本,并分别介绍这三类书的校勘方法。对于宋本,因为书籍本身十分珍贵,"校正字句虽少,而改字不可遽改书上",要求校勘者将改正的字句写在白纸条上,用糨糊贴在原本有误的那一行。元版处理方法与此相同。需要注意的是,按孙从添的校勘理论,原本有误校勘者可径自改之,这与今天的校勘工作尽量不改原本的原则有所区别。

对于明刻、旧抄,因其错误众多,要尽量寻觅"宋元板、旧抄本、校正过底本或收藏家秘本,细细雠勘,反复校过"。对于古人没有提出,但校勘者认为有问题的地方,"今人亦当多方请教博学君子、善于讲究古帖之士,又须寻觅旧碑版文字,访求藏书家秘本,自能改正"。

校勘时遇到的专业问题,要请教该方面的专家,不能妄下判断:"至于字画之误,必要请教明于字学声韵者,辨别字画音释,方能无误。"而且校勘古书是考验综合素质的活动,个人学识毕竟有限,所以"校书非数名士相好聚于名园读书处,讲究讨论,寻绎旧文,方可有成,否则终有不到之处"[①]。

清末叶德辉《藏书十约》"校勘七"在孙从添的基础上,对古代藏书家的校勘经验进行了更为系统的总结。在本篇中,叶德辉首

---

① 孙庆增:《藏书记要》,载祁承㸁等撰《澹生堂藏书约(外八种)》,上海古籍出版社,2005年,第40—41页。

先明确指出:"书不校勘,不如不读。"潜台词就是没有经过校勘的书籍,错误百出,对于读书人来说不仅不能增长知识,反而会产生误导。接下来,叶德辉又将校勘的功用总结为八条:

习静养心,除烦断欲,独居无俚,万虑俱消,一善也;有功古人,津逮后学,奇文独赏,疑窦忽开,二善也;日日翻检,不生潮霉,蠹鱼蛀虫,应手拂去,三善也;校成一书,传之后世,我之名字,附骥以行,四善也;中年善忘,恒苦搜索,一经手校,可阅数年,五善也;典制名物,记问日增,类事撰文,俯拾即是,六善也;长夏破睡,严冬御寒,废寝忘餐,难境易过,七善也;校书日多,源流益习,出门采访,如马识途,八善也。①

其从书籍典藏、刊刻及藏书家个人等角度,对校勘功能进行了全面总结。在明确了校勘的价值后,叶德辉将前人的校勘方法归结为两类:死校和活校。死校就是依本直校,将不同版本的异文一一注出,不加校者的意见;活校,则是在死校基础上或该书无别本可校的情况下,用它书之记载改本书之误,由于在此过程中必然会加入校勘者自身的判断,故也有改错的风险。叶氏在总结方法之余,一并列举历史上善于两种校法的校勘家,有给后人效法之意。其对校勘方法的总结,直接启迪了民国时期陈垣的校勘学思想。在《藏书十约》"校勘七"接下来的一条"题跋八"中,叶德辉重点论述了为校本撰写题跋的重要性,即"凡书经校过,及新得异本,必系

---

① 叶德辉:《藏书十约》,载祁承㸁等撰《澹生堂藏书约(外八种)》,上海古籍出版社,2005年,第50页。

以题跋,方为不负此书"①。前面我们已经提到,清代藏书家善于创制新的目录体式,题跋书目就是其中之一。叶德辉对题跋的强调,是对清代中期以来目录学新方向的及时总结。

二、版本思想

(一)旧本观

前面我们在介绍清代藏书观时已经提到,"佞宋嗜旧"是十分普遍的现象,表现在版本观念方面,就是追求旧本、古本。对此,叶德辉以"藏书偏好宋元刻之癖"为名作过总结:

> 人有癖好,则有偏嗜。宋元人藏宋刻书,明人藏明刻书,此事之至易者也。……自钱牧斋、毛子晋先后提倡宋元旧刻,季沧苇、钱述古、徐传是继之。流于乾、嘉,古刻愈稀,嗜书者众,零篇断叶,宝若球琳。盖已成为一种汉石柴窑,虽残碑破器,有不惜重赀以购者矣。②

藏书家追逐宋元旧本的原因,前面已经分析过。概言之,宋元旧本在古代出版史上,以印制精美、校勘完善著称,极受藏书家重视。随着时间流逝,宋刊元椠数量越来越少,物以稀为贵,宋元旧本的价值则更为凸显。清初一些藏书大家也在其中起到了推波助澜

---

① 叶德辉:《藏书十约》,载祁承㸁等撰《澹生堂藏书约(外八种)》,上海古籍出版社,2005年,第51页。
② 叶德辉:《藏书偏好宋元刻之癖》,载叶德辉著、紫石点校《书林清话(外二种)》,北京燕山出版社,2008年,第279页。

的作用,上面提到的钱谦益、毛晋等人,是明清之交藏书家的代表,特别是钱谦益,有一代文宗的地位,他们对宋元旧本的推崇,起到的"名人效应",助长了"佞宋嗜旧"的收藏风气。

钱谦益对古刻旧刊的酷好,在其撰写的题跋中表现得淋漓尽致。《牧斋有学集》卷四十六《书旧藏宋雕两汉书》后记曰:

> 赵吴兴家藏宋椠《两汉书》,王弇州先生鬻一庄得之陆水村太宰家,后归于新安富人。余以千二百金,从黄尚宝购之。崇祯癸未,损二百金,售诸四明谢氏。庚寅之冬,吾家藏书,尽为六丁下取,此书却仍在人间。然其流落不偶,殊可念也。今年游武林,坦公司马携以见示,咨访真赝。予从臾亟取之。司马家插架万签,居然为压库物矣。
>
> 呜呼!甲申之乱,古今书史图籍一大劫也。庚寅之火,江左书史图籍一小劫也。今吴中一二藏书家,零星捃拾,不足当吾家一毛片羽。见者夸诩,比于酉阳、羽陵,书生饿眼,见钱但不在纸裹中,可为捧腹。司马得此十簏,乃今时书库中宝玉大弓,当今吴儿见之,头目眩晕,舌吐而不能收。不独此书得其所归,亦差足为绛云老人开颜吐气也。劫灰之后,归心空门。尔时重见此书,始知佛言昔年奇物,经历年岁,忽然覆睹,记忆宛然,皆是藏识变现。良非虚语。而吕不韦顾以楚弓人得为孔、老之云,岂为知道者乎?司马深知佛理,并以斯言谂之。①

文中详细记录了宋刊本《汉书》《后汉书》的版本流传过程。

---

① 钱谦益著,钱曾笺注,钱仲联标校:《牧斋有学集(下)》,上海古籍出版社,1996年,第1529—1530页。

该书最早由王世贞以一座庄园的价格换得，从王氏手中散出后，被钱谦益以一千二百金购得，后来减价卖给四明谢氏。书虽散去，钱谦益却一直念念不忘，机缘巧合之下，又复见于新乡张坦公家中。而从绛云楼流出的一套宋版书，就足以成为藏书家的"压库"之物，足见绛云楼宋元刊本收藏之精。故此，牧斋才感慨万千地说"庚寅之火，江左书史图籍一小劫也"，言谈之中，对时下吴中藏书家夸耀其宋元旧本收藏，大有不以为然之意。

钱谦益当然有理由以宋元旧刊之收藏雄视吴中，他的弟子曹溶在《绛云楼书目题词》中云："虞山宗伯，生神庙盛时，早岁科名，交游满天下。尽得刘子威、钱功父、杨五川、赵汝师四家书。更不惜重赀购古本，书贾闻风奔赴，捆载无虚日。用是所积充牣，几埒内府，视叶文庄、吴文定及西亭王孙或过之。中年，构拂水山房，凿壁为架，庋置其中。"① 绛云楼的藏书可与皇宫内府媲美，实非谬赞。

绛云楼藏书散出后，"其宋元精本大半为毛子晋、钱遵王所得"②，两家继承了钱谦益的藏书，同时也将前者对宋元本的追求推上了巅峰。钱曾号称"佞宋"，毛晋汲古阁悬重金购求古书，前面已有述及，此处不再赘述。

孙从添在《藏书记要》"鉴别"中从理论上指出了为什么要重视宋元旧本收藏："宋刻本书籍传留至今，已成稀世之宝。其未翻刻者及不全者，即翻刻过而又不全者，皆当珍重之。吉光片羽，无不奇珍，岂可轻放哉！"③ 在"校雠"条复言："至于宋刻本，校正

---

① 曹溶：《绛云楼书目题词》，载钱谦益撰、陈景云注《绛云楼书目》，中华书局，1985年，第1页。
② 震钧：《天咫偶闻》，北京古籍出版社，1982年，第70页。
③ 孙庆增：《藏书记要》，载祁承㸁等撰《澹生堂藏书约（外八种）》，上海古籍出版社，2005年，第35—36页。

字句虽少,而改字不可遽改书上。元版亦然。……以其书之贵重也。"① 其主要从宋元版书本身的版本价值,或者说从书籍收藏价值的角度论述重视宋元版的原因。钱曾的观点与此类似,《读书敏求记》卷一"春秋经传集解三十卷"跋文云:

南宋刻本,首列《二十国年表》,音义视他本较详。……墨迹如新,古香馣蒬。……此等书不论其全不全,譬诸藏古玩家,收得柴窑残器半片,便奉为天球拱璧,而况镇库典籍乎!②

这与孙从添的观点相似,即对待宋本,不论其全与不全,仅因其版本珍贵,传本稀少,就值得收藏。

宋版书的价值毋庸置疑,但若走向极端,唯"宋"是从,从版本学的角度来说,就会错失许多校刻精善的当代版本。因此,在"佞宋"之风大行其道的同时,许多学者也对这种风气提出批评。如钱曾、毛晋的好友陆贻典,在校对毛晋昂值收购的宋刻本《管子》后,撰写跋文云:

古今书籍,宋板不必尽是,时板不必尽非。然较是非以为常,宋刻之非者居二三,时刻之是者无六七,则宁从其旧也。余校此书,一遵宋本,再勘一过,复多改正。后之览者,其毋以刻舟目之。③

---

① 孙庆增:《藏书记要》,载祁承㸁等撰《澹生堂藏书约(外八种)》,上海古籍出版社,2005年,第40—41页。
② 钱曾著,管庭芬、章钰校证,傅增湘批注,冯惠民整理:《藏园批注读书敏求记校证》,中华书局,2012年,第61—62页。
③ 黄丕烈著,屠友祥校注:《荛圃藏书题识》,上海远东出版社,1999年,第250—251页。

其认为在文字正误方面，宋本也未必全都正确，晚近刊刻的版本也并非全无可取之处，在校勘时，应当客观对待二者，以内容而非版本作为去取的标准。深受钱谦益影响的曹溶也对其师过分追求宋刊元椠的做法提出了批评：

> 予以后进事宗伯，而宗伯绝款曲。……每及一书，能言旧刻若何，新板若何，中间差别几何，验之纤悉不爽。盖于书无不读，去他人徒好书束高阁者远甚。然大偏性，未为深爱古人者有二端：一所收必宋元板，不取近人所刻及抄本，虽苏子美、叶石林、三沈集等，以非旧刻不入目录中。一好自矜啬，傲他氏以所不及，片楮不肯借出。尽有单行之本，烬后不复见于人。①

正是因为部分藏书家酷嗜宋元旧本，流风所及，竟被狡狯书贾利用，制作赝本谋利，曹溶在另一篇序文中揭示了这一现象：

> 自宗伯倡为收书，虞山遂成风俗。冯氏、陆氏、叶氏皆相效尤，毛子晋、钱遵王最著，然皆不及宗伯。贾人之狡狯者，悉归虞山，取不经见书，楮墨稍陈者，虽极柔茹糜烂，用笔牵缀洗刷，如新触手。以薄楮袭其里，外则古锦装褫之，往往得善价。②

可见，对宋刊元椠的过分追逐，已经带来了负面影响。到清代中期，常熟派的代表，被黄廷鉴誉为"读书二友"的张金吾、陈

---

① 曹溶：《绛云楼书目题词》，载钱谦益撰、陈景云注《绛云楼书目》，中华书局，1985年，第2页。
② 曹溶：《绛云楼书目后序》，载钱谦益撰、陈景云注《绛云楼书目》，中华书局，1985年，第109页。

揆,对旧本的认识就要客观许多了。前面已经介绍了张金吾在《爱日精庐藏书志》中提出的择书标准,需"以有裨学术治道者为之断",即将书籍内容价值作为择书的第一标准,版本古旧退居次席。同样酷好收集宋元旧本的陈揆,在论述旧本价值时,重点关注的也是旧本的校勘作用,以及古本传递的精神力量,其在《论书贵旧本》一文中系统述之:

  余姚卢太史好校书,亟称旧本之书。其言曰:"凡书所以贵旧本者,非谓旧本无一误也。近时之本曾经校勘者,非不贤于旧本,而专辄妄改者不少矣。旧本之误,犹可循其字之形与声而得其真,若近时本则率意而竟改之矣,此旧本所以可贵也。"盖近时校勘之学盛行,卢氏之书称为至精,而其论如此。余少喜聚书,生平无他嗜好,常汲汲于此。顾尤喜旧本书,每用以是正文字,略识一二。而余性既鲁,学问未至,荏苒岁月,精力早衰,近年来颇深悔之,然于旧本书则犹好之不厌。片片爱惜,不能自释,岂非所性之僻不可强耶?因思人之嗜好固有不同,而古之君子亦有类乎是者。以欧曾之学而惓惓于金石文字,虽残碑断碣,犹有取焉。若以旧本书例之,亦不为愧矣。然自校勘之学盛行于世,世皆知旧本为可贵,藏书之家争罗致之以相夸,而鬻书者又因以为利。如余之无力,又安能攘臂其间,自附于当世好古之士耶?犹幸一二零落篇籍,多藏之家以为无足重,而余之鄙陋得稍聚之,以适吾所好尔。然而书所以贵旧本者,非独校勘之为贵也。夫古人远矣,而古人所读之书,与今人不甚相远也,而今又得其所读之书,如接其謦欬,而见其手泽。展卷以思古人所学如彼,而今之人何以不能及也。且思此书之传阅几百年,异时学者几经沉潜反复而获此书之益。至其聚散往来,零落残缺,又如身外之物不能自必,而古人所以长存者,则有在矣。是故余所以喜旧本者,以为好古之士其情当然,而不必为校勘者贵之也。①

该文首先引述卢文弨的观点,论述了旧本在校勘工作中的作用,在此基础上,引申出旧本是沟通古今的桥梁,可助今人思接千载,可使古人精神越千年而不衰。比之单纯看重旧本的收藏价值,其进步不啻千里。

在肯定时刻文献价值的同时,也有藏书家严厉批评"佞宋"而不读书者的弊病。陈其元在《庸闲斋笔记》中云:

今人重宋版书,不惜千金数百金购得一部,则什袭藏之,不特不轻示人,即自己亦不忍数翻阅也。余每窃笑其痴。昆山令王鼎臣刺史定安,酷有是癖。尝买得宋椠《孟子》,举以夸余。余请一睹,则先负一楱出,楱启,中藏一楠木匣,开匣乃见书。书纸墨亦古,所刊字画,究无异于今之监本。余问之曰:"读此可增长知慧乎?"曰:"不能。""可较别本多记数行乎?"曰:"亦不能。"余笑曰:"然则不如仍读我监本,何必费百倍之钱购此也?"王恚曰:"君非解人,不可共君赏鉴。"急收弆之。余大笑去。②

言谈之中,其对藏书者不问内容,只论书价高低的行为不无嘲讽。这种观点在当时并不鲜见,许多学者从学理上对"佞宋"的弊病进行了剖析。比如著名学者钱大昕在《十驾斋养新录》中云:"今人重宋椠本书,谓必无差误,却不尽然。陆放翁《跋历代陵名》

---

① 黄丕烈著,屠友祥校注:《荛圃藏书题识》,上海远东出版社,1999年,第13页。
② 陈其元:《庸闲斋笔记》,载章伯锋、顾亚主编《近代稗海》(第10辑),四川人民出版社,1988年,第444页。

云:'近世士大夫,所至喜刻书版,而略不校雠,错本书散满天下,更误学者,不如不刻之愈也。'是南宋初刻本已不能无误矣。"① 杭世骏亦云:"今之挟书以求售者,动称宋刻。不知即宋亦有优有劣,有太学本,有漕司本,有临安陈解元书棚本,有建安麻沙本,而坊本则尤不可更仆以数。"② 其指出宋刻本也并非尽善尽美。从文献发展的角度来说,宋刻本距原本更近,理论上最接近成书之原貌,但宋刻本的版刻系统比较复杂,刻书质量与刻印者密切相关,一般而言,官刻、家刻不惜工本,质量较好,而坊刻以营利为目的,校勘不精之处比比皆是。因此,针对具体书籍要具体分析,不能一概而论。宋刻本中,坊刻的代表——建阳麻沙本向来被认为质量最差,清代学者对此也有专门评述。乾嘉学派的代表人物顾广圻云:

若夫南宋时建阳各坊刻书最多,惟每刻一书必倩雇不知谁何之人任意增删换易,标立新奇名目,冀自衒价,而古书多失其真。逮后坊刻就衰而浮慕之散起。其所刻也,转转舛错脱落,殆不可读者有之,加以"牡丹""水利"触目满纸,弥不可读者有之,又甚而奋其空疏白腹,敷衍谬谈,涂窜刨痕,居之不疑;或且凭空构造,诡言某本,变乱是非,欺绐当世,阳似沽名,阴实盗货,而古书尤失其真。若是者刻一书而一书受其害而已矣。③

书坊射利,为了追求经济利益最大化,标新立异,吸引读者,

---

① 钱大昕:《十驾斋养新录》,商务印书馆,1935年,第439页。
② 杭世骏:《道古堂文集》,清康熙年间刻本,第13页。
③ 顾广圻著,王欣夫辑:《顾千里集》,中华书局,2007年,第164页。

对书籍的内容多不注意，文字错误并不鲜见，更有不良书商故意割裂文字，贻害匪浅。相比之下，清代的许多官刻、私刻本，不惜工本，经名家校勘，后出转精，质量并不逊前刻。金埴《不下带编》即云："今闽平版书本久绝矣，惟白下、吴门、西泠三地书行于世。然亦有优劣，吴门为上，西泠次之，白下为下。自康熙三四十年间，颁行御本诸书以来，海内好书有力之家，不惜雕费，竞摹其本，谓之欧字，见刻宋字书，置不挂眼。盖今欧字之精超轶前后，后世宝惜，必称曰康版，更在宋版之上矣！"①

可见，随着清代文化事业的恢复，特别是文献学的发达，经清代学者精心校勘后的刻本，校刻俱佳，从精善程度而言，并不逊于宋版书。同样，虽然元刻比之宋刻多有不及，明刻本在版本史上亦多被诟病，但清代藏书家也能客观认识其价值。比如屠友祥在《荛圃藏书题识重编本序言》中说："荛圃屡言元本不可轻弃，固有其理由。元初刻书，与宋治平以前必须申请国子监相类，亦需中书省审读。……元刻面目较为单纯，多黑口，无讳，时有简体俗体字，而其字形多为赵松雪体，颇引人醒目。如荛圃所藏元本《稼轩长短句》十二卷，'纯乎元人松雪翁书'。"②黄丕烈虽自号"佞宋主人"，却也并不轻视明刻本的价值："向闻钱听默言，书籍有明刻而可与宋元板埒者，惟明初黑口板为然，故藏书家多珍之。余自聚书以来，宋元板固极其精妙，而明初黑口板亦皆有佳绝者。"③

客观来看，世人珍视宋元刻本，除其校印质量高，物以稀为贵也是重要因素，但如仅从书籍内容角度而言，具体到每种刻书类

---

① 金埴撰，王湜华点校：《不下带编》（卷四），中华书局，1982年，第65页。
② 黄丕烈著，屠友祥校注：《荛圃藏书题识》，上海远东出版社，1999年，第12页。
③ 黄丕烈著，屠友祥校注：《荛圃藏书题识》，上海远东出版社，1999年，第14页。

型、各个历史时期、每种具体的版本，仍要具体问题具体分析，即使总体质量堪忧的明代监刻本，也不乏一二精品，客观梳理版本源流，采用校勘学方法细心比对异同，才能真正揭示文献的价值。此外，从现实的角度来说，宋元刻本虽佳，但传世数量有限，从实用的角度来看，确实也无必要一味追求旧本。对此，卢文弨曾言："书之传于世相嬗也，远者不可得而见，见其近者。今世见宋本者曾几人？惟明世本通行耳。后之君子亦当有并不及见明世所刻者。"①

概言之，清代学者的"旧本观"，实际上也有一个发展变化过程，如果说早期以常熟派为代表的藏书家群体尚可称得上"嗜宋成癖"，那么清代中后期以后，虽然"佞宋"之风依然盛行，但藏书家对宋元旧本、明刻本、时刻本的价值评判则更加客观、公允。他们依然孜孜不倦地追求"旧本"，但并不会因为嗜宋而否定或者忽视元、明刻本的价值，前引清中期张金吾、陈揆等人的论述就可明显看到其观念的转变。这种对"宋本""旧本"嗜而不痴的版本观念，构成了其在藏书建设、版本鉴定等方面的"底色"。

晚清以后，受社会巨变影响，藏书故家多半凋零，其费尽心血搜集而来的宋元旧椠，命运几经沉浮，许多都湮没于历史的浪花之中，未能发挥其在文化史上的作用。有鉴于此，清末最重要的藏书理论家叶德辉，就对轻视近刻的做法提出了批评：

> 自来藏书家目，侈录宋本，次则元刻旧抄，明刻又次之。至于近刻，则屏而不录。此洪北江所谓"藏书者之藏书"也。阳湖孙氏《祠堂书目》，间注时刻，略而不详。然其目分十二类，通《汉略》《隋志》

---

① 卢文弨：《重校经史题辞》，载《抱经堂文集》（卷七），上海商务印书馆《四部丛刊》本，1919年，第1页。

之邮,变《崇文》《文渊》之例。体近著述,读者不仅以书目重之。道光中,有倪氏《江上云林阁书目》,中依《四库》分类,多收时刻,间有一二宋、元、明抄。洪北江为作《藏书记》,亟称誉焉。同治中,揭阳丁禹生中丞日昌开府江南,兵燹之余,旧家藏书悉为捆载。归田后,刻《持静斋书目》,亦遵《四库》,分别宋、元、明刻旧抄,兼载近刻,此洪北江所谓"读书者之藏书"也。

自兹以后,如聊城杨致堂河帅以增《海源阁书目》,常熟瞿子雍明经镛《铁琴铜剑楼书目》,归安陆诚斋观察心源《皕宋楼书目》,闽县陈征芝大令兰邻《带经堂书目》,皆以宋、元旧刻、旧抄、孤本、秘笈相矜尚,体例与倪、丁二《目》不同。见者钦其宝,莫名其妙。可谓"只可自怡悦,不堪持赠君"者也。

南皮此《目》,专为士人购书指南,多列乾、嘉以来诸公校刻精本,不列宋、元旧抄,间及明刻之易得者。①

旧本近古,但随着印刷技术的进步,明清时期书籍的印刷质量理应更进一步,因此,如果近刻能够广罗善本、严加校勘,单从精美程度来看,当下的印本未必不如古本。特别是清末的官书局刻本,校刻俱精,著名的广雅书局书板,有"广版"美誉,受到藏书家追捧,可见时刻的价值。

(二)善本观

善本是一个比宋元旧本更广泛的概念,一般来说宋元旧本都属善本,但善本的范围远不止此。古代藏书家划分善本的标准大多隐

---

① 叶德辉撰,湖南图书馆编:《湖南近现代藏书家题跋选》(第1册),岳麓书社,2011年,第207—208页。

藏在其编撰的书目、题跋之中，也有个别学者从理论上对善本的特征进行总结。清代的善本观念，是对明代善本观的发展与继承，人们的善本评价指标，主要从形式和内容两方面入手，并在藏书实践中继续积累和总结经验，最终形成比较完备的善本理论。

书籍的外在形态方面，纸张、书法、艺术价值等都是藏书家要考虑的善本要素。如毛晋认为："秦氏秘藏宋刻，其字法之妙，直追率更，纸如蝉翼煤沈，光泽如漆，可称三绝云。"① 钱谦益在为《陶渊明集》撰写的题跋中也说："北宋刻《渊明集》十卷，文体承定为东坡书，虽未见题识，然书法雄秀，绝似司马温公墓碑，其出坡手无疑。镂版精好，精华苍老之气，凛然于行墨之间，真稀世之宝也。"② 毛晋之子毛扆在《汲古阁珍藏秘本书目》的识语较为完整地提出了善本鉴定的标准："抄本书看字之工拙、笔资之贵贱、本之厚薄、其书之秘否，然后定价。就宋元版而言，亦看板之工拙、纸之精粗、印之前后、书之秘否，不可一例。所以有极贵极贱之不同。"③ 可见，在清初藏书家心中，字、纸、墨、刻等艺术标准是第一位的。如用后世总结的善本标准"足、精、旧、校"来看，应当属于"精"的范畴，但此时的"精"主要还是指书籍装帧和外在形态的精美。

"精"的另一面，就要涉及内容特征了，即内容准确无误。随着清代藏书活动的繁荣，特别是乾嘉学派的兴起，藏书家越来越重视善本的内容标准。清中叶大藏书家张金吾论述其择书次序："宋、元旧椠，有关经史实学而世鲜传本者上也。书虽习见，

---

① 毛晋：《后村题跋识》，载刘克庄《后村题跋》，商务印书馆，1936年，第215页。
② 钱谦益著，潘景郑辑校：《绛云楼题跋》，中华书局，1958年，第106页。
③ 毛扆编：《汲古阁珍藏秘本书目》，嘉庆五年（1800）士礼居黄氏丛书本，第27页。

或宋元刊本，或旧写本，或前贤手校本，可与今本考证异同者次也。书不经见而出于近时传写者，又其次也。而要以有裨学术治道者为之断。"①将历代版本按照其外在形态和内容价值分出高下，提出"有裨学术治道"的评判标准，既有理论价值，又具有可操作性，因此被学者评价为："中国藏书史上第一次将判定善本的依据由仅从外在所具的形制特征而转为主要依其用途。此举开中国私家藏书典藏理论的百年先河，亦证明张金吾藏书的目的是为治学之用。"②

黄丕烈更进一步提出了"真"的善本标准："书本之善者，不必定以宋元本为可宝也。……明刻之可贵，不亚宋元"③，"余自聚书以来，宋元版固极其精妙，而明初黑口版亦有绝佳者"④，"余生平喜购书，于片纸只字皆为之收藏，非好奇也，盖惜字耳。往谓古人慧命，全在文字，如遇不全本而弃之，从此无完日矣。故余于残缺者尤加意焉，戏自号曰抱守老人"⑤。虽然佞宋，但也并不以"旧"为唯一的标准。屠友祥评价黄丕烈重视残本之举，认为是其"独到的藏书之道"，"对片纸只字也予以收藏，荛圃朴素的辩称为出于惜字的考虑，不是为了好奇。以为古人慧命全在文字，如遇不全本而弃之，从此便没有完整之日了，因而对残缺者尤为加意"。一般的观点认为，善本应当以"足本"为先，残缺之本离"善"尚次一等，因此，黄丕烈的善本观是有独特之处的。这种不同，主要出于保存文献，求文献之原貌，也就是"求其真"

---

① 张金吾著，冯惠民整理：《爱日精庐藏书志》，中华书局，2012年，"新序"第2页。
② 李云：《"传递读书种子"：张金吾藏书观及其实践》，《中国典籍与文化》2005年第1期。
③ 黄丕烈著，屠友祥校注：《荛圃藏书题识》，上海远东出版社，1999年，第61页。
④ 黄丕烈著，屠友祥校注：《荛圃藏书题识》，上海远东出版社，1999年，第731页。
⑤ 黄丕烈著，屠友祥校注：《荛圃藏书题识》，上海远东出版社，1999年，第866页。

的考虑。

古书传抄、版印，流转于众人之手，舛误错讹在所难免，因此，善本的另一个重要标准就是"精校"，即经过藏书者认真校对，改正错误之后的版本。孙从添在《藏书记要》中阐释"古人每校一书，先须细心绸绎，自始至终，改正字谬错误，校雠三四次，乃为尽善"①。陆贻典说："古今书籍，宋板不必尽是，时刻不必尽非。然较是非以为常，宋刻之非者居二三，时刻之是者无六七，则宁从其旧也。"② 这都是清代藏书家以精校无误者为善的例证。

从上面的介绍可以看到，清代中叶以前，藏书家已对善本的标准进行了许多有益的讨论，后世公认的善本的几条原则，基本已被总结提炼出来了。因此，至晚清时期，藏书家对善本的论述就更加系统全面了。

丁丙在《善本书室藏书志·自识》中云：

择其可珍者，约有四端，特筑善本书室储藏之：一曰旧刻。宋元遗刊，日远日鲜，幸传至今，固宜球图视之。二曰精本。朱氏一朝，自万历后，剞劂固属草草，然追溯嘉靖以前，刻书多翻宋椠，正统、成化刻印尤精，足本、孤本所在皆是。今搜集自洪武迄嘉靖，萃其遗帙，择其最佳者，甄别而取之。万历以后，间附数部，要皆雕刻既工，世鲜传本者，始行入录。三曰旧抄，前明姑苏丛书堂吴氏、四明天一阁范氏，二家之书，半系抄本，至国朝小山堂赵氏、知不足斋鲍氏、振绮堂汪氏多影抄宋元精本，笔墨精妙，远过明抄。寒家储藏将及万

---

① 孙庆增：《藏书记要》，载祁承㸁等撰《澹生堂藏书约（外八种）》，上海古籍出版社，2005年，第40页。
② 黄丕烈著，屠友祥校注：《荛圃藏书题识》，上海远东出版社，1999年，第250页。

卷，择其尤异，始著于编。四曰旧校。校勘之学，至乾嘉而极精，出仁和卢抱经、吴县黄荛圃、阳湖孙渊如之手者，尤雠校精审，他如冯己苍、钱保赤、段茂堂、阮文达诸家手校之书，朱墨灿然，为艺林至宝，补脱文、正误字，有功后学不浅，荟萃珍藏，如与诸君子面相质问也。①

丁丙明确提出了旧、精、校三个善本标准，同时关注内容特征和形式特征两个方面，展现了清代善本观念的成熟。

张之洞在《輶轩语》中对善本的定义，今已成为后世公认的善本标准，"善本非纸白板新之谓，谓其为前辈通人用古刻数本，精校细勘付刊，不讹不阙之本也。此有一简易之法：初学购书，但看序跋，是本朝重校刻，卷尾附有校勘记，而密行细字，写刻精工，即佳。善本之义有三：一、足本（无阙卷，未删削）；二、精本（一精校、一精注）；三、旧本（一旧刻、一旧抄）"②。张之洞此说是为了指导青年士子读书而发的，其从实用的角度指出，内容准确无误比版本古旧珍贵更重要，故可以认为其善本观是更重视内容特征的。

清末著名藏书家、图书馆学家缪荃孙的善本观又有一些新的变化："（一）刻于明末以前者为善本，清朝及民国刻本皆非善本；（二）抄本不论新旧皆为善本；（三）批校本或有题跋者皆为善本；（四）日本及高丽重刻中国古书，不论新旧，皆为善本。"③ 缪荃孙

---

① 丁丙：《善本书室藏书志·自识》，光绪二十七年（1901）丁氏自刻本，第十六册卷末。
② 张之洞：《书目答问·輶轩语》（四卷），清光绪五年（1879）陈文珊刻本。
③ 宋原放主编，汪家熔辑注：《中国出版史料·近代部分·第3卷》，湖北教育出版社，2004年，第347页。

生活在清末民初，祸于兵燹，宋元旧本日稀，万历以前的明刻本，刻印质量也并不低，因此善本的时间界限被大大拉长。相比刻本，每一部抄本都是独一无二的，一定程度上可以说都是"孤本"，因此也应被格外珍视。有批校、题跋者，经过了收藏者的精细研读，于后学多有裨益。特意提出日本、高丽刻本的重要性，则是缪荃孙的首创，展现了其开放的视野。

三、版本鉴定方法和理论

"佞宋嗜旧"和"足、精、旧、校"是清代藏书家普遍认同的善本总标准。但是，上述总则对藏书鉴别来说是远远不够的。宋元旧本、精抄精校之本，物以稀为贵，在藏书之风盛行的清代，其价格更是水涨船高。巨大的利润空间，让不良书商铤而走险，古书作伪现象十分普遍，藏书家为了避免被书商欺骗，必须具备版本鉴定的能力。此外，书籍在流传过程中，大量的版本信息随时间流逝，后人需要通过精密的考证才能梳理清楚其来龙去脉。上述两方面的原因，共同促进了清代版本学的发展。

孙从添《藏书记要·鉴别》以专章的形式总结了藏书鉴定的一般原则和方法。首先，为什么需要版本鉴定？孙从添认为："夫藏书而不知鉴别，犹瞽之辨色，聋之听音。虽其心未尝不好，而才不足以济之。"也就是说，版本鉴定是藏书家必须具备的能力。其次，鉴别的内容包括："如某书系何朝、何地著作，刻于何时，何人翻刻，何人抄录，何人底本，何人收藏，如何为宋元刻本，刻于南北朝何时何地，如何为宋元精旧抄本，必须眼力精熟，考究确切。"最后，鉴别的方法："再于各家收藏目录、历朝目录、类书总目、读书志、敏求记、经籍考、二志书、文苑志、书籍志、二十一史书籍志、名人诗文集、书序、跋文内，查考明白。"① 也就是说鉴别的步骤，先是弄清楚鉴定对象的基本信息，以及流传的经过，在此过程中可以参考前人目录，达到事半功倍之效。

接下来，孙从添分别从地域和书籍类别的角度，总结了一些具体的鉴定依据。如吴中、江浙一带藏书之风兴盛，如果是从这些地区藏书家手中访求到的版本，是真本的可能性更大。从图书分类的角度来看，经、史、子、集四部书籍流传有绪，如十三经以蜀本为冠，宋刻九行十八字本最佳，也就是说要具备一些基本的版本知识，明晰某类书哪种版本最好以及各种版本之间的关系等。

清末叶德辉的观点与此相似：

鉴别之道，必先自通知目录始。目录以《钦定四库全书总目提要》、阮文达元《揅经室外集》（即《四库》未收书目，兹从全集原名）为途径。不通目录，不知古书之存亡；不知古书之存亡，一切伪撰抄撮、张冠李戴之书，杂然滥收，淆乱耳目。此目录之学，所以必时时勤考也。②

目录学是清代的显学，清代中期章学诚总结我国目录学传统为"辨章学术，考镜源流"，晚清张之洞认为其是"学问门径"。对藏书家来说，目录之学更加重要，目录是记载历代典籍收藏的文献。

---

① 孙庆增：《藏书记要》，载祁承㸁等撰《澹生堂藏书约（外八种）》，上海古籍出版社，2005年，第35页。
② 叶德辉：《藏书十约》，载祁承㸁等撰《澹生堂藏书约（外八种）》，上海古籍出版社，2005年，第44页。

第五章　清代的藏书整理思想

由于我国目录学历史悠久，流传下来的目录著作十分丰富，而目录记载的书籍却常常因各种原因失传，因此历代目录著录的书籍数量是远超存世之本的。因此，若一部从未见于任何目录记载的"孤本"突然在后世出现，其真实性是值得怀疑的。从版本鉴定的角度来说，目录就是藏书家判定版本真伪的依据。于是，叶德辉继续评述：

> 欲知板刻之良否，前有钱曾《读书敏求记》，所见古子杂家，足资多识，而于刊刻年月、行格字数，语焉不详。惟张金吾《爱日精庐藏书志》、黄丕烈《士礼居题跋记》以下，近有聊城杨绍合海源阁《楹书隅录》，常熟瞿镛《铁琴铜剑楼目目》，仁和丁丙《善本书室藏书志》，归安陆心源《皕宋楼藏书志》（张瞿丁陆四家之目，全抄各书序跋，最足以资考据）。所谓海内四大藏书家者。又有揭阳丁日昌《持静斋书目》、日本森立之《经籍访古志》（宜都杨守敬刻有《日本访书志》《留真谱》二书，备参考，不尽可据）。此数家者，皆聚乾嘉诸老之精华，收咸丰兵燹之余烬，虽宋椠名抄，不免一网打尽。……故诸家志目，虽不能供我渔猎之资，而实藏书家不可少之邮表也。至于国朝诸儒校刻善本，罕有列于目者，然孙星衍《祠堂书目》时亦载之，倪模《江上云林阁书目》、丁日昌《持静斋书目》所载渐夥。近人张文襄之洞《书目答问》，则专载时刻，便于读者购求，依类收藏，可无遗珠之憾。①

除了借助书目，对具体版本的鉴定一般都是从内容和形式两个角度进行的。清代藏书家在这些方面，也总结出许多可贵经验。清

---

① 叶德辉：《藏书十约》，载祁承㸁等撰《澹生堂藏书约（外八种）》，上海古籍出版社，2005 年，第 44—45 页。

代藏书题跋、版本目录、藏书志盛行，较有影响的如《爱日精庐藏书志》《士礼居藏书题跋记》《楹书隅录》《铁琴铜剑楼书目》《善本书室藏书志》《皕宋楼藏书志》等，在这些目录学著作中，藏书家通过一次次版本鉴定实践，总结了大量版本鉴定的方法。以黄丕烈为例，"佞宋主人"在版本鉴定方面成就斐然，他在考证版本时，认为内容和形式特征不可偏废："凡书不可不细校一通，第就其外而观之，谓某本胜某本，此非定论也。"① 在具体的鉴别实践中，黄丕烈指出，对一书的考证，需要从版式、行款、字体、墨色、纸色、书牌木记、讳字、刻本内容、题跋、外观、品相、递藏流传情况、藏书印记等多方面展开。如对宋本《图画见闻志》的版本鉴定：

予初蓄《图画见闻志》有一至三卷，为元人手抄。后得翻宋本，质诸周香严，香严云："余亦有一刻本，未知即是此本否"。及出以相示，而楮墨俱饶古气，细辨字画，遇宋讳皆阙笔，翻本不如是也。爰揭去旧时背纸，皆罗纹阔连而横印者，始知为宋刻宋印。以翻宋本行款证之，此即所谓临安府陈道人书籍铺刊行本也。②

外形特征包括墨气、纸张纹理、行款，内容特征则是文字避讳，两相结合最终鉴定了此本的刊刻者和刊刻年代。类似的方法在他的藏书实践中应用得十分普遍，如对《伤寒要旨》的鉴定，根据书中所载"乾道辛卯刻于姑苏郡斋"木记，对比《洪氏集验方》宋版书中"刻之姑苏""乾道庚申"字样，发现两本在版式、字体上

---

① 黄丕烈著，屠友祥校注：《荛圃藏书题识》，上海远东出版社，1999年，第308页。
② 黄丕烈：《百宋一廛书录·图画见闻志》，清劳格抄本，第23页。

完全相同，应为同时代的版本。作为收藏大家，黄丕烈的目录学功底深厚，对其版本鉴定工作提供了很大的帮助，如其在残本《编年通载》中说："一、卷数之可信。向传十五卷，闻《通志略》云十卷，此序云列为十卷，其可信者一。一、收藏之可信。文渊阁书目载有二部，一十册、一五册，此第三卷有文渊阁印，其可信者二。一、残缺之可信。十册五册文渊阁，绿竹堂五册，所载如是。二册内阁、绛云楼、述古堂所载又如是。其装四册者，或十册五册之有所失，二册之有所分。其第五卷以下皆阙，与内阁藏书目录合，其可信者三。"① 为了求证《编年通载》的版本年代，他先后参考了《文渊阁书目》《绛云楼书目》《述古堂藏书目》《内阁藏书目录》等。

事实上，灵活应用各种方法，充分关注书籍的内外特征，广泛参考前人著录，这是清代藏书家版本鉴定的共识。清人王芑孙在《黄尧圃陶陶室记》中评价黄丕烈的版本鉴定思想："尧圃非惟好之，实能读之，于其板本之后先，篇第之多寡，音训之异同，字画之增损，及其授受源流，翻摹本末，下至行幅之疏密广狭，装缀之精粗敝好，莫不心营目识，条分缕析"，"实事求是，搜亡剔隐，一言一句，鉴别古人所未到，时以笔诸书而广其副，嘉惠方来"。② 虽然这是对黄丕烈版本思想的总结评述，但用来评价清代其他版本大家，如钱曾、张金吾、阮元、钱大昕等人也是同样适用的。

以上是对清代版本鉴定方法和思想总体特征的介绍，不同类型的版本，在版本形态方面各有差异，在实践活动中，藏书家也总结

---

① 黄丕烈著，屠友祥校注：《尧圃藏书题识》，上海远东出版社，1999年，第88—89页。
② 王芑孙：《黄尧圃陶陶室记》，载李希泌、张椒华编《中国古代藏书与近代图书馆史料（春秋至五四前后）》，中华书局，1982年，第53页。

出大量具有针对性的鉴定经验和方法。

(一)抄本鉴定

从词源来说,版本专指刻本,但明清以来,抄本受到藏书家的格外重视,因此在抄本版本鉴别方面,也积累了大量的经验。

首先,对于抄本的价值,清代藏书家最重视的是抄本的内容。清初曹溶认为:"抄本之书,讹以传讹,至有不可模写字句。此全仗抄手之淹通,一一改正,而校勘良朋,幸无靳孺笔焉。"[①] 非营利性质的抄写,大多由藏书家亲自或雇人完成,他们对于抄写的书籍都有比较深入的研究,因此能在抄写过程中及时改正文字错误。此外,与刻本相比,抄本往往能补刻本之不足。孙从添说:"明版坊本、新抄本,错误遗漏最多,须觅宋元版、旧抄本、校正过底本或收藏家之秘本,细细雠勘,反复校过,连行款俱要照式改正,方为善本。"[②] 旧抄本、经过名家校正过的底本,与宋元旧版具有同等的价值。

清代藏书家中,重视抄本者首推黄丕烈,他总结自己的收藏特色:"余性嗜书,非特嗜宋、元、明旧刻也,且嗜宋、元、明人旧抄焉。"[③] 为何如此?"宋人说部虽有刻本,必取其抄本藏之,恐时刻非出自善本,故弃刻取抄也。抄本又必求其最善者,故一本不已

---

① 曹溶:《学海类编·辑书大意》,载《学海类编》(第一册),广陵古籍刻印社,1994年,卷首。
② 孙庆增:《藏书记要》,载祁承㸁等撰《澹生堂藏书约(外八种)》,上海古籍出版社,2005年,第41页。
③ 黄丕烈著,潘祖荫辑,周少川点校:《士礼居藏书题跋记》,书目文献出版社,1989年,第34页。

又置别本也"①,"大凡书籍,安得尽有宋刻而读之,无宋刻则旧抄贵矣"②。宋刻虽好,但不能强求,抄本可以补宋刻之不足,一些精抄精校的抄本,能纠正刻本的错误。对于抄本版本价值的判定,黄丕烈也有自己的看法:"如此书载诸《汲古阁珍藏秘本书目》,估值二钱。平日留心搜访,绝少旧本,此册为平湖估人携示余,因为明人旧抄,甚重之,盖估人亦有所受之也。无论是书本属史传记类,为足收藏,出于名抄、名藏,尤为两美,即其第二跋中所言江上李如一之性情意气,亦颇可敬可爱。"③曾被前代书目著录,被名家、名人收藏者,都是抄本中具有特殊价值的。

最早的书籍生产方式就是抄写,雕版印刷术发明后,效率远超抄写,常见书籍,藏书家可通过购买轻易获得,故而抄写的方式用得就比较少了。但总有一些流传不广的珍本秘籍,仍要通过抄写的方式来收集,此类书本身传本稀少,文献价值极高,藏书家必然慎重对待,在抄写时精益求精,甚至亲自动手,工楷誊录,这是抄本多出善本的原因。

在抄本版本价值鉴别方面,孙从添《藏书记要》"抄录"条总结了从宋代以来抄本流传情况及各种名抄特征,对抄本鉴别具有指导价值:

宋人抄本最少,字画墨气古雅,纸色罗纹旧式,方为真本。若宋

---

① 黄丕烈著,潘祖荫辑,周少川点校:《士礼居藏书题跋记》,书目文献出版社,1989年,第154页。
② 黄丕烈著,潘祖荫辑,周少川点校:《士礼居藏书题跋记》,书目文献出版社,1989年,第207页。
③ 黄丕烈著,潘祖荫辑,周少川点校:《士礼居藏书题跋记》,书目文献出版社,1989年,第34页。

纸而非宋字、宋跋，宋款而非宋纸，即系伪本。或字样纸色墨气无一不真，而图章不是宋镌，印色不旧，割补凑成，新旧相错，终非善本。元人抄本亦然。常见古人稿本，字虽草率，而笔法高雅，纸墨图章，色色俱真，自当为稀世之宝。以宋元人抄本，较之宋刻本而更难也。

明人抄本，吴门朱性甫、钱叔宝子允治、手抄本最富，后归钱牧翁。绛云焚后，仅见一二矣。吴宽、柳佥、吴岫、孙岫、太仓王元美、昆山叶文庄、连江陈氏、嘉兴项子京、虞山赵清常、洞庭叶石君诸家抄本，俱好而多，但要完全校正题跋者方为珍重。王雅宜、文待诏、陆师道、徐髯翁、祝京兆、沈石田、王质、王穉登、史鉴、邢参、杨仪、杨循吉、彭年、陈眉公、李日华、顾元庆、都穆、俞贞木、董文敏、赵凡夫、文三桥、湖州沈氏、宁波范氏、吴氏、金陵焦氏、桑悦、孙西川，皆有抄本甚精。新抄冯己苍、冯定远、毛子晋、马人伯、陆敕先、钱遵王、毛斧季各家，俱从好底本抄录。惟汲古阁印宋精抄，古今绝作，字画纸张，乌丝图章，追摹宋刻，为近世无有能继其作者，所抄甚少。至于前朝内阁抄本，生员写校者为上。①

与孙氏的善本观类似，孙从添总结的抄本鉴定原则也是从字、纸、墨等方面展开，并罗列了明代的抄书名家，为藏书家判定抄本价值提供了依据。

（二）宋版书鉴定

宋版书是清代藏书家最重视的收藏，因此，在宋版书鉴定方面积累的经验尤其丰富。孙从添在《藏书记要》中系统总结了宋刻本

---

① 孙庆增：《藏书记要》，载祁承㸁等撰《澹生堂藏书约（外八种）》，上海古籍出版社，2005年，第38—39页。

的优劣和鉴定方法，先介绍了宋版的类别和各自的优劣：

> 宋刻有数种，蜀本、太平本、临安书棚本、书院学长刻本、士绅请刻本、各家私刻本、御刻本、麻沙本、茶陵本、盐茶本、释道二藏刻本、铜字刻本、活字本。诸刻之中，惟蜀本、临安本、御刻本为最精，又有元翻宋刻本、明翻宋刻本、金辽刻本、元初刻本作宋刻本、明初刻本作元刻本，金辽刻本与宋刻本稍逊。①

即按刻书地、刻印者来区分宋版书的类型和优劣，这种划分方法，是历代藏书家的共识，早在宋代，叶梦得就曾说："今天下印书，以杭州为上，蜀本次之，福建最下。"② 在前人经验基础上，孙从添更进一步，又从书籍类型角度对宋版书优劣进行了评述："大略从十三经、二十一史、三通、三记辨起。十三经蜀本为最，北宋刻第一巾箱板甚精，其次南宋本亦妙，唐本不可得矣。北监板无补板初印亦可，其余所刻各有不同。十七史宋刻九行十八字最佳，北宋本细字十三经注疏、十七史亦精美可爱。南北朝各家经史汉书，字划甚精，其十七史北监板无补板初印本亦妙。"③

宋版书的鉴定，需注意的是，"宋元刻本书籍虽真，而必原印初刻、不经圈点者为贵。古人尊重宋刻，弗轻涂抹，后世庸流俗子，不知爱惜书籍，妄自动笔，有始无终，随意圈点，良可叹也！鉴别宋刻本，须看纸色、罗纹、墨气、字划、行款、忌讳字单边、

---

① 孙庆增：《藏书记要》，载祁承㸁等撰《澹生堂藏书约（外八种）》，上海古籍出版社，2005年，第36页。
② 叶梦得：《石林燕语》，商务印书馆，1941年，第74页。
③ 孙庆增：《藏书记要》，载祁承㸁等撰《澹生堂藏书约（外八种）》，上海古籍出版社，2005年，第35页。

末后卷数、不刻末行、随文隔行刻；又须将真本对勘乃定。如项子京《蕉窗九录》、董文敏《清秘录》，讲究宋刻，仅举其大略耳"①。

总的来说，孙从添提出的鉴别方法，主要针对书籍的形式特征，特别注重从字体、墨色、墨气、纸色等外在特征来进行判断，并且就这些方面给出了非常具体的建议，有很强的可操作性。比如，孙从添总结宋版书的字体多采用欧阳询、柳公权、颜真卿等唐代书法家之楷体，字画苍劲有力，棱角分明。在避讳方面，宋版书要求严格，可以从讳字来判断版本年代。在版式上，流行白口、四周单边，首行小题在上，大题在下，序、目录、正文没有明显的间隔等特征。

在具体实践中，除了根据这些外在形式特征外，有经验的藏书家还会依据书籍内容作出判断。如钱谦益在《杨子法言》跋文中说：

宋御府刻《杨子法言》，卷末署名，韩琦、曾公亮在中书，欧阳修、赵㮣在政府。以编年考之，韩、曾并以嘉祐二年拜昭文、集贤相。治平元年闰五月，韩自门下侍郎兼兵部尚书同平章事昭文馆大学士魏国公，加尚书右仆射；曾加中书侍郎。欧阳公年谱，治平元年二月，自金紫光禄大夫行尚书户部侍郎参知政事，特授行尚书吏部侍郎；赵升授亦同。观四公署衔，则知此书之刻，正在治平元、二间，亦必在元年闰月以后，二年十月以前。②

其是以书中所涉之人官衔、职务迁转为依据进行版本鉴定的实

---

① 孙庆增：《藏书记要》，载祁承㸁等撰《澹生堂藏书约（外八种）》，上海古籍出版社，2005 年，第 36 页。
② 钱谦益著，钱曾笺注，钱仲联标校：《牧斋有学集（下）》，上海古籍出版社，1996 年，第 1518 页。

例。依据古书序跋、版本流传情况、诸本文字异同、避讳字等内容要素进行版本鉴别,在清代藏书家序跋集中比比皆是。这种以内容特征为依据进行版本鉴定的方法,对鉴定者素质要求极高,非对书籍内容和流传情况有精深了解者不能为之,常运用在仅凭外在形态已无法作出判断之时,也是藏书家本人学术功力的展现。

清末叶德辉《书林清话》,在前人丰富的实践和理论经验基础上,总结出宋版书的 27 条特征。比如,"宋人抄书印书之纸""宋印书用椒纸"等条,梳理了宋版书的用纸情况。"宋刻书行字之疏密"条,首先列举了王端履、钱大昕、杨守敬等人关于宋本行款的论述,再结合叶氏自身经验,提出:"宋板书,行少者每半叶四行,行八字;行多者每半叶二十行,行二十七八字至三十字不等。"[①] "宋刻书之牌记"条,总结宋版书牌记的特征为:"宋人刻书,于书之首尾或序后、目录后,往往刻一墨图记及牌记。其牌记亦谓之墨围,以其外墨阑环之也;又谓之碑牌,以其形式如碑也。"[②] 此外,叶德辉还详细论述了宋代刻书系统、刻书名家及其刻本、宋刻本的流传等方面的情况。《书林清话》的相关内容是对清代版本鉴定方法与理论的一次系统的总结。

(三)元明刻本鉴定

元代享国不久,初期受宋代影响,刻书质量较高,且元刻本是除宋刻本外年代最古的版本,因此也极得藏书家重视,常以"宋

[①] 叶德辉:《宋刻书行字之疏密》,载叶德辉著、紫石点校《书林清话(外二种)》,北京燕山出版社,2008 年,第 167 页。
[②] 叶德辉:《宋刻书之牌记》,载叶德辉著、紫石点校《书林清话(外二种)》,北京燕山出版社,2008 年,第 160 页。

元"并称。清末叶德辉《书林清话》中亦有大量篇幅论述元刻本的优劣，如"元刻书之胜于宋本"条，他根据具体情况分析了元刻优于宋刻的几种情形：

> 宋本以下，元本次之。然元本源出于宋，故有宋刻善本已亡，而幸元本犹存，胜于宋刻者。经则元元贞丙申平阳梁宅本《论语注疏》，胜于宋十行本也；元大德平水曹氏进德斋本《尔雅郭璞音注》，胜于明吴元恭所从出之宋本也。史则元大德九年重刊宋景祐本《后汉书》，胜于宋建安刘元起之本也。……举此数者，以概其余，是不当震于宋刻之名，而谓元、明皆自桧以下也。①

总体看来，元代文化事业远不如宋代发达，以坊刻为主体的元刻本，质量较宋本相去甚远，已成为藏书家的共识，叶德辉亦认为："元时书坊所刻之书，较之宋本尤夥，盖世愈近则传本多，利愈厚则业者众，理固然也。"②究其原因，"有元一代，坊行所刻，无经史大部及诸子善本，惟医书及帖括经义浅陋之书传刻最多。由其时朝廷以道学笼络南人，士子进身儒学，与杂流并进，百年国祚，简陋成风，观于所刻之书，可以觇一代之治忽矣"③。元代的统治者源自马背民族，并不重视文教，在原南宋统治区域内实行严苛的民族政策，科举考试也时兴时废，读书人进身无门，对经史书籍

---

① 叶德辉：《元刻书之胜于宋本》，载叶德辉著、紫石点校《书林清话（外二种）》，北京燕山出版社，2008年，第177—178页。
② 叶德辉：《元时书坊刻书之盛》，载叶德辉著、紫石点校《书林清话（外二种）》，北京燕山出版社，2008年，第114页。
③ 叶德辉：《元时书坊刻书之盛》，载叶德辉著、紫石点校《书林清话（外二种）》，北京燕山出版社，2008年，第122页。

的需求自然下降，坊刻以营利为目的，所刻多为实用和通俗图书，并不追求质量。当然，在共性之外也有特例，少数版本或因宋版已失传，或因元代的刻印者对书籍进行了精校精刊，其质量反而优于宋本，具体情况就如叶德辉在上述引文中总结的那样。

  元刻本的鉴定方法与宋本并无本质差异，均是从外在形态特征和内容特征两方面着手的。相较其他时期的刻本，元刻本有鲜明的版本特征，清代藏书家也对此进行了总结，比如以粗黑口居多，字体多为赵孟頫体，避讳较少，多用俗字、简化字等。孙从添在《藏书记要》中云："元刻不用对勘，其字脚行款黑口一见便知。"① 叶德辉引用《前尘梦影录》的记载阐释了元刻本使用赵孟頫体的原因："元代不但士大夫竞学赵书，如鲜于困学、康里子山，即方外如伯雨辈亦刻意力追，且各存自己面目。其时如官本刻经史，私家刊诗文集，亦皆摹吴兴体。至明初，吴中四杰高、杨、张、徐，尚沿其法，即刊板所见，如《茅山志》、周府《袖珍方》，皆狭行细字，宛然元刻，字形仍作赵体……"② 此外，叶氏还总结了元刻多名手刻写的特点，这些名家写刻本，使元刊本有"书法槧手，俱极古雅，麻纸浓墨，摹印精工""字画端整""古雅可爱"等美誉，"其工者足与宋槧相颉颃，特以时代论，不免有高下之见耳"。③ 这些实用经验，为藏书家鉴定元刻提供了十分有价值的参考。

  明代刻书事业发达，刻书数量众多，但刻印不及宋元旧本精

---

① 孙庆增：《藏书记要》，载祁承㸁等撰《澹生堂藏书约（外八种）》，上海古籍出版社，2005年，第36页。
② 叶德辉：《元刻书多用赵松雪体字》，载叶德辉著、紫石点校《书林清话（外二种）》，北京燕山出版社，2008年，第178页。
③ 叶德辉：《元刻书多名手写》，载叶德辉著、紫石点校《书林清话（外二种）》，北京燕山出版社，2008年，第179—180页。

善,因此清代藏书家对其评价较低。但是对明刻本也不能一概而论,弘治以前的明刻本,多据宋元旧本为底本,精校精刻。嘉靖以后,随着社会文化风气的转变,以及坊刻受利益驱使,刻书质量不断下降。对此,清代藏书家亦有清晰的认知,孙从添就说:"洪武、永乐间所刻之书,尚有古意,至于以下之板,更不及矣。"① 明末后各类刻本的优劣,孙从添也进行了总结:

> 况明纪刻本甚繁,自南北监板以至藩院刻本、御刻本、钦定本、各学刻本、各省抚按等官刻本。又有闽板、浙板、广板、金陵板、太平板、蜀板、杭州刻本、河南刻本、延陵板、王板、袁板、樊板、锡安氏板、坊板、凌板、葛板、陈明卿板、内监厂板、陈眉公板、胡文焕板、内府刻本、闵氏套板所刻,不能悉数,惟有王板翻刻宋本《史记》之类为最精。北监板、内府板、藩板,行款字脚不同。袁板亦精美,较之胡文焕、陈眉公所刻之书多而不及。其外各家私刻之书,亦有善本可取者,所刻好歹不一耳。稚川凌氏与葛板无错误,可作读本。独有广浙闽金陵刻本最恶而多。陈明卿板、闵氏套板,亦平常。汲古阁毛氏所刻甚繁,好者亦仅数种。②

孙从添首先回顾了明代著名的刻印机构或个人,然后对其优劣进行了评述。总的看来,明末刻书善者不多,但也有一二略可观者。清末叶德辉在《书林清话》和《藏书十约》中也论及明刻本的

---

① 孙庆增:《藏书记要》,载祁承爜等撰《澹生堂藏书约(外八种)》,上海古籍出版社,2005年,第36页。
② 孙庆增:《藏书记要》,载祁承爜等撰《澹生堂藏书约(外八种)》,上海古籍出版社,2005年,第36—37页。

鉴定。如:"明刻仿宋元者为上,重刻宋元者次之,有评阅者陋,有圈点者尤陋。闵齐伋、凌濛初两家所刻朱墨套印子集各书,亦有评语圈点,而集部尚佳。"① 为何有评阅圈点者反不被叶氏所喜?这要与晚明学术风气结合起来看。晚明时期心学末流盛行,空谈性命之学,对书籍的评点也带有这种色彩。清代崇尚朴学,对晚明学术风气大加批判,叶德辉的观点就是代表。在《书林清话》中涉及明刻本的条目尚有"明人刻书之精品""明人刻书改换名目之谬""明人刻书添改脱误""明刻书用古体字之陋""明人刻书载写书生姓名"等。在目验了大量明刻本后,叶德辉还对明刻本的版式特征进行了总结:"明初承元之旧,故成、弘间刻书尚黑口,嘉靖间多从宋版翻雕,故尚白口。今日嘉靖本珍贵不亚宋、元,盖以此也。大抵此类版心,书名只摘一字,下刻数目,其白口、小黑口空处上记本叶字数,下记匠人姓名,不全刻书名也。全刻书名在万历以后,至我国初犹然。"② 字体方面,明初多用元代之赵体,中期以后欧体盛行,晚明则逐渐演变为楷体、行书体。书籍装订形式方面,徐康《前尘梦影录》谓:"据湖州书友云:明代人装钉书籍,不解用大刀,逐本装钉。"叶德辉亦证实:"书用蓝褾纸面,内用纸捻钤钉之,书之长短宽窄,微有出入,可悟其非一刀直裁……京师学部图书馆藏明内阁宋元本残册甚多,或蝴蝶装,或纸捻钉,或线装,皆无数本一刀截者。又古人理书,多不划齐下边阑线,然纸有余地,故重装时犹可整齐,吾见宋元明以来原装书,于此等处均不甚经

---

① 叶德辉:《藏书十约》,载祁承㸁等撰《澹生堂藏书约(外八种)》,上海古籍出版社,2005年,第45页。
② 叶德辉:《书林余话》,载叶德辉著、紫石点校《书林清话(外二种)》,北京燕山出版社,2008年,第309页。

意，盖所重在校勘，而不在外饰也。"①

明代刻书的情形十分复杂，除了阶段特征，因藏书事业兴盛，书商为了牟利，古书作伪的现象严重，给后世藏书家鉴定造成了很大的困扰。清代版本、校勘学的重要内容之一就是鉴定明刻本的真伪，从中甄别真正的宋元旧本，并对明版书的版本源流进行梳理。因此，在藏书家题跋、书志中，关于明刻本鉴定的内容十分丰富，以上仅举了具有代表性的几例，略见清代藏书家在本领域的成绩。

---

① 叶德辉：《明人装钉书之式》，载叶德辉著、紫石点校《书林清话（外二种）》，北京燕山出版社，2008年，第190页。

第六章

清代的藏书利用与流通思想

　　古书生命的延续在于流通使用，前面已经谈到，清代许多藏书家都讲究"藏而能读"，但是，古籍珍贵而稀有，如果仅供藏书家本人和子孙读用，能发挥的作用是有限的，甚至还有子孙不肖，使父辈的苦心积蓄毁于一旦。于是，在秘藏与公开之间，古代藏书家形成了两派截然不同的观点。有的藏书家秘藏书籍，轻易不予示人；有的藏书家将互抄互借、刊刻藏书作为扩大收藏和保存文献的有效途径。需要指出的是，上述两种看上去截然不同的态度，并不是完全矛盾的。大部分主张秘藏的藏书家的出发点其实是通过严格的管理制度来更好地保存图书，其藏书也并非一味封闭，自用或者在同道"圈子"中的流通利用是普遍存在的现象。而主张互抄互借、刊刻藏书的藏书家，其思想根源在于"藏为读用"，既然藏书是为了读，或者再引申一步，是为了保存文化，为珍贵的典籍"续命"，那么很自然面临两个选择，其一是秘藏珍护，其二是让其化身千万。而无数的历史经验已经证明，秘藏的效果适得其反，只有被更多人知道，有更多的复本，才能真正做到"纸寿千年"。清代校勘、版本学的发达，也为这种思想的传播提供了土壤。于是，我们可以看到，有清一代，这种在中国传统文化土壤中内生的，关于藏书互抄互借、刊布，乃至公开借阅的呼声一直不绝如耳。等到清末西方公共图书馆思想传入后，这种内生需求与外来刺激相结合，对于图书馆思想的传播，以及图书馆建制的广泛认同，发挥了重要的作用。

近代以来，由于公开藏书的观念日益深入人心，我们用后验的眼光来审视历史上的藏书家，往往陷入秘藏与公开二元对立的桎梏，而忽略了当时的时代场域。从书籍史、文化史发展角度来看，提倡流通，公开藏书，是顺应时代潮流的，也符合文化发展的要求。但是，不应用今天的眼光去苛责古人，批评他们藏书秘不示人的做法。而应当对那些具有超越时代的眼光，在当时的时代背景下提倡藏书公开的藏书家，致以崇高的敬意。

一般来说，中国传统藏书利用的主要方式是阅读和学术研究，但其主要是藏书家个人行为，与藏书事业本身关联度不高。因此，本章不拟介绍利用藏书开展研究的情况，而将重点放在藏书传播领域，具体分为藏书互抄互借、藏书刊刻、藏书公藏公用思想三个方面。

第一节 藏书利用

一、藏书互抄互借

清代是古代藏书史上互抄互借之风最盛的一个时期，不论官私藏书，均将互抄互借作为扩充藏书的重要手段。而在抄借实践发展过程中，不少藏书家开始主动思考，自发阐释互抄互借的意义，这为典籍传播、公藏公借思想的产生奠定了基础，也极大地丰富了古代图书馆学的内容。

（一）藏书互抄互借的现象

清代各类型藏书互抄互借的现象都十分普遍。官府藏书方面，在《四库全书》编撰过程中，乾隆下令各省督抚，对于藏书大家要"详加物色，因而四处借抄，仍将原书迅速发还"[①]。虽然其后的史实证明，藏书并未如约发还，而是作为底本收藏在翰林院，但为鼓励藏书家积极献书，对进呈较多之家分别赐以《古今图书集成》或《佩文韵府》，也算一种变相的"互抄互借"了。

[①] 中国第一历史档案馆编：《纂修四库全书档案（上）》，上海古籍出版社，1997年，第70页。

《四库》书成后,建立南三阁,明确规定:"如有愿读中秘书者,许其陆续领出,广为传写。"① 因担心地方官员执行政策打折扣,还特意下旨重申此事。从史料记载来看,被乾隆申斥后,南三阁的开放范围扩大:"浙江文澜阁在西湖孤山下,功令:愿读中秘书者,许领出传写。道光乙未冬,钱锡之通守辑《守山阁丛书》,苦民间无善本,约同人往,侨寓湖上之杨柳湾……间日扁舟诣阁领书命抄,毕则易之,往返数刻耳。同人居楼中校雠……以十月初至西湖居两月,校书八十余种,抄书四百三十二卷。"② 道光年间为了刊刻《守山阁丛书》,从文澜阁库书中抄出大量底本。

私人藏书家之间的互抄互借就更为普遍了。在苏州、杭州等藏书文化发达的地区,藏书家群体不仅积极互抄互借,江南文人为了互通有无,还结成了以抄书为宗旨的社团。据《列朝诗集小传》"梅太学鼎祚"条载:

> 禹金好聚书,尝与焦弱侯、冯开之暨虞山赵玄度订约搜访,期三年一会于金陵,各书其所得异书逸典,互相雠写。事虽未就,其志尚可以千古矣。③

其中提到的梅禹金(鼎祚)、焦弱侯(竑)、冯开之(梦祯),均是明末著名文学家、藏书家,他们和赵琦美(玄度)因书结缘,结成一个紧密的团体,在藏书活动上互相促进。再如毛晋在明亡

---

① 中国第一历史档案馆编:《纂修四库全书档案(下)》,上海古籍出版社,1997年,第1768页。
② 张文虎:《孤麓校书图记》,载任清编选《唐宋明清文集·第2辑·清人文集·卷三》,天津古籍出版社,2000年,第1557—1558页。
③ 钱谦益:《列朝诗集小传》,上海古籍出版社,1983年,第627页。

后，闭门著书自娱，与耆儒、故老、黄冠、缁衲十数辈相交，结成佳日社、尚齿社，① 终日诗歌唱和。明末文人结社是一个十分值得关注的文化现象，这批文人学士或因共同的兴趣爱好，或因相同的政治主张而聚集在一起，为明末文坛、政坛带来一股新的风气。这批人中大多同时具备藏书家的身份，互相借书抄录自然成为结社活动的重要组成部分，这也在无形中强化了藏书公开的观念。

清初，江南文人延续明末互抄互借之风，结社规模越来越大。著名学者朱彝尊一生锐意寻访典籍，抄书的足迹遍布全国，甚至留下了设密计"骗抄"钱曾《读书敏求记》的书林轶事。而他自己也乐于将藏书借予后辈好学者抄写："（郑元庆）苦贫无书籍足征也。朱竹垞太史闻而招之，下榻于曝书亭侧，尽出其藏书以佐采择。"② 清初三大家之一的黄宗羲，曾获天一阁允许，尽览阁中藏书。或许是因为早年四方游学，遍览各家藏书的经历，他后来建立的藏书楼就叫"续抄堂"，表明其藏书大部分来自抄录，此外还与友人相约建立"抄书社"。全祖望在《梨洲先生神道碑文》中记载黄氏抄书之事："尽发家藏书读之，不足，则抄之同里世学楼钮氏、澹生堂祁氏、南中则千顷斋黄氏，吴中则绛云楼钱氏。穷年搜讨，游展所至，遍历通衢委巷，搜剔故书，薄暮，一童肩负而返，乘夜丹铅，次日复出，率以为常。"③ 据《黄梨洲文集》载，黄宗羲先后借读过的江南藏书家有安徽宣城梅朗、黄虞稷千顷堂、钱谦益绛云楼、祁氏澹生堂、范氏天一阁、曹溶静惕堂、徐乾学传是楼等。由此亦可

---

① 徐珂编：《清稗类抄·第31册·鉴赏（上）》，商务印书馆，1918年，第144页。
② 郑元庆：《吴兴藏书录》，载胡应麟等撰，王岚、陈晓兰点校《经籍会通（外四种）》，北京燕山出版社，2008年，第123页。
③ 全祖望：《梨洲先生神道碑文》，载黄宗羲著、吴光主编《黄宗羲全集·第22册·附录》，浙江古籍出版社，2012年，第3页。

证明，在江南藏书家之间，互抄互借是一件十分普遍之事，只是他们互借的对象是"同道中人"，只要能被那个"圈子"认可，藏书家对于藏书流通是持相当开明的态度的。

对此，号称"佞宋嗜旧"，以秘藏著称的钱谦益、钱曾也并不例外。徐珂《清稗类抄》记载："叶林宗，名奕。好学，多藏书，搜访甚力。……一得秘册，即与钱遵王互相传录，虽昏夜，必叩门，两家童子辄闻声知之。"① 钱谦益在《黄氏千顷斋藏书记》中也说："戊子之秋，余颂系金陵，方有采诗之役，从人借书。……余于是从仲子（注：黄虞稷）借书，得尽阅本朝诗文之未见者。"②

那么，藏书家选择藏书交流对象是否有标准呢？随着互抄互借之风愈演愈烈，有藏书家专门撰文讨论这个问题，清初魏裔介《借书说》云：

> 书可借乎？曰：可。书以言理也，彼人之借书者，将以求明乎理，以书为鉴，弗借则无由开发之，书何可以不借。书可轻借乎？曰：不可。书以言理也。彼人之借书者，未必求明乎理，以书为邮，轻借则如同捐弃之，书何可以轻借？故凡借书者，当视其人：其人为吾性命之友也，则可以性命之书借之；其人为吾经济之友也，则可以经济之书借之；其人为吾文章之友也，则可以文章之书借之。否则，虽稗官小说，且不可假手，而况于帐中之秘乎？③

魏氏的观点用一句话概括就是，书可借，但不可轻借。书籍是

---

① 徐珂编：《清稗类抄·第31册·鉴赏（上）》，商务印书馆，1918年，第42页。
② 钱谦益著，钱曾笺注，钱仲联标校：《牧斋有学集（中）》，上海古籍出版社，1996年，第994页。
③ 魏裔介：《兼济堂文集》，清康熙庚辰（1700）复刻本，第28页。

先贤智慧的结晶,是人类共同的文化财产,如果从知识传播的角度考虑,只有借书予人才能促进文化传承,如果人人都秘藏书籍,对文化发展是莫大的损失。但也应当理解,藏书家耗费千辛万苦才搜集来的书籍,不仅价值贵重,而且是其心血结晶,轻付与人,是对藏书的不尊重,也不利于图书事业的发展。所以,是否可借,关键在人,魏氏将可借之人分为三个类别:性命之友、经济之友、文章之友,对应三个层次可借之书依次"递减",也就是说魏氏的评判标准是借书之人是否为同道中人,是否有共同的学术追求或者爱好。言外之意,非同道者,均在不可借之列,实不值一提。接下来,针对当时借书不还的风气,魏氏提出了严厉的批评:

> 古人之借书者,是必如吾所谓性命之友也,不则经济之友也,又不则文章之友也。故借以一瓻,还以一瓻,以酬酢为欣赏耳。今借书未必同于三者之友,或高阁数月,以致缺少伤损,竟为破甑者有之,况借之也无一瓻还之,也无一瓻而轻借轻还,是非痴乎?[①]

借书之约良性循环的基础就是双方的契约精神,以所谓"窃书不为贼"为借口,达到不当占有他人财产的目的,即使放在今天的公共图书馆,也是不可容忍的行为。而在没有任何制度可以保障出借者权益的清代,藏书家对借阅的慎重态度是完全可以理解的。在这种背景下,也无怪乎部分藏书家"不轻与人通假书籍"[②]。钱泰吉《曝书杂记》转录了《文正家书》关于借书的规定:"家下书籍,用心收著,一本不可遗失。有人借,当定限取来。近来积书家,如浙

[①] 魏裔介:《兼济堂文集》,清康熙庚辰(1700)复刻本,第28—29页。
[②] 叶昌炽:《藏书纪事诗》,古典文学出版社,1958年,第243页。

之天一阁、昆山徐氏,断不借与人书。欲观者至其家观之,欲抄者至其家抄之。乱后旧书无版,即有新刻,字多差讹,书册愈旧者,愈当珍之,不可忽也。"① 类似对藏书安全的顾虑,促使部分藏书家严格限制书籍的借阅流通。但总体看来,并不存在完全封闭、绝不示人的藏书家,只是开放程度存在差异。

(二)藏书互抄互借的规约和理论总结

清代藏书互抄互借的规约,最有名的是黄虞稷、丁雄飞的《古欢社约》,以及曹溶的《流通古书约》。

明末清初,著名藏书家丁雄飞和黄虞稷约定成立古欢社,互抄互校藏书,并制定规约如下:

尽一日之阴,探千古之秘,或彼藏我阙,或彼阙我藏,互相质证,当有发明,此天下最快心事。俞邰当亦踊跃趋事矣。因立约如左:
每月十三日丁至黄,二十六日黄至丁。
为日已订,先期不约。
要务有妨则预辞。
不入他友,恐涉应酬,兼妨检阅。
到时果核六器,茶不计。
午后饭,一荤一蔬,不及酒,逾额者夺异书示罚。
舆从每名给钱三十文,不过三人。
借书不得逾半月。

---

① 钱泰吉:《曝书杂记》,中华书局,1985年,第50页。

还书不得托人转致。①

文虽不长,但考虑得十分全面,对借书时限、借书程序、来访接待、逾期惩罚等各个方面作了细致规定。晚清缪荃孙评价此文:"此约最为简便,同志共读书者,可取以为法。"②《古欢社约》是藏书家私下的约定,曹溶的《流通古书约》则"野心"更大,希望通过呼吁,号召天下藏书家皆加入流通古书的约定。

《流通古书约》首先分析并批判了藏书家秘藏的行为和观念:

自宋以来,书目十有余种,粲然可观。按实求之,其书十不存四五,非尽久远散佚也。不善藏者,护惜所有,以独得为可矜,以公诸世为失策也。故入常人手,犹有传观之望,一归藏书家,无不绨锦为衣,旃檀作室,扃钥以为常。有问焉,则答无有。举世曾不得寓目,虽使人致疑于散佚,不足为怪矣。

近来雕板盛行,烟煤塞眼,挟赀入贾肆,可立致数万卷。于中求未见籍,如采玉深崖,旦夕莫觊。当念古人竭一生心力,辛苦成书,大不易事。渺渺千百岁,崎岖兵攘,劫夺之余,仅而获免,可称至幸。③

从古至今典籍无数,但能流传下来的屈指可数,为什么会出现这种现象?藏书家秘不示人是一个重要原因。藏书者均是爱书之

---

① 丁雄飞:《古欢社约》,载祁承㸁等撰《澹生堂藏书约(外八种)》,上海古籍出版社,2005年,第39—40页。
② 缪荃孙著,张延银、朱玉麒主编:《缪荃孙全集·诗文2》,凤凰出版社,2014年,第221页。
③ 曹溶:《流通古书约》,载祁承㸁等撰《澹生堂藏书约(外八种)》,上海古籍出版社,2005年,第35—36页。

人,当能体会前贤著述之不易,从这一点说,当代的藏书家没有理由将藏书视为"禁脔",这是对书籍价值的损害。然而,藏书家聚书不易,让其无条件公开藏书也是不现实的,那么,有没有一种好方法,既能保护书籍,又能促进流通呢?曹溶接下来提出:

予今酌一简便法:彼此藏书家,各就观目录,标出所缺者,先经注,次史逸,次文集,次杂说,视所著门类同,时代先后同,卷帙多寡同,约定有无相易,则主人自命门下之役,精工缮写,校对无误,一两月间各赍所抄互换。

此法有数善,好书不出户庭也,有功于古人也,已所藏日以富也,楚南、燕北皆可行也。敬告同志,鉴而听许。或曰:此贫者事也,有力者不然。但节宴游玩好诸费,可以成就古人,与之续命。出未经刊布者,寿之枣梨,始小本,讫巨编,渐次恢扩,四方必有闻风接响,以表章散帙为身任者。山潜冢秘,羡衍人间,甚或出十余种目录外。嗜奇之子,因之覃精力学,充拓见闻。右文之代,宜有此祯祥,予矫首跂足俟之矣。①

曹溶的方法有两个步骤,首先需要参与其中的藏书家共享彼此的藏书目录,然后各自根据书目列出所缺书名。书目列毕后,由原藏者自行觅人根据书单抄写,并承担费用,抄毕互相交换,这样就可做到"书不出户庭"而藏书加倍。与黄、丁二人的约定不同,曹溶所谋更大,他希望为天下的藏书家订立一条"公约",故更重视观念的灌输与传播,在细节层面考虑得并不如《古欢社约》细致。

---

① 曹溶:《流通古书约》,载祁承㸁等撰《澹生堂藏书约(外八种)》,上海古籍出版社,2005年,第35—36页。

从操作层面来看,《古欢社约》更胜一筹,《流通古书约》更大的作用则是在推广藏书开放的观念方面。

正是因为互抄互借现象在藏书家之间普遍存在,越来越多的藏书家开始认同"深藏帐中,秘不示人"之无谓,转而为开放借阅而大声疾呼。最具代表性的就是爱日精庐主人张金吾。

张金吾爱日精庐富有藏书,却并不自秘,黄廷鉴称赞他"其于书也,张则乐于人共有,叩必应"。张金吾曾从书坊购得一本珍贵的旧刊《说文解字补义》,为元人包希鲁仅存的传世之作,本欲深藏帐中,秘不示人,有友人至其家见到此本,向张金吾借抄,思之再三,张金吾还是慨然付之。在为本书所作的跋文中,张金吾说:

> (注:此本)犹是元时旧椠。予从李松门书坊中以廉值得之,如获奇珍瑰宝,思欲据为帐中秘矣。适钱塘何梦华(元锡)先生过予,斋头见之,击赏不置,欲从余假录副本。予以希鲁著述甚富,见于《补元史艺文志》及《万姓统谱》者,今皆散佚无传,惟是书仅存。兹既幸归予手,若不公诸同好,广为传布,则虽宝如球璧,什袭而藏,于是书何裨,于予又何裨。且予喜藏书,不能令子孙亦喜藏书。聚散无常,世守难必。即使能守,或僮仆狼藉,或水火告灾。一有不慎,遂成断种,则予且为包氏之罪人。用倩善书者录副以赠。予之不敢自秘,正予之宝爱是书也。①

在秘籍自珍和借抄借阅之间,张金吾最终还是选择了公开藏书,藏书家的豁达可见一斑。在为影写宋刊本《北山小集》所题写的跋文中,张金吾又从理论上阐释了提倡藏书共赏的原因:

---

① 张金吾著,冯惠民整理:《爱日精庐藏书志》,中华书局,2012年,第97—98页。

尝见藏书家得一宋元旧籍,辄思秘之帐中。噫!此何说也!古之人读书稽古,萃一生之心思才力以成一书,难矣。萃一生之心思才力以成一书而历七八百年,几经兵火,旧椠如新,抑又难矣。爱古者碎金片石,断砖剩瓦,犹且公之同好,互相激赏,况书籍为作者精神所寄、灵爽所凭者欤?得之者其亦思古人成书之难何如,流传之难何如,今既幸为己有,冥冥中郑重付托,大望后之人广为传布者又何如,乃谬为爱护,秘不示人,甚无谓也。①

张金吾的藏书公开思想可归纳为两点,其一,书籍是前人精神之寄托,沟通今人与古人的桥梁。古人写书,耗尽一生才力,所求是传之后世,与同好共赏。如果拥有者挟宝自重,秘不示人,古人的精神无法传承,书籍的价值也得不到体现。概言之,书籍的珍贵之处在于其传承千年的精神力量,而非其宋刊元椠的版本价值。其二,藏书聚散无常,藏书家一时保有,并不能保证一世保有;一世保有,也不能保证子子孙孙都能保有。秘籍自珍,一旦发生意外,珍贵的古籍就此失传。藏书公开,录副以存,才能保证古籍长期流传。只有张金吾这种真正的"读书者之藏书"②,才无愧于古书功臣之誉。

张金吾不仅提出了"公诸同好"的观念,在藏书活动中,也始终坚持这个观念,一以贯之。张金吾与稽瑞楼陈揆交好,两人相约互相抄写对方之秘本:"张居西关,陈居稍南,相去不半里,皆面城临水。暇辄过从,各出所获,赏奇辨疑,有无通假,相善也。"③

---

① 张金吾著,郑永晓整理:《爱日精庐文稿》,凤凰出版社,2015年,第72页。
② 张金吾著,冯惠民整理:《爱日精庐藏书志》,中华书局,2012年,第455页。
③ 黄廷鉴:《藏书二友记》,载《丛书集成初编·第六弦溪文抄》,商务印书馆,1936年,第35页。

张金吾世居常熟，该地为明清时期重要的区域藏书中心，藏书家之间互抄行为十分普遍，即使像前述陈揆这般被黄廷鉴评为"慎于乞假"的藏书家，也与张金吾、邵恩多、黄廷鉴等人建立了互抄互读的关系。陆贻典与毛晋父子结为姻亲，互通书籍。叶奕、叶树廉兄弟与钱曾交好，购得秘籍，必互相传录。

常熟派的这股"藏书公开"的思潮，至清末铁琴铜剑楼时期，似已具有制度化的倾向。铁琴铜剑楼藏书富甲吴中，慕名前来借阅者数不胜数。对此，几代铁琴铜剑楼主人都抱着开放的心态。邑人宗舜年在为第二代楼主瞿秉清、瞿秉渊兄弟《虹月归来图》撰写的题词中，以范氏天一阁与铁琴铜剑楼相比，回忆了自己幼年随父亲登天一阁的经历，范氏子孙出御赐《古今图书集成》《平定两金川战图》夸示荣遇，问其宋椠元抄，"辄瞠目不能对"。反观铁琴铜剑楼：

> 丁巳首夏，舜年偕费韦斋、丁初我访良士道长兄于古里。登其堂，花竹窈然，子弟肃然，臧获粥粥然。请观所藏，则抱书而入者，即其垂髫之子。其于甲乙之部居、宋元抄校之流别，执簿呼名，应声而赴。①

铁琴铜剑楼能崛起于东南，与海源阁杨氏南北相望，成为晚清书林盟主，与历代主人书尽其用、开放藏书的开明思想是分不开的。元和（今苏州）柳商贤在题词中也有类似的观感：

---

① 仲伟行、吴雍安、曾康：《铁琴铜剑楼研究文献集》，上海古籍出版社，1997年，第301页。

戊寅春，扁舟造访，（注：瞿秉清）君已先一年殁。两公子出肃，彬彬文雅，出古籍饷客。方延吾友管子礼耕、王子颂蔚校书目，竭五昼夜之力以佐之，仅窥其略。并出是图，属为之记。予惟海内藏书家，推宁波范氏。顾范氏封闭甚严，非外人所能发视，即其子孙亦不能时至。近代惟阮文达、钱辛楣以编校目录，尝至其地，黄梨洲记称：友仲破戒，引予登楼。然则封闭之严，自前代已然矣，近闻遭乱多散佚，而瞿氏秘笈尚完好。斯固有幸有不幸，而不独在乎典守者之谨也。夫束书不观与无书等，瞿氏谨守同乎范氏，而不效其例之苛，择人以示之，可谓贤矣。①

"束书不观与无书等"，很好地说明了瞿氏公开其藏书的原因。书籍的价值在于使用，瞿氏后人正是明白这个道理，才能做到世守其书而不散。为了方便阅读，据铁琴铜剑楼后人回忆，是楼"南向三开间，楼上供藏书之用，第三进楼下为读书之所"②，"且供应茶水膳食，还为远道而来者提供食宿之便"③。

除了常熟，其他区域的藏书家同样有"乐借"之举，并通过撰写文章的方式，告诫子孙，警醒世人，宣扬"乐借"之善。比如清代著名藏书家宋咸熙，曾赋《借书》诗一首：

金石之物亦易泐，况兹柔翰历多年。能抄副本亟流播，劫火来时

---

① 仲伟行、吴雍安、曾康：《铁琴铜剑楼研究文献集》，上海古籍出版社，1997年，第294—295页。
② 仲伟行、吴雍安、曾康：《铁琴铜剑楼研究文献集》，上海古籍出版社，1997年，第1页。
③ 仲伟行、吴雍安、曾康：《铁琴铜剑楼研究文献集》，上海古籍出版社，1997年，第112页。

庶不湮。翳予老病子犹痴，过眼云烟看几时。浊酒一瓻何用报，先公泉下亦怡怡。①

并自序其诗云："藏书家每得秘册，不轻示人，传之子孙，未能尽守。或守而鼠伤虫蚀，往往残缺，无怪古本之日就湮没也。先君子藏书甚富，生时借抄不吝。熙遵先志，愿借于人，有博雅好古者，竟持赠之。作此以示同志。"② 可见，宋氏自先辈起就乐借藏书，而宋咸熙作此诗文，也有告诫子孙谨守家训，继续乐借予人，促其流通之意。

清代中期著名学者袁枚将互抄互借又升华到"以散为聚"的高度。他先后撰写了《散书记》《散书后记》来说明此理。《散书记》云：

乾隆癸巳，天子下求书之诏，余所藏书传抄稍希者，皆献大府，或假宾朋，散去十之六七，人怵然若有所疑。余晓之曰：天下宁有不散之物乎？要使散得其所耳，要使于吾身亲见之耳。古之藏书人，当其手抄缣易，侈侈隆富，未尝不十倍于余。然而身后子孙有以《论语》为薪者，有以三十六万卷沉水者。牛弘所数五厄，言之慨然。今区区铅椠，得登圣人之兰台、石渠，为书计，业已幸矣。而且大府因之见功，宾朋因之致谢，为予计，更幸矣。

不特此也，凡物恃为吾有，往往庋置焉而不甚研阅。一旦漓然欲别，则郑重审谛之情生。予每散一帙，不忍决舍，必穷日夜之力，取

---

① 丁申：《武林藏书录》，载王国平总主编、陈志坚主编《杭州文献集成》（第12册），杭州出版社，2014年，第499页。
② 丁申：《武林藏书录》，载王国平总主编、陈志坚主编《杭州文献集成》（第12册），杭州出版社，2014年，第499页。

其宏纲巨旨,与其新奇可喜者,腹存而手集之。是散于人,转以聚于己也。

且夫文灭质,博溺心。寡者,众之所宗也。圣贤之学,未有不以返约为功者。良田千畦,食者几何耶?广厦万区,居者几何耶?从来用物宏,不如取精多。删其繁芜,然后迫之以不得不精之势,此予散书之本志也。①

袁枚开篇便言明自己辛勤收集来的珍贵典籍,大部分已进献内府或者赠予亲朋。为何要这么做呢?袁枚揭示了理由:其一,典籍聚散无常,存于私家之手,秘不示人,极易散失,历史上无数次书厄已经反复证明此点。其二,"书非借不能读也",对读书人来说,好书求书是一种本能,但书的数量总是超过个人阅读能力范围的,因此,千辛万苦搜访来的书往往束之高阁。散书其实也在倒逼藏书家读书。在《散书后记》中,袁枚将书籍分为两类:"有资著作者,有备参考者。"前者是指写作过程中的资料,后者主要指考据资料,清代考据发达,因此"苦本朝考据之才太多也,盍以书之备参考者尽散之"。②袁枚明确指出,"散其所得"的目的是给从事考据的学者提供资料,其开放程度较之互抄互借更进一步。

流通是藏书价值的升华与延续。在长期藏书实践中,藏书家们虽然不能超越时代,改变古代藏书楼私有、封闭的属性,但不少藏书家的学识、气度,以及受本地藏书流通风气的影响,促使他们大多能够做到在一定范围内公开藏书,以提升藏书的价值。

---

① 袁枚:《小仓山房续文集》,载王英志编纂校点《袁枚全集新编》(第6册),浙江古籍出版社,2015年,第571页。
② 袁枚:《小仓山房续文集》,载王英志编纂校点《袁枚全集新编》(第6册),浙江古籍出版社,2015年,第571—572页。

二、藏书刊刻

古人对于藏书刊刻,向来持积极的态度。晚清张之洞为鼓励人们刻书,曾云:"凡有力好事之人,若自揣德业学问不足过人,而欲求不朽者,莫如刊布古书一法。……其书终古不废,则刻书之人终古不泯。"[1] 在书籍流通尚不发达、互抄互借难以普及的明清时期,刊刻是将秘本公之于众,使珍贵典籍化身千万的最佳手段。

(一) 官府刻书

武英殿是清代最著名的内府刻书机构,但修书处设于何时,至今仍无定论,只能大约判断为乾隆中期。[2] 内府刻书中,最有名的是康熙时期的《古今图书集成》和乾隆时期的《武英殿聚珍版丛书》。前者全书万余卷,5020册,印成后分装576函,采用铜版活字印刷,是我国内府刻书史上首部铜活字本。《武英殿聚珍版丛书》刻成于乾隆四十一年(1776),从《四库全书》中挑选出珍本秘籍138种,同样以活字刻印。主其事者金简为刻印该书撰写的《酌办活字书版并呈套板样式折》,是我国印刷史上的重要文献。乾隆时期也是武英殿刻书的全盛期,据学者统计,乾隆朝共刻书308种,占清代殿本总数的60%以上。[3]

鸦片战争以降,清王朝国力江河日下,内府刻书衰落,取代其

---

[1] 张之洞著,陈居渊编,朱维铮校:《书目答问二种》,中西书局,2012年,第222—223页。
[2] 刘国钧:《中国古代书籍史话》,中华书局,1962年,第987页。
[3] 黄镇伟编著:《中国编辑出版史》,苏州大学出版社,2014年,第239页。

成为官府刻书主流的是各地官书局。同治三年（1864），曾国藩在安庆创办江南书局，开启晚清疆臣兴办书局之风，刻有《船山遗书》等书。同治四年（1865），江南书局改名为金陵书局，由莫友芝、张文虎等人主理。其后，各省相继创办官书局，有名的如湖北崇文书局、广州广雅书局、贵州书局、苏州书局等。同光年间，官书局成为各地刻书的主力，仅广雅书局一家，就刻书300余种，[①]足见其规模之大。从刻印内容来看，早期以经史书为主，著名的如江西书局、广雅书局翻刻《武英殿聚珍版丛书》，金陵书局、淮南书局、浙江书局、江苏书局、崇文书局五家合刻《二十四史》等。后期随着洋务运动的推进，部分官书局投入较多精力翻译介绍西文书籍，在清末思想启蒙中发挥了重要作用。

上面我们介绍了清代官府刻书的概况，从对藏书事业的影响及书籍流通的角度看，清代官刻有以下特点。

首先，一改明末刻书粗陋之风，提升了图书刻印的质量。清代的殿版、康版书，均属古代版刻史上的精品。清人精于校勘版本之学，对明末空疏学风极为不齿，反映在刻书活动中，就是对校勘、刻印质量的追求，一举扭转了明末刻书的陋习，促进了文化传播。

其次，包罗万象，内容丰富。武英殿刻本以御制书籍和大型丛书、类书为主，孙毓修曾言，"古今刻书之多，未有若清朝者也"[②]。除《古今图书集成》等大部头书之外，内府刻书还有大量御制诗文、政书，几乎涉及中国传统文化的各个方面。晚清西学东渐之风愈刮愈烈，各地官书局编译了大量西学著作，如张之洞主持的江楚编译局，编译了大量日本教科书。江南制造局翻译馆所译西文书籍

---

① 张磊：《官书局刻书考略》，《图书馆》2001年第2期。
② 孙毓修：《中国雕板源流考》，商务印书馆，1934年，第18页。

更是不计其数。据统计，1871至1880年间，共翻译图书98部、235本，截至1879年底，共销售32111部，83454册，①对清末社会和学术文化发展起到了重要的促进作用。

再次，精刊精校，装帧精美，代表了我国古代雕版印刷技术的最高水平。相比明代，清代帝王对刻书事业十分重视，许多大型书籍、官书的刊印，都得到了皇帝的高度关注。因此，内府刻书也以校勘精审著称，以武英殿刻书为例，其设有监造处和校对书籍翰林处，前者负责刊印事项，后者则专司书籍内容校勘。其上再设管理大臣，对刻书事宜负有全责，校勘工作大多由当时的著名学者、文人担任，一部书的刊印，往往是对其版本内容的系统梳理，经过考证、校勘、修订等系列工作，其书已成善本。待底稿厘定后，印刷流程还有缮样、刻板、校样、刷印等阶段，每一阶段均要反复检查，一旦发现错误，负责人便要受到相应处罚，有效地保证了殿版书的刻印质量。

最后，积极售卖，鼓励流通。历代官府刻书，宣扬文治是主要目的，售卖流通并不是刻印者考虑的因素。清代的官府刻书也不例外，但是其在流通、售卖等方面明显比前代开明。康、雍、乾三朝是武英殿刻书的全盛期，书籍刻印完成后，常有颁赐之举，如康熙二十五年（1686），赐《御纂日讲解义》、经史诸书于直省学宫及白鹿、岳麓二书院。②康熙年间，向进献藏书者颁赐《古今图书集成》《佩文韵府》；乾隆时期，向献书超过500种的藏书家赏赐《古今图

---

① 张树栋、庞多益、郑如斯等著，郑勇利、李兴才审校：《中华印刷通史》，印刷工业出版社，1999年，第630页。
② 张廷玉等撰：《皇朝文献通考》，商务印书馆，1936年，第655页。

书集成》，百种以上的赏赐《佩文韵府》。① 同时，殿版书还面向社会公开发售，乾隆九年（1744）武英殿设"通行书籍售卖处"，并制作了售书目录。

（二）私人刻书

清代私家刻书风气之浓厚，为历代之冠。凡稍有规模的藏书家，都有刻书活动记载，较为有名者有：周亮工、朱彝尊、毛晋、徐乾学、卢见曾、卢文弨、鲍廷博、吴骞、孙星衍、张海鹏、张金吾、黄丕烈、阮元、伍崇曜、汪世钟、梁章钜、缪荃孙、张元济、刘承干、黎庶昌、叶德辉等。藏书家大多将刻书作为藏书活动的延续，将刊布书籍作为保存古籍、补充藏书、发布研究成果、促进文化交流的途径。而且清代的私刻质量精良，《清稗类抄》即云："海内收藏家喜刻书，仿宋元本，有绝精者，校勘之勤，更非元明所及。如鲍廷博之知不足斋，伍崇曜之粤雅堂，皆以私家之力，而刻书至数百种。其刻至数十种者，尤数见不鲜。"② 也就是说，清代藏书家并不是简单地将善本书籍刻印出来，在这个过程中，他们耗费了大量精力搜罗底本、校勘文字，实际上是在藏书活动基础上进行的学术研究，产生了大量文献整理成果，为文化发展作出了突出的贡献。

1. 清初的征刻活动及其思想

清朝初年，天下初定，文化事业在清末战乱中遭受极大的破坏，许多珍贵典籍毁于战火。思想界反思明亡经验，注重实学的呼声越来越大。在这些因素的综合作用下，学术界对图书典籍的需求

---

① 黄爱平：《四库全书纂修研究》，中国人民大学出版社，1989年，第33页。
② 徐珂编：《清稗类抄·第31册·鉴赏（上）》，商务印书馆，1918年，第140页。

愈发迫切，为了解决无书可读的问题，杨彝、万寿祺、黄虞稷等人先后发起征集图籍和呼吁刊刻的活动，产生了较大的社会影响。

《为顾宁人征天下书籍启》，是杨彝等人为顾炎武撰写的一篇文章。顾炎武是清初三大家之一，顺治九年（1652），顾炎武离家北游。为助其北游求学顺利，杨彝、顾梦麟、万寿祺等21人联合写就此文，呼吁天下人"观宁人之文以察其志，而助之闻见以成其书"[①]，希望藏书家在顾炎武求学过程中给予其帮助。简单地说，就是呼吁天下藏书家将私藏向顾炎武开放，助其著书立说，成就一番事业。此文的推出，固然说明清初藏书事业的凋敝，鼎鼎大名如顾炎武者，也要通过友人向天下人征集书籍。此外也可看到，在清初知识界，学问乃天下公器，提倡藏书当向知书者开放的思想已在觉醒。

随后不久，著名藏书家黄虞稷等人倡导的征刻唐宋秘本书活动，规模更大，影响也更显著。有感于历史上珍贵典籍聚散无常，"倘不及时流传，恐古人慧命，由此而绝"[②]，黄虞稷、周在浚本着传布典籍的使命感，根据家藏书目，选出其中已经校勘的唐宋秘本96种，编成《征刻唐宋秘本书目》，向社会公开发布，征求同道共同刊刻。此目一出，得到了当时许多著名学者的高度赞扬，朱彝尊、纪映钟、钱陆灿、魏禧、汪楫等人联名发表《征刻唐宋秘本书启》，热烈响应号召，并呼吁热心人士积极参与。

首先，从活动目的来看，本次征刻活动明确提出是为保存典籍，为唐宋珍本"续命"，以刊布为手段促其化身千万，以免散亡

---

① 顾炎武著，张兵选注评析：《顾亭林诗文选》，江苏古籍出版社，2002年，第195页。
② 倪灿、周铭：《征刻唐宋秘本书例》，载黄虞稷、周在浚撰《征刻唐宋秘本书目一卷·考证二卷》，观古堂书目丛刻本，1903—1918年，第5页。

之虞，是主动的藏书公开之举。其底本以黄、周二人家藏秘籍为主，也可说明此点。其次，从活动效果来说，为了襄助其事，除了前述《征刻唐宋秘本书启》，清代各个时期都有学者撰文对征刻活动的意义加以阐发和说明，较有名者如张芳《征刻唐宋秘本书论略》，倪灿、周铭《征刻唐宋秘本书例》，叶德辉《重刊征刻唐宋秘本书目序》等，可见其在清代学术界产生的巨大影响。而更为直接的影响，则是促进刻书活动的繁荣。据叶德辉所述，徐乾学《通志堂经解》、鲍廷博《知不足斋丛书》的刊刻都是在征刻活动影响下进行的实践尝试，《征刻唐宋秘本书目》中的大部分书籍均被后世藏书家陆续刊刻，未被刊刻者仅19种。今天，我们从古代藏书流通思想的角度来重新审视本次事件，则有更多值得注意之处。

五名士的《征刻唐宋秘本书启》，对黄、周二人的行为给予了高度赞扬，他们认为："窃惟访酉阳之逸典，遥集谨怀；搜芸室之遗编，流通是急。虽帐中鸿宝，独乐孰若与人；即世守家珍，名山应存副墨。"① 藏书家对书籍的珍惜毋庸置疑，但世事有更替，家道有兴衰，如敝帚自珍，秘不示人，书籍的命运往往是十分悲惨的，绛云楼一炬，就是江南文化之灾。因此，从文化传播、书籍流传的角度来讲，最佳的保护方式就是广为刊刻，使其化身千万。这是对古代私人藏书秘守心态的一次深刻反思，而且提出的措施确实也是在当时的社会条件下较为可行的，藏书家仍保有原本，有余力者参与刻印，藏书家与刻印者的姓名皆随刻印的书籍一起流传，可谓有百利而无一害。

倪灿、周铭的《征刻唐宋秘本书例》则从反方向申说了秘藏的

---

① 纪映钟等：《征刻唐宋秘本书启》，载黄虞稷、周在浚撰《征刻唐宋秘本书目一卷·考证二卷》，观古堂书目丛刻本，1903—1918年，第1页。

危害，他们举出绛云楼、澹园的事例，告诫藏书家图书聚散无常之理，"故知天地菁英，有聚必散，况诸本半系宋锲元抄，即在斯世亦无多藏本，倘不及时流传，恐古人慧命由此而绝"①。对秘藏的危害进行了深刻的揭示，然后又呼吁清初藏书家，"近代藏书，惟北平孙北海少宰，真定梁棠村司农为冠。少宰精于经学，司农富于子集，至于曹侍郎秋岳、蒋文学用毁，手辑万卷，无非珍异，而泰兴季沧苇侍御收宋锲之精华，邺都张上若太史置书写之邮递，是皆海内名流，可与二家相颉颃者，尚冀共出所藏，庶几《四部》《七略》之遗，尽饱嗜痂之目矣"②。他们希望富有藏书之家，能够将收藏贡献出来，通过刊刻的形式让更多人看到。而刊刻耗资巨大，仅靠黄虞稷、周在浚的个人力量是难以完成的，因此，倪灿等人在肯定黄、周二人的倡议，即"此二子欲刻藏书，真善藏之法也"之后，大声呼吁："凡我同人，或任一种，或任数卷，或留意经传，或专心史学、说部之书，可乐闲情，诗文之集，亦广闻见。各随所好，共集大成，不但表彰前贤，抑且嘉惠来者。"继而提出刊刻的要求："至刻本，务期古雅，存宋元旧刻遗意，其字画皆校定无讹，或有缺文，悉仍其旧，不敢妄为增减，以失其真。"③ 如果无力刊刻，或者藏本珍贵，不愿借人者，《征刻唐宋秘本书例》亦提出变通之法："近代遗书好古者，访求甚切，如朱子《论孟精义》一书，已经缮写锓版，其或藏书之家，有秘本出于二子闻见之外者，望祈不吝惠

---

① 倪灿、周铭：《征刻唐宋秘本书例》，载黄虞稷、周在浚撰《征刻唐宋秘本书目一卷·考证二卷》，观古堂书目丛刻本，1903—1918年，第5页。
② 倪灿、周铭：《征刻唐宋秘本书例》，载黄虞稷、周在浚撰《征刻唐宋秘本书目一卷·考证二卷》，观古堂书目丛刻本，1903—1918年，第5—6页。
③ 倪灿、周铭：《征刻唐宋秘本书例》，载黄虞稷、周在浚撰《征刻唐宋秘本书目一卷·考证二卷》，观古堂书目丛刻本，1903—1918年，第6页。

借，限期抄缴。或藏本珍重，不妄借人者，则求示名目，借重代抄，仍厚酬抄值，决不敢爽。"① 其呼吁藏书家以开放的心态，将私藏与更多人分享。

张芳的《征刻唐宋秘本书论略》则是一篇借助本次征刻活动，更加系统阐释征刻团体藏书理念的重要文献，全篇分为"论藏书宜刻""论读藏书宜崇经史""论刻藏书宜先经史后子集""论藏书宜同心校刻"四部分。在"论藏书宜刻"中，作者首先批判了藏书家秘不示人的思想："唐宋以来，名儒之经神史奥，幸而存什一于千百，竟未能发其缄縢，咀其精蕴者，非求之不力也。求之既力，而藏书家曾未肯举其贵且美者以相授，则藏者诚有罪矣。假令存者什一，授者亦什一，以是为私相授受之物，则辟如通门巨室，笼其贵美，以自为玩好，又可谓无罪乎！"② 以爱书之名，将珍贵的宋元秘本收入囊中，就有责任将之传之千古，这才是真正的古书功臣，若因自珍自赏，导致图书散佚，爱书反而成为一种罪过。因此，张芳高度赞扬了黄、周二人的倡议："今黄、周二子胪列所藏唐宋秘本，告天下共襄盛事，公其贵且美者于世，以厌服海内好奇嗜异之心，可谓有功矣，是仆之所欢喜赞颂也。"③ 其认为二人公开藏书，是真正的古籍功臣。"论读藏书宜崇经史"条重点阐释了经籍的价值，特别强调要先阅读那些能"为生民立命，为天地立心"的经史书籍，也就是"经世致用"的学问。"论刻藏书宜先经史后子集"条，

---

① 倪灿、周铭：《征刻唐宋秘本书例》，载黄虞稷、周在浚撰《征刻唐宋秘本书目一卷·考证二卷》，观古堂书目丛刻本，1903—1918年，第6页。
② 张芳：《征刻唐宋秘本书论略》，载黄虞稷、周在浚撰《征刻唐宋秘本书目一卷·考证二卷》，观古堂书目丛刻本，1903—1918年，第2页。
③ 张芳：《征刻唐宋秘本书论略》，载黄虞稷、周在浚撰《征刻唐宋秘本书目一卷·考证二卷》，观古堂书目丛刻本，1903—1918年，第2页。

是对前一条观点的继续阐发，因为经史书有资于治道，所以在资源有限的情况下，应当先刻经史书。"论藏书宜同心校刻"条，则总结评价了明代刻书的特点和弊病，认为其浮夸谋利的刻书风格极大地影响了刻印质量，进而呼吁有志于此道的同志通力合作，认真校刻、共襄盛举，寄望公开藏书、参与征刻能成为藏书家的共识，能有更多的藏书家自愿投身其中。

2. 丛书刊刻思想

丛书的大量刊刻是清代私刻的重要特征。有清一代，丛书数量将近两千种，其中大部分是由私人藏书家刻行的。藏书家为何热衷刊刻丛书，张之洞和缪荃孙的观点颇有代表性。张之洞说："丛书最便学者，为其一部之中，可该群籍。搜残存佚，为功尤巨。欲多读古书，非买丛书不可。"① 缪荃孙亦云："单简零帙，最易消磨，有大力者，汇聚而传刻之。昔人曾以拾丛冢之白骨，收路弃之婴儿为比，则丛书之为功大矣。"② 概言之，丛书的优点有二：一为内容丰富，读一书而四部典籍尽明；二是保存文献之功，单行本容易散佚，而丛书可汇集诸本，起到"抢救性保护"的作用。第二点对藏书家更有吸引力，丛书一般卷帙浩繁，规模庞大，容易引起大的社会反响，因此，在清代的各个时期，都有非常著名的丛书编纂及刊刻活动。

清初有毛晋《津逮秘书》、曹溶《学海类编》、张潮《昭代丛书》、徐乾学《通志堂经解》、曹寅《楝亭藏书十二种》等。乾嘉时期的丛书代表作则有：黄丕烈《士礼居丛书》、鲍廷博《知不足斋

---

① 张之洞著，范希曾补正，高路明点校：《书目答问补正》，北京燕山出版社，2008年，第230页。
② 缪荃孙：《适园丛书序》，载张钧衡辑《适园丛书》，广陵书社，2016年，第1页。

丛书》、卢文弨《抱经堂丛书》、孙星衍《岱南阁丛书》、张海鹏《学津讨原》《借月山房汇抄》等。清末则有钱熙祚《守山阁丛书》、伍崇曜《粤雅堂丛书》、蒋光煦《别下斋丛书》、潘仕成《海山仙馆丛书》、郁松年《宜稼堂丛书》、陆心源《十万卷楼丛书》、方功惠《碧琳琅馆丛书》等。此外，随着西学传入，清末还出现了汇集自然科学图书的丛书，如罗士琳《观我生室汇稿》、李锐《李氏遗书》、吴邦庆《畿辅河道水利丛书》等。

关于刊刻丛书的目的，清代藏书家也是有明确且清晰的认知的，我们以清代著名藏书家鲍廷博为例。鲍氏出身于商贾世家，终身为布衣，唯一的爱好就是藏书、刻书。《四库全书》纂修期间，鲍氏家族共献书 626 种，为私人藏书家之冠。乾隆三十四年（1769），鲍廷博开始刊印《知不足斋丛书》，他在序中写道：

汉唐以降，数千百年，论著为一家言者，奚啻充栋！史志所载，与夫藏弆家所著录，名存而书亡者，又何可偻指数！惟荟萃一编，俾有统摄，则诸子百家之撰述常聚也。……此廷博所以汲汲为丛书之刻，意盖有感于斯也。特自惭力薄，不能广求，未见之书，仅守先人敝箧，可以公世者无几。惟是每刻一书，乐与同志悉力校勘，务求完善，视左、陶诸刻加精审焉。……自时厥后，远近朋好常以异本相投，以接续于无已。后有好者，亦复踵而行之，庶几古人之精神聚而不散，使天地人物，古今不易之定理，矫然而破其一成例，岂不快哉！①

可见，在鲍廷博这样的藏书家看来，秘藏书籍之举甚是无谓，

---

① 鲍廷博：《知不足斋丛书序》，载吴翌凤编《清朝文征（下）》，吉林人民出版社，1998 年，第 1458 页。

且对文化传承有害，他认为保护书籍最好的办法，就是让其化身千万，通过刊刻促进书籍流通，使更多的人能够看到这些珍贵书籍的面貌。因此，他不仅不惮于公布家藏善本，还热情地呼吁更多的人参与其中。

对于清代丛书的特点，叶德辉在《书林清话》中作过系统总结，他在"乾嘉人刻丛书之优劣"条中云：

> 阮文达元《文选楼丛书》，则兼收藏、考订、校雠之长者也；顾修《读画斋》，李锡龄《惜阴轩》，张海鹏《学津讨原》《借月山房》《泽古丛抄》《墨海金壶》，钱熙祚《守山阁》《珠丛别录》《指海》，杨墨林《连筠簃》，郁松年《宜稼堂》，伍崇曜《粤雅堂》，潘仕诚《海山仙馆》，蒋光煦《别下斋》《涉闻梓旧》，钱培名《小万卷楼》，多者数百种，少者数十种，皆校勘家也。
>
> 同光以来，则有吴县潘文勤祖荫《滂喜斋》《功顺堂》，归安姚观察觐元《咫进斋》，陆运使心源《十万卷楼》，钱唐丁孝廉丙《嘉惠堂》，章大令寿康《式训堂》，收藏而兼校勘者也。至黎星使庶昌《古逸丛书》，专模宋元旧椠，海外卷抄，刻印俱精。惜假手杨校官守敬，不免师心自用、英雄欺人之病。惟江阴缪氏《云自在龛丛书》，多补刻故书阙文，亦单刻宋元旧本，虽《平津馆》《士礼居》不能过之，孙、黄复生，当把臂入林矣。（近年贵池刘世珩聚学轩刻《丛书》及仿宋本书，南陵徐乃昌刻《积学斋丛书》及《随庵丛编》仿宋元本书，南浔刘氏嘉业堂、张氏适园刻《丛书》，均缪氏主持，胜于杨氏所刊远矣）①

---

① 叶德辉：《乾嘉人刻丛书之优劣》，载叶德辉著、紫石点校《书林清话（外二种）》，北京燕山出版社，2008年，第245—246页。

其名为"乾嘉",实际上对有清一代知名丛书——道来,分述其优劣。从叶氏的总结不难看出,清代藏书家并不是简单地将各种书籍汇成一编便草草了事,而是在编刻过程中进行了大量的底本访查、文字校勘工作,将经过整理的最精最善之本收入书中,故其质量才能得到后世的高度认可。再论清代刻书的另一个特征,好刻乡贤、地理丛书,其云:

> 荟萃乡邦郡邑之书,都为丛刻。……国朝嘉庆间,有赵绍祖刻《泾川丛书》,宋世荦刻《台州丛书》,祝昌泰刻《浦城遗书》,邵廷烈刻《娄东杂著》。道光朝有伍元薇刻《岭南遗书》。同治朝有胡凤丹刻《金华丛书》,孙衣言刻《永嘉丛书》。光绪朝此风尤盛,如孙福清刻《槜李遗书》,丁丙刻《武林掌故丛编》,又刻《武林先哲遗书》,陆心源刻《湖州先哲遗书》,赵尚辅刻《湖北丛书》,王文灏刻《畿辅丛书》,盛宣怀刻《常州先哲遗书》。力大者举一省,力小者举一郡一邑,然必其乡先辈富于著述,而后可增文献之光,如《梓吴》《盐邑志林》,虽有开必先,而卷帙零奇,殊嫌琐细;《泾川》亦多无用之书,不必为世传诵;惟《台州》渐有巨册;《浦城》采集益宏;《娄东》全属小书,乃以八音分集;《金华》颇多专集,校刻又嫌不精;《武林》卷帙浩繁,滥收山水寺观志书,未免不知鉴别;惟《常州》出自缪艺风老人手定,抉择严谨,刻手亦工,后有作者,当取以为师资矣。①

从清代中期开始,藏书家刻印地方文献的热情大涨,这对保存乡邦文献起到了重要作用,但随着刻书规模的扩大,也出现了校刻

---

① 叶德辉:《刻乡先哲之书》,载叶德辉著、紫石点校《书林清话(外二种)》,北京燕山出版社,2008年,第246页。

不精的问题。

总体看来,清代的丛书刊刻体现出以下总体特征:"康雍时期注重经史,乾嘉时期崇尚校理,道咸时期尊奉实学,同光以后倡导新学。而此种格局的形成,正是有清一代学术流变的结果。"① 而其功绩,"数百年来踵接武继,化秘籍为亿万千身,其嘉惠来学者甚多"②。

3. 清代常熟派刻书活动

常熟派在清代藏书流派中颇具代表性,前面我们介绍了清代私刻的整体特征,下面我们将以常熟派为例,展现个体藏书家对于图书刊刻的认识。毛晋汲古阁以刻书著称于世,其刻书之名远超过其藏书之盛,叶德辉《书林清话》卷七关于毛晋刻书的内容就有七条之多。叶氏虽然对毛刻本颇多微词,也不得不承认"明季藏书家,以常熟之毛晋汲古阁为最著"③,"毛氏刻书,至今尚遍天下,亦可见当时刊布之多、印行之广矣"④。毛氏本人终生致力于刻书,曾谆谆告诫其子毛扆说:"吾缩衣节食,遑遑然以刊书为急务,今板逾十万,亦云多矣。窃恐秘册之流传,尚十不及一也。"⑤ 足见其刻书之勤,用心之专。

汲古阁刻书的品类十分丰富,"当时遍刻《十三经》、《十七

---

① 王武子、曹海东:《清代学术流变与丛书汇刻之关系》,《图书馆论坛》1993年第3期。
② 吴晗:《江浙藏书家史略》,中华书局,1981年,"序言"。
③ 叶德辉:《明毛晋汲古阁刻书之一》,载叶德辉著、紫石点校《书林清话(外二种)》,北京燕山出版社,2008年,第190页。
④ 叶德辉:《明毛晋汲古阁刻书之二》,载叶德辉著、紫石点校《书林清话(外二种)》,北京燕山出版社,2008年,第192页。
⑤ 叶德辉:《明毛晋汲古阁刻书之二》,载叶德辉著、紫石点校《书林清话(外二种)》,北京燕山出版社,2008年,第195页。

史》、《津逮秘书》、唐宋元人别集以至道藏、词曲，无不搜刻传之"①。总的来说，其刻书次序是以经史为先，其后子集，最后则是佛道、词曲，这也符合毛晋本人的学术旨趣。刻书的数量，据毛晋《汲古阁校刻书目》、郑德懋《汲古阁校刻书目补遗》、陶湘《明毛氏汲古阁刻书目录》统计，有近 700 种。

毛晋刻书之法，第一步为广择善本为底本，陈瑚《为毛潜在隐居乞言小传》云其"所锓诸本，一据宋本"。王象晋《隐湖题跋·引》亦谓："生（毛晋）于书无所不窥，闻一奇书，旁搜冥探，不限远近，期必得之为快。然不以秘帐中而以悬国门，必手自雠校，亲为题评，无憾于心，而始行于世。"②

多方搜集到善本后，第二步就是精心校勘。毛晋不仅"手自校雠"，还多方延请名家，共同分担校勘工作。钱泳《履园丛话》卷二十载："子晋本有田数千亩，质库若干所，一时尽售去，即以为买书刻书之用。创汲古阁于隐湖，又招延海内名士校书，十三人任经部，十七人任史部，更有欲益四人，并合二十一部者，因此大为营造，凡三所。"③ 此外，汲古阁刻书对刻工、纸张都有严格的要求，因其刻印精美、校雠精善，故有"毛氏锓本走天下"的盛况。

继汲古阁而起的常熟席氏扫叶山房，亦以刻书著称，孙毓修《中国雕板源流考·坊刻本》称"清时书坊刻书之多，莫如苏州席氏扫叶山房"，"贩夫盈门，席氏之书不胫而走天下"。④ 至清代中期

---

① 叶德辉：《明毛晋汲古阁刻书之一》，载叶德辉著、紫石点校《书林清话（外二种）》，北京燕山出版社，2008 年，第 190 页。
② 王象晋：《隐湖题跋·引》，载毛晋著、潘景郑校订《汲古阁书跋》，古典文学出版社，1958 年，"卷首"第 8 页。
③ 钱泳撰，孟斐校点：《履园丛话（上）》，中华书局，2012 年，第 579 页。
④ 孙毓修：《中国雕板源流考》，商务印书馆，1934 年，第 35 页。

的张海鹏,以前辈乡贤毛晋为榜样,矢志刻书,提出"藏书不如读书,读书不如刻书,读书只以为己,刻书可以泽人"的观点,足见其胸怀之宽广。张氏刻书规模虽然比不上汲古阁、扫叶山房,但其以个人之力,刊刻了大量大部头的丛书、类书,刊印古籍3000余卷,为保存中华传统文化作出了突出贡献。张海鹏刊刻的图书较著名的有《学津讨原》《墨海金壶》《借月山房汇抄》《太平御览》等。

上面仅列举了三位以刻书著称的常熟派藏书家。明、清两代,常熟藏书家的刻书活动十分普遍,据学者统计,常熟明代藏书家150多人,124人有刻书活动,清代亦有125人有刻书活动。[①] 可见,通过刊刻的形式,藏书家将其得到的珍贵版本刊布出来,使珍贵古籍化身千万,让更多有志读书的士子有机会读到,是常熟派的共识。而常熟派的做法,一定程度上也代表了清代私人藏书家的共识。

第二节 早期藏书公藏公用思想

一、藏书公开借阅制度

藏为读用是清代较为普遍的藏书理念,阅读是最基本的藏书利

---

① 曹培根:《藏书开放思想与实践——古越藏书楼与常熟藏书楼简论》,《常熟高专学报》2003年第3期。

用方式，藏书不管是用于研究，还是用于版本鉴赏，都要以阅读为基础。前面在介绍藏书管理制度时，已经涉及部分借阅制度的内容。这里我们将以典型案例的形式，再对清代各类型藏书的借阅制度和思想进行解读。

（一）官府藏书借阅制度

清代宫廷藏书借阅制度是伴随着《四库全书》的编纂、七阁建成而日渐完善的。乾隆四十一年（1776），大学士舒赫德奉命制定《文渊阁官制及赴阁阅抄章程》，其中关于开放权限的规定如下：

> 至宋制，非省官毋得借书，故中秘藏编，外人罕睹。我皇上搜罗典训，乙夜亲批，复嘉与儒林，同游渊海，特许臣僚借读，得纵观延阁之储，尤仰见加惠艺苑、昌明经籍之至意。①

相比宋代馆阁藏书秘不示人，清代允许朝臣入阁观书，是观念上的进步。具体的借阅规则为：

> 如翰林及大臣官员内欲观秘书者，准其告之领阁事，赴署请阅。有愿持笔札就署抄录者，亦听之。其司籍之员，随时存记档册，点明帙数，不许私携出院，致有遗缺。如所抄之本，文字偶有疑误，须行参校者，亦令其识明某卷、某页、某篇，汇书一单，告之领阁事，酌派校理一员，同诣阁中，请书检对，仍须敬谨翻展，不得少致污触。②

---

① 中国第一历史档案馆编：《纂修四库全书档案（上）》，上海古籍出版社，1999年，第524页。
② 中国第一历史档案馆编：《纂修四库全书档案（上）》，上海古籍出版社，1999年，第527页。

首先，规定了借阅对象为"翰林及大臣官员"，也就是说京官基本上都具备入阁观书的资格。其次，借阅方式可归纳为申请—借阅制，即不允许将书借走，只能申请后在阁内观看，但允许抄写。最后，在抄阅的同时，允许借书者参与校勘工作。整个制度设计是较为合理的。

乾隆五十三年（1788），鉴于京中三阁深处禁中，外官进出不便，特许其赴翰林院查阅四库底本，① 这是对宫廷藏书借阅制度的修正。

相比北方四阁，南方三阁建立的初衷就是方便江南士子观览，乾隆四十七年（1782）上谕中明确指示："俾江浙士子得以就近观摩誊录，用昭我国家藏书美富、教思无穷之盛轨。"② 为了保证南方三阁真正向士子开放，乾隆四十九年（1784）再次下旨申说公开借阅之意：

> 前因江浙为人文渊薮，特降谕旨，发给内帑，缮写四库全书三分，于扬州文汇阁、镇江文宗阁、杭州文澜阁各藏庋一分。……将来全书缮竣，分贮三阁后，如有愿读中秘书者，许其陆续领出，广为传写。全书本有总目，易于检查，只须派委妥员董司其事，设立收发档案，登注明晰，并晓谕借抄士子加意珍惜，毋致遗失污损，俾艺林多士，均得殚见洽闻。③

---

① 中国第一历史档案馆编：《纂修四库全书档案（下）》，上海古籍出版社，1997年，第2142—2143页。
② 中国第一历史档案馆编：《纂修四库全书档案（下）》，上海古籍出版社，1997年，第1589页。
③ 中国第一历史档案馆编：《纂修四库全书档案（下）》，上海古籍出版社，1997年，第1768页。

因担心地方官员过分珍视阁书，给士子阅读制造障碍，乾隆帝亲自下令，重申开放之意，并对借阅制度提出了要求。总体看来，清代官府藏书的开放性相比前代是有较大进步的。

(二)私人藏书借阅制度

私人藏书的性质决定了其在借阅方面是相对保守的。对藏书家来说，藏书既是爱好，也有财产性质，特别是宋元旧椠，价值不菲，都是藏书家费尽心血和财力搜集而来的，故而大部分藏书家都不愿大规模开放藏书，仅在很小的范围内与友朋共读互借。越是世代相袭的藏书世家，在借阅制度方面往往更加严格，事实上，从藏书保藏的角度来说，严格的借阅制度是书籍能够长期保存、避免散失的重要手段。

清代的藏书家当然也不例外，前面我们在介绍私人藏书管理制度时已经列举了大量藏书楼的借阅规定，总体看来其特征有三：其一，有限开放。一般仅限于家族内部成员或经特别允许的同好。其二，严格的登记制度。所有允许借阅的藏书家，都细致地规定了借阅的程序和登记方法。其三，就地阅览，不许携出。获得允许借观者，只能在规定地点翻阅，不能将之带出书楼，但古代藏书家一般都准许借观者抄录，在一定程度上促进了书籍的流通、保存。

以上是清代私人藏书的一般情况，但清代是一个特殊的时代，晚清以降，在西风东渐和救亡图存的双重影响下，一些富有远见卓识的士绅，日益认识到启迪民智的重要性，在私人藏书基础上诞生了一批带有早期公共图书馆性质的藏书楼，其变化主要就体现在借阅制度方面。

国英（1823—1884），清末藏书家，一生别无所好，唯喜藏书。

退官闲居后，他有感古来藏书家秘不示人，无数珍本秘籍因此散失，慨然将毕生收集的藏书置于书楼，供天下读书人共读之，为表彰此意，他特意给藏书楼起名为"共读楼"，希望书楼做到"与人共读""成己成人"。[1]为保证书楼的有序运转，国英还特别制定了12条《共读楼条规》。根据国英设置的开放政策，共读楼由国英及本族人员管理，后世子孙亦不许随意将书携出书楼。书楼每年除腊、正两月外，每月逢三、八日（即初三、初八、十三、十八、二十三、二十八，共六日）上午九点到下午五点之间开放。相比后世的公共图书馆，开放时间不能算长，但考虑到共读楼完全的公益性质，则已经十分先进了。开放对象并无限制，但需要履行一定的程序："诸邻友欲来看书，前期须同相识友先到本宅说清姓、号，共若干位，本宅付给图章条一纸，到塾，家人见条方请入楼。无则阻拦，莫责不恭。"[2]实际上实行的是熟人担保制，大大降低了藏书污损的风险，是很有智慧的制度设计。借阅规则方面，共读楼"所有一切书籍概不准出楼，看书者当依时幸临入楼取看"。这也是当时私人藏书的普遍规定。此外，共读楼对于借阅规模也有周详的考虑，"凡诸邻友到塾看书，至多请二十位入楼""此次不得入楼者下次再约"，每次仅限20人阅览，并需提前预约。进入书楼后，还区分出独立的阅览区，"诸邻友入楼后即比次而座""不得竟行上楼"，可见，二楼是藏书区，一楼为阅览区，读者不能直接进入书库，大约相当于今天的闭架阅览。如需借阅，则要"言明抄某书，

---

[1] 国英：《共读楼书目序》，载李希泌、张椒华编《中国古代藏书与近代图书馆史料（春秋至五四前后）》，中华书局，1982年，第59—60页。
[2] 国英：《共读楼书目（下册）》，吉林索绰络氏家塾藏版，清光绪六年（1880）刻本，卷末。

查某书,自有执事者代为检取送阅",阅读完毕或当天的开放时间结束后,"仍交执事者归还原处,妥为安放"。每位读者每次可以借阅的数量为 1 至 2 种,"多则恐应接不暇"。与今日图书馆古籍借阅制度相比,几无二致。

除严密的借阅制度设计,针对污损图书等违规行为其也预先制定了惩罚措施,"无论何人,倘有违背条规,必贴条楼柱,宣其错失。加重者半月不约入楼,有心者永远不约入楼"。这些严格的措施,除了保证藏书的安全,更重要的是为了实现建立"共读楼"的初心。国英认为,设立共读楼,初衷是为那些家贫无力购书的好学之士提供便利,如果不严守规则,"任意查看,损失必速,损失速则无以垂永久"。时至今日,古籍藏与用之间的平衡,仍然是图书馆面临的难题之一,国英的解决办法,不啻为藏书有限情况下的最优选择。

浙江瑞安玉海楼,是与天一阁、嘉业堂并称的"浙江三大藏书楼"之一,其主人为清末著名学者孙衣言、孙诒让父子。孙衣言还为玉海楼制定了 14 条《玉海楼藏书规约》,其中的借阅流通思想颇为值得关注。

玉海楼的藏书由孙氏父子辛勤搜集而来,但他们并未秘藏自宝,孙衣言认为,书籍是天下共宝,"异时词章之美,著述之富,庶几亦如深宁,斯不谓之可至宝也乎?复取古人读书之法,及我今日藏书之意,具为条约,揭之堂壁,乡里后生,有读书之才,读书之志,而能无谬我约,皆可以就我庐,读我书。天下至宝,我固不欲为一家之储也"[①]。可见,玉海楼虽然是孙氏的私人藏书楼,但他

---

① 孙衣言:《玉海楼藏书记》,载潘猛补编《温州历史文选》,作家出版社,1998 年,第 248 页。

并不以之自恃，订立规约就是为了方便后辈好学者利用，化一为万，嘉惠乡里。《玉海楼藏书规约》中关于借阅的条目有三：

> 楼中书籍不许管书人私自携出或借出，如有各房子弟或外人来阅，先具一字条开明何书，陈报主人，经许可后乃借之，然亦只许逐日在楼下坐阅，不许携出。开锁取书时，借书人不许随入楼室。凡书一部数函，先将首函取出借阅，首函阅毕，再行换给次函，不得全部一次取出。其无函无套者，每次给与四五本，阅过换取。①

借阅制度与共读楼基本相似，即严明手续和不许携出相结合，但借阅数量有所提高。因入楼观书者都必须严格登记，故孙氏亦对登记方式进行了详细的规定：

> 管书人应备号簿一本，登明某人某日借阅楼上某书，归还之日，注明销号。所借书从何架何叠取出，归还时仍放原处，不得随手放置，致有错乱散失。②

对于读者守则，以及损坏图书行为的惩罚措施，规定如下：

> 读书如对严师庄友，不可跛倚倾侧，或欹枕灯火之旁，阅时先将楼下几案拂净，用蓝布一方拥在几上，再将所借书取出，打开函帙，正身端坐，细心阅读，不得以指甲掐裂中缝及以唾揭起纸页。阅完一

---

① 孙衣言：《玉海楼藏书规约十六条》，载孙衣言撰著、刘雪平点校《浙江文丛·孙衣言集（下）》，浙江古籍出版社，2017年，第806页。
② 孙衣言：《玉海楼藏书规约十六条》，载孙衣言撰著、刘雪平点校《浙江文丛·孙衣言集（下）》，浙江古籍出版社，2017年，第806—807页。

本，即将此本安放底下，书脑向左，以次照式，逐本叠起。看竣一函，将全函揭转，书脑向右，则次序不致倒乱，随将函帙扣好，还归管书人，再换取次函。其逐日阅看，或十页，或廿页，于纸角略略折入寸许，以便明日续读。①

在阅读过程中，要求读者要珍爱书籍，诚心正意，小心翻阅。如借阅过程中书籍稍有污损，"违者罚赔"。除了有关藏书借阅、管理的条款，《玉海楼藏书规约》中还有大量内容在谈读书方法，孙衣言从自身经历出发，给后辈学子以阅读方面的指导。其内容虽然没有超越朱子读书法的范畴，但将阅读指导融入藏书规约中，足见其建立玉海楼，确实是在有意识地推行藏以致用的观念，并希望充分发挥书籍的作用，给青年学子以切实的帮助。

（三）书院藏书借阅制度

前面已经多次提到，书院藏书因其特殊属性，是古代藏书类型中最具公共精神的。书院藏书本就服务于师生学习、研究，且属于书院公产，因此，一般较有规模的书院，在制定学规时都会将藏书、借书规约并入其中。清代是古代书院发展的巅峰期，存留至今的各种藏书规约数量也是最多的，较有名的如《岳麓书院捐书详议条款》，学海堂《藏书规约》，丰湖书院《书藏四约》，大梁书院《购书略例》《藏书阅书规则》《编次目录略例》，上海格致书院《藏书楼观书约》等。这些规约内容大同小异，订立时间越靠后，对细节的考虑也越周密。因此，如丰湖书院、大梁书院等晚清书院，其

---

① 孙衣言：《玉海楼藏书规约十六条》，载孙衣言撰著、刘雪平点校《浙江文丛·孙衣言集（下）》，浙江古籍出版社，2017年，第806—807页。

藏书规约可代表清代书院藏书管理的最高水平。前面介绍书院藏书管理制度时，我们已较多引用了丰湖书院《借书约》的规定，在这里我们再转录大梁书院《藏书阅书规则》，以见清代书院藏书借阅制度之情形。

各项书籍均存院长院内西偏精舍，用司书吏一人经管，用司阍一名典守锁钥。

书院置一阅书簿，交司书吏收执，凡肄业生欲阅书者，必邀同斋长一人告司书吏检取，于簿内记明某月某日取某书几卷几本，某生阅，斋长某人，各于簿下书押。

每次取书每人□许一种，不得过五卷，至迟十日交还，不得逾期，交还后再取。

肄业生欲阅书，如不邀同斋长于簿内分书名押，司书吏勿擅给。

取出各书交还后，司书吏即于阅书簿内注明某日交还，并查明原书有无损坏，无则归架，有则询明，呈监院官核办。

每月给司书吏银三两，司阍役银一两，俾知照管。如书籍损失，必分别责赔。

肄业生取阅各书，均当加意护惜，如有损失，势须购补，否则累及斋长。

 ············

以上所订规则，如有未周及日久应变通处，尽可增损更订，惟以行之久远，绝去弊端为断。①

---

① 陈谷嘉、邓洪波主编：《中国书院史资料（下）》，浙江教育出版社，1998年，第2323—2324页。

与私人藏书相比，书院藏书借阅制度的特点有二：其一是专人负责，有司书吏等专管图书出纳事宜的人员配备，并由书院给予薪资，其作用相当于图书馆员。其二是允许借出，书院藏书大部分是科举考试书目或教学参考书，有一定工具书的性质，学生往往需要长期使用，所以与私人藏书一般只允许现场阅读不同，书院藏书可以携出，但必须做好登记工作，斋长等人还要承担赔偿连带责任。因此，书院藏书借阅制度的设计较私人藏书往往更为细致。如丰湖书院《借书约》除与大梁书院类似的内容外，还详细规定了诸如"借书之期限以十日"为限；一次借出不许超过三种，或者四本，且不允许一次将一套书全部借走；如有违背规定的行为，要给予不许再借的惩罚等。种种制度设计，都是为了保证书院藏书的长期正常运转，也给不久后兴起的新式图书馆建设提供了制度经验。

二、儒藏思想的产生与发展

儒藏思想，就是以藏和道藏之例，按一定的规则将历史上的所有儒家典籍汇为一编，以便更好地保存文献，促进学术发展。其思想起源于明代，至清初周永年发展成为一种较系统的学说，并在其中加入了"公藏公用"的观念，是我国古代藏书保存和利用思想中影响较大的一种。

"儒藏"一词，由晚明曹学佺率先提出。曹学佺（1574—1646），福建侯官人，万历年间进士，因得罪了魏忠贤，被迫归乡闲居，居家著述二十年。① 其家富有藏书，与徐𤊹并称福建两大藏书家。曹学佺本人佛学造诣深厚，故能结合佛藏思想，在明末首提"儒藏"之议。

曹学佺认为"天下之物公则久，私则不能久"，释道有藏，一藏则赅括重要典籍，即使单本失传，典籍也能赖"藏"流传。因此，儒家经典完全可以借鉴释道二藏的经验。在《建阳斗峰寺清藏碑文》中，曹学佺阐释了这一思想：

> 释道有藏，吾儒独无藏，释藏南北二京皆有版，道藏惟北京有版，以此见释教之传布者广，而奉释者为教之念公也。《隋唐经籍志》以经史子集分为四库，宋《崇文总目》亦然，《文献通考》，郑夹漈《十二略》皆因之循名，责实未尝不与二藏相颉颃，惟是藏书家馆阁自馆阁，私塾自私塾，未尝流通，故其积之不久，或遇水火盗贼之灾，易姓播迁之事，率无有存者。②

曹学佺提出此议后，还曾尝试编纂《儒藏》，"予盖欲修《儒藏》焉，以经先之也。撷四库之精华，与二氏为鼎峙，予之志愿毕矣"③。《明史》"曹学佺传"亦云："尝谓'二氏有藏，吾儒何独无'，欲修儒藏与鼎立。采撷四库书，因类分辑，十有余年，功未及竣，两京继覆。"④ 十余年后，明朝覆灭，曹学佺"入山投缳而死"，"儒藏"之议壮志未酬，但其思想的光芒永不会被历史的尘埃

---

① 张廷玉：《明史》，中华书局，1974年，第7400页。
② 陈超：《曹学佺研究》，吉林人民出版社，2007年，第134页。
③ 曹学佺：《五经困学·自序》，载朱彝尊《经义考·卷二五〇》，清嘉庆二十二年（1817）秀水朱氏重刻本，第四十册四页上。
④ 张廷玉等撰：《明史》（卷二百八十六），中华书局，1974年，第7401页。

湮没。

曹学佺去世百余年后，另一位藏书家再次系统阐释了儒藏的理念，并为之制定了详细的章程，他就是曾参与《四库全书》编修的周永年。周永年（1730—1791），字书昌，曾从著名学者沈起元学，乾隆三十六年（1771）进士，充翰林院编修，是乾嘉学派的重要学者之一。他先后撰写了《儒藏说》（附录《儒藏条约三则》）、《与李南涧札》、《覆俞潜山》、《与孔荭谷》、《覆韩青田师》等文，系统阐释了"儒藏"的目的、内容、作用和实践方式。与此同时，周永年还专门建立了"藉书园"，聚集古今典籍十万卷，供人浏览、抄阅，切身实践儒藏的思想。周永年幼年家贫，家无藏书，向人借书屡遭白眼，等到学有所成，深感贫寒士子读书不易，所以其《儒藏说》的核心思想就是通过制度设计，为读书人提供一个公藏、共读的场所。

他先对历代藏书发展规律进行了考察："自汉以来，购书藏书，其说綦详。官私之藏，著录亦不为不多，然未有久而不散者。则以藏之一地，不能藏于天下；藏之一时，不能藏于万世也。"[①] 为何如此？在周永年看来，就是因为私无法常据，公才能长久，想要改变这种现象，就要"藏之有法"，用恰当的制度设计去抵御书厄的风险。曹学佺提出的向释、道二藏学习，建立"儒藏"的想法，周永年亦深以为然，"释者之书，正伪参半，美恶错出，惟藏之有法，故历久不替"。[②] 除了曹学佺的儒藏说，丘濬"分藏三处"和陆世仪

---

① 李希泌、张椒华编：《中国古代藏书与近代图书馆史料（春秋至五四前后）》，中华书局，1982年，第47页。
② 李希泌、张椒华编：《中国古代藏书与近代图书馆史料（春秋至五四前后）》，中华书局，1982年，第48页。

"藏书邹鲁"也为周永年提供了思想渊源,他说:

> 丘琼山欲分三处以藏书,陆桴亭欲藏书邹鲁,而以孔氏之子孙领其事。又必多置副本,藏于他处。其意皆欲为儒藏而未尽其说。①

在继承曹学佺等人观点的基础上,周永年给出了自己的"解决方案","惟分藏于天下学宫、书院、名山、古刹,又设为经久之法,即偶有残阙,而彼此可以互备,斯为上策"。② 也就是在天下的学校、古寺等"公有之地"建立藏书楼,并允许天下人就中阅读,这才是典籍流传万世的上策。

当然,在以私藏为主流的清代,要建立这样带有公共性质的藏书处所并非易事,周永年针对"儒藏"运行过程中可能遇到的问题一一给出解决方案,要求行此事者在立志不移之外,要"条分眉列"地细化执行方案,方可成就其事。

除公藏之外,周永年较之曹学佺等人的进步之处,在于明确提出了"共读"的理念。分处公藏是保存典籍的良方,但典籍保存得再完备,如果不让人使用,就是一些"死物",不能真正实现其价值。对此,周永年说:"天下都会所聚,簪缨之族,后生资禀,苟少出于众,闻见必不甚固陋,以犹有流传储藏之书故也。至于穷乡僻壤,寒门窭士,往往负超群之资,抱好古之心,欲购书而无从,故虽矻矻穷年,而限于闻见,所学迄不能自广。果使千里之内,有

---

① 李希泌、张椒华编:《中国古代藏书与近代图书馆史料(春秋至五四前后)》,中华书局,1982年,第47页。
② 李希泌、张椒华编:《中国古代藏书与近代图书馆史料(春秋至五四前后)》,中华书局,1982年,第47页。

儒藏数处，而异敏之士，或裹粮而至，或假馆以读，数年之内，可以略窥古人之大全，其才之成也，岂不事半而功倍哉？欧阳公曰：'凡物非好之而有力，则不能聚。儒藏既立，可以释此憾矣。'"①建立儒藏是第一步，建成之后，让天下愿意读书之人都能就馆读书，儒藏的价值才能真正发挥。为此，周永年号召天下有力者共同参与，"愿与海内同人共肩斯任，务俾古人著述之可传者，自今日永无散失，以与天下万世共读之"②。

周永年深知，仅从理论上阐释"儒藏"的思想，呼吁天下人共行其事是不够的。只有制定详细的规程，行"变通之法"，才能让美事成真。

首先，在资源建设的立场，周永年倡议建立义田、义学以解决资金来源的问题。他在《儒藏条约三则》中言："经、史、子、集，凡有板之书，在今日颇为易得。若于数百里内，择胜地名区，建义学，设义田，凡有志斯事者，或出其家藏，或捐金购买于中，以待四方能读之人，终胜于一家之藏。"③古代宗族势力强大，义田、义庄之设十分普遍，倡导以义庄、义田的收益来解决儒藏所需资金，容易得到宗族的支持，具有较高的可行性。周永年建议在天下分立儒藏，那么势必每一处的藏书不会太多，为了让资源得到充分利用，"即如立书目，名曰《儒藏未定目录》。由近及远，书目可以互相传抄，因以知古人之书，或存或佚。凡有藏之处，置活板一副，

---

① 李希泌、张椒华编：《中国古代藏书与近代图书馆史料（春秋至五四前后）》，中华书局，1982年，第48—49页。
② 李希泌、张椒华编：《中国古代藏书与近代图书馆史料（春秋至五四前后）》，中华书局，1982年，第47页。
③ 李希泌、张椒华编：《中国古代藏书与近代图书馆史料（春秋至五四前后）》，中华书局，1982年，第49页。

将秘本不甚流传者，彼此可以互补其所未备"①。与明末黄虞稷、丁雄飞二人的互抄之法有异曲同工之妙，可见藏书资源共享的思想在真正的读书人中间是极具吸引力的。周永年认为，实行上述两种方法后，"如此则数十年之间，奇闻秘籍，渐次流通。始也积少而为多，继由半以窥全。力不论其厚薄，书不拘于多寡。人人可办，处处可行。一县之长官可劝一县共为之，一方之巨族可率一方共为之"②。对于自己设计的办法，周永年显得信心十足，他在《与李南涧札》中说："儒藏果成，则有大力而好事者，欲刻必先刻此一藏，欲藏必先藏此一藏。古人佳书幸存于今者，从此日使永不湮没。"③

其次，在藏书保藏方面，周永年给出的建议包括：选址要"藏书宜择山林闲旷之地，或附近寺观有佛藏、道藏，亦可互相卫护"④。同时要注意分散收藏，"分藏于天下学宫、书院、名山、古刹"⑤。藏书楼建筑，吸收了丘濬的观点，认为宜用石室模式，"吾乡神通寺有藏经石室，乃明万历中释某所为。其室去寺半里许，以远火厄，且累石砌成，上为砖券，今将二百年，犹尚牢固，是可以为法也"⑥。

---

① 李希泌、张椒华编：《中国古代藏书与近代图书馆史料（春秋至五四前后）》，中华书局，1982年，第49页。
② 李希泌、张椒华编：《中国古代藏书与近代图书馆史料（春秋至五四前后）》，中华书局，1982年，第49页。
③ 李希泌、张椒华编：《中国古代藏书与近代图书馆史料（春秋至五四前后）》，中华书局，1982年，第50页。
④ 李希泌、张椒华编：《中国古代藏书与近代图书馆史料（春秋至五四前后）》，中华书局，1982年，第49页。
⑤ 李希泌、张椒华编：《中国古代藏书与近代图书馆史料（春秋至五四前后）》，中华书局，1982年，第47页。
⑥ 李希泌、张椒华编：《中国古代藏书与近代图书馆史料（春秋至五四前后）》，中华书局，1982年，第49页。

再次,在人员配置方面,周永年提出:"书籍收藏之宜,及每岁田租所入,须共推一方老成三五人,经理其事。"① 类似于成立一个董事会,专人负责其事。在借阅管理方面,"凡四方来读书者,如自能供给,即可不取诸此,寒士则供其食饮。须略立规条,如丛林故事。极寒者并量给束脩,免其内顾之忧"②。因为周氏建立儒藏的初衷就是要公藏共读,便利天下好学之子。一般来说,越是贫寒之家出身的士子,越需要这种公共性质的建置。那么,为其创造好的学习条件,解决后顾之忧就是需要考虑的事情了。

最后,在借阅服务方面,周永年提出:"儒藏既立,可取自汉以来先儒所传读书之法,编为一集,列于群书之前。经义、治事,各示以不可紊之序,不可缺之功。凡欲读藏者,既以此编为师,斯涉海有航,无远弗届。而书籍灿陈,且如淮阴之用兵,多多益善矣,又何患其泛滥而无归哉?"③ 不仅要提供书籍、读书的场所,更要提供阅读指导,方能最大程度地发挥儒藏的价值。这种思想,实际上也是今天图书馆开展阅读推广工作的理论基础。

周永年《儒藏说》提出后,得到了学界的积极响应,其友人刘音撰《广儒藏说》,大力支持并鼓吹《儒藏说》,他说:

今夫前人之书,后人藏之,后人之书,不能自藏,复赖后人藏之也。自今以往,不知其几千万世,其间之圣贤哲士,不知复几千万人,

---

① 李希泌、张椒华编:《中国古代藏书与近代图书馆史料(春秋至五四前后)》,中华书局,1982年,第50页。
② 李希泌、张椒华编:《中国古代藏书与近代图书馆史料(春秋至五四前后)》,中华书局,1982年,第50页。
③ 李希泌、张椒华编:《中国古代藏书与近代图书馆史料(春秋至五四前后)》,中华书局,1982年,第49页。

而所立之功德文章，载于书而可传于后世者，又不知其几千万帙。是书愈多愈易散，而藏之者愈难矣。①

正因如此，儒藏就变得必要且急迫了："今欲其聚而不散，令上下千古之书有所依归，则莫善于儒藏。儒藏之议，发于曹氏能始，吾友济南周君书昌举以示余曰：'佛老之藏，在在有之，故虽经变故，一失九存。且衲子羽流之著述，亦得以类相附，不至于美者不传，传者不永。乃吾儒之书，反茫无归宿之处，岂非艺林之缺陷也哉。'"②

刘音给予周永年《儒藏说》以极高的评价，认为其为"宇宙间一公事"，同时号召天下有心于此道者积极参与，这进一步扩大了《儒藏说》的影响力。

---

① 李希泌、张椒华编：《中国古代藏书与近代图书馆史料（春秋至五四前后）》，中华书局，1982年，第52页。
② 李希泌、张椒华编：《中国古代藏书与近代图书馆史料（春秋至五四前后）》，中华书局，1982年，第52页。

第七章

清代重要图书馆学人及其著作举要

　　清代既是古代图书馆学的巅峰期，又是近代图书馆学的孕育期，几乎在清代的每个阶段，都涌现了大量为图书馆学发展作出杰出贡献的学者，在前面的章节中，我们按照古代图书馆学思想与理论分支，阐述了清代图书馆学人的主要成就。在本章中，我们将挑选各个阶段最具代表性的图书馆学人，从其生平经历、藏书实践活动与思想等各个维度，结合时代背景，探析其思想的理论渊源与历史影响。需要说明的是，从中国图书馆学发展阶段来看，清代虽然已经出现公共图书馆思想萌芽，但总体来看仍是传统图书馆学占主流的时期，因此，本章选取的图书馆学人也具有明显的传统特征。而最早在中国引介西方图书馆思想的代表人物，将在后边的章节加以介绍。

第一节 孙从添和《藏书记要》

一、孙从添生平及其藏书活动

作为一个以行医为生的平民藏书家,孙从添的生平史料流传下来的非常少,以至于长期以来人们对这位清代中期的藏书理论家知之甚少,随着史料挖掘的不断深入,人们对孙从添的了解越来越丰富。

除了《藏书记要》,孙从添与人合编的另一部著作《春秋经传类求》被收入了《四库全书总目》,这是人们判断孙氏生卒年的一条重要资料。

《春秋经传类求》十二卷 两江总督采进本
国朝孙从添、过临汾同编。从添号石芝,常熟人。临汾,长洲人。是书始刻于乾隆己卯。取《春秋三传》及胡安国《传》分为一百二十门。[1]

1986年,谢灼华据《四库全书总目》按照"登第之年,生卒之岁"排列书籍次序的惯例,以及黄丕烈在士礼居本《藏书记要》

---

[1] 永瑢等撰:《四库全书总目》,中华书局,1965年,第261页。

跋文中提到的"孙公去世未远，周丈香严幼年曾见之，时已七旬余"语，断定孙从添生于康熙初年，卒于乾隆初年，主要活动于康、雍、乾年间。①

由于没有更加直接的史料佐证，长期以来，孙从添的生卒年也只能被划定在一个大致的区间内。近年来，随着对史料挖掘的深入，更多关于孙从添生平的资料被陆续披露出来，使我们对这位清代中叶的藏书家和图书馆学家有了更清晰的认识。

《吴医汇讲》是清代苏州名医唐大烈（号笠山）主编的一套医学丛书，于乾隆五十七年（1792）至嘉庆六年（1801）每年一卷，连续出版，该书辑录了江南地区41位医家的96篇文章，并附有唐氏本人的介绍、评论、考证等。在卷三"孙从添"条下，有如下记载：

> 孙庆增，名从添，号石芝。常熟人，迁居郡城莳溪，年七十六岁，殁于乾隆丁亥。所遗《石芝医话》，今令侄孙名森，字天桂，节录付梓。②

乾隆丁亥为公元1767年，由此逆推76年，孙从添应当生于康熙三十一年（1692）。由于唐大烈的活动年代几乎与孙从添同时，故此条记录当为可信，这也是目前为止唯一一条明确记载了孙氏卒年的史料。

关于孙氏的生平，光绪三十年（1904）的《常昭合志稿》卷三十二"藏书家"条下有更加详细的记录：

---

① 谢灼华：《孙庆增其人及其书》，《图书馆学通讯》1986年第4期。
② 唐笠山纂辑，丁光迪点校：《吴医汇讲》，上海科学技术出版社，1983年，第29页。

孙从添，字庆增，号石芝，诸生。善医，用药出人意表，妇孺呼为"孙怪"，侨居郡城，大吏皆器重之。有书癖，家虽贫，而所藏逾万卷。自撰《藏书纪要》，分为八则，言之甚详且备，盖真知笃好者。其读书室曰上善堂。所藏书有其名字朱记，别用一印钤于尾，曰："得者宝之。"著有《活人精论》及《石芝遗话》。①

至此，我们可以对孙从添的生平履历作一总结。孙从添，字庆增，号石芝，生于康熙三十一年（1692），卒于乾隆三十二年（1767），江苏常熟人，后迁居苏州。以行医为业，医术颇得时人称许，是享誉苏杭的杏林高手。在行医济世的同时，孙从添好书成癖，家虽贫却聚书不辍，故能以一介寒士而藏书万卷。更为难能可贵的是，孙从添与一般藏书家不同，在藏书、校书之余，十分注意总结藏书、校书活动，特别是常熟藏书派的经验，并进行精练的理论概括，故而《藏书纪要》在当时就已经得到了同时代藏书家的盛赞。

孙从添的著述，除了前面提到的《春秋经传类求》《藏书纪要》，已知的还有《活人精论》《石芝医话》《上善堂书目》《上善堂宋元版精抄旧抄书目》等。其中，《四库全书总目·春秋类存目二》著录的《春秋经传类求》十二卷，有清乾隆二十四年（1759）刻本行世。《石芝医话》的部分内容被《吴医汇讲》卷三收录。

《上善堂书目》是孙氏藏书的总目目录，《清史稿·艺文志·史部》著录。《上善堂宋元版精抄旧抄书目》则被收入民国十八年（1929）陈准所辑《湫漻斋丛书》，亦为一卷。由于《上善堂书目》长期未见传本，故部分学者认为《上善堂宋元版精抄旧抄书目》与《上善堂书目》为同一书。但传世的《上善堂宋元版精抄旧抄书目》

---

① 郑钟祥等纂：《光绪常昭合志稿》卷三十二，清光绪三十年（1904）木活字本，第32页。

仅著录藏书475种，6032卷，与孙氏自叙"收藏逾万卷"不符，故知此目当仅为孙氏收藏的善本书目。[①] 按照孙从添在《藏书记要》"编目"中的主张，藏书家应编制"大总目录""宋元刻本抄本目录""分类书柜目录""书房架上书籍目录及未订之书"四种不同功能的目录，《上善堂宋元版精抄旧抄书目》显然就是善本书目编制的"实验"。前面已经提到，上善堂藏书的总量在万卷以上。在清中叶的常熟，这个数量的藏书大约只能算中等规模。孙从添对藏书事业的贡献，主要还是体现在其对清中叶以前私人藏书经验的系统总结方面。

最后简单介绍孙从添藏书的来源和去向。上善堂藏书的来源，张家荣曾据《上善堂宋元版精抄旧抄书目》作过统计，泰半得自苏杭同辈和前代藏书家之旧物，如季振宜、赵琦美、陆贻典、毛晋汲古阁、钱谦益绛云楼、钱曾述古堂、叶石君、冯班、赵宧光等。[②] 此外，98种名人抄本也是上善堂藏书的一大特色，其中不乏叶盛、吴宽、文徵明、祝允明、钱谦益等文坛巨匠手泽。[③]

孙氏藏书的去向，亦如其来源，大多散于同里后辈藏书之家，如黄丕烈就曾记述："孙庆增所藏书，余家收得不下数十种，其所著述，未之闻也。"[④] 常熟地区的其他藏书家，如稽瑞楼主人陈揆、爱日精舍主人张金吾、铁琴铜剑楼主人瞿镛等人，也都收有孙氏藏书之零本。这也是明清江南藏书聚散的常见情形，书虽不能长存于一家，但流出后不久即被江南新兴的藏书家所得，这在一定程度上也起到了保护藏书的作用。

---

① 张家荣：《孙从添〈藏书记要〉研究》，台湾花木兰文化出版社，2008年，第40—41页。
② 张家荣：《孙从添〈藏书记要〉研究》，台湾花木兰文化出版社，2008年，第32页。
③ 瞿冕良编著：《中国古籍版刻辞典》，苏州大学出版社，2009年，第23页。
④ 黄丕烈著，屠友祥校注：《荛圃藏书题识》，上海远东出版社，1999年，第891页。

二、《藏书记要》的成书与流传

按照明清时期流行的对藏书家的分类,孙从添属于"读书的藏书家"。他的收藏数量虽然无法与当时的大藏书家相比,但其藏而能读,入藏上善堂的图书均经过其精心挑选,在藏书收聚、鉴别、装潢等方面积累了丰富的经验。

孙氏家境并不宽裕,但对藏书的爱好,"不惜典衣,不顾重价,必欲得之而后止"①。由于经济条件有限,如宋元旧椠一类的珍本秘籍,往往无力购置,孙从添就会采用广觅别本校勘的方法,通过自己的辛勤校勘,将手头之本变为善本。如清光绪三年(1877)魏锡曾过录孙从添《广川书画跋》跋文:

此本书跋,陆敕先藏本也,得之于叶石君之孙所售,借钱氏本校过,偶邱广成翁将杨氏本再校,并无差误,独多后跋,即——录出誊上,可谓善矣。康熙丙申九月,孙庆增从添记。②

得一书后,先后觅得两本校勘,经过孙氏校勘之书,俨然善本,极得后世藏书家重视。正是通过长期不懈的藏书、校书、理书活动,孙从添积累了丰富的校理图书的经验,而明清时期常熟浓郁的藏书氛围,又为他提供了与同好交流经验的良好环境,在上述因

---

① 孙庆增:《藏书记要》,载祁承㸁等撰《澹生堂藏书约(外八种)》,上海古籍出版社,2005年,第34页。
② 王世贞编:《王氏书画苑》,明万历十八至十九年(1590—1591)王元贞金陵本,"魏锡曾过录孙跋"。

素的共同作用下，《藏书记要》应运而生。

《藏书记要》成书后主要以抄本流传，嘉庆十六年（1811），黄丕烈《士礼居丛书》收入此书，是为《藏书记要》的初刻本，黄氏跋此书云：

> 此《藏书记要》言之甚详且备，盖亦真知笃好者。余得诸郡中陈氏，陈固得于金心山。心山为文瑞楼后人，所传授必有自矣。余因是书所纪藏书之要，皆先我而言之者，遂付梓以行。①

由此可知，士礼居抄本得自文瑞楼后人金心山。文瑞楼是康雍时期浙江桐乡大藏书家金檀的藏书楼，金心山是金檀的孙子，继承了乃祖珍藏图书。金心山故去后，文瑞楼藏书尽皆流出，被多家分得，其中就包括这本经吴郡陈氏递藏，终归士礼居的《藏书记要》抄本。荛圃首刻此本后不久，杨复吉《昭代丛书》亦收入此书，并在跋文中将此书与《澹生堂藏书约》相提并论，谓之"言之津津"。此后，《藏书记要》被先后收入晚清至民国时期的多种藏书，较为著名的有：海宁管庭芬辑《花近楼丛书》（1860），新会刘晚荣辑《述古丛抄》（1871），潘氏佞宋斋刊、潘志万写刻朱印本（1883），仁和许增辑《榆园丛刻》（1889），新会刘晚荣辑《藏修堂丛书》（1890），江阴缪荃孙辑《藕香零拾》（1896），光绪冯兆年辑《翠琅玕馆丛书》等。1949年之后，有多种标点本先后问世，影响力较大的有上海古典文学出版社的点校本，上海古籍出版社的《澹生堂藏书约（外八种）》本等，可见《藏书记要》自问世以来，受治此学者的推崇程度。

---

① 黄丕烈著，屠友祥校注：《荛圃藏书题识》，上海远东出版社，1999年，第891页。

三、孙从添的图书馆学思想

《藏书记要》共分八则，分别为"购求""鉴别""抄录""校雠""装订""编目""收藏""曝书"，涉及藏书活动的各个环节，较为完整系统地向藏书家介绍了各种有关藏书校理的实用经验，代表了清中期以前私人藏书管理的最高水平。

（一）藏书购求与鉴别

收聚是藏书的基础，在"购求"的开篇，孙从添开宗明义地指出"购求书籍，是最难事，亦最美事、最韵事、最乐事"，虽然没有直接给出收聚之道，但十分准确地描绘出藏书家复杂的心态。接下来，孙从添又总结了购书的"六难"，是对"最难事"的解释和呼应：

> 知有是书而无力购求，一难也。力足以求之矣，而所好不在是，二难也。知好之而求之矣，而必欲较其值之多寡大小焉，遂致坐失于一时，不能复购于异日，三难也。不能搜之于书佣，不能求之于旧家，四难也。但知近求，不知远购，五难也。不知鉴识真伪，检点卷数，辨论字纸，贸贸购求，每多缺帙，终无善本，六难也。[①]

概言之，购求之难点，一为经济条件，一为地理远近，一为藏书家本人对图书的认知水平。关于前两点，孙从添给出的解决方案是有选择、有次序地购求图书，"藏书之道，先分经史子集四种，

[①] 孙庆增：《藏书记要》，载祁承煠等撰《澹生堂藏书约（外八种）》，上海古籍出版社，2005年，第33页。

取其精华，去其糠秕。经为上，史次之，子集又次之"。① 在力有不逮时，要优先购置经史书籍，以"利济学术"为总原则，若有余力，则可对子集书"绸绎而收藏之"。②

藏书家本人识见的提高，根本上来说，依靠的是经验的日积月累，但也有一些经过长期实践总结出来的常识、惯例可供借鉴。比如，了解藏书家的分布情况和收藏特征，就可做到有的放矢地购求："大抵收藏书籍之家，惟吴中苏郡、虞山、昆山，浙中嘉、湖、杭、宁、绍最多，金陵、新安、宁国、安庆及河南、北直、山东、闽中、山西、关中、江西、湖广、蜀中亦不少藏书之家，在其人能到处访求，辨别真伪，则十得八九矣。"③ 这些地域都是藏书风气比较浓厚之处，藏书大多流传有绪，经名家递藏，能较好地避免图书作伪的情况。

针对具体类型的图书，孙从添指出可通过历代书目记载来鉴别其价值，"再于各家收藏目录、历朝书目、类书总目、读书志、敏求记、经籍考、志书、文苑志、书籍志、二十一史书籍志、名人诗文集、书序、跋文内，查考明白"④，来了解一书诞生于何朝何地，底本来自何人，刻于何时，何人翻刻，何人抄录，曾经何人收藏，是否为宋元刻本等信息。中国目录学向有学问门径的功能，古籍脆弱，历代大小书厄损失者不计其数，很多典籍信息全赖公私书目保

---

① 孙庆增：《藏书记要》，载祁承㸁等撰《澹生堂藏书约（外八种）》，上海古籍出版社，2005年，第35页。
② 孙庆增：《藏书记要》，载祁承㸁等撰《澹生堂藏书约（外八种）》，上海古籍出版社，2005年，第35—37页。
③ 孙庆增：《藏书记要》，载祁承㸁等撰《澹生堂藏书约（外八种）》，上海古籍出版社，2005年，第35页。
④ 孙庆增：《藏书记要》，载祁承㸁等撰《澹生堂藏书约（外八种）》，上海古籍出版社，2005年，第35页。

存，因此，书目既是学者了解学术源流的路径，也是藏书家鉴别古籍真伪的重要依据。

除了内容，外在形态也是版本鉴定时要重点考虑的要素，对此，孙从添总结"凡收藏者须看其板之古今，纸之新旧好歹，卷数之全与缺"，"鉴别宋刻本，须看纸色、罗纹、墨气、字划、行款、忌讳字、单边、末后卷数，不刻末行、随文隔行刻，又须将真本对勘乃定"。① 其将鉴定时需要注意的外在形态特征总结得十分全面。

（二）藏书校雠与编目

前面已经提到，受经济、地理条件限制，很多时候藏书家都无法将心仪的图书收入囊中，这时就要依靠校雠将知见版本的情况尽数誊录于藏本之上，最终使手头的藏本集众家所长，成为新的善本。而当藏书数量达到一定规模后，从便于管理、利用的角度出发，藏书家都需要在整理的基础上为藏书编制书目。在上述两个方面，孙从添都颇有心得，在总结明清一般经验的基础上，他还提出了自己的理论创见。

关于校雠，孙从添指出，"校雠书籍，非博古好学、勤于看书而又安闲者，不能动笔校雠书籍"。② 渊博的知识储备是校书者应当具备的基本条件，此外，校雠的过程是比较枯燥的，这就要求校书者要耐得住寂寞，内心沉静。具体方法方面，校雠本身难度并不大，就是要"细心绸缪"，不惜精力，"校雠三四次，乃为尽善"。

---

① 孙庆增：《藏书记要》，载祁承㸁等撰《澹生堂藏书约（外八种）》，上海古籍出版社，2005年，第35—36页。
② 孙庆增：《藏书记要》，载祁承㸁等撰《澹生堂藏书约（外八种）》，上海古籍出版社，2005年，第40页。

校雠发现的异文，不能轻易更改，特别是宋元刻本，版本贵重，要"写在白纸条上"，签贴于本行上。其他晚近书籍，要尽量寻觅宋元旧本对勘，将行款、文字的差异一一注明。校勘完成后，须依改正后的版本誊临一本以备存藏。针对校雠工作量大或藏书家不熟悉的图书，应多方请教博学君子，遵循统一的标准，分任校勘之责。校勘完成后，若有余力还应积极刊刻，使之化身千万，有裨学术。

在藏书整理方面，孙从添是编目的坚定"支持者"，他认为好的书目可以帮助藏书家厘清收藏，做到在整理、检阅时心中有数，也可更好地开展藏书建设。而其在本领域最大的理论贡献，是明确提出藏书家应当编制四种类型的书目：大总目录，宋元刻本抄本目录，分类书柜目录，书房架上书籍目录及未订之书、在外装订之书、抄补批阅之书目录。其中，大总目录是藏书总目，要全面系统地著录所有藏本的信息，编纂时需遵循我国目录学传统，不仅要记录行款、版式等基本信息，还要详考作者、流传脉络、学术源流，摘录书跋，最后按类组织，每类下撰写小序。此外，考虑到藏书的增长性，每类写完需留下足够的空白，以备随时增入著录。按照孙从添的设计，这种书目"将来即为流传之本"①，是世人了解图书收藏、流传情况的一手资料，必须慎重对待。设宋元刻本抄本目录，是常熟派"佞宋嗜旧"之风的反映，将珍贵的宋元版本聚集在一起，也是管理藏书的要求，此类书目著录要求与大总书目相同，唯需特别注意详细注明其版刻或抄写时间、版本样式等信息。分类书柜目录是排架目录，也兼作借阅登记簿册，因为要张贴在书柜之上，著录项目比较简略，仅简记书名、数量，起到检索作用即可。

---

① 孙庆增：《藏书记要》，载祁承㸁等撰《澹生堂藏书约（外八种）》，上海古籍出版社，2005年，第44页。

如有人借阅，也可在此书目上登记，按时查看催要，及时更新藏书动态，避免人为损失。最后一种书目主要是供藏书家检索、管理藏书之用，被携出之书，需要及时登记，以免遗忘。

具体的著录项目，按照著录最详尽的大总书目的要求，孙从添总结道："某书若干卷，某朝人作，该写著者、编者、述者、撰者、录者、注者、解者、集者、纂者，各各写清，不可混书，宋板、元板、明板、时刻，宋元抄、旧抄、明人抄本、新抄本，一一记清，校过者写某人校本，下写几本或几册，有套无套。"①

（三）藏书楼建设与藏本保护

古书脆弱，水火侵袭都会给其带来灭顶之灾。防火防潮，也成了藏书家最关心的两件事。不管是藏书楼建筑，还是室内装潢、书柜设计，尽量远离火源，通风明亮，是历代藏书的经验之谈。在这方面，孙从添并没有独创性的发明，但其对实用经验的总结，足以后来者借鉴。

首先，在藏书处所营建方面，孙从添建议选址应避开"卑湿之地"，万不可与生活区的厨灶相连，从物理上尽量区隔水火。建筑风格方面，徽州式的"四围石砌风墙"最受孙从添推崇，以其有避火之效。

其次，在室内设计方面，书柜摆放要充分考虑通风的需求，书柜间应保持一定的距离，每层书也不宜放得过满。除了物理方法，药物防潮、防虫的措施也应重视，书架选材以江西杉木为上，或者用柏木、银杏，既美观大方，也有一定的防虫功效。可将皂角炒熟研磨成粉放置在书柜内部，书柜下方则铺设碳屑、石灰、锅锈，避

---

① 孙庆增：《藏书记要》，载祁承㸁等撰《澹生堂藏书约（外八种）》，上海古籍出版社，2005年，第43—44页。

免虫害。

最后，针对江南气候潮湿的特点，孙从添特意强调了曝书之法，要求每年定时定期晒书，时间最好在伏天或初秋，搬动书籍时要轻拿轻放，并使用专门的晒书板，避免损伤图书。每日晒一柜，晒好后要待其散热凉透，再依照书柜目录妥善放回原处。

以上我们简要介绍了《藏书记要》的主要理论贡献，由于其他具体内容在前面的相关章节已经多次提到了，为免重复，这里就不再一一赘述。自诞生之日起，《藏书记要》就以其完善的体例，详备的记载，受到同时代和后世藏书家的推崇。黄丕烈赞其"言之甚详且备，盖亦真知笃好者。……是书所纪藏书之要，皆先我而言之者"[1]。清末著名文献学家叶德辉评价该书："国初孙庆增著《藏书记要》，详论购书之法与藏书之宜，以及宋刻名抄，何者为精，何者为劣，指陈得失，语重心长。洵收藏之指南，而汲古之修绠也。"[2] 叶德辉还仿照孙书之例，写下了《藏书十约》。可见，在私人藏书时代，《藏书记要》对私人藏书经验和理论的总结，得到了藏书家的高度认可，《藏书记要》也因此成为一本私人藏书的实用手册，在古代藏书事业史上发挥了重要作用。时至近代，随着私人藏书的衰落和近代公共图书馆的兴起，《藏书记要》记载的经验已经不足以指导图书馆实践了，以至于有学者认为该书虽"具有比前代图书馆学著作更全面更系统的特点"，但"在图书馆学思想的发展上"，"没有把图书馆技术总结归纳到理论高度"[3]。也有学者认为

---

[1] 黄丕烈著，屠友祥校注：《荛圃藏书题识》，上海远东出版社，1999年，第891页。
[2] 叶德辉：《藏书十约·序》，载祁承㸁等撰《澹生堂藏书约（外八种）》，上海古籍出版社，2005年，第42页。
[3] 谢灼华：《孙庆增其人及其书》，《图书馆学通讯》1986年第4期。

该书"图书版本重于图书内容,版本形式重于版本内容,鉴赏收藏重于读书考订"①。

今天我们评价历史人物或著作时,不能脱离其时代背景,以后验的眼光去"苛责古人"。作为"十九世纪唯一的一部向私人藏书家交代藏书技术的参考书"②,《藏书记要》无疑是十分成功的。孙从添在历代藏书经验基础上,结合自身实践,对清代中叶以前的藏书管理经验进行了系统总结,并记录了大量实用方法,其有效性经得起时代检验,也得到了后世藏书家的普遍认可。而将之放在图书馆事业与图书馆学发展的历史维度,其历史意义同样是值得肯定的,其卓越贡献,一方面体现在对藏书理论框架的建构和系统总结上,另一方面,其提出的具体方法,对后世公共图书馆古籍收聚、整理、编目、版本鉴定等,仍有重要的借鉴价值。在这个意义上,《藏书记要》是当之无愧的清代图书馆学思想史名著。

第二节 章学诚和《校雠通义》

在考据学一枝独秀的乾嘉时期,章学诚的横空出世如同一股逆流,他融合"汉宋"之长,独倡文史校雠之学,给略显沉闷的清代

---

① 严佐之编著:《近三百年古籍目录举要》,华东师大出版社,2008年,第47页。
② 谭卓垣、伦明、徐绍棨等撰,徐雁、谭华军译补:《清代藏书楼发展史 续补藏书纪事诗传》,辽宁人民出版社,1988年,第46页。

学术带来了一缕新风。余英时将章学诚与戴震并列，视其为清代中叶学术史上的两座高峰，并认为章学诚的学问"提供了一个重要的理论始点，与乾嘉的训诂考证和今文派的疑古辨伪适成鼎足之局"①。然而，正是因为章学诚的学说与主流学术存在巨大分歧，在其生前乃至身后的很长一段时间内，人们对章学诚的评价并不高。章氏一生沉沦下僚，饱受奔波之苦，在艰难谋生之余，他仍然坚持自己的学术信仰，仅此一点，便值得后人钦佩。

一、章学诚生平及其著作

章学诚，字实斋，号少岩，浙江会稽（绍兴）人，生于乾隆三年（1738），卒于嘉庆六年（1801），是"乾嘉盛世"的亲历者。章家是山阴望族，世代以耕读传家。章学诚的父亲章镳，乾隆七年（1742）进士，曾担任湖北应城知县，于史学、古文字学等均有一定造诣。其母史氏，亦出身书香门第，章学诚自幼便由其母教读《百家姓》《千字文》等书，打下了良好的基础。然而章镳虽然出仕，但并不善经营，至罢官时，负债累累，甚至无力返乡，因此，章家的生活一直处于贫困、颠簸的状态。

章学诚少年时多病，读书资质亦不佳，自云："一岁中铢积黍计，大约无两月功。资质椎鲁。日诵才百余言，辄复病作中止。"② 14岁时，他才附馆于表兄杜秉和家的凌风书屋，以同县王浩为师。

---

① 余英时：《章学诚文史校雠考论》，载《中国文化》（第10期），中国文化杂志社，1994年，第27页。
② 章学诚著，仓修良编注：《文史通义新编新注（下册）》，商务印书馆，2017年，第800页。

章学诚后随父亲至应城任所读书，直到 20 岁以后，学问才有较大的进步，初步显示出在史学上的过人识见，提出纪传体史书应设图录及史官传的见解。

乾隆二十五年（1760），23 岁的章学诚第一次参加乡试，不幸落第，两年后，他再次落第，后进入国子监读书。章学诚喜好发表独立见解，不愿为举业拘束，并不为师友所喜，在国子监度过了并不愉快的数年。所幸游学期间，章学诚得以进入当时的名儒朱筠门下学习，并结识了邵晋涵等终身相伴的挚友，在师友的砥砺下，他学问大进。此时的章学诚已经显示出"不合时好"的学问倾向，他醉心于文史学问，对当时盛行的考据之风多有批评，对科举制艺之文也不甚关心。但是，父亲去世后，养家糊口的重担压在了章学诚身上，在辗转多地、饱受岁月磨砺后，章学诚感到只有科举才能使他的家庭摆脱困境。但他的科举之路也不顺利，屡次落第后，他在 40 岁那年才中乡试，次年得中进士，授国子监典籍。高中后的章学诚，并没有出仕做官，自认为迂疏的他，迟迟不敢入仕，一生只靠讲学、修志为生，先后在清漳书院、敬胜书院、莲池书院、文正书院担任教席，并应邀主持或参与《顺天府志》《和州府志》《永清县志》《亳州志》《湖北通志》等的修撰，为其史学理论的形成奠定了坚实的实践基础。晚年入湖广总督毕沅的幕府，度过了一段较为安逸的生活，在此期间他协助毕沅编纂了《续资治通鉴》，并致力于《史籍考》的写作。然毕沅因事去职后，章学诚受同僚排挤、陷害，所编书籍大多中辍。回顾自己的一生，章学诚自云："仆困于世久矣！坎坷潦倒之中，几无生人之趣。"[①] 他自幼家贫，中年起为

---

① 章学诚著，仓修良编注：《文史通义新编新注（下册）》，商务印书馆，2017 年，第 692 页。

负担一家二十余口的生计，四处奔波，委身下僚。而其学术理路又与时相忤，毁多于誉，甚至屡遭流言所伤。支持章学诚坚持学术信仰的，是其对文史学问的热爱，以及对自身理论的高度自信。

章学诚的一生，可谓著作等身，但是由于生前潦倒，其书多未刊印，今天我们看到的传本，大多是后人辑录的，客观上造成了章氏著作比较复杂的版本面貌，以下笔者将介绍章学诚的文献学理论著作的主要内容和版本概况。

(一)文史理论著作

章学诚一生以文史研究为志业，其主要的学术贡献也集中在文史理论领域，最有代表性的就是《文史通义》和《校雠通义》。

《文史通义》，属于文史论文集性质，始撰于乾隆三十七年（1772），初成的三篇曾抄寄给钱大昕征求意见。此后三十余年，因为生活不安定，章学诚只能在艰难谋食之余，抽空编写，因此，直到他逝世前，这部书依然没有定稿，《浙东学术》《礼教》诸篇，都是在他生命的最后阶段完成的。由于并未定稿，故其篇目次序也没有确定。因此，章氏遗作中，哪些应该收入《文史通义》、篇目次序如何排列等都成了争讼不休的问题。

章学诚去世前几月，因目力已衰，曾将所著文稿托付给友人萧山王宗炎校订。王宗炎收到来信后，为了尽快回复，用很短时间拟定了一个草稿，请章学诚裁定。然而，章学诚还未及对此发表意见便撒手人寰，王宗炎也就再无机会编出正式的书目次序了。对于王宗炎的编排，章学诚次子章华绂显然是不满意的，于是，道光十二年（1832），他去信向兄长索要了父亲的遗稿，在开封另行编定《文史通义》并付梓刊行。章华绂编定的"大梁本"，是《文史通义》正式印行的第一个版本，分为内篇五卷、外篇三卷。其后谭廷献杭州刊本、伍崇曜广州刊本等均以"大梁本"为底本。1922年，嘉业堂主人刘承干依王宗炎厘定之目录，补辑刊行了《章氏遗书》50卷，其中《文史通义》分为内篇六卷、外篇三卷，这就是《文史通义》的第二个版本——《章氏遗书》本。1985年，文物出版社据嘉业堂刊本再次补辑，编成《章学诚遗书》刊行，这是目前流通的收录章氏著作最全的一种。《文史通义》的新注新校本，以1993年出版的《文史通义新编》（上海古籍出版社）内容最为丰富，除了包括"大梁本""遗书本"的全部内容，还从《章氏遗书》中选录了一些编者认为应收入《文史通义》者，全书共收303篇，较旧本增补的篇目超过三分之一以上。

《校雠通义》是章学诚文献学理论的集大成之作，该书原名《校雠略》，分上、中、下三篇，成书于乾隆四十四年（1779），原书分四卷，两年后章学诚在河南遇盗，随身携带的财物、书稿被洗劫一空，前三卷幸有友人抄录本，第四卷就此散佚。乾隆五十三年（1788），章学诚将从友朋处抄回的各卷内容亲自校订，成稿就是今天通行的三卷本《校雠通义》。卷一为《原道》《宗刘》《互著》《别裁》《辨嫌名》《补郑》《校雠条理》《著录残逸》《藏书》九篇，从宏观角度论述了我国古代校雠理论的起源和发展，并对校雠学的方法进行了总结。卷二为《补校汉艺文志》《郑樵误校汉志》《焦竑误校汉志》三篇。卷三为《汉志六艺》《汉志诸子》《汉志诗赋》《汉志兵书》《汉志数术》《汉志方技》六篇，为针对《汉书·艺文志》的专题研究，以《汉志》为例，阐明图书分类、著录方面的方法与规则。失传的第四卷，据王重民先生考证，可能为对《汉志》以后诸家目录学著作的评述。①《校雠通义》的内容是章学诚生前亲自审定的，因此篇章次序、版本系统不似《文史通义》复杂。当代注本中，以著名文献学家王重民先生的《校雠通义通解》最为精审，极便初学者阅读使用。《校雠通义》的创作目的，据章氏自云为"宗刘，补郑，正俗"，也就是说，宗法刘向、刘歆父子开创的目录学传统，补正郑樵《通志·校雠略》的遗误，匡正当时学界对校雠学的不正确看法，在此基础上提出分类、编目的理论方法，事实上是对我国传统目录学理论的一次系统总结。

(二)史部目录——《史籍考》

《史籍考》是章学诚晚年付出心血最多的一部著作，如果说《文史通义》《校雠通义》偏理论总结，《史籍考》则是其史学、文献编纂理论的实践成果。乾隆五十二年（1787），章学诚提出编纂《史籍考》的理念和计划。此事最初由章学诚主持，但直到他去世也未定稿，后又经谢启昆、钱大昭、胡虔等十余位学者接力，最终在道光二十五年（1845）才最终完成，准备付梓。然而，种种原因导致该书并未流传下来，这是中国文化的一大损失。今天我们只能通过《章学诚遗书》中的《论修史籍考要略》《史考释例》《史考摘录》等文，略窥其体例和主要内容。下面我们摘录《章氏遗书·补遗》中的《史籍考总目》，以见其体例：

制书：二卷。
纪传部：正史十四卷，国史五卷，史稿二卷。
编年部：通史七卷，断代四卷，记注五卷，图表三卷。

---

① 章学诚著，王重民通解：《校雠通义通解》，上海古籍出版社，2009年，第189页。

史学部：考订一卷，义例一卷，评论一卷，蒙求一卷。

稗史部：杂史十九卷，霸国三卷。

星历部：天文二卷，历律六卷，五行二卷，时令二卷。

谱牒部：专家二十六卷，总类二卷，年谱三卷，别谱三卷。

地理部：总载五卷，分载十七卷，方志十六卷，水道三卷，外裔四卷。

故事部：训典四卷，章奏二十一卷，典要三卷，吏书二卷，户书七卷，礼书二十三卷，兵书三卷，刑书七卷，工书四卷，官曹三卷。

目录部：总目三卷，经史一卷，诗文（即文史）五卷，图书五卷，金石五卷，丛书三卷，释道一卷。

传记部：记事五卷，杂事十二卷，类考十三卷，法鉴三卷，言行三卷，人物五卷，别传六卷，内行三卷，名姓二卷，谱录六卷。

小说部：琐语二卷，异闻四卷。

共三百二十五卷（王重民按：当作三二三卷）。①

单从目录已可见这部史籍专门目录规模之庞大，内容之包罗万象。在著录体例方面，其仿朱彝尊《经义考》："首著书名，名下注其人名，次行列其著录卷数，三行判其'存''佚'及'阙'与'未见'也。"②

（三）方志纂修

方志学是章学诚另一个投入大量精力的领域。在多年四处谋食的生涯中，章学诚也主要是靠在各地替人修志书养家糊口的，因此

---

① 章学诚著，王重民通解：《校雠通义通解》，上海古籍出版社，2009年，第174—175页。
② 章学诚著，王重民通解：《校雠通义通解》，上海古籍出版社，2009年，第163页。

也可以说，方志编纂和方志理论，是章氏学说中理论与实践结合得最紧密的一个方面。章氏参与或主持编撰的方志主要如下。

《天门县志》，乾隆二十九年（1764）章学诚之父章镳受邀主持编撰天门县志，章学诚作为助手参与其事，专门撰写了《修志十议呈天门胡明府》，这是其最早参与的修志实践。该志今已不存，有《天门县志艺文考序》《天门县志五行考序》《天门县志学校考序》三篇序文流传。

《和州志》，乾隆三十八年（1773）章学诚应和州知州的聘请主持编修，原志共42篇，章学诚将其删存为20篇，题《和州志隅》，保存在《章氏遗书》外篇中。该志共分纪、表、图、书、传等体，附录文征，提出了章氏方志学的许多创见，受到后人重视。

《亳州志》，乾隆五十四年（1789）章学诚应亳州知州裴振之邀编纂，次年三月书成。未及刊印，裴氏便离任而去，书稿竟至散乱。今存《亳州志人物表例议》三篇、《亳州志掌故例议》三篇，其中"掌故"门为该志首创。

《湖北通志》，章学诚应湖广总督毕沅之邀编纂，乾隆五十九年（1794）完成。毕沅调任后，章学诚与继任者意见不合，致使书稿未能刊印。章学诚后将自己保存的志稿汇订成《湖北通志检存稿》24卷、《湖北通志未成稿》1卷，保存在《章氏遗书》中。据残稿可知，《通志》由74卷《湖北通志》、66卷《湖北掌故》、8集《湖北文征》、4卷《湖北丛谈》构成，全面实践了章学诚方志当立"三书"的构想，体现了其方志学理论的成熟。

二、章学诚的学术思想

章学诚的学术思想是多方面的，虽然在当时不为时人所重视，还常常因为文章中的考据错误被世人批驳，但随着时代风潮的变化，章氏强调文贵"明道""用世"，批评乾嘉学派不问世事，一味沉迷故纸堆之弊，提出重视义理，融合汉宋的学术思想，契合了时代的需要。故而在其身后，章氏最终获得了本应属于他的学术史地位。而从历史的维度来看，章氏最主要的学术贡献仍然在史学和校雠（目录）学两个方面，以下分别述之。

（一）章学诚的史学思想

1. "六经皆史"论

首先，章学诚旗帜鲜明地提出"六经皆史"的主张，提倡以史学取代经学，打破儒经独尊的局面。"六经皆史"的观念并非章学诚首创，至迟在明代中叶，这种说法已经出现。如《传习录》中王阳明与弟子徐爱的对话已提出类似的观点，王世贞《四部稿》亦云："天地间无非史而已。"[1] 明末启蒙思想家李贽在"经史相为表里"条中更是明确提出："经、史一物也。史而不经，则为秽史矣，何以垂戒鉴乎？经而不史，则为说白话矣，何以彰事实乎？故《春秋》一经，春秋一时之史也。《诗经》《书经》，二帝三王以来之史也。"[2] 到了章学诚的时代，他又重拾这一命题，并为之注入了新的内容。

在《文史通义》的卷首，章学诚就开宗明义地提出"六经皆史"的论断，并在书中其他章节反复阐释"六经皆史""六经皆器""六经皆先王之政典"等观点。因此，"六经皆史"虽不是章学诚首

---

[1] 王世贞著，罗仲鼎校注：《艺苑卮言校注》，齐鲁书社，1992 年，第 32 页。
[2] 李贽：《经史相为表里》，载张建业主编《李温陵集》，首都师范大学出版社，2019 年，第 282 页。

倡，但他是第一位系统阐释这一思想，并将之作为学术分析工具的学者。为了论证"六经皆史"，章学诚采用了层层递进的论证方式，提出如下论据：

"古人不著书，古人未尝离事而言理，六经皆先王之政典也。"① 在《校雠通义》中，章学诚进一步阐释："后世文字，必溯源于六艺。六艺非孔氏之书，乃《周官》之旧典也。"② 先秦之时，所有的书籍、知识都掌握在少数贵族阶层手中，典籍的作用是记录当时的政事史实，以便后世治理者学习统治经验。所以说："古之所谓经，乃三代盛时，典章法度见于政教行事之实，而非圣人有意作为文字以传后世也。"③ 孔子编述六经，用今天的话说，就是一次大规模的历史文献编纂活动，六经不是孔子的著作，只是按照孔子的理解，对上古流传下来的文献进行的一次整理。因此，所谓的"六经"，并非具有天然的权威性。在对六经的性质进行界定后，章学诚继续论述："（注：对古人来说）无经史之别，六艺皆掌之史官，不特《尚书》与《春秋》也。"④ 上古之时，典籍皆掌于史官之手，在史官看来，不论"经""史"，都是对过去经验的总结，并不似后世那般泾渭分明。"六经"的概念是先秦诸子兴起后，才日渐形成的一个概念，"六经之名起于孔门弟子""儒家者流乃尊六艺而奉以为经"。⑤ "经"本非专称，"当时诸子著书，往往自分经传，如撰辑

---

① 章学诚撰，吕思勉评，李永圻、张耕华导读整理：《文史通义》，上海古籍出版社，2008年，第1页。
② 章学诚著，王重民通解：《校雠通义通解》，上海古籍出版社，2009年，第2页。
③ 章学诚撰，吕思勉评，李永圻、张耕华导读整理：《文史通义》，上海古籍出版社，2008年，第28页。
④ 章学诚著，王重民通解：《校雠通义通解》，上海古籍出版社，2009年，第159页。
⑤ 章学诚撰，吕思勉评，李永圻、张耕华导读整理：《文史通义》，上海古籍出版社，2008年，第27页。

《管子》者之分别经言,墨子亦有《经》篇,韩非则有《储说》经传,盖亦因时立义,自以其说相经纬尔,非有所拟而僭其名也。经同尊称,其义亦取综要,非如后世之严也"①。"经"字的本义,就是可以作为凭借的东西,引申为重要的文字记载。在儒家成为正统思想之前,"经"并非儒家经典的专称,诸子百家著述多有称"经"者。奉孔子编述的六经为至高之经典,则是孔门弟子的行为,且已经是汉代以后的事情了。将"经"的来龙去脉条分缕析地阐释清楚,笼罩在六经上的神秘面纱自然也被揭去了。

那么,章学诚的"六经皆史"论具有哪些方面的价值呢?首先,章学诚所谓的"史",既指具体的史实、历史资料,也指抽象的、经世致用的历史经验,极大地拓展了史学研究的边界。其次,章学诚高举"六经皆史"的大旗,一方面反对宋学的空谈心性,一方面也揭示了汉学穿凿附会的流弊。在中国经学史上,汉宋之争是贯穿始终的话题,宋代理学肇兴,程朱、陆王先后占据思想界霸主地位,宋学成为主流意识形态。明末清初,随着知识分子对明亡经验的总结,对实用学问的呼唤成为时代主流,于是明末空疏学风被实学一荡而空。至清中叶后,在高压统治下,普通士人阶层不敢触碰现实问题,转而走向了汉学家的路数——"竞为考订",《四库全书总目》的编撰,便是汉学大兴的标志事件,也使汉学一跃而成为显学。对于汉宋学派之间的争端,章学诚认为是极其无谓的,这也是他的学说不为时人理解的根本原因所在,他说:

> 学问之途,有流有别,尚考证者薄词章,索义理者略征实,随其

---

① 章学诚撰,吕思勉评,李永圻、张耕华导读整理:《文史通义》,上海古籍出版社,2008年,第27页。

性之所近，而各标独得，则服、郑训诂，韩、欧文章，程、朱语录，固已角犄鼎峙，而不能相下。必欲各分门户，交相讥议，则义理入于虚无，考证徒为糟粕，文章只为玩物，汉唐以来，楚失齐得，至今嚣嚣，有未易臨决者。惟自通人论之则不然，考证即以实此义理，而文章乃所以达之之具。事非有异，何为纷然？①

这在门户森严的清代学术界，不啻为一股清流。他的"六经皆史"之说就是针对空谈性命的宋学和一味考据的汉学弊病提出的，而且主要针对的是当时的主流学派——乾嘉考据学派。从源头上来说，"六经皆史"就是在呼吁实用的学问，上古典籍是对实践经验的总结，也从来没有脱离社会现实而单独存在，后人将其抬高到"经"的位置，却让经学日益脱离现实，成为象牙塔里的学问。而章学诚提倡的，就是能够融合汉宋之长，能够对社会现实真正发挥作用的学说。

2. 史学的经世致用论

从前面的介绍不难得出结论，章学诚的"六经皆史"和"经世致用"说为一体之两面，强调学贵"明道""用世"，提倡史学研究应当服务于社会现实，是章氏学说的第二个突出特点。

在《浙东学术》一文中，章学诚明确提出了这一观点：

史学所以经世，固非空言著述也。且如六经，同出于孔子，先儒以为其功莫大于《春秋》，正以切合当时人事耳。后之言著述者，舍今而求古，舍人事而言性天，则吾不得而知之矣。学者不知斯义，不足

---

① 章学诚著，仓修良编注：《文史通义新编新注（下册）》，商务印书馆，2017年，第801页。

言史学也。①

如果做不到经世致用、有资于世，就不配称为"史学"，因此，"整辑排比，谓之史纂；参互搜讨，谓之史考，皆非史学"②。

经世致用有资于治道是我国史学的优良传统，章学诚的主张是在总结前代经验基础上的进一步阐发，特别是受到了浙东史学派的启发。前面已经提到，章学诚强调史学经世致用的功能，是建立在对当时主流学风的不满，以及学术研究为现实服务的时代呼声上的。他认为："文章经世之业，立言亦期有补于世，否则古人著述已厌其多，岂容更益简编，撑床叠架为哉！"③ 强调史学的现实价值，是章学诚思想的重要支点，贯穿其学说之始终。除了从学理上阐明史学的价值，章学诚还提出发挥史学经世致用功能的方法。他认为，首先应当坚持详今略古的原则，重点研究当代史。其次，则要善于根据各个历史时期的特点，找准研究的重点，使自己的研究符合时代需要。最后，发挥史学经世致用的功能，还有赖于研究者自身的素质，或者说卓越的"史识"，不仅要能从纷繁的史料中发现真问题，还要敢于开创风气之先：

学业者，所以辟风气也。风气未开，学业有以开之；风气既弊，学业有以挽之。人心风俗不能历久而无弊，犹羲和、保章之法不能历

---

① 章学诚撰，吕思勉评，李永圻、张耕华导读整理：《文史通义》，上海古籍出版社，2008年，第170页。
② 章学诚撰，吕思勉评，李永圻、张耕华导读整理：《文史通义》，上海古籍出版社，2008年，第170页。
③ 章学诚著，仓修良编注：《文史通义新编新注（下册）》，浙江古籍出版社，2005年，第686页。

久而不差也。因其弊而施补救，犹历家之因其差而议更改也。历法之差，非过则不及；风气之弊，非偏重则偏轻也。重轻过不及之偏，非因其极而反之，不能得中正之宜也。好名之士，方且趋风气而为学业，是以火救火而水救水也。①

他号召学者敢于"人弃我取，人取我与"，去钻研那些真正能够回答现实关切，或者对于社会发展有重大影响的问题。

3. 史学编纂思想

除了从理论上阐释史学的功能、基本原则，章学诚还通过丰富的史学编纂实践，总结出了大量具体有效的史书编纂经验与方法。

第一，章学诚对历代史学编纂的经验进行了总结和评述。对古代史书最重要的两种体裁——编年体和纪传体，都进行了精当的评述。如评纪传体："纪传之书，类例易求而大势难贯。刘知几谓一事分书，或著事详某传，或标互见某篇，不胜繁琐，以为弊也。不知马、班创例，已不能周，后史相沿，皆其显而易见者耳。倘使通核全书，悉用其例，则不至于纪传互殊，前后矛盾，如校勘诸家所纠举者矣。刘氏不知其弊正由推例未广，顾反以为繁琐，所议未为中其弊也。"② 章学诚对纪传体史书的各种体裁，本纪、书志、表等项，也都各有议论。

第二，在总结诸家所长的基础上，章学诚在纂修史书、方志时大胆尝试借鉴诸史体的经验，补入新体。他倡导的新史体包括以下

---

① 章学诚撰，吕思勉评，李永圻、张耕华导读整理：《文史通义》，上海古籍出版社，2008年，第93页。
② 章学诚著，仓修良编注：《文史通义新编新注（下册）》，浙江古籍出版社，2005年，第426页。

内容：（1）本纪。章学诚理解的本纪与前人有所不同，他认为本纪类似于一个朝代按年编排的大事记，在整部史书中起到提纲挈领的作用，"史部要义，本纪为经，而诸体为纬"①。（2）纪事本末。"略如袁枢《纪事》之有题目，虽不必尽似之，亦贵得其概而有以变通之也"②。即按照主题或事件形成一个个专题，将有关该专题的全部史料系于其下，以考见其来龙去脉。（3）图、表。"人名事类，合于本末之中，难于稽检，则别编为表以经纬之；天象、地形、舆服、仪器，非可本末该之，且亦难以文字著者，别绘为图以表明之"③。章学诚的史学思想，特别重视图、表的作用，认为其是文字记载的有力补充。

第三，章学诚建议在纪传体史书中增加"史官传"。章学诚认为："经师有儒林之传，辞客有文苑之篇；而史氏专家，渊源有自，分门别派，抑亦古今得失之林；而史传不立专篇，斯亦载笔之阙典也。夫作史，而不论前史之是非得失，何由见其折中考定之所从。"④ 史官是史书的执笔者，其思想、学术渊源会直接影响史书的内容和质量，因此，从"辨章学术"的角度，应当为史官立传。此外，中国古代史学发达，但主要是在史书撰述方面，史学理论相对薄弱，建立"史官传"，实际上就是对一个时代史学史、史学理论的总结，对史学发展具有重要的意义。

---

① 章学诚撰，吕思勉评，李永圻、张耕华导读整理：《文史通义》，上海古籍出版社，2008年，第241页。
② 章学诚著，刘公纯标点：《文史通义》，上海古籍出版社，1956年，第295页。
③ 章学诚撰，吕思勉评，李永圻、张耕华导读整理：《文史通义》，上海古籍出版社，2008年，第18页。
④ 章学诚著，张树棻纂辑，朱士嘉校订：《章实斋方志论文集》，山东省地方志编纂委员会办公室，1983年，第229页。

第四，区分"撰述"和"记注"，为史料编纂学奠定理论基础。我国古代史籍大多按照史体分类，较少以其内容和功用来进行划分。章学诚则独出心裁地从创作方式的角度将其划分为"撰述"和"记注"两大类，并分别阐释了不同类型史籍的编纂原则。他在《报黄大俞先生》一文中说：

> 古人一事必具数家之学，著述（撰述）与比类（记注）两家，其大要也。班氏撰《汉书》，为一家著述矣，刘歆、贾护之《汉记》，其比类也；司马撰《通鉴》，为一家著述矣，二刘、范氏之《长编》，其比类也。①

用今天的话来说，"著述"就是由作者独立完成的反映其思想的专著，"比类"则类似于资料汇编，是著述的基础。明确了两种史籍的区别后，章学诚进一步提出各自的编撰原则：

> 《易》曰："蓍之德圆而神，卦之德方以智。"间尝窃取其义以概古今之载籍，撰述欲其圆而神，记注欲其方以智也。夫智以藏往，神以知来，记注欲往事之不忘，撰述欲来者之兴起，故记注藏往似智，而撰述知来拟神也。藏往欲其赅备无遗，故体有一定而其德为方；知来欲其抉择去取，故例不拘常而其德为圆。②

"记注"是对原始材料的收集整理，贵在"真"；而"撰述"是

---

① 章学诚著，刘公纯标点：《文史通义》，上海古籍出版社，1956年，第279页。
② 章学诚撰，吕思勉评，李永圻、张耕华导读整理：《文史通义》，上海古籍出版社，2008年，第14页。

对材料的总结、分析、预测，贵在"新"。从编撰的难度上来说，撰述是高于记注的，但记注是撰述的基础，故而章学诚也专门讨论了"比类"之书的编撰方法："若夫比次之书，则掌故令史之孔目，簿书记注之成格，其原虽本柱下之所藏，其用止于备稽检而供采择，初无他奇也。然而独断之学，非是不为取裁；考索之功，非是不为按据。"① 在阐释了资料整理汇编的重要性后，章学诚提出三条编撰方法："及时撰集以待后人之论定者"，并要求"详略去取，精于条理而已"；"有志著述，先猎群书，以聚薪樵者"，需做到"辨同考异，慎于覆核而已"；想要"陶冶专家，勒成鸿业者"，则必须"钩玄提要，达于大体而已"。②

第五，极大地扩充了史料的范围。除了倡导"六经皆史"，将"六经"看作一种特殊史料，章学诚的"史料观"十分宏大，他将许多原本不被史学家重视的资料纳入史学研究的对象。比如：官府案牍，"职官故事、案牍图牒之书，不可轻议也"③；金石图谱，"三代钟鼎，秦、汉石刻，款识奇古，文字雅奥……取辨其事，虽庸而不可废"④；私家著述，"文集者，一人之史也；家史、国史与一代之史，亦将取以证焉，不可不致慎也"⑤。虽然一切资料均可作为史学研究的材料，但只有那些真实可信的史料才能真正说明问题。为

---

① 章学诚撰，吕思勉评，李永圻、张耕华导读整理：《文史通义》，上海古籍出版社，2008年，第154—155页。
② 章学诚撰，吕思勉评，李永圻、张耕华导读整理：《文史通义》，上海古籍出版社，2008年，第156页。
③ 章学诚撰，吕思勉评，李永圻、张耕华导读整理：《文史通义》，上海古籍出版社，2008年，第155页。
④ 章学诚撰，吕思勉评，李永圻、张耕华导读整理：《文史通义》，上海古籍出版社，2008年，第58页。
⑤ 章学诚著，刘公纯标点：《文史通义》，上海古籍出版社，1956年，第253页。

此，章学诚还总结了一套判别史料真伪的方法：

> 载笔之士，蕲合乎古人立言之旨，必从事于择与辨。而铢黍芒忽之间，不苟为炳炳烺烺，饰人耳目，盖有道矣。古人之书具在，而当日所谓择与辨者，吾不能知。其有自名家者，凡所论述，往往别见史书传记，按以重轻详略，则未有直以臆为之者。古人于斯，盖其慎也。夫志状之文，多为其子孙所请，其生平行实，或得之口授，或据其条疏，非若太常谥议，史官列传，确然有故事可稽，案牍可核也。采择之法，不过观行而信其言，即类以求其实，参之时代以论其世，核之风土而得其情，因其交际而察其游，审其细行而观其忽，闻见互参而穷虚实之致，瑕瑜不掩，而尽扬抑之能，八术明，而《春秋》经世之意晓然矣。生平每谓文采未优，古人法度不可不守；词章未极，三代直道不可不存。其于斯文，则范我驰驱，未尝不为是凛凛焉。①

经过民初"整理国故"运动的洗礼，上至帝王将相的传记，下至山野村夫的歌咏，均可成为学术研究的资料，已成为学界共识，史学的疆界也因此被极大地扩张了。而百余年前的章学诚，也同样认识到了广泛收集史料的重要性，应当说，其见解是跨越时代的。

第六，以"立三书"为核心的方志编纂理论。章学诚终身以修志为业，在方志学实践与理论领域均留下了大量成果，其最杰出的理论贡献就是创立了方志纂修的体例，提出方志分立三书的主张。所谓"三书"，指方志应该包括的三种体裁——志、掌故、文征，具体内容如下：

---

① 章学诚：《金君行状书后》，载《章学诚遗书》，文物出版社，1985年，第213页。

凡欲经纪一方之文献，必立三家之学，而始可以通古人之遗意也。仿纪传正史之体而作志，仿律令典例之体而作掌故，仿《文选》《文苑》之体而作文征。三书相辅而行，阙一不可；合而为一，尤不可也。①

"三书"之中，"志"是主体，是对材料进行综合排比之后的著述；"掌故""文征"为两翼，主要起到保存地方文献的作用。三者相结合，就是一部完整的方志了。

（二）章学诚的文献目录学思想

章学诚一生以文史研究为志业，而目录学被古人目为"学问门径"，是一切研究的基础，因此，在这一领域他也投入了大量精力。其代表作《文史通义》，综论古今学术宗旨及古籍目录体例；《校雠通义》则专门总结目录、校勘的方法和理论。其主要学术贡献体现在以下几个方面。

1. 阐明了目录（校雠）学的本质属性和任务

"校雠"成为一个专有名词，始于汉代刘向、刘歆父子整理的西汉官府典籍："雠校，一人读书，校其上下，得谬误为校；一人持本，一人读书，若怨家相对，故曰雠也。"② 从词源来看，"雠校"指的就是两个人一起进行的校对工作。但若以刘向、刘歆父子实际进行的整理工作而言，远非校对文字一项，而是一个囊括收罗异本、订正文字、誊抄正本、撰写提要的系统工程，包含了今天文献

---

① 章学诚撰，吕思勉评，李永圻、张耕华导读整理：《文史通义》，上海古籍出版社，2008年，第182页。
② 张三夕主编：《中国古典文献学》（第3版），华中师范大学出版社，2018年，第106页。

学中的目录、校勘、版本，甚至辑佚的内容。因此，后人在使用"校雠"这个概念时，有时使用其狭义的界定，有时又采用其广义的界定，并没有在同一语境下进行讨论，从而使得"校雠学"的范围和主要研究内容聚讼不休，影响了其作为一门独立学科的发展。章学诚的贡献，首先在于厘清了数千年来学者的争论，明确界定了校雠学的目的和性质：

> 校雠之学，自刘氏父子，渊源流别，最为推见古人大体，而校订字句，则其小焉者也。绝学不传，千载而后，郑樵始有窥见，特著校雠之略，而未尽其奥，人亦无由知之。世之论校雠者，惟争辩于行墨字句之间，不复知有渊源流别矣。近人不得其说，而于古书有篇卷参差、叙例同异当考辨者，乃谓古人别有目录之学，真属诧闻。①

从引文可知，章学诚对校雠学的界定是广义的，从词源角度来看，"校雠"确实指校勘文字，但历代学者实际从事的图书整理活动，内容越来越丰富，早已超越了校勘文字的范畴，校雠学也随之发展成为一门校订字句、是正内容、考见源流的系统学问。用"校雠"作为这门学问的名称，其一为尊古，其二也是一门学问自身不断发展壮大、内容不断扩充的结果。如果我们承认一门学科的发展是有内生动力的，不断扩大的边界，实际上是其生命力的表现，那么，相信我们也不难理解"校雠学"随着时代发展而不断拓展学科边界的过程。明确了校雠学的定义后，章学诚又进一步阐发了这门学科的目的：

---

① 章学诚：《论校雠》，载张舜徽选编《文献学论著辑要》，陕西人民出版社，1985年，第338页。

校雠之义，盖自刘向父子部次条别，将以辨章学术，考镜源流，非深明于道术精微，群言得失之故者，不足与此。后世部次甲乙，纪录经史者，代有其人，而求能推阐大义，条别学术异同，使人由委溯源，以想见于坟籍之初者，千百之中不十一焉。①

这是章学诚学说中最常被后人引用的一段话，经他总结，"辨章学术，考镜源流"成为我国传统目录学最具代表性的特征。相比保管、整理典籍，校雠学更重要的目标是考见学术源流，也就是要起到学术史的作用，使初学者通过目录成果，能粗通学问门径，明晰先读何书，后读何书，以及学派的来龙去脉、学者的授受关系等问题。

在他看来，整理图书、分类编目、撰写提要等一系列工作，相当于为学术研究"聚粮"和"转饷"，是进行学术研究的基础。出于这样的目的，编目工作要"推论其要旨，以见古人所谓言有物而行有恒者，编于著录之下，则一切无实之华言，牵率之文集，亦可因是而治之，庶几辨章学术之一端矣"②，即把典籍最精华的部分揭示给读者。图书分类同样应该服务于辨明学术源流的功能，达到"部次流别，申明大道，叙列九流百氏之学，使之绳贯珠联，无少缺逸，欲人即类求书，因书究学"③。在章学诚看来，校雠学起到指示学问门径、梳理学术源流的重要作用，是每个有志于治学者的基本功。

---

① 章学诚著，王重民通解：《校雠通义通解》，上海古籍出版社，2009年，"自序"。
② 章学诚著，王重民通解：《校雠通义通解》，上海古籍出版社，2009年，第10页。
③ 章学诚著，王重民通解：《校雠通义通解》，上海古籍出版社，2009年，第15页。

应当说，章学诚对于我国传统目录学核心价值的揭示是非常准确且精辟的。"辨章学术，考镜源流"作为我国古代目录学最突出的特点，一直受到学界的广泛认可。清末西方目录学思想传入后，一种重视实用、目录检索功能的新思想开始在中国生根发芽，并在新式图书馆目录中得到广泛应用，目录的检索功能被突出强调，对其"辨章学术"的要求则在相应降低。20世纪90年代后，一些学者开始反思我国传统目录学核心价值存在的问题，比如与实践脱节，对编撰者要求过高，本质是对"学术史"的越俎代庖，轻视书目的情报功能等。① 应当说，上述反思都有一定的道理，体现了目录学随着时代发展求新、求变的内在需求。但是，我们也应当注意，评价一种学说的价值，应将其置于当时的时代背景中。章学诚的"辨章学术，考镜源流"之说，确实对书目的检索功能有所忽略，但他针对的是乾嘉学派为"校雠"而"校雠"的学术风气，致力于将校雠学与学术得失、社会政治联系起来，把校雠学最终引入到"申明大道"的路子上来。从这一点来说，章学诚的学术主张是一脉相承的，并且也极大地提高了校雠学在我国古代学术体系中的地位，将"校雠学"打造成治学的"基本武器"，这也是清末民初西学东渐以后，仍有大批学者钻研校雠学，致力于东西目录学思想融合的根本动因。

2. 提出了系统的校雠学理论，总结了大量具体的目录学方法

《校雠通义》的体例，仿自郑樵《通志·校雠略》，分章设节，

---

① 王国强：《"辨章学术考镜源流"之再评判》，《图书与情报》1994年第1期；程焕文：《中国目录学传统的继承与扬弃："辨章学术，考镜源流"批判》，《图书馆工作与研究》1996年第4期。

以一篇篇独立的小论文连缀成章。其中讨论《汉书·艺文志》和《通志·校雠略》的内容占据了一半以上的篇幅，由之可见，章学诚的校雠学理论和方法是建立在对前人经验深入研究基础上的。在"折衷诸家"后，章学诚提出重视"叙录"的重要性，以及互著与别裁、辨嫌名与著残逸、编制索引等一系列具体的目录学方法。

叙录的撰写，始于刘向校书，"每一书已，向辄条其篇目，撮其旨意，录而奏之"，用今天的话说，就是一部书整理完成后，撰写一篇记述内容大意、校书过程的提要，进献给皇帝御览。按照《汉书·艺文志》的记载，叙录包括两方面内容：篇目、旨意。前面我们已经介绍过，章学诚认为我国校雠学的价值在于"辨章学术，考镜源流"，叙录就是达到这一目标最重要的工具。因此，章学诚在目录的构成要素中，尤其重视"叙（序）录"的作用，认为其"最为明道之要"①，对于那些丢掉叙录传统的书目大加批评，目之"徒为甲乙纪数之需"，"使观者如阅甲乙簿注，而更不识其讨论流别之义焉"②。

互著与别裁，是章学诚总结的目录编制技术中最为人称道的一项。在《明代卷》相关章节，我们介绍过祁承㸁等目录学家对互著与别裁方法的总结和应用。应当说，互著、别裁之法在我国目录学史上早已有之，但最先对其具体的做法和意义进行系统总结的，仍应系于章学诚名下。《校雠通义·互著》篇云：

> 至理有互通，书有两用者，未尝不兼收并载，初不以重复为嫌，其于甲乙部次之下，但加互注，以便稽检而已。古人最重家学，叙列

---

① 章学诚著，王重民通解：《校雠通义通解》，上海古籍出版社，2009年，第4页。
② 章学诚著，王重民通解：《校雠通义通解》，上海古籍出版社，2009年，第13页。

一家之书，凡有涉此一家之学者，无不穷源至委，竟其流别，所谓著作之标准，群言之折衷也。如避重复而不载，则一书本有两用而仅登一录，于本书之体既有所不全；一家本有是书而缺而不载，于一家之学亦有所不备矣。①

互著和别裁的出现，本质上是学术融合发展的内在需要，用今天的话说就是交叉学科的出现。一本书只能分入一个类别，但其内容可能涉及多方面，传统的四部分类法在处理这类书籍时存在天然缺陷，因此，互著和别裁的方法应时而生。互著，就是一种书涉及两种以上的主题，或者可以分入两类及以上者，在甲类著录后，在乙类或者丙类中亦可著录。总之，"书之易混者，非重复互注之法，无以免后学之抵牾；书之相资者，非重复互注之法，无以究古人之源委。一隅三反，其类盖亦广矣"②。

互著解决的是一部书涉及两种以上主题如何著录的问题。与之对应的另一种情况，是一书之中各篇内容分属不同主题，但又够不上单独著录的标准，这时就需要"别裁"之法，即将一部书中的某些篇章裁出，著录在相关的类别之中：

盖古人著书，有采取成说，袭用故事者，其所采之书，别有本旨，或历时已久，不知所出；又或所著之篇，于全书之内自为一类者，并得裁其篇章，补苴部次，别出门类，以辨著述源流。至其全书，篇次具存，无所更易，隶于本类，亦自两不相妨。盖权于宾主重轻之间，

---

① 章学诚著，王重民通解：《校雠通义通解》，上海古籍出版社，2009年，第15页。
② 章学诚著，王重民通解：《校雠通义通解》，上海古籍出版社，2009年，第21页。

知其无庸互见者，而始有裁篇别出之法耳。①

适用"别裁"的两种情况：其一是"采取成说"的部分，古人著书不讲究标注文献出处，故常常从别的书籍引录文字，引用内容往往是辑佚的来源，这部分篇章可被裁出。其二是"自为一类者"，就是一部书中内容明显可以自成主题，而与书的其他内容不相关联的，则应裁出著录于相应类别。

章学诚是首位系统总结"互著""别裁"之法的文献学家，但他对这种方法的使用是非常谨慎的，并为之划定了严格的条件，他说：

校雠之家，苟未能深于学术源流，使之徒事裁篇而别出，断部而互见，将破碎纷扰无复规矩章程，斯救弊益以滋弊矣。是以校雠师法不可不传，而著录专家不可不立也。②

或曰：裁篇别出之法行，则一书之内，取裁甚多，纷然割裂，恐其破碎支离而无当也。答曰：学贵专家，旨存统要。显著专篇，明标义类者，专门之要，学所必究。乃掇取于全书之中焉，章而铢之，句而厘之，牵率名义，纷然依附，则是类书纂辑之所为，而非著录源流之所贵也。③

特别指出使用别裁法时，要注明原书全本所在类别，"申明篇

---

① 章学诚著，王重民通解：《校雠通义通解》，上海古籍出版社，2009年，第24页。
② 章学诚著，王重民通解：《校雠通义通解》，上海古籍出版社，2009年，第141页。
③ 章学诚著，王重民通解：《校雠通义通解》，上海古籍出版社，2009年，第69—70页。

第之所自"①。除了从理论上阐明互著、别裁的方法和适用范围，在其史部目录著作——《史籍考》中，章学诚也大量采用了这种方法。

3. 提出古书同书异名的解决方法

古人著书，通常是不标注篇名的，后世为了阅读方便，常常会截取篇首文字，或者以作者的名字来命名书籍，如《史记》又名《太史公书》，《战国策》初名《短长》等。随着时间流逝，后人不明就里，常常会出现错误著录的现象，比如郑樵《通志·艺文略》将《班昭集》和《曹大家集》著录为两书。

章学诚认识到这种情况，在《校雠通义》中明确提出了"嫌名宜辨"的主张，"一书数名者，必当历注互名于卷帙之下；一人而有多字号者，亦当历注其字号于姓名之下"。②"古人之书，或一书歧名，或异书同名者多矣，皆于标题之下，注明同异书目，以便稽检。"③将一部书曾经使用过的书名逐一标注，以免发生错误。这是在书名源流比较清晰时的著录方法，当书名演变情况比较复杂时，就需要使用"索引"的方法了。章学诚在《校雠通义·辨嫌名》篇说：

> 欲免一书两入之弊，但须先作长编，取著书之人与书之标名，按韵编之，详注一书源委于其韵下，至分部别类之时，但须按韵稽之，

---

① 章学诚著，王重民通解：《校雠通义通解》，上海古籍出版社，2009年，第25页。
② 章学诚著，王重民通解：《校雠通义通解》，上海古籍出版社，2009年，第30页。
③ 章学诚著，王重民通解：《校雠通义通解》，上海古籍出版社，2009年，第159页。

虽百人共事，千卷雷同，可使疑似之书一无犯复矣。①

这里的提议，类似于今天大部头书籍后附录的人名和书名索引。章学诚的出发点，是让著述资料更加有条理，且便于编者检索，以免遗漏。这与今日之索引主要方便读者使用的出发点是不同的。但二者在方法上确有共通之处。在章学诚看来，编制群书索引，是"校雠之良法"，他认为：

窃以典籍浩繁，闻见有限，在博雅者且不能悉究无遗，况其下乎？以谓校雠之先，宜尽取四库之藏，中外之籍，择其中之人名地号，官阶书目，凡一切有名可治，有数可稽者，略仿《佩文韵府》之例，悉编为韵；乃于本韵之下，注明原书出处及先后篇第，自一见再见以至数千百，皆详注之，藏之馆中，以为群书之总类。至校书之时，遇有疑似之处，即名而求其编韵，因韵而检其本书，参互错综，即可得其至是。此则渊博之儒，穷毕生年力而不可究殚者，今即中才校勘可坐收于几席之间，非校雠之良法欤？②

在清代中叶便能提出如此远见卓识，以至于被百年后"索引运动"的倡导者奉为中国古已有此科学的学术工具的力证，足见章学诚非凡的学术洞察力。

---

① 章学诚著，王重民通解：《校雠通义通解》，上海古籍出版社，2009年，第29页。
② 章学诚著，王重民通解：《校雠通义通解》，上海古籍出版社，2009年，第38页。

第三节 张之洞和《书目答问》

《书目答问》是继《四库全书总目》后,影响力最大的一部目录学著作,它带有一定推荐书目的性质,同时也反映了有清一代学术的主要成就,还展现了清末以来文化事业的新变化。自其问世以来,代有学者以之为"学问门径",不论属于"新派"还是"旧派",对《书目答问》的整体评价是非常高的,放眼中国历史,也很少有一部书目作品像《书目答问》那样产生了如此巨大且持久的影响力。以之作为清代图书馆学的终篇,似也预示着一个旧时代的结束,以及一个崭新时代的到来。

一、张之洞生平与《书目答问》的创作缘起

张之洞,字孝达,又字香涛,直隶河间南皮人,道光十七年(1837)生于贵州,宣统元年(1909)卒于北京。张之洞年少成名,十六岁时便高中"解元",十年后参加会试,被慈禧太后特拔为一甲三名,也就是俗称的"探花",授翰林院编修之职,此后张之洞的宦海生涯便与慈禧的赏识相始终了。

按照科举时代的惯例,各省主管教育、科考的官员,都由中央政府直接委派,清代中期以后,其发展成翰林院编修、检讨等专属

职位。提学或称学政,是有钦差身份的省级最高教育长官,任期只有三年,手中掌握了一省士子的命运,可谓位高权重的"清要"之职。也许是受到慈禧的额外青目,张之洞的仕途格外顺遂,入翰林院刚刚三年,便获得了外放的机会,充浙江乡试副考官,随即授湖北学政。任满回京,三年后又被委派为四川乡试副考官,试毕,就地被任命为四川学政。①

四川是清代的人口大省,全省官学数量排名全国第二,但教育并不发达,清政府给四川分配的秀才名额仅排在全国第五。这就意味着,四川学子在科举之路上面临着巨大的竞争压力。而当时四川的学风也令人不满意,据张之洞回忆:"任四川提学时,成都恶习凡攻讦、冒籍、枪替、身家不清诸弊,提调官多置不理,民怨不申。辄有痞徒纠众持械,伺于学使辕门外,待其人覆试时擒去索重贿,名曰'拉搕'。本生亦雇倩数十健儿为保护,斗于学辕,动有杀伤。"② 在外放之前,张之洞多年的翰林院生涯以"清流"著称,再从其后来成为洋务派骨干的事实来看,张之洞对于清末时弊是深恶痛绝的。即使是赖以成名的科举考试,张之洞对其也并无好感。科举考试发展到清末,已经从为国抡才的利器,沦落为政府腐败的根由,僵化的八股文限制了帝国最优秀的年轻人的视野,使一代又一代读书人在一条腐朽的、没落的道路上渐行渐远。张之洞虽然是科举考试的既得利益者,但是国家的衰落,列强的凌侮,无一不挑动他的神经,在其担任湖北、四川学政,乃至后来的封疆大吏期间,他在全国各地创办书院,未尝不是在寻求一条替代科举考试的

---

① 赵尔巽等撰:《清史稿·卷四三七》,中华书局,1977年,第12377页。
② 张之洞:《抱冰堂弟子记》,载周伟民、唐玲玲选编《张之洞经略琼崖史料汇编》,海南出版社,2015年,第246页。

道路。1905年，延续了两千年的科举取士制度被正式废除，主持其事者就是张之洞，从这个意义上说，张之洞可称科举考试制度的"掘墓人"。正因如此，当四川学子向学政大人提出为之开列一份阅读书单时，张之洞欣然同意，花费大量精力编撰的这部《书目答问》，其要旨并不在于指导士子应付科举考试，而是在对清代学术进行系统总结和思考的基础上，构建一个符合张之洞理想的士人知识体系。

在《书目答问·略例》中，张之洞记述了本书的创作缘起：

> 诸生好学者，来问应读何书，书以何本为善。偏举既嫌挂漏，志趣学业亦各不同，因录此以告初学。①

可见，《书目答问》的编写源自四川学子的提问。作为主持一省学政的最高长官，张之洞掌握川中数万学子的命运，是全省学子名义上的"老师"，当然也有义务为其提供成才之道的指引。同时，按照张之洞一贯对匡扶教育时弊的期望，这也是一个很好的传播主张和影响年轻人的机会。因此，张之洞非常重视《书目答问》的编写工作。我们在讨论《书目答问》的价值时，也不应将之简单地作为一部推荐书目，而应放到清末大变局的背景下去考察。

二、《书目答问》的主要贡献

《书目答问》既然是张之洞面向士子开列的导读书单，那么，

---

① 张之洞著，范希曾补正，高路明点校：《书目答问补正》，北京燕山出版社，2008年，"略例"第1页。

其贡献便主要体现在指示学问门径方面,具体的编制技术、书目择选标准,都是围绕着上述目的展开的。从这个角度来看,《书目答问》在思想内容和著录上的特点主要有以下几个方面。

第一,开宗明义地阐明了《书目答问》导读书目的性质。前引《书目答问》略例为开篇第一条,它向读者揭示了几个方面的意思。其一,开列书目的对象是有志于学的"诸生",用今天的话来说,《书目答问》首先为自己界定了目标群体。虽然后世将《书目答问》作为国学入门书,但是至少在张之洞那里,该书的性质是非常明确的,就是一部指导青年学子求知为学的导读书目。随着书目学的发展,现在我们已经很明确,推荐书目是针对某一目标群体的特种书目,列出的内容应当符合特定目标群体的阅读需求。张之洞当然并非有意识地强调推荐书目的针对性,但是,在《书目答问》的编制过程中,体现出的注重适用性、针对性的观念,对后世推荐书目工作是很有启发的。其二,目录、校勘之学,是乾嘉学派的"看家本领",也是清代的显学。这种从文献入手,苦心钻研文本内容的治学取径,是对明末理学空疏学风的匡正。然而,时至清末,乾嘉学术已经变成了只知钻故纸堆,片面追求版本,只求文字、不问义理的"象牙塔"学问。清代藏书家中盛行的"嗜古佞宋"之风就是其最直接的反映。因此,清代的藏书目录,特别重视对"宋元旧本"的著录,往往忽略对内容的关注。《书目答问》则反其道而行之,作为一部指导普通士子读书求学的参考书,追求所谓的"旧本""宋元秘本"是毫无意义的,《书目答问》特别强调了所选择的都是常见、易购的版本。而张之洞对于"善本"的界定,也颇足借鉴。在《輶轩语·语学》中,他说:

> 善本非纸白板新之谓。谓其为前辈通人，用古刻数本精校细勘付刊不讹不阙之本也。……善本之义有三：一、足本，二、精本（一精校，一精注）。三、旧本（一旧刻、一旧抄）。①

应当说，这是传统目录学对"善本"最全面、精到的界定，同时考虑到了外在形态和内容特征两方面的要素，对近代善本观的形成具有重要影响。

第二，《书目答问》是一部有意对历代学术进行总结评价，以达到导学劝读目的的书目。《书目答问》所收书，上至先秦，下迄清代，共收录图书2200余种，涉及作者2400余人，而这2200余种书中，清人著作有1000余种，占半数以上。《书目答问》"略例九"对此的解释是："此编所录，其原书为修四库书时所未有者，十之三四。四库虽有其书，而校本、注本晚出者，十之八九。"②《四库全书》是清代钦定的官书，所收主要是清代中期以前的著作，其权威性是不容挑战的。张之洞无意质疑《四库全书》的地位，同时认识到当代学术的品评对青年学子的作用更大，因此，《书目答问》收四库未收书，或晚近的新校新注本较多，其中也蕴含着张之洞对当代学术的陟罚臧否。张之洞并不是一个纯粹的学者，相比"清流"，其洋务运动"干将"的标签更为后人熟知。不论其早期创办新旧书院，中后期在各地兴办实业，还是倡导"中学为体，西学为用"，张之洞骨子里仍然是一个传统文人。他愤怒于"近日风俗

---

① 张之洞著，陈居渊编，朱维铮校：《书目答问二种》，中西书局，2012年，第258页。
② 张之洞著，范希曾补正，高路明点校：《书目答问补正》，北京燕山出版社，2008年，"略例"第1页。

人心，日益浇薄"①，但并不是想要彻底打碎旧社会，而是希望重新寻回古老国度逝去的荣耀。这是我们理解《书目答问》中关于清代学术总结的思想基础。

清中叶汉学家的成就，是清代学术最为辉煌的一页，也是张之洞极力表彰的对象。"经部"下的"小学""正经正注""列朝经注经说经本考证"三类。"小学"收古代文字音韵方面的启蒙书，"正经正注"则是官方指定的各级学校教本，"列朝经注经说经本考证"收历代学者注解经书的著作。在这些部类下，张之洞特别说明"空言臆说，学无家法者不录"，于是，宋代以来理学家的大量作品被黜落，仅留下了朱熹本人的几部小书，而清代汉学家重新整理诠释经书的作品则被大量收入，由此可见张之洞的思想倾向。

而上述倾向更为明显地体现在书后的附录——《国朝著述诸家姓名略》（以下简称《姓名略》）中，其"小序"说明了这篇文章的编撰目的：

> 由小学入经学者，其经学可信；由经学入史学者，其史学可信。由经学、史学入理学者，其理学可信。以经学、史学兼词章者，其词章有用。以经学、史学兼经济者，其经济成就远大。②

从"可信"，到"有用"，再到"成就远大"，五类学者之间是有一个明显的递进关系的，而经学是其后所有学问的基础。这种认知就是自汉代以来一直延续的"通经致用"的模式，并没有什么新

---

① 张之洞著，陈居渊编，朱维铮校：《书目答问二种》，中西书局，2012年，第242页。
② 张之洞著，范希曾补正，高路明点校：《书目答问补正》，北京燕山出版社，2008年，第243页。

意。但其后张之洞按照上述五类分别开列的清代学者名单，则又颇见功力了。清代学术向来重视师承流派，江藩《国朝汉学师承记》《国朝宋学渊源记》等即其滥觞，但此前的同类型著作都是对某个流派的总结。对清代学术进行系统总结的，《姓名略》应属首次。

《姓名略》共录清代学者452名，先按学术流派分类，再将姓名、字号、籍贯等项，依师承辈分排列。在世学者不录，李善兰因"天算为绝学"而成为唯一的例外。最大的一个派别是经学，分为汉学专门、汉宋兼采两派，其中专门的汉学家占四分之三。其次为算学，收录123人，其中"西法"和"兼用中西法"的共占六成以上，体现了清末学者对"西学"的关注。再次为历史考证学，共录81人。最后为小学、金石、校勘诸家。张之洞对清代学术的总结虽然简略，但流派划分和入选人物颇有见地，因此在近代学术史上很受重视，不论是梁启超，还是章太炎、刘师培，后世学者撰著的学术史类著作，都多少带有《书目答问》的影子，其对近代学术史的书写产生了深远的影响。

第三，在四部分类法的框架内，对四部成法进行了损益改革。自《四库全书总目》问世后，清代公私书目的体例基本沿袭四部成法，少有改易。张之洞的《书目答问》亦不例外，采用经、史、子、集四部分类的一级类目体系。但是，随着时间推移，四部分类法不适应时代需求的缺陷愈发明显，张之洞应该也深刻地感受到了这一点，因此《书目答问》虽谨慎地保持了四部的总体框架，但在具体的类目设置上却多有改易。其一，在"经史子集"四部正编外，增加"丛书部"，清代中期以后，丛书刊刻盛行，相较单行本，丛书有汇集众本的优势。在《輶轩语》中，张之洞便提倡"读子宜买丛书"①。《书目答问》进一步申说："丛书最便学者，为其一部之中，可该群籍。搜残存佚，为功尤巨。欲多读古书，非买丛书不可。"② 其二，正编外附录"别录"，收录启蒙和科举考试读物，加强导读书目的实用性。对《书目答问》上述变革的意义，姚名达评述："《书目答问》在分类史上之地位，不在创造，而在对《四库全书总目》加以他人所不敢为之修正。"③ 其三，对四部分类的二级类目进行了较大的更易，比如前面提到的经部，《四库全书》"经"部分为十类，分别著录五经、四书、小学。《书目答问》则将其打乱，只保留了"小学"类，其余两类分为正经和后人注本。再如，子部"儒家"类，《四库全书》将其列为诸子之首，《书目答问》则降低了其地位，以"周秦诸子"居首。其四，在著录方面，《书目答问》也颇有特点，虽然限于篇幅，该目不设小序，但在部类前后常加说明，介绍著录范围、择书标准、分类原则、版本情况等，对读者有较大的指导意义。

三、《书目答问》的版本及影响

在介绍《书目答问》的后世影响之前，需要对其版本源流进行简要的介绍。《书目答问》在编撰时，得到了缪荃孙的大力襄助。缪荃孙，字炎之，又字筱珊、小山，晚号艺风，江苏江阴人，是我国近代著名的文献学家、图书馆学家。光绪元年（1875），寓居成

---

① 张之洞著，陈居渊编，朱维铮校：《书目答问二种》，中西书局，2012年，第255页。
② 张之洞著，范希曾补正，高路明点校：《书目答问补正》，北京燕山出版社，2008年，第230页。
③ 姚名达：《中国目录学史》，上海书店出版社，1989年，第143—144页。

都的缪荃孙拜入张之洞门下，备受其提携。张之洞决意编撰《书目答问》后，由于政务繁忙，便委托缪荃孙为其助手，据缪氏晚年自编《艺风老人年谱》云："光绪元年，年三十二。八月，执贽张孝达先生门下，命撰《书目答问》四卷。"① 由于这段渊源，《书目答问》的著作权之争，在张之洞去世后不久便爆发出来。在上引自编年谱和其他文字中，缪荃孙均将《书目答问》系于自己名下，其说还得到了叶德辉、柳诒徵等人的支持，因此在民初学术界相当流行。对此最先提出异议的是陈垣，他认为缪荃孙协助张之洞撰写、校订《书目答问》并无疑问，但其性质与"代撰"是根本不同的。② 柴德赓亦持此说。各方观点聚讼不休，从而使《书目答问》的著作权成为一个悬而未决的公案，各派观点总结起来可归纳为四种：张之洞依旧本改作；张氏亲自撰述；缪荃孙代张之洞作；缪氏依江阴贡生所撰旧本与张氏共同编著。事实上，对于著作权的争夺恰好从侧面反映了《书目答问》超乎寻常的影响力。

《书目答问》的初刻本为光绪二年（1876）成都刻本，印行后受到人们的热烈欢迎，一时间洛阳纸贵，次年重加勘定后，成为京师诸生的教材。光绪五年（1879）有湘乡成邦干重刊本，又有贵阳王秉恩刊刻本，较初印本增补200余处，为较善之本。光绪二十一年（1895）有上海蜚英馆石印本。自此之后，重刻不断，传本无数，"翻印、重雕不下数十余次，承学之士，视为津筏，几于家置

---

① 张之洞著，范希曾补正，高路明点校：《书目答问补正》，北京燕山出版社，2008年，第257页。
② 陈垣：《艺风年谱与书目答问》，载《陈垣学术论文集》（第二集），中华书局，1982年，第344—347页。

一编"①。随着流传日广，还出现了"书肆翻刻，讹谬叠见，本书面目，为之减色"②，盗版横行的现象。至此，《书目答问》已经成为学者的插架必备之书，影响日巨，于是该书也自然成为学者研究的对象。

张之洞生前，其门人王秉恩在贵阳刊刻《輶轩语》与《书目答问》合刊本，据"光绪二年写定本"为底本，"改正原刻二百八十余处"。③ 1904年，同为张之洞门生的江人度，遵循疏不破注的传统，作《书目答问笺补》，俨然已将《书目答问》当作"经"来看待。其笺补以考释为主，增补内容主要是一些新刊教科书和中译本科学书，并对原书类目下的"钩乙"作了逐一说明，纠正了原书的漏误之处。

民国初年，著名文献学家叶德辉按照《书目答问》列举的书目，逐一访查版本，每见异本，便注于相应条目之后，最后集结成《书目答问斠补》，在当时引起了较大反响。1920年代，《国学用书举要》《国学用书类述》等书，实际上是《书目答问》的改编本，内容和体例均仿自《书目答问》。

而在《书目答问》传播史上，影响最大的一部后人辑补本，是1931年出版的《书目答问补正》，该书作者为范希曾。范希曾，字耒研，号稷露，江苏淮阴人。他原来的职业是中学教师，因为热爱读书，《书目答问》便成了他的问学指南："某案头，初置此书一

---

① 张之洞著，范希曾补正，高路明点校：《书目答问补正》，北京燕山出版社，2008年，第254页。
② 张之洞编撰，范希曾补正，孙文泱增订：《增订书目答问补正》，中华书局，2011年，第652页。
③ 张之洞著，范希曾补正，高路明点校：《书目答问补正》，北京燕山出版社，2008年，第259页。

部,辄就知见,随手以朱笔补注眉上,积久,上下眉无隙地,更置一部注之,如是者两三部。……乙卯(1915)闲居,遂取数部,审择移录,合为一帙,成《补正》五卷。"① 1927年,著名学者柳诒徵发现了他的才华,邀请其至江苏国学图书馆工作,才给范希曾创造了较好的条件,让他能专注于《书目答问》的补正工作。所谓"补正",包括"补阙"和"正误"两方面内容。"补阙"主要针对原书脱漏及续出著作。原书中但称"今人"的著作,范氏均为其增补了作者姓名;再如《书目答问》成书后新出的校注辑佚本的著录。经范氏增补修订的图书,总计有一千二百余种。"正误"则主要针对原书列举书名、作者、卷数、版本时出现的错误。

《书目答问》问世后,对藏书家和学者的指导作用是巨大的。不少藏书家和早期的学校图书馆,竞相以此目为购书指南,②时人是这样描述这一现象的:

> 至光绪初,承平已久,士夫以风雅相尚,书乃大贵。于时南皮张孝达学使,有《书目答问》之作,学者按图索骥,贾人饰椟卖珠,于是纸贵洛阳,声蜚日下,士夫踪迹半在海王村矣。③

对有志于学的生员来说,《书目答问》在指示传统学问门径方面的作用并未随着清王朝的覆灭而丧失。所谓"以书目为名,而实指示读书之法者,则莫如张文襄公之《书目答问》为优也。公之书

---

① 张之洞著,范希曾补正,高路明点校:《书目答问补正》,北京燕山出版社,2008年,第254页。
② 徐雁:《〈书目答问〉传世百年三论》,《编辑学刊》2001年第6期。
③ 震钧:《天咫偶闻》,北京古籍出版社,1982年,第163页。

目出，四方学者闻风兴起，得所依归，数十年来成就学者不知凡几"。①

梁启超回忆，少年时代"得张南皮师之《輶轩语》《书目答问》，归而读之，始知天地间有所谓学问者"②。史学家陈垣回忆，13岁时读到《书目答问》，以之为门径，才对文史学问产生了浓厚的兴趣。③顾颉刚回忆幼年在苏州观前街翻阅图书的经历，说对《书目答问》一类的书"翻得熟极了"④。甚至后来猛烈抨击传统文化的鲁迅，在谈到读书经验时也说："我以为倘要弄旧的呢，倒不如姑且靠着张之洞的《书目答问》去摸门径去。"⑤

上面列举的深受《书目答问》影响的学者，有专治旧学者，也有新文化的积极鼓吹者，他们在谈到《书目答问》的导读价值时，总体评价都是相当正面的。可见，《书目答问》展现的以"经世致用"为目标的导读思想，具有相当的权威性，在很大程度上成功地导引、规范了中国传统知识分子群体在变革前夕的读书生活和思想塑造⑥，因此拥有超越时代的生命力，而由《书目答问》开启的开列导读书目的浪潮，又预示着一个新时代的到来。

---

① 李时：《民国二十五年君中书社再版〈书目答问〉序言》，载张之洞编撰、范希曾补正、孙文泱增订《增订书目答问补正》，中华书局，2011年，第652页。
② 梁启超：《梁启超论教育》，商务印书馆，2017年，第58页。
③ 白寿彝等：《励耘书屋问学记：史学家陈垣的治学》，生活·读书·新知三联书店，1982年，第134页。
④ 顾颉刚：《怀疑与学问》，长江文艺出版社，2019年，第50页。
⑤ 鲁迅：《读书杂谈》，载《鲁迅全集》（第三卷），花城出版社，2021年，第245页。
⑥ 张国功：《从共识到冲突：导读性书目的历史及其文化意义》，《博览群书》2003年第8期。

第八章

西方图书馆理念的传入和传播

　　清代的历史,以鸦片战争为界,显著地被分为两个时代,前者尚属古代中国,后者则以狂飙猛进之势,迅速地开始了中国社会近代化的进程。藏书事业是文化事业的组成部分,不可避免地受到社会发展变化的影响,但相对于政治、经济,藏书事业对社会环境变化的反应明显滞后。因此,纵观整个清代历史,藏书实践与理论的主流仍是在延续古代藏书的传统,但随着西学东渐的深入,西方图书馆理念和学术思想开始传入我国并得到较为广泛的宣传传播,于是,一颗近代图书馆学的种子被种下,并将在下一个时代真正地生根发芽,成为融合中西的、自立于近代学术之林的中国图书馆学。

　　晚清图书馆理念和思想的传入是伴随着西学东渐而不断深入的,最早由传教士在东南沿海一带的传播,然后得到维新派的高度重视,翻译了不少介绍西方图书馆学的书籍,给普通民众以图书馆思想的启蒙。至清末新政时期,建立图书馆成为改革措施之一,标志性事件就是清末出洋使臣对西方图书馆的主动考察。

第八章 西方图书馆理念的传入和传播

第一节 西方传教士与图书馆思想的传入

一般意义上说，被公众熟知的西学东渐主要是指鸦片战争后西学的大规模输入，但实际上西学东渐的进程自明末清初便已经开启。明末实学兴起，西方传教士为传教的便利，以西方科学知识为媒介，与当时的官僚集团建立了良好的关系，因此也获得了在东南沿海一带传教的许可。

最早向国人介绍西方图书馆的是意大利籍的耶稣会传教士艾儒略。天启年间，艾儒略为向中国人介绍欧洲，翻译了《职方外纪》一书，其中卷二"欧罗巴总说""官设书院听人抄读"条简单介绍了16、17世纪之交欧洲图书馆概况以及运行模式。[①] 但是，由于翻译的问题和当时人们对西学的认知程度，艾儒略的介绍并没有引起更多的重视，直至清末中国人重新"开眼看世界"时，才被国人重新发现。

清朝建立后，实行比明朝更为严厉的海禁政策，外国传教士也被严令禁止在中国传教，直到19世纪后半期，伴随着资本主义的全球扩张，传教士再次来到中国，在沿海地区传播西学。在鸦片战争之前，由于传教士的活动尚未受到不平等条约的保护，其影响的

---

① 艾儒略：《职方外纪》，载斌椿、谢清高著，钟叔河辑校，谷及世标点《乘槎笔记（外一种）》，湖南人民出版社，1981年，第4页。

范围十分有限，鸦片战争后，传教士的活动深入内地，其传教范围也得到了极大的拓展。

1807 年，英国人马礼逊奉命前往广州传教，之后外国传教士的足迹遍布南洋。为了发展信众，传教士通过著书立说、开办学校、开办图书馆等方式开展传教活动。其中，介绍西方图书馆和图书馆理念的著作主要有以下几部。

一、马礼逊《外国史略》

《外国史略》是晚清时期较早的一部西洋史著作，由马礼逊父子接续完成，其创作目标是通过对西方历史和文明的记述，让中国人了解西方。① 其在介绍欧洲国家时，不少地方都提到了图书馆，如：葡萄亚国，"书院积书册八万本"；荷兰国，"国内大开书院，学士云集，讲术艺。小学馆二千八百余处，大学院四处，皆聚印翻译之书"。②

二、祎理哲《地球说略》

祎理哲，道光二十四年（1844）来华的美国传教士，著有《地球图说》《地球说略》等书。《地球说略》的性质与《外国史略》相似，均是向当时的中国人介绍西方的普及读物，但对图书馆的记述

---

① 邹振环：《〈外国史略〉及其作者问题新探》，《中山大学学报》（社会科学版）2008 年第 5 期。
② 马礼逊：《外国史略》，载王锡祺辑《小方壶斋舆地丛抄再补编》（第十二帙），清光绪二十三年（1897）上海著易堂版，杭州古籍书店影印，1985 年，第 25—27 页。

更加详细。如记:"希腊,书院极高大华美,凡游学之士俱可入院学习","以大利,藏书之富,是国最为著名。至其书从何而来,约系古先知辈所流传也","佛兰西,有大书院二十六所,小书院不胜数,不论贫贱,皆得所学。……藏书之室极广大,所藏卷帙约计数十万本","亚利曼列国(又名日耳曼),此国不知学习者,千人中不过一人,不能书写者,千人中不过五六十人。卖书之人,缚之背上,载之马车,周行各处以相售,城内多藏书之室,每室所藏约数十万卷。倘有愿读其书者,不拘何人,尽可入内批读"。① 可见此时汉语图书馆一词尚未出现,对欧洲各国的介绍,多译为藏书之室。

三、戴德江《地理志略》

美国传教士戴德江的《地理志略》记载的西方各国风土民情更为详尽。该本论"欧罗巴":"各处人民性情灵敏,知礼达义,开设学堂,不识字者甚少,著书籍,印新报,立阅书室,看画阁,俾人随意观览,以广见闻。"论俄罗斯:"论大城京都名散备德伯(圣彼得堡),居民约九十万,内有皇宫阅书室,皆巍峨宏敞,修饰尽善。"论瑞典、挪威:"论大城京都在西兰岛上,名哥笨哈根,居民约二十四万,中有著名之书院,雄壮可观,又有阅书室,所藏之书籍约五十万卷。"论德国(又名日耳曼国):"论大城京都名伯林,居民约一百十万……中有最著名之书院,又有阅书室,内藏之书约六十万卷。靠哀勒伯河有大城名罕伯(汉堡),巴斐利亚(巴伐利亚)之京城,名门□中,有书院、书室、画阁,皆整洁闳丽。"论

---

① 祎理哲:《地球说略》,载王锡祺辑《小方壶斋舆地丛抄再补编》(第十二帙),清光绪二十三年(1897)上海著易堂印行,杭州古籍书店影印,1985年,第13—17页。

奥斯马加（又名奥国）："论大城京都名伟恩，居民约八十四万……最堪羡者，即皇宫与官设之阅书室也。"论法郎西（又名法国）："论大城京都名巴利（巴黎）……其内宫殿、画阁、阅书室、大书房，皆高大壮观。"①

四、高理文《美理哥合省国志略》

前面所列的三本书主要介绍了欧洲的历史和现状，美国传教士高理文的《美理哥合省国志略》则是专门记述美国情况的著作，其中对19世纪前半期美国图书馆事业的介绍着墨较多。记教会图书馆之普遍，"国人于礼拜日皆不作工，故设一会所，逢礼拜日教人。内藏书极多，如不在者，亦可借回家自习，至礼拜日复送回"②。记美国马沙诸些省（马萨诸塞州）的图书馆，"书房数所，内一藏书之室，置书二万五千本。各房共计所藏公书约七八万本。其书官吏士子皆可进观，惟不能私携回家而已"③。再如记私人图书馆，"为士之家，或藏一二千，书院里或藏一二万。亦有富豪家，立一书斋，置各书于内，任人观览，惟不能携回家而已"④。

传教士撰写上述书籍的主要目的是让当时的中国民众了解西方社会，以达到"理解之同情"，最终信奉基督教派，传播西方文化。

---

① 戴德江：《地理志略》，载王锡祺辑《小方壶斋舆地丛抄再补编》（第十二帙），清光绪二十三年（1897）上海著易堂印行，杭州古籍书店影印，1985年，第9—12页。
② 高理文：《美理哥合省国志略》，载中国社会科学院近代史研究所近代史资料编辑部编《近代史资料·总92号》，知识产权出版社，2006年，第66—67页。
③ 高理文：《美理哥合省国志略》，载中国社会科学院近代史研究所近代史资料编辑部编《近代史资料·总92号》，知识产权出版社，2006年，第14页。
④ 高理文：《美理哥合省国志略》，载中国社会科学院近代史研究所近代史资料编辑部编《近代史资料·总92号》，知识产权出版社，2006年，第65页。

因此，西方公共图书馆的情况不会也不可能成为其论述的重点，只是在概述西人生活或者西方国家社会文化时顺带提及。但"不拘何人，尽可入内批读""官吏士子皆可进观，惟不能私携回家而已"之类的表述，足以给早已习惯"佞宋嗜旧""秘本自惜"的清末知识分子巨大的观念冲击。故而从图书馆理念传播的角度来讲，西方传教士的活动无疑给中国播下了第一颗现代公共图书馆的种子。

除了介绍西方图书馆，传教士还亲身参与了中国早期图书馆事业，其代表就是上海的徐家汇天主堂藏书楼、亚洲文会北中国支会图书馆、格致书院藏书楼等。

徐家汇天主堂藏书楼是耶稣教会传教士在中国建立的第一座现代图书馆。① 道光二十七年（1847），天主教耶稣会决定在上海徐家汇附近购买一块土地，作为其在上海的活动中心，同时兼充藏书楼。经过耶稣会会士的不懈努力，徐家汇天主堂藏书楼的藏书规模日渐扩大，成为晚清民初上海最大的图书馆。据胡道静先生统计，该藏书楼共有中文书 120000 余册，分经、史、子、集、圣教书五类。西文书共约 80000 册，有希腊、拉丁、法、德、英等多国文字。除了天主堂藏书楼，徐家汇一带的天主教组织，也有规模不等的图书馆，大约有中西书籍 80000 册，"合计徐家汇那一圈地方的存书计 300000 册左右"。② 从性质上看，徐家汇天主堂藏书楼属于机构图书馆，早期是专供天主教会传教士使用的图书馆，后来经过发展，扩大开放范围，允许教友经介绍获得许可后入内观书。

亚洲文会北中国支会图书馆创办于同治十年（1871）前后。道光二十七年（1847），英国的伟列亚力牧师奉命来到上海负责《圣

---

① 胡道静：《上海图书馆史》，上海市通志馆，1935 年，第 1 页。
② 胡道静：《上海图书馆史》，上海市通志馆，1935 年，第 57—60 页。

经》等传教书籍的印刷工作。伟列亚力可以算是一位中国通，在中国期间，他除了从事传教事业，还致力于东亚文化的研究，在咸丰七年（1857）创办了上海文理学会，之后该会被英国皇家亚洲文会收编，改名"亚洲文会北中国支会"。1871年，亚洲文会北中国支会在上海博物院路成立专门的会所，同时建立图书馆，以收集东亚文献为特色。据胡道静统计，直到20世纪30年代，该图书馆藏书总量约为16000册，规模并不大，但"内容多半是专述东方事情，特别是涉及宗教、语言、科学、艺术、史地者"[①]，是一座以特色收藏著称的专科图书馆。该馆的另一大贡献，就是对西方图书馆技术的引入和使用，在图书馆开办过程中，卡片目录、"杜威十进分类法"、"卡特著者号码表"等技术和手段被先后应用于图书编目。

格致书院藏书楼是传教士开办的图书馆中唯一带有公共性质的。1901年，格致书院创始人——英国人傅兰雅，和其他董事共同发起号召，成立书院藏书楼，并确定其宗旨为促进中国的教育事业发展，故"藏书都是中文的，其中三分之二是四部旧籍，余为东西学译本书"[②]。与同时期清末新政图书馆，以及徐树兰的古越藏书楼相比，格致书院藏书楼不论是图书规模、图书馆技术，还是图书馆管理方面，都不领先。但其最为可贵之处在于，这是西方传教士建立的第一座"为谋华人读者便利的图书馆"。因此，清末名流陈洙在为该书院书目作的序言中，不无敬佩地写道：

上海向有格致书院，近由西士傅君兰雅商诸各董，添设藏书楼，延潘君慎文主持之，县、城、镇之力亦有所不能。然则居今日而欲裨

---

① 胡道静：《上海图书馆史》，上海市通志馆，1935年，第45—46页。
② 胡道静：《上海图书馆史》，上海市通志馆，1935年，第47页。

益学术，光我文治，抗衡欧美，度非地方公建之藏书楼不为功矣。上海处东大陆交衢，文明程度，高出内地。各都邑比年学堂、学会相踵林立，独藏书楼之建，自海上书藏旋作旋辍外，惟兹楼幸观厥成。虽由中西绅宦捐助书册，足资扩充，然非傅君等组织经营，成效曷能如此之速！吾知登斯楼者，既佩诸君之热诚毅力以惠我士林，而尤不能不为内国士大夫愧且望也。①

西方传教士在中国的活动，根本目的是传教，获得中国人的文化和心理认同，从而为西方文化、宗教传播以及经济、政治活动铺平道路。其对西方图书馆事业的介绍，总体来看是较为简略的，仅仅是将其作为社会文化生活的一个侧面展现给中国人。而他们早期的图书馆实践活动，与其说出于自觉，不如说是来到中国的传教士对本国制度的一种移植。但是，传教士对中国图书馆事业及学术发展所作出的贡献，是不应被忽略的。对闭塞已久、传统力量无比强大的中国来说，传教士对西方图书馆事业的介绍，不啻为有识之士打开了一扇窗户，使其能够在更加广阔的视域下思考中国的问题，进而从被动接受转向主动探索，从而加快图书馆事业和学术本土化的进程。

---

① 陈洙：《上海格致书院藏书楼书目序》，载李希泌、张椒华编《中国古代藏书与近代图书馆史料（春秋至五四前后）》，中华书局，1982年，第503—504页。

第二节　西方图书馆事业与学术资料的译介与传播

清末传教士对西方图书馆事业的介绍大多比较简略，且在很长一段时间内，中西学之间的关系比较紧张，在传统士大夫看来，西学不过是些"奇技淫巧"，并不足观。因此，真正让普通国人开始了解并接受现代图书馆，要归功于清末维新派的翻译和介绍。

一、林则徐对西方图书馆的介绍

林则徐是晚清封疆大吏中意识到中国与世界差距的第一人。虽然其知识背景决定了他不可能真正看到中西学之间的本质差异，但这无妨其通过"开眼看世界"了解"敌情"，以求对抗列强之道。为了"师夷长技以制夷"，林则徐派员广泛收集外国书报，开创了近代中国向西方系统学习之先河，组织翻译《四洲志》，使中国人第一次较为全面地了解了西方图书馆的情形。

《四洲志》译自英国人慕瑞所著《世界地理大全》，主要内容是介绍五大洲各国的历史、地理、政治、社会文化概况。该书全书不过10余万字，但涉及各国图书馆的内容却十分丰富，据程焕文统计，在介绍欧洲情况时，有 6 处较为详细地记述了各国图书馆。①

比如，记载德国："耶马尼旧辖大小部落三十有奇，为欧罗巴洲巨国。"记载其分国之一："（耶马尼分国十一）塞西俄达……富而好文学，设有书馆，藏书六万卷。"②记载英吉利："兰顿（注：伦敦）建大书馆一所，博物馆一所。沃斯贺建大书馆一所，内贮古书十二万五千卷。在感弥利赤（剑桥）建书馆一所。有莎士比阿、弥尔顿、士达萨、特弥顿四人，工诗文，富著述"，"斯葛兰（苏格兰）……首部落设……大书馆一所，贮书十万卷"，"爱伦，……建书馆，贮书十万卷"。记载丹麦："国都设立书馆一所，贮书四十万部。此外尚有大书馆二千五百所。"③

美国是《四洲志》重点记述的对象，关于美国的篇幅大致占全书的五分之一。在相关章节中，林则徐先介绍了美国图书馆的总体情况："千八百三十四年（道光十四年），在钮育（纽约）所属各小部义馆读书者共五十四万有千余人……非腊特尔非阿（费城）藏书四万二千卷，甘默力治（波士顿剑桥）藏书四万卷，摩士顿（波士顿）藏书三万卷，钮育藏书二万二千卷，衮额里士署内藏书二万卷。"④之后的注释，分述美国各州的情况，其中提到设置图书馆的共有 18 州。比如，"钮育部……文学日盛，书馆万有一百三十二所"，"根特机部……虽有书馆，尚未筹拨经费"，"因地阿那部……

---

① 程焕文：《晚清图书馆学术思想史》，北京图书馆出版社，2004 年，第 142 页。
② 林则徐：《四洲志》，载王锡祺编《小方壶斋舆地丛抄再补编》（第十二帙），清光绪二十三年（1897）上海著易堂印行，杭州古籍书店影印，1985 年，第 22—23 页。
③ 林则徐：《四洲志》，载王锡祺编《小方壶斋舆地丛抄再补编》（第十二帙），清光绪二十三年（1897）上海著易堂印行，杭州古籍书店影印，1985 年，第 30—34 页。
④ 林则徐：《四洲志》，载王锡祺编《小方壶斋舆地丛抄再补编》（第十二帙），清光绪二十三年（1897）上海著易堂印行，杭州古籍书店影印，1985 年，第 42—43 页。

书馆经费由公田拨出", "威斯顿达多里部,即因底阿土人所居。……此地乃弥利坚国给与因底阿土人猎牧之所。立书馆,起庙宇,给工作器具,冀渐化导"。①

《四洲志》对欧美各国图书馆事业的记载是十分简略的,但其中的两个突出特点值得我们关注。首先是林则徐对图书馆事业的"异常兴趣",虽然笔墨不多,但在介绍各国国情时,林则徐频繁提及图书馆建置,足证是其有意为之。其次是对欧美各国图书馆事业细节的深入挖掘,特别是对美国各州图书馆的考察,涉及图书馆经费、建设目的、图书馆数量等许多具体的问题。由此可以看到,在林则徐看来,图书馆是西方社会优于中国的制度设计之一,换句话说,是可供"师法"的"夷技"。以林则徐为代表的清末维新派,为何会如此重视图书馆建设?笔者认为,究其原因,首先在于我国古代悠久的藏书传统,以及中华文化中根深蒂固的"文本崇拜"情结,使我们在向世界观望时,能够很容易地接受以保存文明、开启民智为目的的图书馆。其次,受明清以来逐渐发展起来的公藏公用思想潜移默化的影响,以及对书籍、学问天下公器价值的认可,对读书启迪民智的期待。在上述因素作用下,图书馆这种以保存典籍、传播文化为己任的现代公共文化设施,能够在清末最先得到有识之士的关注。因此,也无怪乎清末新政会将建立公共图书馆作为重要的施政方针之一了,其中的思想是一脉相承的。

---

① 林则徐:《四洲志》,载王锡祺编《小方壶斋舆地丛抄再补编》(第十二帙),清光绪二十三年(1897)上海著易堂印行,杭州古籍书店影印,1985年,第45—47页。

二、魏源对西方图书馆的译介

道光二十二年（1842），魏源在林则徐《四洲志》基础上，"再据历代史志及明以来岛志，及今日夷图、夷语，钩稽贯串"，"更取平日考证诸书，繁引而辨证之"①，编写成五十卷本的《海国图志》，之后又扩充成六十卷本、一百卷本。该书的特色就是在《四洲志》之外，大量综述、引用了西人著述，前述清末传教士的几部著作，都被收入了《海国图志》，给国人创造了一个系统了解西方各国情形的机会。

在序言中，魏源阐释了本书的编纂主旨："何以异于昔人海图之书？曰：'彼皆以中土人谭西洋，此则以西洋人谭西洋也。'"②正因如此，《海国图志》对西方图书馆的介绍也综合此前的各种西人著述，如在介绍"佛兰西国"时，在《四洲志》基础上增补了《万国地理全图集》的记载："国家重儒，有才能者即速官之。其藏书院内，印本三十六万册，写本七万册，准各人随便往来勤读。"③增补的内容，在国人中起到了宣传推广图书馆的作用，也便于人们对西式图书馆形成系统认知。

从传教士到中国人自己的译介活动，除传播内容、关注重点不同外，最大的变化就是中国人对世界的态度，由被动开放逐渐转向了主动拥抱。在思想的藩篱被打破后，立志革新的中国人很快就发现，单从书本上了解西方是远远不够的。于是，一批先行者通过各

---

① 李瑚：《魏源研究》，朝华出版社，2002年，第652页。
② 魏源：《海国图志》（一），岳麓书社，2021年，第2页。
③ 魏源：《海国图志》（三），岳麓书社，2021年，第1241页。

种渠道走出国门，对西方的社会制度、政治文化进行了全面考察，其中也包括对西方图书馆事业的亲身体验，而这些更加直观的经验，为晚清图书馆事业和学术的兴起奠定了基础。

第三节　晚清中国学人对西方图书馆事业的考察及介绍

钟叔河先生曾经总结，晚清出洋的中国人大致可分为两种类型，即"个人谋生和国家派遣"，通俗地说就是因私和因公两类。① 因公出国者，不外考察使团和常驻外交公使两大类，其中留下关于西方图书馆事业记载的人不多，较具代表性的是驻英大使郭嵩焘、出使四国大臣薛福成等。晚清时期因私出国者，大多是当时的开明知识分子，通过留学、短期访问、商务活动等机会亲自前往西方一探究竟，出于深入研究西方的目的，他们大多会留下详细的文字记述，但记录的重点在于西方的政治、经济、文化制度，对图书馆事业的关注并不多。只有个别远见卓识者，将图书馆作为西方重要的公共文化制度加以了解和介绍，其中较有代表性的就是王韬和梁启超。②

---

① 钟叔河：《王韬的海外漫游》，载王韬《漫游随录》，岳麓书社，1985年，第11页。
② 梁启超访问北美时对图书馆事业和西方图书馆理念的记载，详见第九章相关章节。

一、郭嵩焘对西方图书馆事业的考察

光绪元年（1875），郭嵩焘被任命为"出使英国钦差大臣"，是我国近代史上第一位由中央政府正式派出的常驻外交使臣。光绪三年（1877）元月，郭嵩焘一行抵达英国，至1879年元月被弹劾回国，郭氏在英国待了两年左右的时间。郭嵩焘在清末大员中，是主张积极向西方学习、变法图强的一位。因此，利用这次出使机会，郭氏对英国的国家制度、社会情况进行了比较系统的考察。其在英、法两国考察的笔记，回国后被整理为《伦敦与巴黎日记》，其中有不少关于英、法两国图书馆的记述。

到达伦敦两个月后，郭嵩焘先参观了大英博物馆图书馆，在光绪三年（1877）二月初九日的日记中，郭氏详细记述了该馆的建筑形制、庋藏阅览情况。记藏书情况："其书馆藏书数十万册，皆分贮之。古书有在罗马先者，有刻本，有写本，分别各贮一屋。其余书籍，列屋藏庋。"记藏书目录编制："有专为藏书目录者。其藏书目录，或新收入，或移置他处，辄改记，有十余人司之。"记阅览室建筑和室内设计："最后一圆屋，四围藏书六万卷。中高为圆座，司事者处其中。两旁为巨案曲抱，凡三。外皆设长横案，可容千余人。"记借阅制度："四围藏书分三层，下一层皆常用之书，听人自往取观；上二层则开具一条授司事者，司事者书其所取书于牌，分门别类，各向所掌取之。"[①] 同年六月，郭嵩焘再次参观此处，这次重点记录了该馆所藏中国书籍，并对其编目法进行了简单的介绍：

[①] 郭嵩焘著，钟叔河主编：《走向世界丛书·伦敦与巴黎日记》，岳麓书社，2008年，第136—137页。

"中国书有目录,以廿六字母合音编次之,不分门类。所藏国朝著述为多,杂以小说、时文。所见《通典》《通志》《西清古鉴》,皆内廷本。"①

大学图书馆同样是郭嵩焘考察的对象,据其日记记载,驻英期间郭嵩焘多次参观牛津大学的图书馆。如光绪三年(1877)十月参观牛津大学图书馆总馆(郭称之为波里安):"所藏各国书皆各为院,中国书亦为一院。有巨册百余,长方四尺许,为英国地图,街市屋宇及乡村民舍及田亩畦畛,方斜零畸皆具。询之,近年所具,其工至今未竣也。各书手抄未印刷者,别为一院。每日男妇相就观书约五十人。其前别为圆屋一区,皆石为之,上下两层,铁梁铁板,铺泥沙尺许,盖板其上以防火。缘学堂禁止灯烛,凡夜读书者就圆屋中,藏书亦数十橱。葛克斯云:此所藏皆近人著述。凡书成必首纳献一部(伦敦妙西因亦然),故此数十橱无用价购者。"② 郭嵩焘对牛津大学的总分馆制大约并不十分清楚,故在文章中用了"院"这个概念来表述学院图书馆。但其记述的内容,包括了大学图书馆的借阅、庋藏,乃至呈缴本制度,可以想见,郭嵩焘的考察并非走马观花,而是与工作人员进行了细致交流,可以说他是"带着问题"去进行深入了解的。

郭嵩焘出使英国期间,还曾对法国进行过短期访问。光绪四年(1878)六月十六日,郭嵩焘在法方人员陪同下参观了法国国家图书馆,并留下了十分详细的记录。当时的法国国家图书馆,是欧洲首屈

---

① 郭嵩焘著,钟叔河主编:《走向世界丛书·伦敦与巴黎日记》,岳麓书社,2008年,第225页。

② 郭嵩焘著,钟叔河主编:《走向世界丛书·伦敦与巴黎日记》,岳麓书社,2008年,第377页。

一指的大馆,"西洋藏书"号称第一。郭嵩焘显然也被其丰富的藏书震撼了,故而用了很多笔墨来介绍该馆的图书收藏和编目情况:

> 后有平台,护以曲栏,为主书者坐处,旁设目录数十巨册。左旁高架四,用二十六字母编书名小片,宽广二寸许。每架安小匣数十,依次盛贮其中。观书者取以付主者,按号取付。向后一门,入则直望无极,左右各为小间,三面贮书,凡十四间,上下五层。其旁又有小木梯曲折而上,百余级。上则直视更远,亦左右为小间,三面贮书,凡五十四间。当中两巨屋,贮水龙救火器具。其右一门,云尚有一进,与此五十四间者相并,可云宏富矣。凡藏书二百二十余万册,分二十九类(如化学、医学、律学、史学之类,其名目甚烦,容再详考之)。[①]

从上述记载可以看到,郭嵩焘对法兰西国家图书馆的考察是细致入微的,除了建筑等外在形态,他甚至已经关注到了卡片目录及其使用方法,并对西式分类法表现出浓厚的兴趣。在具体的图书整理技术方面,分类和编目是中西方藏书揩理之术最大的差异,也是下一阶段中国图书馆学关注的重点,郭嵩焘能够主动留心这方面的内容,无疑是十分具有专业眼光的。

二、薛福成对欧洲图书馆的记述和总结

薛福成是洋务运动的主要领导者之一。1890—1894 年,薛福成奉命出使英、法、意、比四国,为耳闻目睹的图书馆留下了不少

---

① 郭嵩焘著,钟叔河主编:《走向世界丛书·伦敦与巴黎日记》,岳麓书社,2008 年,第 653 页。

珍贵的文字记述。其中尤其值得注意的是薛氏有意识地对中西藏书事业进行的总结和比较。

光绪十八年（1892）三月二十三日，薛福成在日记中记下了这样一段话：

> 西国古时书籍，但有抄本而无印本，印书起于近三百年内，悉以活字版排印。各国俱有印书工会。其藏书之富，法国有书楼五百所，藏书四百五十九万八千册；英国书楼二百所，藏书二百八十七万二千册；俄国书楼一百四十五所，藏书九十五万三千册；奥国书楼五百七十七所，藏书五百四十七万六千册；义国书楼四百九十三所，藏书四百三十五万册；普国书楼三百九十八所，藏书二百二十四万册。法京巴黎有一书楼，宏敞异常，藏书最富，独得二百七万九千册。普京伯灵亦有一处，独得七十万册。罗马有一大院，萃四方之秘籍，储上古之珍函，别有抄本书二万五千册，细若蝇头，尤各国所未有也。①

这段带有综述性质的记录，后来也出现在了郑观应的《盛世危言》之中，可见其影响力。薛福成记录下这些数字时的想法已不得而知，但可以合理地推论，作为洋务运动领导者之一的薛福成，之所以要重点关注西方图书馆事业的总体发展状况，不外是希望在学习的基础上，改良中国传统藏书事业，使之具有现代公共属性，为人才培养、国家振兴作出更大的贡献。无独有偶，在记述了西方图书馆事业后，薛福成也对中国传统藏书事业进行了对比评述："扬州之文汇阁、杭州西湖之文澜阁、镇江金山之文宗阁，皆得四库副

---

① 薛福成著，钟叔河主编：《走向世界丛书·出使日记续刻》，岳麓书社，2008年，第534页。

本,亦藏书之公所也。"在官府藏书中,独提江南三阁,说明薛福成对图书馆的公共属性认识得已经很深刻了,只有向普通士子开放的江南三阁才稍具此性质,可与西方公共图书馆进行类比。在回顾了中国传统藏书事业后,薛福成特别表彰了晚清大藏书家陆心源公开守先阁藏书的行为:"别以明以后刊本及寻常抄帙,益以近人著述之善者,建守先阁以储之。复请于大府,特奏于朝,归之于公,以供一郡之搜览,沾溉艺林,可谓至矣。"① 与大部分私人藏书家秘籍自珍不同,陆心源将明代以后刊本及常见书捐献出来,供阖郡士子观览。薛福成特别举出守先阁的例子,无非是希望有更多的藏书家能够向陆心源学习,促进藏书公开公用风气的形成。

三、王韬对西方图书馆事业及学术的考察

前面介绍的两位都是晚清大员,因公被派出国,而王韬则是普通知识分子中,凭借私人的力量,系统考察西方社会情形的第一人。王韬(1828—1897),早年曾考取秀才,后在上海接触到基督教传教士,从此便开启了其向普通民众介绍西方的一生。

王韬一共出国考察过两次:一次是在 1867—1870 年间,随传教士理雅各前往欧洲,大致生活了两年多的时间;一次是在 1879—1884 年间,受邀请至日本进行学术交流。两次出国考察的情形,被王韬编成《漫游随录》和《扶桑游记》两部书,两书出版后引起了很大的社会反响,起到了思想启蒙的作用。

在旅欧纪行中,王韬对英、法等国的各类型图书馆均有详细的

---

① 薛福成著,钟叔河主编:《走向世界丛书·出使日记续刻》,岳麓书社,2008 年,第 534—535 页。

记录，可见其每到一处，都有计划地对当地图书馆进行了考察。如记法国巴黎的图书馆，"藏书之所，博物之院，咸甲于他国。法国最重读书，收藏之富殆所未有"①，赞赏之情溢于言表。王韬对伦敦"博物大院（即大英博物馆）"图书馆的记录可谓纤毫毕现："构屋千楹，高敞巩固，铁作间架，铅代陶瓦，砖石为壁，皆以防火患也。院中藏书最富，所有五大洲舆图、古今历代书籍，不下五十二万部。其他堂室相连，重阁叠架，自巅至址，节节皮书，锦帙牙签，鳞次栉比。各国皆按榻架分列，不紊分毫。"② 至埃丁濮（注：爱丁堡）漫游期间，记其"大书院"："藏书数百万册，士人皆可入观，惟不能携取出外。"③

旅日期间，王韬继续坚持对图书馆事业的关注。光绪五年（1879）五月，王韬在友人陪同下游览东京的书籍馆。他在日记中还以按语的形式，阐释了其对书籍馆的认知："维新以来，专尚西学，此事遂废。后就庙中开书籍馆，广蓄书史，日本、中华、泰西三国之书毕具，许内外士子入而纵观。"④ 其中两点值得注意：首先，王韬认为书籍馆之设是明治维新后的新生事物，取代的是之前祭祀孔子的圣庙；其次，书籍馆最大的特点就是对"内外士子"普遍开放。新旧对比之下，抑扬褒贬之意已经很明显了。将书籍馆上升到"维新"事物的层面，显然较之前"师夷长技以制夷"的阶段，在思想认识上更加深刻了。

---

① 王韬著，钟叔河主编：《走向世界丛书·漫游随录》，岳麓书社，2008年，第84页。
② 王韬著，钟叔河主编：《走向世界丛书·漫游随录》，岳麓书社，2008年，第102页。
③ 王韬著，钟叔河主编：《走向世界丛书·漫游随录》，岳麓书社，2008年，第125页。
④ 王韬著，钟叔河主编：《走向世界丛书·扶桑游记》，岳麓书社，2008年，第455页。

第九章

西方图书馆学的早期本土化与晚清图书馆学的形成

　　通过传教士和启蒙思想家的译介活动，国人已对西方图书馆有了较为普遍的认知。在舆论准备和前期积累完成后，图书馆实践和思想理论的发展进入本土化阶段。实践领域的标志是清末"公共图书馆运动"，而理论领域的建树主要体现在维新派的各种政论文章中，为"公共图书馆运动"的兴起奠定了思想基础。

第一节　西方图书馆学观念和思想的早期本土化

一、郑观应的图书馆学思想

郑观应是清末维新派著名思想家，他大力提倡西学，但主张"主以中学，辅以西学"①，他虽然不认为西学在社会治理方面优于中国传统学问，但对图书馆这种现代公共文化机构却持高度赞赏的态度。在《盛世危言》中，郑观应用大量篇幅讨论了中国传统藏书楼和西方图书馆之间的区别与联系，对西方图书馆思想的早期传播及本土化进程产生了极为重要的影响。在《盛世危言》中，《藏书》章是专门讨论图书馆相关问题的，在郑观应手订的十四卷本和八卷本完成后，还附录了一篇《西士〈论英国伦敦博物院书楼规制〉》，其图书馆思想集中地体现在上述文献中。

首先，郑观应认为："大抵泰西各国教育人才之道计有三事：曰学校，曰新闻报馆，曰书籍馆。"② 这里的"书籍馆"指的就是图书馆，郑观应是将图书馆作为培养人才的三大措施之一看待的，将

---

① 夏东元主编：《郑观应志》，广东人民出版社，2009年，第302页。
② 郑观应：《学校上》，载郑观应著、夏东元编《郑观应集（上册）》，上海人民出版社，1982年，第247页。

其与学校教育相提并论。而其对西方图书馆制度的研究，则是建立在对中国传统藏书审视与批判的基础之上的。

在《盛世危言·藏书》中，郑观应开宗明义地指出：

> 我朝稽古右文，尊贤礼士，车书一统，文轨大同，海内藏书之家指不胜屈。然子孙未必能读，戚友无由借观，或鼠啮蠹蚀，厄于水火，则私而不公也。乾隆时特开四库，建文宗、文汇、文澜三阁，准海内稽古之士就近观览，淹通博洽，蔚为有用之才，作人养士之心，至为优厚。而所在官吏奉行不善，宫墙美富，深秘藏庋，寒士未由窥见，及寇乱洊经，付之一炬。中兴将帅，每克复一省一郡，汲汲然设书局，复书院，建书楼。官价无多，尽人可购，故海内之士多有枕经葄史，博览群书，堪为世用者。通商日久，西学流传，南北洋亦复广译西书以资考证。惟是穷乡僻邑闻见无多，疆吏亦漠不关心，置之度外，则傲僻孤陋，故我依然，然后知藏书之为益多，而广置藏书以资诵读者之为功大也。①

郑观应认为，"私而不公"是中国古代藏书最大的弊端，因为藏书均为私有，为了保护自己的财产，收藏者必然倾向于秘不示人。国家藏书层面，虽然有南方三阁之设，但郑氏认为因地方官员执行不善，公藏共读名存实亡。郑观应对国家藏书"私而不公"现象的探析显然没有揭示其根本原因。但以中西对比的方式，从"秘藏"的危害出发，让国人了解到公藏共读的好处，仍然是有进步意义的。

---

① 郑观应：《藏书》，载郑观应著、夏东元编《郑观应集（上册）》，上海人民出版社，1982年，第304页。

在批评了秘藏的害处后，郑观应接下来分析了公藏共读的好处：

尝谓人才之得失，系国家之盛衰，是以有国者不可不慎也。然而股肱辅弼，每资贤才，究穷物理，尤需博士。尝见蕞尔小邦崛然振兴，巍峨大国忽焉颓败，非尽由治理之失法，亦实缘人才之不得也。夫普天之下何处无才？要在培植之得失耳。而培植之法，非学问无以立其基。欲增学问，非诵读无以开其识。然有益要务之书，卷帙甚富，价值昂贵，非寒士所易购，故书院之设尤不可不亟亟也。①

在这里郑观应重点阐释了藏书、读书、教育三者的关系，现代国家的发展，对劳动力文化素养的要求远远超过古代社会，国家之兴实赖人才。人才培养则要靠学校教育和图书馆双管齐下，特别是对于寒门学子来说，不一定有条件接受正规学校教育，图书馆的设置这时候就变得尤其重要了。西方国家正是因为重视教育，才能"称雄宇内，人才辈出"，故而"设立书院，法似平平，久而行之，其效捷于影响"。②郑氏对于图书馆价值的认知，与我们后世熟知的公共图书馆精神已经极为接近了。

在对图书馆的价值进行充分论述后，郑观应紧接着提出普设书楼的建议，他一一列举了欧美国家书楼和藏书的数量，认为其"珍如鸿宝，洵数典之巨观，博学之津梁"。而我国自古虽藏书发达，藏书名楼辈出，但"所藏古籍宏富异常，兵燹以来半归散佚"。而

---

① 郑观应：《西士〈论英国伦敦博物院书楼规制〉》，载郑观应著、夏东元编《郑观应集（上册）》，上海人民出版社，1982年，第307页。
② 郑观应：《西士〈论英国伦敦博物院书楼规制〉》，载郑观应著、夏东元编《郑观应集（上册）》，上海人民出版社，1982年，第309页。

且我国幅员辽阔，人口众多，"藏书仅此数处，何以遍惠士林"。①因此，须"广置藏书以资诵读者"，这就是普设图书馆的思想。

其次，从理论上阐释了普设图书馆的重要性后，郑观应还给出了具体的建设建议。图书馆是公共文化事业的组成部分，应由国家力量担当建设主体，是以"宜饬各直省督、抚，于各厅、州、县分设书院，购中外有用之书藏贮其中，凡外国未译之书，宜令精通西文者译出收贮"②。在管理办法上，强调对全体民众的全面开放，"无论寒儒博士，领凭入院，即可遍读群书"。在建设经费上，则可采取官办为主、吸纳社会捐助为辅的方式，吸引更多人参与到图书馆建设中来，"至于经费，或由官办，或由绅捐，或由各省外销款项科场经费。将无益无名之用度稍为撙节，即可移购书籍而有余。仍常年储备专款，分派员役管理，稽查所有新书，随时添购"③。为此，郑观应还专门考察了外国的"绅捐"办法，"比利时国届开国五十年之期，臣民咸醵金上寿，王受而署诸外府，曰：'此众人之资，将为众人求益。'饬议院议之。下院拟以此款开设格致院一区，广购图书器皿，用供国人探讨格致之学。英君主寿诞，臣民亦醵金筑一大博物院，无物不备，为其君主寿，留名千古，与民同受其福，何乐如之"④。中国如能照此实行，长此以往，必能够切实推进

---

① 郑观应：《藏书》，载郑观应著、夏东元编《郑观应集（上册）》，上海人民出版社，1982年，第306页。
② 郑观应：《藏书》，载郑观应著、夏东元编《郑观应集（上册）》，上海人民出版社，1982年，第306页。
③ 郑观应：《藏书》，载郑观应著、夏东元编《郑观应集（上册）》，上海人民出版社，1982年，第306页。
④ 郑观应：《藏书》，载郑观应著、夏东元编《郑观应集（上册）》，上海人民出版社，1982年，第306页。

人才培养,重新回到强国之列。

最后,对西方图书馆制度的系统学习。当时的世界,以英国实力最为强大,号称"日不落帝国",郑观应对西方图书馆制度的考察便主要以英国为对象,对其图书馆建筑、图书编目分类、借阅制度等都进行了深入而细致的研究。

建筑形制方面,郑观应重点介绍了伦敦博物院的"书楼":

> 观其制顶作圆形,纵广各十有四丈,除去围墙,其圆顶犹高十丈零六尺。……内圆顶之下作围墙,墙之内作成楅式,楅之内即藏书之楼也。藏书极高之处,俱有阶可登,周围式同一律,取之甚便。楼内书籍,任人涉猎,惟不准取出。计楅下随便可阅之书两万卷,楅上所藏乃各国语言文字,并一切实学要务等书及各月报,共五万卷。其圆顶之制,雕镂惟精,施以金银各彩绘,皆著淡色,故楼内光怪陆离,耀人眼目。内置长桌十九张,小桌十六张,足敷三百余人之坐。自一千八百五十四年始许妇女入观,故又设两桌以备妇女之坐,此二桌之外,亦许随便坐落。长桌之上,中设立板,对坐之人两不相睹,俾专心阅读者不致为人挠其兴会也。楼内之式本属圆形,譬之车轮,长桌之设,如轮之辐。桌之制则首低而尾高,虽阅者满堂,而初入门骤视之,则不见人之多也。屋之中置围柜,以书目三百卷陈其上,使人易于检视。乃此柜如轮之轴,各桌俱得相接,故如置诸左右焉。①

这里对英国伦敦博物院书楼的介绍可谓纤毫毕现,而且重点阐释了圆形阅览室的建筑形制和优点。

---

① 郑观应:《西士〈论英国伦敦博物院书楼规制〉》,载郑观应著、夏东元编《郑观应集(上册)》,上海人民出版社,1982年,第307—308页。

图书馆管理制度方面,郑观应认为,西方图书馆与中国传统藏书楼相比最大的优点是允许所有人在履行一定手续后均可入内观书。因此,他重点关注了伦敦博物院书楼的借阅制度:

> 泰西各国均有藏书院、博物院,而英国之书籍尤多,自汉、唐以来,无书不备,本国书肆新刊一书,例以二分送院收贮。咸丰四年间,于院中筑一大厦,名曰读书堂,可容三百人,中设几案笔墨。有志读书者,先向本地绅士领有凭单,开列姓名住址,持送院中,董事换给执照,准其入院观书,限六个月更换一次。如欲看某书、某册,则以片纸注明书目,交值堂者检出付阅。阅毕缴还,不许携带出门,及损坏涂抹。倘有损失,责令赔偿。特设总管一员司理其事,执事数百人,每年经费三十万金。①

这段话后还有郑观应的一段补注:

> 就长案上静看,不许朗诵。阅毕签名书后,何日、何处、何人阅过,缴还经手。该值堂年终查核,知何书最行。另有赁书楼,有股份者每年出书银四元,可常往看,各处新报俱全,只准借书两本,限两礼拜归还。如无股份者赁阅,每日计银两先付。②

其将借阅制度的细节描述得十分清晰,为给国人创办图书馆提供一套"模板"。郑观应还专门选录了"英国伦敦博物院书楼"的

---

① 郑观应:《藏书》,载郑观应著、夏东元编《郑观应集(上册)》,上海人民出版社,1982年,第304—305页。
② 郑观应:《藏书》,载郑观应著、夏东元编《郑观应集(上册)》,上海人民出版社,1982年,第305页。

"规例"：

一、书楼之设，原为供人阅看，增长学问，惟礼拜日及各节期不得入观，余日无论风雨俱开各门。

二、开楼时刻，自西九月初起至四月底止，早九点钟开门，晚八点钟关门；自五月至八月，则九点开而七点闭。

三、欲入观书者，先将其来意住址写明，交总管阅看。

四、未入先二日须有荐函致总管。如荐举人果系可靠，本人只写住址钤姓名即可入内。

五、荐函如不可靠，总理即不许入，或与董事同议之。

六、入楼之人各领一牌，嗣后随便持牌往观，至换牌之期，凭总管更给。如不换牌者则不得再入。

七、所领之牌随身佩带，甲领之牌，乙不得冒往。

八、年不满二十二岁者不许入楼。如必欲入观，亦可与董事议之。

九、不准污坏书籍。

十、不准以纸置书上而写之。

十一、楼内地图及各图画，若不向总管言明，不准以纸加图，照影描画。

十二、楼内须雅静，不许高声喧嚷。

十三、阅毕之书，仍置原处。

十四、不遵规例者不准入楼。

十五、若擅取书籍出楼者，照偷窃例科罪。

十六、使执役人所取之书，亦必交该役送回，掣取原条。如不掣回，似乎书仍未交，恐致争论。

十七、本楼人有得罪看书人处，执役人有不善处，许看书人写信告明总管。①

这是目前所见最早完整抄录并翻译的西方公共图书馆规例,从条款观之,西方公共图书馆在发展初期,其管理制度也十分严格,较之中国古代藏书楼,二者在管理制度上有许多异曲同工之妙。但最值得注意的是其开宗明义地指出:"书楼之设,原为供人阅看,增长学问。"所以要风雨无阻地开馆,藏为所用,且向公众提供平等的服务,这是西方图书馆精神中最引人注目的一点。

郑观应对西方图书馆的考察是系统而深入的,除了上述几点,《盛世危言》涉及的西方图书馆制度和技术方法还有呈缴本制度、索书号等。由于《盛世危言》在近代思想史上重要的地位,可以说,由郑观应引入并阐释的西方图书馆理念和方法技术,真正起到了思想启蒙的作用,并对随后维新派的公共图书馆实践产生了直接影响。

二、康有为的目录学和图书馆学思想

康有为、梁启超二人是维新派的灵魂人物,在戊戌变法前,康、梁二人很早便有意识地通过译介西书,宣传西方的社会文化制度,来为变法维新作舆论和思想上的准备。

甲午中日战争之后,洋务派救亡图存的努力宣告失败,为了寻求救国之道,康有为开始大量阅读西学书籍,希望从西方国家的历史经验中寻求中国的发展道路。经过几年的学习和实地考察,他最

---

① 郑观应:《西士〈论英国伦敦博物院书楼规制〉》,载郑观应著、夏东元编《郑观应集(上册)》,上海人民出版社,1982年,第308—309页。

终感到"要救中国，只有维新，要维新，只有学外国"①。在此过程中，为了让更多的人了解西方，康有为学习西学，编制了《万身公法书籍目录提要》和《实理公法全书》。《实理公法全书》最后一章"整齐地球书籍目录公论"中集中反映了康有为的目录学思想：整齐万身公法书籍，通过编制目录指导人们学习西学、西法；推定《圣经》；推定专门之学各种书籍，即编制专科书目；编年分类以存古今书籍。②

1894年，因发表《新学伪经考》引起清廷关注的康有为，避祸至桂林，在此完成了《桂学答问》，主要目的是向桂林学人推荐西学书籍。在该书中，康有为一共推荐了近300种书籍，其中约40种为西学书。同时，在《万木草堂讲义》中也专列"书目"一章，向学生讲授目录学。其出发点在于充分利用目录学"辨章学术，考镜源流"的功能，让学生更好地读书治学。可见，康有为是十分认同传统目录学价值的。而其目录学思想最集中的体现，也是他最重要的目录学著作，则是1896年编成的《日本书目志》。

《日本书目志》是康有为编撰的一部专门著录日本人所著西学书的目录书。当时，大清王朝刚刚遭受了甲午战争失败的沉重打击。弹丸之地的日本，是如何从一个"蕞尔小邦"，一跃成为现代国家，进而战胜庞大的清王朝的？这是困扰当时知识分子的一道难题。解决这个问题的前提是对日本近代以来的历史、社会变迁有深入的了解。《日本书目志》就是康有为深入学习、了解日本之后的产物。为了全面认识一衣带水的邻邦，康有为从19世纪70年代末便开始注

---

① 汤志钧：《康有为传》，南开大学出版社，2021年，第9页。
② 康有为著，刘梦溪主编，朱维铮编校：《中国现代学术经典·康有为卷》，河北教育出版社，1996年，第27—28页。

意收集日本书籍，并不断组织人员翻译，积极促成其传播。

《日本书目志》共收图书 7700 余种，著录项目包括书名、著者、著作方式、册数、定价等，较为简略。每类前有小序，单本书无提要。康氏在《日本书目志·自序》中说："购求日本书至多，为撰提要，欲吾人共通之。因《汉志》之例，撮其精要，剪其无用，先著简明之目，以待忧国者求焉。"[①] 他简明扼要地说明编制此目就是为了让有志于救国者参考。作为一部专门著录日本西学著作的书目，《日本书目志》最引人注目的是其分类体系：

生理门第一，下分 36 小类；

理学门第二，下分 24 小类；

宗教门第三，下分 5 类；

图史门第四，下分 25 类；

政治门第五，下分 17 类；

法律门第六，下分 32 类；

农业门第七，下分 19 类；

工业门第八，下分 11 类；

商业门第九，下分 9 类；

教育门第十，下分 17 类；

文学门第十一，下分 18 类；

文字语言门第十二，下分 14 类；

美术门第十三，下分 14 类；方技附，下分 4 类；

小说门第十四，无复分；

兵书门第十五，下分 4 类。

[①] 康有为：《日本书目志》，光绪年间上海大同译书局石印本，"自序"。

相较民国之后，在西方分类法基础上，结合中国国情建立的现代分类体系，康有为的分类法算不上科学，但是发凡起例之功不容抹杀。首先，《日本书目志》打破了延续近两千年的经、史、子、集四部分类法，对当时的学者来说有启蒙之功。其次，康有为的书目集中体现了其政治见解，这也再次强化了书目的导读价值。当然，康有为并非专业的目录学家，其阅读日书的能力也有限，有学者考证，《日本书目志》的很多内容都直接取材于日本书肆的图书目录，类目名称亦多因袭日语新词，① 故不合情理之处很多，这是后世读者在使用时应当注意的。

除了在目录学领域的建树，康有为"开大书藏"的思想，也对清末新政时期的图书馆建设起到了重要作用。

早在万木草堂讲学时期，康有为就在书院设立了"书藏"，书藏藏书来自康有为个人购置和家族藏书，供书院的师生借阅，已带有一定的学校图书馆性质。1895 年，康有为利用入京应试的机会，联合千余名举子上书反对《马关条约》，要求清廷变法维新，这就是著名的"公车上书"。在《公车上书》中，康有为完整阐释了其变法主张，在"教民之法"中，康有为第一次正式提出了"设书藏"的建议。

康有为认为，近代中国之所以落后于欧美诸强，一个重要原因在于民众的受教育程度较低，民智未开。如何能开民智？就要兴办教育，尽可能扩大受教育者的比例，而书藏则是欧美教育制度的重要建制："其每岁著书，美国乃至万余种。其属郡县，各有书藏，

---

① 孙青：《晚清之"西政"东渐及本土回应》，上海书店出版社，2009 年，第 140 页。

英国乃至百余万册。所以开民之智者亦广矣。"① 可见，康有为是将"设书藏"作为社会教育的重要制度看待的，通过开书藏可以很好地弥补学校教育之不足，让更多的人获得受教育的权利。在介绍了泰西诸国的经验后，康有为顺理成章地向清帝提出了设立"书藏"的建议："省学书器益多，见闻益广"，"其余州、县、乡、镇，皆设书藏，以广见闻"。②《公车上书》是康有为变法的施政纲领，在这个纲领性文件中，康有为指出了普遍设立图书馆的重要性，其历史影响和作用不言而喻。在之后的文章、政论中，康有为对"开书藏"思想的阐释大致不出上引范围，但补充了更多的建设细节。

如1895年8月，康有为在京师《强学会序》中说："盖学业以讲求而成，人才以摩砺而出，合众人之才力，则图书易庀；合众人之心思，则闻见易通。"③ 康有为不仅倡导合众人之力建设书藏，也积极参与相关实践。光绪二十一年（1895）七月初，康有为与袁世凯、杨锐、丁立钧、沈曾植等人共同谋划成立强学会书藏，虽然在创办过程中遇到了种种困难，但仍得到了众人的倾力支持。康有为云："英、美公使愿大助西书及图器，规模日广，乃发公函于各督、抚。刘坤一、张之洞、王文韶各捐五千金，乃至宋庆、聂士成咸捐数千金。士夫云集，将俟规模日廓，开书藏，派游学游历。"④

---

① 康有为：《上清帝第二书》，载康有为著、乔继堂选编《康有为散文》，上海科学技术文献出版社，2013年，第138页。
② 康有为：《上清帝第二书》，载康有为著、乔继堂选编《康有为散文》，上海科学技术文献出版社，2013年，第138—139页。
③ 康有为：《强学会序》，载康有为著、乔继堂选编《康有为散文》，上海科学技术文献出版社，2013年，第204页。
④ 康有为：《记筹办书藏经过》，载吴晞《从藏书楼到图书馆》，书目文献出版社，1996年，第126页。

1895年11月，在张之洞幕僚梁鼎芬、黄绍箕等人的陪同下，康有为抵达上海宣传成立强学会，并亲自拟定了《强学会章程》。在《强学会章程》中，康有为明确提出创办强学会最重要的四项任务：译印图书、刊布报纸、开大书藏、开博物馆。

对于开办大书藏的重要性，康有为在章程中进行了充分的论述。首先，乾隆朝建南方三阁，允许江南士子入内观书，可见开放藏书早有成例可循。而国家藏书历经清末战乱，"遗书无多"，故而更应"拟宏辟区宇，广集图书"。其次，"近年西政西学日新不已，实则中国圣经，孔子先发其端，即历代史书百家著述，多有与之暗合者。但研求者寡，其流渐湮。今之聚书，务使海内学者，知中国自古有穷理之学，而讲求实用之意，亦未遽逊，正不必惊望而无极，更不宜画界以自封"。最后，"泰西通都大邑，必有大藏书楼，即中国图书，亦藏弆至多"。从中国学术、图书事业发展的角度来说，有必要将其尽数搜集，以备阅览。从世界趋势的角度来说，西方发达国家重视图书馆建设，不少著名图书馆都大量收存中国书，现在中国想要变法图强，当然也应该效仿之，在大小城市建立图书馆，收藏中西书籍。

具体的建设方法，康有为也有所谋划。首先，"今合中国四库图书，购抄一份，而先搜其经世有用者"；其次，"西人政教及各种学术图书，皆旁搜购采，以广考镜而备研求"；最后，"其各省书局之书，皆存局代售"。① 可见，康有为认为大书藏的藏书应当同时包括中西书籍，而购求方法除了从四库图书中抄录，还要广泛购求，并鼓励各省官书局将新书送来代售，以广收藏。

---

① 何志平、尹恭成、张小梅主编：《中国科学技术团体》，上海科学普及出版社，1990年，第27页。

三、梁启超早期的目录学与图书馆学思想

康有为的得意弟子梁启超,不仅是清末民初有名的国学大师、青年偶像,也是中国图书馆事业与学术研究的积极支持者与力行者。1925 年,中华图书馆协会成立,梁启超受邀担任首任董事部部长,在成立大会上梁启超发表的演说辞,是最早完整阐释图书馆学思想本土化的经典文献,其"建设中国的图书馆"的命题,为我国图书馆学发展指明了方向。① 从这个意义上说,将梁启超视为我国近代图书馆学的奠基人也并不为过,其对目录学、图书馆学的理论贡献也是多方面的,从清末一直延续到民国。在这里我们仅介绍梁启超早期的编目实践和目录学、图书馆学思想。

1894 年,梁启超师从康有为学习期间,曾奉师命为其师的《桂学答问》撰写《学要十五则》《最初应读之书》《读书次第表》等文。三文的目的在于阐明《桂学答问》的要旨,指导感兴趣的青年阅读相关书籍。在《最初应读之书》中,梁启超将《桂学答问》推荐的 35 种图书单独拎出,按照 5 大类、12 个二级类目的体系加以整理,并附上简要的导读,使学者"知所择"。为了更好地起到导读的作用,梁启超大量使用分析著录,将一书篇章别出,按照"便适新学"的原则重新组织排列。② 具体类目如下:

经学书:春秋学(5 种)、辨伪经(4 种)、礼学(4 种)、群经(不

---

① 王子舟等:《"中国的图书馆学"建设仍在路上——纪念梁启超〈中华图书馆协会成立会演说辞〉发表 90 周年》,《图书馆论坛》2015 年第 5 期。
② 孟昭晋:《康有为的书目实践活动(上)》,《图书馆杂志》1991 年第 4 期。

列举）；

史学书：学派（8 种）、后汉书（1 种）、群史（不列举）；

子学书：论家法（4 种）、周秦诸子（9 种）、群子（不列举）；

理学书：宋元学案（19 篇）、朱子语类；

西学书：《万国史记》《瀛环志略》《列国岁计政要》《格致须知》《西国近事汇编》《谈天》《地学浅识》。①

其初步显示了梁启超的目录学功底和主张。1895 年，"公车上书"之后，康、梁创办并主编《中外纪闻》，该刊被封禁后，梁启超至上海避祸，并担任《时务报》的主笔。在此期间，梁启超发表了其目录学代表作——《西学书目表》。该目刊载在《时务报》1896 年第八分册上，分上、中、下三卷，附录一卷，札记一卷。其中蕴含的目录学思想主要体现在以下几个方面：

首先，系统阐述了书目的价值和功用。在《西学书目表·序例》中梁启超说："国家欲自强，以多译西书为本，学子欲自立，以多读西书为功。"而读书应依道而行，《西学书目表》就是为了指导学子"应读之西书及其读法先后之序"②的著作。在梁启超看来，《西学书目表》有推荐书目的性质。既然是推荐书目，就要起到指示学问门径和提供阅读指导两方面的作用，在《西学书目表》中，梁启超主要是通过精选书籍来达到这一目标的。

《西学书目表》的前三卷，著录鸦片战争后汉译西书 300 种左右，"此三百种者，择其精要而读之，于世界蕃变之迹，国土迁异

---

① 梁启超：《国学要籍研读法四种》，江西教育出版社，2018 年，第 136—140 页。
② 梁启超：《西学书目表》，涵阳卢氏刻本光绪二十三年（1897），第 1 页。

之原，可以粗有所闻矣"①。附录则著录西人译书80种、近译未印之书和中国人言西学之书200余种。书后并附有《读西学书法》一卷，"乃昔时答门人问之语，略言各书之长短，及某书宜先读，某书宜缓读，虽非详尽，初学观之，亦可以略识门径"②。在著录方法上，梁启超充分考虑了使用的便利性，没有采用我国传统的提要式文字著录的方式，而是以表格的形式来编列书名，著录项目被分为七栏，分别是：书名、撰译年号圈识、撰译人、刻印处、本数、价值、识语。在著录规则方面，也处处考虑读者的需求，如"刻印处"项，专门挑选那些"便购读"的书。"价值"指的是书籍的价格，因历代"目录家皆不著价值，盖所重在收藏，无须乎此"。《西学书目表》则"故从各省官书局之例，详列价值"。③

除了目录功能和著录方法，《西学书目表》最为后人称道的是其独具一格的分类体系。其正文三卷包括3大类28小类，具体分类体系如下：

西学：算学、重学、电学、化学、声学、光学、汽学、天学、地学、全体学、动植物学、医学、图学；

西政：史志、官制、学制、法律、农政、矿政、工政、商政、兵政、船政；

杂类：游记、报章、格致总、西人议论之书、无可归类之书。

对于西书分类，梁启超有自己的见解："西学各书，分类最难。

---

① 梁启超：《西学书目表》，涵阳卢氏刻本光绪二十三年（1897），第1页。
② 梁启超：《西学书目表》，涵阳卢氏刻本光绪二十三年（1897），第4页。
③ 梁启超：《西学书目表》，涵阳卢氏刻本光绪二十三年（1897），第4页。

凡一切政皆出于学，则政与学不能分；非通群学不能成一学，非合庶政不能举一政，则某学某政之各门不能分。今取便学者，强为区别，其有一书可归两类者，则因其所重。"①概言之，梁启超认为西学可分为两个层面，一种类似于中国传统所云的"学"，也就是基础科学，一种类似于中国传统所云的"术"，即应用科学。应当说，这种分法算不上科学，是依据清末中国知识分子的知识结构，对西学略带牵强的分类。梁启超本人也并不避讳这一点，从中还得出了应当变革四部分类法的建议："顾自《七略》《七录》以至《四库全书总目》，其门类之分合，归部之异同，通人犹或訾之，聚讼至今，未有善法，此事之难久矣。"②《西学书目表》显然就是一次改革四部法的尝试，因此，在小序中梁启超也不厌其烦地阐释了自己分类的依据：

> 门类之先后：西学之属，先虚而后实；盖有形有质之学，皆从无形无质而生也。故算学、重学为首；电、化、声、光、汽等次之；天、地、人（谓全体学）、物（谓动植物学）等次之；医学、图学全属人事，故居末焉。西政之属，以通知四国为第一义，故史志居首；官制、学校，政所自出，故次之；法律所以治天下，故次之；能富而后能强，故农、矿、工、商次之；而兵居末焉。农者地面之产，矿者地中之产，工以作之，作此二者也；商以行之，行此三者也。此四端之先后也。船政与海军相关，故附其后。③

---

① 梁启超：《西学书目表》，涵阳卢氏刻本光绪二十三年（1897），第2页。
② 梁启超：《西学书目表》，涵阳卢氏刻本光绪二十三年（1897），第3页。
③ 梁启超：《西学书目表》，涵阳卢氏刻本光绪二十三年（1897），第3页。

通过上述说明文字可以看出，梁启超的西学分类已具自然科学、社会科学、综合图书三大部类雏形，对后世新型分类法的出现和完善产生了重要影响。

作为康有为的"头号追随者"，梁启超书藏建设思想与乃师一脉相承。在万木草堂讲学时期，梁启超也是万木草堂书藏建设的积极参与者，而其个人关于图书馆思想的论述较为集中地体现在《变法通议》一文中。

《变法通议》是梁启超撰写的系统阐述维新派变法主张的政论文章，文章提出"变科举""兴学校""变官制"三大主张。其中，关于"兴学校"，梁启超说"亡而存之，废而举之，愚而智之，弱而强之，条理万端，皆归本于学校"，强调了学校教育的重要性。兴办学校的纲领和方法，具体来说："其总纲三：一曰教，二曰政，三曰艺。其分目十有八：一曰学堂，二曰科举，三曰师范，四曰专门，五曰幼学，六曰女学，七曰藏书，八曰纂书，九曰译书，十曰文字，十一曰藏器，十二曰报馆，十三曰学会，十四曰教会，十五曰游历，十六曰义塾，十七曰训废疾，十八曰训罪人。"① 将书藏作为学校教育的必备设施。

在《论学会》一文中，梁启超阐释了学会的 16 个任务，其中第七条"咨取官局群籍，概提全份，以备储藏"，第八条"尽购已翻西书，收庋会中，以便借读"，第九条"择购西文各书，分门别类，以资翻译"，第十一条"精搜中外地图，悬张会堂，以备流览"② 等，均与图书馆的职能相似。

---

① 梁启超：《梁启超论教育》，商务印书馆，2017 年，第 18 页。
② 梁启超：《论学会》，载吴晞《从藏书楼到图书馆》，书目文献出版社，1996 年，第 121 页。

总体来看，维新变法时期的梁启超在目录学和图书馆思想方面，与乃师保持高度一致，都主张积极引进西学书籍，并对西学书籍引入后分类体系的适应性变革进行了有益探索。在图书馆建设方面，他呼吁广设书藏，以开民智，对公共图书馆理念在中国的深入传播与本土化进程产生了积极影响。

戊戌变法失败后，康、梁流亡海外，一直主张向西方学习的维新派灵魂人物，终于有机会亲身体验西方世界的现实情形。相比乃师在《意大利游记》《法兰西游记》中对图书馆简略的描述，梁启超在访问日本、美国过程中，对西方图书馆的精神、制度有了更为绵密的考察和更加深入的认识。

1903年，流亡日本的梁启超为继续鼓吹维新，启程前往加拿大和美国，对两国进行了为期一年有余的访问。返回日本后，他将本次考察的游记编成《新大陆游记》，发表在其主笔的《新民丛报》上，引起了极大的社会反响。从游记对美国图书馆记叙的详细程度和理解的深入程度来看，西方图书馆是梁氏此行既定的重要考察目标之一。在游览了波士顿图书馆后，他专门写了一篇名为《波士顿之图书馆与报馆》的文章，称："设图书馆以保存古籍者，自十六世纪时日耳曼人已行之。至以此为公共教育之机关，实自兹馆始云。一八四七年，波士顿市长乾士氏议征市税，以设市立图书馆，议会许之，即为此馆之嚆矢。"① 其中两点值得注意，其一是将图书馆界定为"公共教育之机关"，其二是公共图书馆的创办方式是"议征市税"。前者指向公共图书馆的核心价值，后者则准确揭示了图书馆的公共属性。近百年前，梁氏能有此等认知，非对西方图书

---

① 梁启超：《新大陆游记》，商务印书馆，2016年，第54页。

馆有深入了解者不能为也。

除了对公共图书馆精神的准确体察，梁启超的观察还深入到图书馆管理和组织的细部。在简要介绍了波士顿图书馆的历史后，梁氏接着记录："本馆所藏书凡八万册，其前后建筑费合计美金二百六十五万元，除总馆之外，其分布于市中者，尚有分馆十所、借书处十七所云。"① 这大约是中国人对公共图书馆总分馆制最早的记载和论述。

梁启超还十分注意对各类型图书馆的考察，参观芝加哥大学图书馆时，梁启超饶有兴趣地记录了美国大学图书馆的开架借阅制度：

> 余所见各学校之图书馆，皆不设管理取书人，惟一任学生之自取而已。余颇讶之，至芝加高大学，询馆主：如此，书籍亦有失者否？答云：每年约可失二百册左右；但以此区区损失之数，而设数人以监督之，其所费更大，且使学生不便，故不为也。大抵失书之时，多在试验期之前半月，盖学生试验而窃携去备温习，验毕复携返者亦甚多云。此可见公德之一斑。即此区区，亦东方人所学百年而不能几者也。②

开架与闭架，在二十余年前是中国图书馆界争论的焦点问题。主张闭架者，多从图书馆文献保存、公共财产保护的角度立论；而在百余年前，芝加哥大学图书馆馆长的回答，言语虽然质朴，却让人觉得有千钧之力，开架之精神被阐释得淋漓尽致。梁启超不厌其烦地记录下这段对话，足见其开明的图书馆学思想和敏锐的学术洞

---

① 梁启超：《新大陆游记》，商务印书馆，2016 年，第 54 页。
② 梁启超：《新大陆游记》，商务印书馆，2016 年，第 96 页。

察力。

早年译介西方学术著作的经历,以及流亡海外期间对西方社会的深入考察,给梁启超创造了系统了解西方图书馆事业与学术思想的条件,故而与同辈学人相比,在对西方图书馆理念和思想理解的深入程度方面,梁启超可谓首屈一指。戊戌以后,康、梁名声大噪,梁氏更以其如椽巨笔、文才超拔,在国人,特别是青年人中赢得了崇高声望。而梁氏亦以其无人可拟的声望,不遗余力地宣传西方图书馆事业,传播现代公共图书馆精神,其于晚清以来中国图书馆学之进步厥功至伟,其在中国图书馆学史上的贡献和地位,是后辈治此学者不应忘记的。

四、李端棻的藏书楼建设思想

李端棻（1833—1907）,清末维新派成员,多次主持乡试、会试,提拔了许多青年人才。积极支持康梁变法,因赏识梁启超的才华,以妹妻之。1896年6月,李端棻上奏《请推广学校折》,奏请设立京师大学堂,并在各省各州遍设学堂,培养变法人才。据学者考证,《请推广学校折》虽然以李端棻的名义上奏,实际上由梁启超代笔,故其文字与《变法通议》多有相似,可以看作维新派的共同主张。

《请推广学校折》的主旨在于倡导学校教育,为了达到上述目标,李端棻提出"设藏书楼""创仪器院""广立报馆""选派游历"四个具体举措。其中,将"设藏书楼"列为首要措施,可见至此时,维新派对图书馆的重视程度较之早期有明显的提升。更为可贵的是,李端棻的这份奏议,详细论述了藏书楼建设的价值意义和具体措施,是清末图书馆学非常重要的一份理论文献。

在"设藏书楼"之议中,李端棻开宗明义地指出普设藏书楼的必要性:"好学之士,半属寒酸,购书既苦无力,借书又难,其人坐此孤陋寡闻无所成就者,不知凡几。"好学之士大半家贫,而藏书多聚于私人之手,好学者求学无门,这是我国古代藏书事业的主要矛盾。接下来,李端棻回顾了乾隆帝在江南设三阁的历史影响,认为"自此以往,江浙文风,甲于天下,作人之盛,成效可睹也"。受南方三阁的影响,嘉庆时期大学士阮元在焦山、灵隐等地仿佛藏之例建立儒藏,供家贫无力购书的士子入内观书,对江南人才培养厥功甚伟,也证明了公藏图书的重要性。除了我国的实践,泰西诸国的经验也说明,"都会之地皆有藏书,其尤富者至千万卷,许人入观,成学之众,亦由于此"。综合国内外的实践经验,"请依乾隆故事,更加增广。自京师及十八行省会,咸设大书楼"。李端棻建议在全国各地普设大书楼,公共图书馆思想已初现其端。

在我国这样一个敬畏经典的国家,创设书楼的建议并不难得到人们的理解。但是,千古以来,藏书主要是官绅阶层的爱好,公藏并没有形成制度支撑,想要大书楼顺利运行,就不得不考虑其藏书来源和运营模式。对此,李端棻继续建议:"调殿板及各官书局所刻书籍,暨同文馆、制造局所译西书,按部分送各省以实之。其或有切用之书,为民间刻本官局所无者,开列清单,访书价值,徐行购补。其西学书陆续译出者,译局随时咨送。"针对不同类型的图书给出了藏书建设的具体建议,对国家及各省官书局所刻译书籍,可采用类似呈缴本的制度,通过行政力量搜集,再辅以购买的形式,查缺补漏。

李端棻也为藏书楼管理拟定了具体的措施:"妥定章程,许人入楼观书,由地方公择好学解事之人,经理其事,如此则向之无书可读者，皆得以自勉于学，无为弃才矣。"① 短短一句话包含了三层意思。首先，藏书楼想要长期运行并发挥作用，就要"妥定章程"，肯定了图书馆规章制度的作用。其次，"许人入楼观书"，是李端棻倡导的书楼与古代私人藏书的最大区别，用制度保障所有好学之士都能入楼观书，是对图书馆"公共性"提出的要求。最后，选聘的图书馆管理人员应当是"好学解事之人"，通过一定的程序选拔德才兼备的人员专司其事，体现了其对图书馆管理人员专业技能的重视。

李端棻的《请推广学校折》直接促成了京师大学堂的建立，其中，《京师大学堂章程》中关于"设大书楼"的思想与前述李端棻的主张如出一辙。从呼吁到实践，中国近代图书馆事业从此走上了一条快速发展的道路。

第二节　新式图书馆的开办与公共图书馆思想的普及

戊戌变法虽然失败了，但在中华大地播下了变法维新的种子。1900 年，义和团运动爆发，八国联军攻占北京，清朝的统治愈发风雨飘摇。内外交逼之下，慈禧太后在西安宣布"变通政治"，实行"新政"，此后几年，清政府为挽救大厦于将倾，在各个领域相

---

① 李端棻：《请推广学校折》，载李希泌、张椒华编《中国古代藏书与近代图书馆史料（春秋至五四前后）》，中华书局，1982 年，第 97—98 页。

继实行了一些"变法新政"的措施。虽然清末新政、"预备立宪"是一场很不彻底的政治实验,取得的效果也十分有限,但不可否认其在文化教育、工业等领域的一些举措,仍是带有进步价值的有益尝试。特别是在推动公共图书馆理念的进一步传播,促进公共图书馆事业发展方面,取得了较为突出的成果,其标志就是清末新政时期的"公共图书馆运动"。

一、清末新政时期的公共图书馆运动

建设新式学堂是清末新政的重要举措。1902年,清政府颁布张百熙的《钦定学堂章程》,史称"壬寅学制"。1904年,再次颁布张之洞、张百熙、荣庆共同拟定的《奏定学堂章程》,史称"癸卯学制",直到民国时期,中国的新式学校仍然主要以上述制度设计为蓝本。

《奏定学堂章程》的"屋场图书器具章"规定:"大学堂当置附属图书馆一所,广罗中外古今各种图书,以资考证。""教员管理员章"规定:"图书馆经理官以各分科大学中正教员或副教员兼任,掌大学堂附属图书馆事务,禀承于总监督。"[①] 明确规定大学应设图书馆,并委专员管理。

1905年,废科举,成立学部。1906年,拟定学部职掌,下设专门司。在专门司下设专门庶务科,凡关于图书馆、博物馆、天文台、气象台等事均归其办理。在会计司下设度支科和建筑科,建筑科掌管本部直辖学堂图书馆、博物馆之建造、营缮,并考核全国学

---

① 舒新城编:《中国近代教育史资料(上)》,人民教育出版社,1981年,第618—620页。

堂图书馆等之经营、建造是否合度。①

对于各省学校管理制度，学部拟定了《各省学务详细官制及办事权限章程》，学务公所负责辅佐提学使筹划学务及备督抚咨询。学务公所下设总务课、专门课、普通课、实业课、图书课、会计课。图书课管理编译教科书、参考书，审查本省各学堂教科图籍，翻译本署往来公文书牍，集录讲义，经理印刷，并管图书馆、博物馆等事务。②

通过上述制度建设，清政府明确了从中央到地方各省学校图书馆的管理机制和管理者，对图书馆事业发展起到了促进作用。

经过一段时间的考察准备后，1906年，清政府宣布准备立宪，1908年又宣布以九年的时间预备立宪。学部在《奏报分年筹备事宜折》（1909）中规划了本部分年计划，从宣统元年（1909）至宣统二年（1910），分别筹备"颁布图书馆章程"，"京师开办图书馆"，"各省一律开办图书馆"。这标志着鸦片战争以来，通过启蒙思想家、维新派、开明士绅的宣传推广，开办图书馆理念已经深入人心，而创立新式图书馆的实践与理念，也从地方、个人行为上升到国家政策层面。

上行则下效，在清政府的倡导下，地方督抚大员很快投入到建设新式图书馆的尝试中去，在这次持续时间不长的图书馆建设风潮中，留下的较为著名的与图书馆事业相关的文献包括：

---

① 顾明远总主编：《中国教育大系·历代教育制度考（二）》，湖北教育出版社，2015年，第1784—1786页。
② 参见舒新城编《中国近代教育史资料（上）》，人民教育出版社，1981年，第278—280页。

1906 年 《湘抚庞鸿书奏建设图书馆折》

1907 年 《安徽巡抚冯煦奏采访皖省遗书以存国粹折》

1908 年 《奉天总督徐世昌等奏建设黑龙江图书馆折》

1908 年 《两江总督端方奏江南图书馆购买书价请分别筹给片》

1909 年 《山东巡抚袁树勋奏东省创设图书馆并附设金石保存折》

1909 年 《山西巡抚宝棻奏山西省建设图书馆折》

1909 年 《署归化城副都统三多奏创办归化图书馆片》

1909 年 《云南提学司叶尔恺详拟奏设云南图书馆请准奏咨立案文》

1909 年 《浙江巡抚曾韫奏创建浙江省图书馆归并扩充折》

1910 年 《广西巡抚张鸣岐奏广西建设图书馆折》

1911 年 《请改杭州行宫为图书馆疏》

在地方督抚的热情参与下，全国掀起了一场公共图书馆建设浪潮，许多省级图书馆均创办于此时，图书馆思想得到进一步传播，图书馆管理制度在实践中不断完善，从此奠定了我国近代公共图书馆事业的百年基业。下面我们就以京师图书馆为例，总结分析清末新政时期公共图书馆的建设理念和制度设计。

京师图书馆的创设大致经历了三个阶段：1896 年，李端棻《请推广学校折》首倡设立；1906 年，罗振玉在李端棻之说基础上，提出建设的具体办法；1909 年，清末新政时期，学部正式筹建京师图书馆。而京师图书馆也就此成为我国历史上第一个具有国家图书馆性质的公共图书馆。

学部创设京师图书馆之议，源自 1909 年的《奏报分年筹备事宜折》，其中明确提出宣统元年（1909）要在"京师开办图书馆"。1909 年 9 月，经过一番筹备、酝酿后，学部正式发布《学部奏筹建京师图书馆折》，全面阐释了京师图书馆的建设理念。

首先，设立京师图书馆，是为了"供多士之研求""昭同文之盛治"。其开篇云：

> 惟是图书馆为学术之渊薮，京师尤系天下观听，规模必求宏远，搜罗必极精详，庶足以供多士之研求，昭同文之盛治。……京师创建图书馆，实为全国儒林冠冕，尤当旁搜博采，以保国粹而惠士林。①

中国自古是一个重视文化传承的国家，京师图书馆作为"国家图书馆"，理应承担国家文献中心的职责，成为学术研究的中心。而图籍入藏之后，是要让天下有志于学者使用的，这是京师图书馆与此前的官府藏书机构最大的不同，也是其公共性的体现。除了作为文献中心，京师图书馆的创建者也希望其能够充分发挥社会教育的职能："至图书馆开办以后……将见琳琅美富，蔚为大观。上以赞圣朝崇文之化，下以餍士林求学之心。窃谓裨益于全国教育者，良非浅鲜，似亦维持世道人心之一大端也。"②通过图书馆之设，让更多有志于献身国家建设的读书人能够开拓视野，进而达到挽救清王朝的目的。

其次，图书馆应有一定的馆舍设施，"规模必求宏远"。京师图书馆是国家文献和学术中心，理应规模宏大，气象万千，但是当时的清政府内外交困，无力负担大规模工程，因此在具体建设方案上

---

① 《学部奏筹建京师图书馆折》，载李希泌、张椒华编《中国古代藏书与近代图书馆史料（春秋至五四前后）》，中华书局，1982年，第133页。
② 《学部奏筹建京师图书馆折》，载李希泌、张椒华编《中国古代藏书与近代图书馆史料（春秋至五四前后）》，中华书局，1982年，第134页。

多打折扣，而且由于主其事者为政府官员，在选址等方面并未充分考虑图书馆的实际需求。

比如在选址方面，学部认为："至建设图书馆地址，必须近水远市，方无意外之虞。"这其实还是古代藏书楼思想的延续，只关注藏书的安全，没有考虑读者使用便利与否。按照上述选址原则，学部官员对内城各处进行了勘察，最终决定：

> 惟德胜门内之净业湖与湖之南北一带，水木清旷，迥隔嚣尘，以之修建图书馆，最为相宜，尤足以昭稳慎。

建筑形制方面，也给出了较为具体的建议：

> 拟于湖之中央，分建四楼，以藏《四库全书》及宋元精椠。
> 另在湖之南北岸，就汇通祠地方，并另购民房，添筑书库二所，收储官司刻本、海外图书。勿庸建造楼房，以节经费。
> 其士人阅书之室，馆员办事之处，亦审度地势，同时兴修。

从上述建议来看，学部拟建的仍然是一座类似于四库七阁的藏书楼，亦可见当时清廷虽号称革新，但内部守旧势力还是占据上风的。

第三，藏书是图书馆最重要的资源，京师图书馆是"全国儒林冠冕"，其藏书理应冠绝天下。关于藏书建设的方式，学部作了如下设计：其一，调集热河避暑山庄文津阁《四库全书》及各殿座陈设典籍，"窃查中秘之书，内府陪都而外，惟热河文津阁所藏尚未遗失。近年曾经热河正总管世纲、副总管英麟查点一次，与避暑山庄各殿座陈设典籍，一并查明开单具奏在案"。查点之后，学部便奏请将文津阁书赏给京师图书馆。其二，咨取各省官书局刻译书。官书局是清末最重要的刻书机构，"至各省官局刻本，即由臣部行文咨取，藉供搜讨"。其三，鼓励民间献书，这也是古代官府藏书充实收藏的一贯措施。"至图书馆开办以后，如有报效书籍及经费者，拟请援照乾隆时进书之鲍廷博、光绪时进书之广东高廉道陆心源奖励成案，由臣部视其书之等差，及款数之多寡，分别请奖，以示鼓励。"①

上面以京师图书馆为例，简要介绍了清末新政时期公共图书馆建设理念。应当说，清末公共图书馆运动，是维新变法以来中国主动向西方学习的直接结果，清政府迫于内外压力实行新政，但腐朽的皇族并不愿轻易放弃手中的权力，故而改革的切入点便是类似图书馆事业这种不会动摇专制统治根基的领域。因此，在清政府和地方督抚主导的公共图书馆建设浪潮中，保守思想的影响无处不在，比如京师图书馆，虽然以嘉惠士林为宗旨，但实际建设方案更接近于传统藏书楼。这当然是变法不彻底、对公共图书馆精神领会不够深入的体现，但清末的公共图书馆运动，建立起近代意义上第一批公共图书馆，并在更大范围内普及了公共图书馆思想，其历史贡献还是值得肯定的。清末的公共图书馆运动，也为下一阶段图书馆事业在中国的大发展打下了基础，在《民国图书馆学史》的相关章节，还会对清末公共图书馆运动的后世影响进行深入探析，这里就不再赘述了。

---

① 《学部奏筹建京师图书馆折》，载李希泌、张椒华编《中国古代藏书与近代图书馆史料（春秋至五四前后）》，中华书局，1982年，第133—134页。

二、《京师图书馆及各省图书馆通行章程》及其图书馆思想

清末新政时期的公共图书馆运动，最具学术史价值的文献就是《京师图书馆及各省图书馆通行章程》。该章程由学部发布，是为了指导当时各地公共图书馆建设所拟，其体现的图书馆思想在清末颇具代表性。

《京师图书馆及各省图书馆通行章程》（以下简称《章程》）共有二十条，其目的是让草创时期的中国图书馆事业"整齐划一"，"植初基而裨文治"。

第一条首先阐明了图书馆的宗旨："图书馆之设，所以保存国粹，造就通才，以备硕学专家研究学艺，学生士人检阅考证之用。以广征博采，供人浏览为宗旨。"[①] 比较明确地界定了图书馆的职能，即在广泛收集图书的基础上，供民众阅读学习，这与今天对公共图书馆的认知已经比较接近了。

第二、三条规定了图书馆建制和命名方式。第二条云："京师及各直省省治，应先设图书馆一所。各府、厅、州、县治应各依筹备年限依次设立。"从制度层面规定了图书馆的设置，中央至地方均应依次设立各级图书馆。西方图书馆思想传入后，我国曾先后将之翻译为"书楼""藏书楼"等多个不同称呼，至清末新政时期，社会各界已经比较统一地使用"图书馆"这一概念。《章程》第三条规定："京师所设图书馆定名为京师图书馆。各省治所设者，名曰某省图书馆。各府、厅、州、县治所设者，曰某府、厅、州、县

---

① 《京师图书馆及各省图书馆通行章程折》，载李希泌、张椒华编《中国古代藏书与近代图书馆史料（春秋至五四前后）》，中华书局，1982年，第128—131页。

图书馆。"至此，图书馆的名称被确立下来，一直沿用至今。

《章程》中还有大量条目，是对图书馆管理制度的说明。如图书馆规章方面，第十四条云："图书馆每年开馆闭馆时刻收发书籍、接待士人各项细则，应由馆随时详拟。京师图书馆呈请学部核定，各省图书馆暨各府、厅、州、县图书馆，呈请提学使司核定。"第二十条规定："图书馆办事章程如有未尽事宜，应随时增订。在京呈由学部核定施行。在外呈由提学使转详督抚核定施行。"对各省图书馆制定章程及其细则提出了具体的要求。在经费来源方面，第十八条规定："京师图书馆经费，由学部核定筹拨，撙节开支。各省由提学使司核定筹拨，撙节开支。各府、厅、州、县由地方公款内筹拨，撙节开支。"明确公共图书馆经费应由政府承担。在职能部门设置和人员管理方面，第五条规定："图书馆应设藏书室、阅览室、办事室。"第六条云："图书馆应设监督一员、提调一员。（京师书籍浩繁，得酌量添设，以资助理）其余各员，量事之繁简，酌量设置。"馆长的人事任命，"京师图书馆呈由学部核定。各省图书馆呈由提学使司转请督抚核定"。在馆长人选方面，已经形成了专人负责、由专业人士担任的理念，有明显的历史进步性。对藏书管理，第十三条规定："京师图书馆书籍钤用学部图书之印。各省图书馆书籍由提学使钤印。各府、厅、州、县图书馆书籍，由各府、厅、州、县钤印。无论为保存之类、观览之类，概不得以公文调取，致有损坏遗失之弊。"图书馆的书籍属于公产，应尽可能普惠民众，钤印是经历史经验检验，一种较好的财产保管方法。从这条规定还可看到，当时的图书馆将书籍分为了保存本和借阅本，分类管理的方法也是提高馆藏效率的好方法。

建筑设计直接关系到图书馆功能的发挥，也是《章程》重点关注的方面。第四条对图书馆选址进行了说明:"图书馆地址,以远市避嚣为合宜。"馆舍建筑,"则取朴实谨严,不得务为美观"。室内环境,"受光通气,尤当考究合度,预防潮湿霉蚀之弊"。总体看来,与前述京师图书馆的建筑方案类似,偏向保守,是对古代藏书建筑经验的继承,而与现代公共图书馆建筑理念"格格不入"。

藏书建设和管理的方法。第七、八、九条规定:"图书馆收藏图籍,分为两类:一为保存之类;一为观览之类。"其中,"凡内府秘笈、海内孤本、宋元旧椠、精抄之本,皆在应保存之列","中国官私通行图书、海外各国图书,皆为观览之类"。概言之,古籍善本为保存本,收储于图书馆,主要起到保存文化的作用,而时本新书、西学书籍都属于应当流通之列。

藏书建设之法,充分吸收了古代官府藏书收聚经验,按购买、征集等不同途径制定细则。如第十条规定:"中国图书,凡四库已经著录及四库未经采入者,及乾隆以后所有官私图籍,均应随时采集收藏。其有私家收藏旧椠精抄,亦应随时假抄,以期完备。惟近时私家著述有奉旨禁行及宗旨悖谬者,一概不得采入。"第十一条规定:"海外各国图书,凡关系政治学艺者,均应随时搜采,渐期完备。惟宗旨学说偏驳不纯者,不得采入。"中西图书均应随时采集,但要求图书馆对其内容进行审查。对于珍本秘籍,《章程》结合古代藏书管理经验,在第十五条提出:"图书馆管理员均应访求遗书及版本,由馆员随时购买,以广搜罗。"第十六条云:"海内藏书之家,愿将所藏秘笈暂附馆中扩人闻见者,由馆发给印照,将卷册数目、抄刻款式、收藏印记,一一备载。领回之日,凭照发书。管理各员尤当加意保护,以免损失。其借私家书籍版片抄印者,亦照此办理。"对于珍本秘籍,要由馆员专门搜访,善价求之。开明藏书家愿意将秘藏借出者,也应妥为谋划,在保证藏书不被损坏的前提下,让更多人看到。这是一条颇具创新精神的规定。由政府主导的公共图书馆是图书馆事业的主体,社会力量则是其有力补充,《章程》第十七条规定:"私家藏书繁富,欲自行筹款随在设立图书馆以惠士林者,听其设立,惟书籍目录、办理章程,应详细开载,呈由地方官报明学部立案。善本较多者,由学部查核,酌量奏请颁给御书匾额,或颁赏书籍,以示奖励。"私藏发达,是我国图书与藏书事业的特色,从制度设计层面,应当给予私人藏书家足够的激励,鼓励其开放,甚至捐赠藏书,这不啻为一条补充藏书、扩大藏量的好方法。

藏书利用,是现代公共图书馆与古代藏书楼最大的区别。《章程》设想的图书馆,虽然不免带有保守的特征,但确实是不折不扣的近代意义上的公共图书馆,因此,藏书利用的方法也是《章程》的重要内容。第十九条规定:"京师及外省各图书馆均须刊刻观书券,以便稽察。凡入馆观书,非持有券据不得阑入。"这里的观书券,功能近似后世的借书证。第八条重点论述了"保存图书"的利用方法:"保存图书,别藏一室。由馆每月择定时期,另备券据,以便学人展视。如有发明学术堪资考订者,由图书馆影写、刊印、抄录,编入观览之类,供人随意浏览。"保存的图书一般是价值较高、复本较少的书籍,这类书的管理使用较之"浏览之书"要严格许多,《章程》提供了两个方案,一个是另外准备一种特殊的观书券,供读者在开放期内入室观书;另一个则是对其中特别有价值的书籍,采用制作副本的方式,将副本放入浏览之书中,让更多人看到。这些保存本开放的特殊办法,在现代图书馆管理中仍在使用。对于"观览图书",第九条规定:"观览图书,任人领取翻阅,惟不得污损剪裁及携出馆外。"

综上，我们总结了《章程》中体现的图书馆管理、建设思想。客观上说，清政府以国家力量推进图书馆事业，对中国公共图书馆事业和学术发展起到了重要的促进作用，这也从另一侧面说明了清末公共图书馆思想巨大的影响力。《章程》就是晚清以来西方图书馆思想传入、传播，以及本土化后的理论结晶。

三、清末各地士绅开办的公共藏书楼及其思想

随着西方图书馆思想在中国的传播，特别是在维新派建"大书楼"理念的宣传与实践影响下，各地开明士绅很快便接受了"图书馆"这一新兴事物，并积极参与公共藏书楼或图书馆的创建。在官办图书馆之外，由各地士绅出资兴建的图书馆蓬勃兴起，为中国图书馆事业发展贡献了重要力量。而各地士绅在筹建藏书楼过程中发表的各种倡议、文论，则是研究晚清图书馆学史的重要文献。

晚清士绅兴办公共藏书楼的实践，影响较大的有以下两例。何熙年等安徽士绅集资创办皖省藏书楼，在藏书楼建设过程中，先后发布《皖省士绅开办藏书楼上王中丞公呈》《皖省藏书楼开办大略章程十二条》《皖藏书楼启》《广藏书说》等重要文献，讨论的话题包括藏书楼的社会作用、藏书建设思想、公共藏书楼思想等。徐树兰等集资兴办古越藏书楼，以及为藏书楼顺利创办发布《为捐建绍郡古越藏书楼恳请奏咨立案文》和《古越藏书楼章程》。下面我们将以古越藏书楼为例，介绍清末开明士绅对公共藏书楼的理解及书楼建设理念。

古越藏书楼的创始人徐树兰（1837—1902）是光绪二年

(1876)举人,早年宦游,后因母病辞官还乡,从此不再出仕,一直热心地方公益事业。1900年,徐树兰"集议""举其累世之藏书,楼以庋之,公于一郡"[①],就是以自己家藏图书为基础,筹建绍兴古越藏书楼。1902年,藏书楼落成,1903年正式开放。[②]创办经费32960余两白银,均由徐树兰独立支撑,此后每年还"捐洋一千元"为日常经费。徐树兰为什么要斥巨资兴办藏书楼呢?在《为捐建绍郡古越藏书楼恳请奏咨立案文》中他是这样阐释的:

> 国势之强弱,系人才之盛衰;人才之盛衰,视学识之博陋。涉猎多则见理明,器识闳则处事审,是以环球各邦国势盛衰之故,每以识字人数多寡为衡。

也就是说国运兴衰系于民众受教育的程度,这与维新派思想是一脉相承的。想要提高民众的识字率,就要兴办教育,但学校教育的力量是有限的,贫寒士子迫于家境无法尽数入校读书。这时候,就需要图书馆作为一种社会教育建制出现,"藏书楼与学堂相辅而行"。徐树兰认为,我国自古就有藏书的传统,近代以来西方国家的强大也说明了藏书楼的价值:

> 泰西各国讲求教育,辄以藏书楼与学堂相辅而行。都会之地,学校既多,又必建楼藏书,资人观览。

---

① 浙江省图书馆志编纂委员会编:《浙江省图书馆志》,中国书籍出版社,1994年,第440页。
② 程焕文:《晚清图书馆学术思想史》,北京图书馆出版社,2000年,第256页。

这些论述直接引述自李端棻《请推广学校折》和郑观应《盛世危言》中的观点。至于绍兴，"统辖八县，辍学之士，实繁有徒。当此科举更章之际，讲求实学，每苦无书"。所以藏书楼的建设是当务之急，"以备阖郡人士之观摩，以为府县学堂之辅翼"①。可见，徐树兰是将藏书楼视为教育机构之重要补充的，其与兴办学校一样，是作育人才的关键举措。

藏书楼的建设目标，徐树兰为之定下了两个口号：一曰存古；一曰开新。其具体释义如下：

> 学问必求贯通，何以谓之贯通，博求之古今中外是也。往者士夫之弊，在详古略今；现在士夫之弊，渐趋于尚今蔑古。其实不谈古籍无从考政治学术之沿革；不得今籍，无以启借鉴变通之途径。故本楼特阐明此旨，务归平等，而杜偏驳之弊。②

晚清以降，西学的译介与传播是大势所趋，但学界关于西学与中学地位的论证一直没有消歇。从"师夷长技以制夷"到"中体西用"，知识阶层对西学的态度在逐渐发生变化。从社会进步的角度来说，近代中国之学术、政治制度已落后于世界潮流，所以近代学术和社会发展的主线，便是以西方学术体系改造中国学问，学习西方建立现代国家制度。然而，任何一种学术、制度的产生与发展都是与其所处的社会环境密切相关的，晚清时期的中国固然落后，但

---

① 徐树兰：《为捐建绍郡古越藏书楼恳请奏咨立案文》，载李希泌、张椒华编《中国古代藏书与近代图书馆史料（春秋至五四前后）》，中华书局，1982年，第112—113页。
② 徐树兰：《古越藏书楼章程》，载李希泌、张椒华编《中国古代藏书与近代图书馆史料（春秋至五四前后）》，中华书局，1982年，第113页。

是作为一个拥有数千年文明史的古国，也不应对传统文化持"全盘否定"的态度，否则一味西化，最终的结果只可能是"画虎不成反类犬"，兼之水土不服。20世纪20年代以后的学术发展，其本质就是在接受了西方学术体系后，中国学者试图弥合中西，为开创中国学术新篇章作出的努力。而在徐树兰的时代，能抱有这种持平之见的士绅还是比较少的。特别是对图书馆来说，不论管理者自身的学术主张如何，作为文献中心的图书馆，就是一种全面收集各类文献，保证读者资料获取全面性、准确性的建制，因此，对于新旧学问都应当平等对待，这是一种十分先进的公共图书馆理念。"存古""开新"的宗旨需要用制度来保证，徐树兰主要是通过藏书建设和分类两个途径来体现上述宗旨的。

既然有"存古""开新"的愿望，那么，古越藏书楼的藏书就应当体现这一点。对此，徐树兰在《古越藏书楼章程》第三章"藏书规程"中说：

> 本书楼所藏书籍，分二类：曰学部；曰政部。凡悖理违道之书，一概不收。（旧分经、史、子、集、时务五部，编为三十五卷，今分政、学二部，改编为二十卷）

突破旧有四部分类法，而以西学色彩浓厚的学部、政部为类名，体现了其对西学的重视。但是，由于古越藏书楼是以徐树兰家藏图书为基础建立的，因此，在创建之初，中学书籍的规模是远远超过西学的。徐树兰也清晰地认识到了这一点，在"藏书规程"中用了两节的篇幅，阐释"新学"和"西学"书的收集方法：

凡已译未译之东西书籍一律收藏。已译者供现在研究，未译者供将来研究（已通外国文字者）及备译。

各书之外，兼收各种图画，类别为三：曰教科画；曰地图；曰实业图。又收各种学报、日报，以资考求。

相比同时代的藏书家，徐树兰的收书视野要更加开阔，不仅重视图书资料，各类特种文献，如图画、报刊等都在其收集范围之内。

在"藏书规程"第六节中，徐树兰又规定："研究科学，必资器械样本，故本书楼兼购藏理化学器械及动植矿各种样本，以为读书之助。"并作了解释，上述器械本属教育博物馆藏品，但此时尚无力量在图书馆之外设立专门的博物馆，所以图书馆应当承担这部分收藏职能。

徐树兰的藏书分类思想主要体现在《古越藏书楼书目》中，该目完全打破四部成法，按照其创建古越藏书楼时的想法，将全部藏书分为"政部"和"学部"两类著录，两类下复分48类，其下再分290个小类。其二级类目如下：

学部：易学、书学、诗学、礼学、春秋学、四书学、孝经学、尔雅学、群经总义学、性理学、生理学、物理学、天文算学、黄老哲学、释迦哲学、墨翟哲学、中外各派哲学、名学、法学、纵横学、考证学、小学、文学；

政部：正史兼补表补志考证、编年史、纪事本末、古史、别史、杂史、载记、传记、诏令、奏议、谱录、金石、掌故、典礼、乐律、舆地、外史、外交、教育、军政、法律、农业、工业、美术、稗史。①

将图书分为"学""政"两部，显然是受到梁启超《西学书目表》的影响。但《西学书目表》只涉及西学书。古越藏书楼则要"存古""开新"，因此在如何融合中西学方面，徐树兰有更多的考量：

> 明道之书，经为之首，凡伦理、政治、教育诸说悉该焉。包涵甚广，故不得已而括之曰学类。诸子，六经之支流，文章则所以载道，而骈文词曲亦关文明，觇世运，故亦不得蔑弃。至实业各书，中国此类著作甚少，附入政类中。②

从中不难看到徐树兰为融合中西作出的努力。从后人的视角，《古越藏书楼书目》的分类法并不合理，蒋元卿就认为："可惜仅知求新旧之一贯，而于其内容，未能细心考核，至以《四书》另立一部，名之曰'四书学'，《三教总论》附入释迦哲学，耶稣及五洲诸教附入墨翟哲学，牵强难安，而贻识者以'类别不当'之讥。"③ 所言虽不无道理，却没有考虑徐树兰所处的时代，正是中西学术冲突、融合的关键期，中国人对西学的了解并不完全，西书分类亦无成例可循。而徐树兰的尝试，无疑对后来本土化的新式分类法发展产生了积极影响。

---

① 北京大学图书馆系《图书分类》编写组编著：《图书分类》，书目文献出版社，1983年，第60—61页。
② 徐树兰：《古越藏书楼章程》，载李希泌、张椒华编《中国古代藏书与近代图书馆史料（春秋至五四前后）》，中华书局，1982年，第114页。
③ 蒋元卿：《中国图书分类之沿革》，中华书局，1937年，第153页。

第九章　西方图书馆学的早期本土化与晚清图书馆学的形成

藏书楼的管理制度，是《古越藏书楼章程》的重点内容，包括：藏书规程、管理规程、阅书规程、杂规等数十条。据徐氏自云，此章程是在"参酌东西各国规制"的基础上拟出的，而在广泛参考西方图书馆管理经验之余，徐氏也结合当时的国情作出了许多本土化改造。

以"阅书规程"为例，该章共15节，其中第十三节规定："凡愿阅书者，须先阅本楼章程，若愿守定章，请先至司事处，以姓名、别篆、住址及今日欲观某书报明，由司事登记号簿，即由司事给与发书单一纸，并对牌一块。本人以发书单与对牌入交监督，即由监督以发书单交司书检书付阅，其对牌暂存监督处，俟阅书人将原书交还，即由监督将对牌仍交本人。本人仍以对牌交给司事，然后出门。对牌六十号，每号三块，以古越藏书楼图记印于骑缝，上块永存监督处，下块永存司事处，中块于领书时凭此发书，于还书后凭此出门。"第十四节规定："中厅阅书之处，仅容客座六十位，故每日阅书仅备对牌六十号。如在六十号之外，因座位已满，只得奉屈暂候。待六十人中有一人交还对牌出外者，即给对牌入内领书。如待者不止一人，则以登号簿先后为次。""对牌"制度模仿自英国伦敦博物院图书馆，但对细节的规定更加细致。

古越藏书楼的设立，是晚清图书馆事业的重要进步。其设立虽仰徐氏家族之力，但从创设之初，徐树兰便明确规定藏书向愿意遵守藏书楼规章制度的所有民众开放，故而古越藏书楼虽然是私人图书馆，但其公共性却超过了同时代的大多数公办图书馆。这说明，时至清末，图书馆理念已经从宣传推广的层面走向普及，并开始了广泛的实践，这为下一阶段"中国的图书馆学"的建立奠定了坚实的基础。

清代的历史，以 1840 年为界限，被分为前后两个截然不同的发展阶段。1840 年以前，是古代学术文化的全面总结期，而鸦片战争以后，西学传入与东西学的交融竞合成为思想界、学术界的主流。藏书事业与学术思想的发展，也不可能脱离时代大势的影响，同样呈现出前后不同的发展面貌。

清廷沿袭明制，随着清初战乱的平息，官府、私人、书院、寺观四大藏书体系很快恢复旧观，得益于图书生产、流通条件的进步，清中叶以后藏书之风盛行全国，藏书家数量和地域分布都达到了前所未有的规模。图书数量激增、藏书实践活动的需求，是藏书理论发展的直接诱因。另一方面，清初严密的思想控制手段，催生了以古典文献为主要研究对象的乾嘉学派，丰富的学术成果为藏书实践奠定了坚实的基础，而学者与藏书家身份的"高度重合"，又在无形中提升了理论总结的深度和系统性。因此，清代中前期图书馆学发展最突出的特征，就是在藏书建设、保藏、管理、整理的各个方面都出现了学术总结性质的集大成之作。

《四库全书》征集、编纂、收藏、刊布利用的全过程，集中展示了古代官府藏书的经验与方法，通过存留至今的清代档案，不难看出规则设置之严密、管理制度之规范合理、具体方法之灵活多变。修书的"副产品"——《四库全书总目》，是我国古代目录学方法之集大成者，其条理之清晰、考证之绵密、组织方法之严谨，使其成为后世治文史学者案头必备之书，影响了清代学术的发展。

私人藏书理论的发展，是清代图书馆学成就更大的方面。从清中叶孙从添《藏书记要》，到清末叶德辉《藏书十约》，古代私人藏书的思想、方法基本被"搜罗无遗"，囊括了古代私人藏书的有效经验与技术手段。从清初钱曾《述古堂书目》、清中叶张金吾《爱日精庐藏书志》,到清末张之洞《书目答问》,清代异常繁荣的藏书整理活动,带来了目录学的大发展,大量新目录体式被创制出来,为民国以后目录学成为一时"显学"奠定了基础。从清初曹溶《流通古书约》,到清中叶周永年《儒藏说》、章学诚《校雠通义》,再到清末国英的共读思想、公藏公用的思想萌发,展示了中国图书馆学的内生力,对文献深度揭示方法与理论的不懈探索,则又体现了中国图书馆学之独特旨趣。

1840年后的中国社会、文化、学术发展并非处于正常、平稳、平等的状态。清政府在国家竞争中"败下阵来",使中国传统学术、文化也连带受到冲击。列强为了进一步打开中国大门,有意识地进行"文化输入",有识之士为了救亡图存,主动"开眼看世界",大力引进西方新事物和学术思潮。图书馆作为现代社会民众与社会教育的重要设施,受到了晚清智识者的特别关注,介绍西方图书馆事业的论著大量涌现,给民国之后公共图书馆事业的发展以及中国图书馆学的形成作好了舆论准备与思想启蒙。

有趣的是,历史的惯性让这一时期的传统藏书并未就此沉寂,以晚清四大藏书楼为代表,私人藏书活动展示了强大的生命力,新兴买办、资本家群体加入了藏书家阵营,藏书活动展现新的特征。于是,传统藏书经验与理论仍在不断积累,《书林清话》《藏书纪事诗》等就是杰出代表。这使得晚清时期的中国图书馆学发展显得有些"割裂",西方图书馆理念与传统藏书理论似两条"平行线",沿着各自的轨道慢慢前行。然而,这恰恰也预示着下一阶段中国图书馆学的发展特征。如何融合中西,建构现代意义上的学科体系?这是中国图书馆学发展必须要解决的问题,也预示着属于"中国的图书馆学"的时代即将到来。

主要参考文献

艾尔曼著，赵刚译. 从理学到朴学：中华帝国晚期思想与社会变化面面观. 南京：江苏人民出版社，2012.

白寿彝总主编，周远廉、孙文良主编. 中国通史 17·第十卷·中古时代·清时期：上册. 上海：上海人民出版社，1996.

曹培根. 古代私家藏书流派及虞山派、浙东派论析. 常熟理工学院学报，2000（1）.

曹之. 清代抄书考. 图书馆，1990（1）.

曹之. 试论清代古籍版本学的成就. 图书馆论坛，2006（6）.

陈登原. 陈登原全集 4. 杭州：浙江古籍出版社，2014.

陈谷嘉、邓洪波主编. 中国书院史资料. 杭州：浙江教育出版社，1998.

陈晓华. "四库总目学"史研究. 北京：商务印书馆，2008.

陈学恂主编. 中国近代教育史教学参考资料：上册. 北京：人民教育出版社，1986.

陈祖武. 清代学术源流. 北京：北京师范大学出版社，2013.

程焕文. 晚清图书馆学术思想史. 北京：北京图书馆出版社，2004.

程焕文. 中国目录学传统的继承与扬弃："辨章学术，考镜源流"批判. 图书馆工作与研究，1996（4）.

戴逸主编. 简明清史. 北京：中国人民大学出版社，2006.

邓洪波. 中国书院史（增订版）. 武汉：武汉大学出版社，2013.

邓洪波主编. 中国书院学规集成. 上海：中西书局，2011.

杜伟生. 古籍修复原则. 国家图书馆学刊，2007（4）.

范凤书. 中国私家藏书史. 郑州：大象出版社，2001.

傅璇琮、谢灼华主编. 中国藏书通史. 宁波：宁波出版社，2001.

故宫博物院编. 天禄珍藏：清宫内府本三百年. 北京：紫禁城出版社，2007.

顾明远总主编. 中国教育大系·历代教育制度（二）. 武汉：湖北教育出版社，2015.

顾廷龙、戴逸主编. 李鸿章全集. 合肥：安徽教育出版社，2008.

顾志兴. 浙江藏书家藏书楼. 杭州：浙江人民出版社，1987.

郭绍虞主编，王文生副主编. 中国历代文论选. 上海：上海古籍出版社，2001.

郭廷以. 近代中国史纲（第三版）. 上海：格致出版社、上海人民出版社，2012.

黄爱平. 《四库全书》纂修研究. 北京：中国人民大学出版社，1989.

黄宗羲著，吴光主编. 黄宗羲全集. 杭州：浙江古籍出版社，2012.

江庆柏. 四库学文献的基本类型. 中国典籍与文化，2014（3）.

来新夏、柯平主编. 目录学读本. 上海：上海交通大学出版社，2014.

李常庆. 四库全书出版研究. 郑州：中州古籍出版社，2008.

李希泌、张椒华编. 中国古代藏书与近代图书馆史料（春秋至五四前后）. 北京：中华书局，1982.

刘国钧. 中国古代书籍史话. 香港：中华书局香港分局，1972.

刘仁庆. 中国手工纸的传统技艺. 北京：知识产权出版社，2019.

骆兆平编. 天一阁藏书史志. 上海：上海古籍出版社，2005.

吕绍虞. 中国目录学史稿. 武汉：武汉大学出版社，2012.

庞鸿文等纂，郑钟祥、张瀛修. 中国地方志集成·江苏府县志辑22 光绪常昭合志稿. 南京：江苏古籍出版社，1991.

彭斐章等. 数字时代目录学的理论变革与发展研究. 武汉：武汉大学出版社，2009.

祁承㸁等撰. 澹生堂藏书约（外八种）. 上海：上海古籍出版社，2005.

乔治忠、朱洪斌编著. 增订中国史学史资料编年·清代卷. 北京：商务印书馆，2013.

庆桂等编纂，左步青校点. 国朝宫史续编. 北京：北京古籍出版社，1994.

任继愈主编. 中国藏书楼. 沈阳：辽宁人民出版社，2001.

上海书店出版社编. 清代文字狱档（增订本）. 上海：上海书店出版社，2011.

首都图书馆编辑. 太学文献大成. 北京：学苑出版社，1996.

司马朝军. 《四库全书总目》研究. 北京：社会科学文献出版社，2004.

孙毓修著，王云五主编. 中国雕板源流考. 台北：台湾商务印书馆，1964.

谭卓垣等. 清代藏书楼发展史 续补藏书纪事诗传. 沈阳：辽宁人民出版社，1988.

汤志钧等编. 中国近代教育史资料汇编·戊戌时期教育. 上海：上海教育出版社，2007.

王重民. 中国目录学史论丛. 北京：中华书局，1984.

王红蕾. 钱谦益藏书研究. 天津：南开大学出版社，2013.

王蕾. 清代藏书思想研究. 桂林：广西师范大学出版社，2013.

王武子、曹海东. 清代学术流变与丛书汇刻之关系. 图书馆论坛，1993（3）.

王欣夫. 文献学讲义. 上海：上海古籍出版社，2005.

王应奎、瞿绍基编，罗时进、王文荣点校. 海虞诗苑 海虞诗苑续编. 上海：上海古籍出版社，2013.

王子舟等. "中国的图书馆学"建设仍在路上——纪念梁启超《中华图书馆协会成立会演说辞》发表90周年. 图书馆论坛，2015，35（5）.

吴晗. 江浙藏书家史略. 北京：中华书局，1981.

吴晞. 从藏书楼到图书馆. 北京：书目文献出版社，1996.

吴泽主编. 陈垣史学论著选. 上海：上海人民出版社，1981.

肖东发主编，何东红、朱赛虹编著. 中国官府藏书. 贵阳：贵州人民出版社，2009.

谢国桢编著. 明清笔记谈丛. 上海：上海古籍出版社，1981.

谢灼华. 清代私家藏书的发展. 图书情报知识，2000（1）.

熊月之. 西学东渐与晚清社会. 上海：上海人民出版社，1994.

徐凌志. 中国古代的藏书保护理念及措施. 江西图书馆学刊，2006（4）.

严佐之编著. 近三百年古籍目录举要. 上海：华东师范大学出版社，2008.

姚名达. 中国目录学史. 上海：上海书店，1984.

于敏中等编纂. 日下旧闻考. 北京：北京古籍出版社，1981.

袁咏秋、曾季光主编. 中国历代图书著录文选. 北京：北京大学出版社，1997.

张兵、张毓洲. 清代文字狱的整体状况与清人的载述. 西北师大学报（社会科学版），2008（6）.

张国功. 从共识到冲突：导读性书目的历史及其文化意义. 博览群书，2003（8）.

张升. 明清宫廷藏书研究. 北京：商务印书馆，2015.

张舜徽选编. 文献学论著辑要. 西安：陕西人民出版社，1985.

张舜徽主编. 中国史学名著题解. 北京：东方出版社，2019.

长泽规矩也编著，梅宪华、郭宝林译. 中国版本目录学书籍解题. 北京：书目文献出版社，1990.

郑鹤声编. 中国史部目录学. 上海：商务印书馆，1933.

中国第一历史档案馆编. 纂修四库全书档案. 上海：上海古籍出版社，1997.

朱汉民、李弘祺主编. 中国书院. 长沙：湖南教育出版社，1997.

朱有瓛主编. 中国近代学制史料·第一辑：下册. 上海：华东师范大学出版社，1986.

索 引

【人 名】

A

艾儒略 387

B

鲍廷博 31，41，42，103，181，253，306，308，311，312，434

C

曹溶 41，79，201，211，258，260，276，294—296，311，447

曹学佺 326—329

曹寅 39，135，202，311

陈逢衡 39

陈揆 39，70，71，80，81，96，109，206，260，261，265，298，299，338

陈鳣 42

陈准 220，337

程晋芳 36

D

戴德江 389

戴震 30，42，348

丁丙 41，53，83，209，234，269，270，273，314

丁日昌 209，216，233，273

丁申 41，83，209

丁雄飞 212，294，331

F

范光燮 126

范希曾 383，384

方功惠 209，312

冯班 252，338

冯舒 252

傅兰雅 21, 392

G

高理文 390

耿文光 210

顾广圻 42, 72, 204, 253, 263

顾嗣立 39

顾炎武 16, 58, 59, 183, 307

顾之逵 37, 39

管庭芬 216, 340

郭嵩焘 398—401

国英 320—322, 447

H

杭世骏 39, 263

何焯 39, 42, 202

何梦华 31, 297

黄居中 212

黄丕烈 27, 36, 39, 41, 42, 72, 73, 78, 79, 95—97, 128, 151, 177, 181, 205, 216, 218, 219, 221, 222, 253, 264, 268, 273—277, 306, 311, 335, 338, 340, 346

黄廷鉴 39, 74, 80, 96, 226, 252, 253, 260, 297, 299

黄虞稷 212, 213, 292, 294, 307, 309, 331

黄宗羲 16, 25, 59, 81, 103, 176, 291

祎理哲 388

惠栋 39

J

纪映钟 307

纪昀 30, 36, 93, 188

季锡畴 63

季振宜 39, 71, 78, 202, 218, 338

江藩 39, 380

蒋杲 39

金檀 202, 340

金心山 340

K

康有为 211, 233, 413, 414, 416—419, 423

L

黎庶昌 306

李端棻 426—428，431，441

李善兰 18，380

李文藻 36，93

梁鼎芬 127，135—137，139，155，156，418

梁启超 380，385，398，413，419—426，444

梁廷枏 18

梁章钜 43，129，306

林树梅 134—136，142—147

林则徐 18，20，394—397

刘承干 306，351

刘音 332，333

柳诒徵 382，384

卢见曾 36，42，306

卢文弨 41，42，103，213，262，265，306，311

陆敕先 101，104，245，252，278

陆费墀 36

陆锡熊 30，36，188

陆心源 43，73，81，182，210，216，234，253，273，312，314，403，434

陆贻典 39，259，269，299，338

罗振玉 60，214，431

M

马戛尔尼 6

马礼逊 17，388

马曰琯 39

马曰璐 39

毛晋 39，68—71，75，97，104，124，140，181，201，218，219，253，257—259，267，290，299，306，311，315—317

毛扆 39，202，219，242，267，315

缪荃孙 43，83，210，222，223，270，271，295，306，311，340，381，382

莫友芝 208，209，216，304

N

钮树玉 205

P

潘景郑 201，219

潘耒 219

潘仕成 43，216，312

潘祖荫 39，43，65，205，208，222

Q

钱大昕 27，178，262，275，281，350

钱陆灿 307

钱谦益 24，39，62，66—69，75，108，109，123，159，201，212，236，257，258，260，267，280，292，338

钱泰吉 132，207，293

钱曾 39，42，62，63，66，69，71，104，108，109，181，202，214—216，219，230—232，236，238，241，250，258，259，273，275，291，292，299，446

秦恩复 39

瞿秉清 225，226，299，300

瞿秉渊 225，299

瞿凤起 202，216，227

瞿启甲 182，206，226，227

瞿绍基 109

瞿镛 97，206，225—227，233，237，241，243，273，338

全祖望 36，40，42，103，126，176，203，291

R

阮元 31，39，43，52，53，176，205，275，306，427

S

邵晋涵 30，204，349

沈初 138

孙从添 27，39，77，78，80，99，105，106，113，115，117，118，125，133—136，139—149，152—157，176，177，203，220，232，236，237，242，246，252—254，258，259，269，271，272，276—280，283，284，335—339，341—347，446

孙星衍 41，42，200，204，

227，232，273，306，312

孙诒让 42，208，322

W

万斯同 40，60，81

汪士钟 39，206

王秉恩 383

王夫之 16

王国维 16

王念孙 30

王士禛 36，85，93，94，128

王韬 209，398，403，404

王文韶 39，417

王象晋 253，316

王宗炎 108，350，351

伟列亚力 391，392

魏源 1，18，20，130，397

翁方纲 30，36，52，93

翁心存 109

吴骞 39，73，181，220，221，306

吴寿旸 204，220，221

伍崇曜 37，43，214，215，306，312，313

X

席鉴 39，80，202

谢国桢 213

徐枋 36

徐继畬 18，20

徐乾学 71，72，80，85，202，212，217—219，306，308，311

徐树兰 210，392，439—445

徐元文 212

薛福成 37，398，401—403

Y

严复 19

严可均 42

杨守敬 210，273，281

杨以增 36

姚觐元 210

姚鼐 30，203

叶德辉 70，78，93，95，96，100，101，106—108，118，119，126，127，129，130，134，135，137，139，141，143，144，148，149，153，

155，157—159，178，201，211，216，222，234，253—256，265，272，273，281—285，306，308，313，315，346，382，383，446

寅著 120，121，155

永瑆 36，180

于敏中 36，186，189，193

郁松年 37，43，208，312，313

袁枚 135，301，302

袁廷梼 36，39

Z

张海鹏 41，74，75，203，205，253，306，312，313，317

张金吾 39，42，62，76，77，80，81，96，109，203，223—225，233，236—240，243，250，253，260，261，265，267，268，273，275，297—299，306，338，446

张元济 306

张之洞 1，185，210，270，272，303，304，311，374—380，382，383，385，417，418，429，447

章学诚 40，239，272，347—369，371—373，447

章钰 216，223

郑德懋 97，201，316

郑观应 402，406—411，413，441

周亮工 182，187，306

周锡瓒 36，39

周永年 30，36，42，43，204，326，328—333，447

周在浚 307，309

周中孚 40，71，205，233

朱筠 30，36，186，349

朱彝尊 93，94，132，201，215，216，239，291，306，307，353

【文献名】

A

《爱日精庐藏书志》 136，203，223，225，226，237，240—243，250，261，273，274，446

B

《八千卷楼自记》 160
《百宋一廛赋注》 221，222
《百宋一廛书录》 205，222
《拜经楼藏书题跋记》 204，220，221
《抱经堂丛书》 41，312
《皕宋楼藏书志》 210，225，273，274
《波士顿之图书馆与报馆》 424

C

《藏书二友记》 96
《藏书十约》 40，41，100，106，118，126，127，133，139，148，149，254，255，284，346，446

《成均书目二种》 33
《池北书库记》 94
《传是楼书目》 72，80，202，217
《祠堂书目》 265，273

D

《大藏经》 51，52
《大清会典》 12
《大清一统志》 12，14，32，187
《大总目录》 242，243
《丹珠尔》 52，54
《道藏》 54—56
《道藏辑要》 56
《道藏辑要续编》 56
《地理志略》 389
《地球说略》 388
《读书次第表》 419
《读书敏求记》 69，104，108，109，202，214—217，237—239，241，242，250，259，273，291

E

《二酉堂丛书》 42

F

《范氏重修天一阁记》 126
《分类书柜目录》 243，246
《扶桑游记》 403
《覆韩青田师》 328
《覆俞潜山》 328

G

《甘珠尔》 52，54
《格致汇编》 21
《格致镜原》 43
《各省学务详细官制及办事权限章程》 430
《共读楼条规》 321
《古欢社约》 294—297
《古今图书集成》 12，25，29，32，89，183，186，202，289，299，303—305
《古越藏书楼章程》 439，442，445
《观古堂书目丛刻》 201，203—205，209，211
《广儒藏说》 332
《桂学答问》 414，419
《国子监则例》 33

H

《海国图志》 20，397
《汉学堂丛书》 42
《黄荛圃陶陶室记》 275

J

《汲古阁珍藏秘本书目》 202，218，219，242，267，277
《季沧苇藏书目》 71，202，218
《江苏省立国学图书馆清点常熟翁氏捐藏书书目》 82
《借书说》 292
《京师图书馆及各省图书馆通行章程》 435
《经训堂丛书》 41，43
《静惕堂书目》 79，201，211

L

《流通古书约》 42，294，295，297，447
《琉璃厂书肆记》 93
《琉璃厂书肆三记》 93
《龙藏》 51
《履园丛话》 124，316

《伦敦与巴黎日记》 399
《论书贵旧本》 70，261

M

《漫游随录》 403
《美理哥合省国志略》 390

P

《平津馆丛书》 41
《曝书亭集》 132
《曝书杂记》 132，207，293

Q

《千顷堂书目》 201，212，213
《千顷斋藏书目录》 213
《钱遵王读书敏求记校证》 216
《清史稿·艺文志》 184，203
《请推广学校折》 426，428，431，441

R

《荛圃藏书题识》 205，223
《荛圃藏书题识续录》 205，223
《荛圃刻书题识》 223

《日本书目志》 211，414—416
《日下旧闻考》 33，131
《儒藏说》 42，328，332，333，447
《儒藏条约三则》 328，330

S

《散书后记》 301，302
《散书记》 301
《善本书室藏书志》 83，209，225，273，274
《赏延素心录》 150—152
《上善堂书目》 203，220，337
《上善堂宋元版精抄旧抄书目》 203，220，236，242，337，338
《盛世危言》 402，406，413
《实理公法全书》 414
《史籍考》 349，352，372
《士礼居藏书题跋记》 95，128，205，221，222，274
《士礼居藏书题跋记续》 222
《士礼居藏书题跋再续记》 222
《士礼居丛书》 41，43，202，203，219，221，222，311，340
《士礼居黄氏丛书》 72

《世界地理大全》 394

《书藏四约》 111，128，133，137，139，155，156，168，324

《书藏条例》 52，53

《书房架上书籍目录及未订之书》 243

《书林清话》 93，95，107，281，282，284，285，313，315，447

《书目答问》 210，273，374，376—385，447

《书目答问补正》 383

《述古堂藏书目》 69，202，214，217，241，275

《述古堂宋板书目》 202，214，215，241

《述古堂宋刻书跋》 109

《说剑轩余事》 133，136，142

《思适斋题跋》 223

《四库全书》 14，15，26，29—34，36，41，42，44，53，79，87，89，92，100，101，119—121，131，147，158，161，163—165，183—187，194，289，303，312，318，328，378，381，433，446

《四库全书荟要》 27

《四库全书简明目录》 186，187

《四库全书排架图》 158

《四库全书总目》 26，185，186，188—191，198—200，205，215，217，224，230，235，238，239，244，245，335，357，374，380，422，446

《四洲志》 20，394—397

T

《题文津阁》 121

《天禄琳琅目录四编》 194

《天禄琳琅书目》 30，104，185，193

《天禄琳琅书目三编》 194

《天禄琳琅书目续编》 30

《天一阁碑目记》 126

《天咫偶闻》 71

《恬裕斋藏书记》 206，226，237，241，243

《恬裕斋书目》 226

《铁琴铜剑楼藏书目录》 206，225—227，241

《铁琴铜剑楼藏书题跋集录》 206，227

《铁琴铜剑楼藏宋元本书目》 206，227

W

《外国史略》 388
《万身公法书籍目录提要》 414
《为顾宁人征天下书籍启》 307
《为捐建绍郡古越藏书楼恳请奏咨立案文》 439，440
《为毛潜在隐居乞言小传》 68，70，316
《文房肆考图说》 132
《文津阁记》 122
《文史通义》 40，350—352，355，365
《翁氏家事略记》 93
《武英殿聚珍版丛书》 303，304

X

《西清笔记》 138
《西士〈论英国伦敦博物院书楼规制〉》 406
《西学书目表》 420—422，444
《郋园读书志》 211
《校雠通义》 40，347，350，351，352，356，365，368，372，447
《学要十五则》 419

Y

《延令宋版书目》 218
《养吉斋丛录》 147
《也是园藏书目》 69，202，214—217，236
《艺海珠尘》 41
《隐湖题跋》 201，218
《瀛寰志略》 20
《輶轩语》 270，380，383，385
《虞山钱遵王藏书目录汇编》 202，216
《与李南涧札》 328，331
《玉海楼藏书规约》 322—324
《玉函山房辑佚书》 42
《岳麓书院捐书详议条款》 110，324

Z

《箴言书院藏书目录》 199，249
《箴言书院志》 199
《郑堂读书记》 71
《知不足斋丛书》 41，42，308，311，312
《职方外纪》 387
《重修常昭合志》 68
《奏报分年筹备事宜折》 430，431

《奏定大学堂章程》 429

《纂修四库全书档案》 188

《最初应读之书》 419

【专有名词】

B

八千卷楼 37，108，160，182

白鹿洞书院 48，174

拜经楼 39，107，181，220

宝日轩 39

宝燕阁 39

抱经楼 40，119

抱经堂 39

皕宋楼 37，40，73

碧琳琅馆 38

编目 42，48，111，112，156，167，184，185，193，199，211，214，217，220，225，227，236—241，243，246—249，338，341，343，344，347，352，367，392，399，401，410，419

辨章学术，考镜源流 186，189，239，249，272，367，368，369，414

别裁 249，369—372

别下斋 39

博闻书院 170，171，173

C

抄补 100，106，344

抄录 84，99—101，104—106，129，221，271，278，291，320，341，342，351，413，418，438

陈列 47，146，155，157—161，193

城南书院 47，181

崇文书局 304

传录 70，100，106，292，299

传是楼 36，39，71，72，88，107，181，217，245，291

春在堂 40

D

大梁书院 97，173，174，324—326

丹铅精舍 39

道古堂 39

殿本 31，303

殿座印 180

东啸轩 39

洞溪书院 171—173

读汉书楼 40

端溪书院 172

E

二老阁 36，40，103

F

樊榭山房 108

分类书柜目录 156，157，220，338，344

丰湖书院 48，111，112，127，137，139，155，156，168，170—172，181，324—326

敷文书院 46

富厚堂 122，123

G

格致书院 21，47，48，170，171，324，391，392

公共图书馆运动 28，405，429，434，435

共读楼 321—323

购求 85，97，113—115，241，258，273，341，342，415，418

购置 43，98，167，339，342，416

关氏书楼 39

观海堂 38

广学会 18

广雅书局 185，266，304

庋藏 68，154，157，158，399，400

贵州书局 304

H

海源阁 37，182，273，299

含经堂 36，39

函套 146—149

寒松斋 40

好古堂 39

糊裱 140，146

互抄互借 287—292，294，297，301—303

互著 249，369—372

环碧山庄 39

汇文书院 48

J

稽瑞楼 81，109，245，298，338

吉祥室 39

汲古阁 36，41，65，66，68—70，72，75，97，104，124，140，145，146，181，219，242，245，258，278，284，315—317，338

佳日社 291

嘉惠堂 53，160

简香斋 40

鉴别 90，251，271，272，274—277，279—281，314，339，341—343

江楚编译局 304

江南书局 304

江南制造局 19，20，304

江西书局 304

蒋村草堂 39

绛云楼 36，65，66，69，70，72，103，108，123，124，127，258，275，291，308，309，338

焦山书藏 52，53

结一庐 39

金陵书局 304

津逮楼 39，119

静惕堂 36，291

矩园 38

倦圃 40，107，245

K

开大书藏 416，418

开万楼 39

开有益斋 39

考据学派 16，358

L

莲池书院 167，349

楝亭 39

琳琅秘室 39

灵隐书藏 52，53

M

马头墙 118

眠琴山馆 40

面城楼 38

鸣野山房 40

墨香书院 167

N

南州书楼 38

培林堂 39

培正书院 48

P

平津馆 108

瓶花斋 39，103

朴学 16，58，65，285

曝书 116，130—137，162，163，341，346

曝书亭 36，40，88，291

Q

千顷堂 25，36，39，245，291

乾嘉学派 10，14，16，36，58，183，263，267，328，355，368，377，446

琴趣轩 39

清初三大家 16，58，291，307

清来堂 39

清校阁 39

清吟阁 39

求实书院 47

裘杼楼 40

S

三十三万卷楼 38

三万卷楼 40

扫叶山房 80，104，316，317

晒书 123，133—137，163，164，167，169，346

尚齿社 291

设藏书楼 392，426，427

涉园 36

师石山房 40

十万卷楼 108

时务报馆 18

守山阁 108

寿松堂 37，39，103

书藏 87，112，128，167，168，170—172，393，416—418，423，424

书巢 39

双桂草堂 216

双韭山房 36，40

思茗斋 39

·467·

四库全书馆 30，93，100

四录堂 40

松雪斋 216

诵芬室 226

苏州书局 304

遂初堂 219

邃雅堂 40

T

泰华楼 38

题跋 67，72，215，218，219，221—223，227，241，242，249，255—257，267，270，271，274，278，286

天一阁 25，26，30，36，37，40，82，88，119—123，126，138，155，161，175—179，269，291，294，299，322

铁琴铜剑楼 37，39，63，82，97，124，181，216，225，227，241，299，300，338

退圃 39

W

宛委别藏 31

万卷精华楼 38

万年红纸 138，139

文汇阁 30，31，147，319，402

文津阁 30，121，122，433，434

文澜阁 30，31，41，53，74，121，155，290，319，402

文瑞楼 108，340

文溯阁 30，121

文渊阁 24，29，30，121，131，132，155，161—165，275

文源阁 30，31

文正书院 48，349

文字狱 10，12，13，87，186

文宗阁 30，31，53，122，319，402

翁云山房 40

五桂楼 40

五十万卷楼 38

武英殿 29，31，33，46，127，165，185，188，303，306

戊戌变法 19，413，424，428

X

西学东渐 17—19，21，22，45，47，78，198，304，368，386，387

惜阴书院 167，170

仙源书院 48

嫌名宜辨 372

湘管斋 40

向山阁 39

小眠斋 39

小山堂 39，88，103，107，269

小酉山房 40

小重山馆 40

校雠 103，160，224，225，244，251—254，258，263，269，290，313，316，341，343，344，347，365—368，371，373

校勘 33，36，40—42，61，65，71，79，94，106，107，184，213，218，221，222，226，251—256，260—264，266，270，276，286，288，304—307，312—314，316，319，339，344，360，365，366，373，377，380

欣托斋 39

徐家汇天主堂藏书楼 391

续抄堂 36，103，291

学海堂 47，174，324

Y

亚洲文会北中国支会图书馆 391

衍芬草堂 39

洋务运动 17，20，28，45，304，378，401，402，413

宜稼堂 39

奕庆楼 36

吟香仙馆 39

隐拙斋 39

影山草堂 38

影宋 30，97，104，232

玉海楼 38，177—179，322，324

玉玲珑阁 39

玉雨堂 39

岳麓书院 47，48，167，180，247

岳阳书院 167

芸香草 138，139

Z

枕碧楼 40

振绮堂 37，39，103，107，269

箴言书院 166，170，199，249

郑堂 40

知不足斋 39，103，107，269，306

咫进斋 40，108

中江书院 173，174

中西书院 48

钟山书院 46

装订 115，133，136，140—146，148，154，169，285，341，344

装潢 69，141，149—152，158，339，345

紫阳书院 46

后 记

从 2013 年王余光老师牵头申报国家社科基金重大项目"中国图书馆学史"获得立项，到十卷本《中国图书馆学史》即将付梓，十载光阴，倏忽而逝。终日碌碌，并不觉时光易逝人易老；掩卷回首，方惊见轻舟已过千重山。

犹记 2012 年底，我进入北京大学信息管理系博士后流动站不久，余光师在一次师门内部研讨会上提出，将延续本系在学科史、学术史领域的良好传统，开展中国图书馆学史研究。年深日久，那次会议的许多细节已模糊不清了，但至今仍能清晰忆起余光师对中国图书馆学史研究意义的阐释：学术史研究的重要性不言而喻，对学科发展的影响也是多方面的，但究其根本，其最大的价值与意义不外二端，其一为总结梳理前人学术成就，厘清学科发展内在逻辑，明来处、知去向；其二为促进专业教育的完善、规范，用学科史教育、帮助学生厚植专业情怀。

为了更好地推进相关研究，会后我们将选题思路整理成文，于 2013 年初向国家社会科学基金委员会提交了选题推荐表，并得到了同行的肯定。不久后，此课题便入选了 2013 年度国家社科基金重大项目招标选题。此后，在王余光老师的组织下，课题组举行多次研讨会，就中国图书馆学史的内涵与外延、研究范围与框架等问题展开深入讨论，进一步明确了中国图书馆学史研究思路。在申报书中，我们写下了这样一段文字："我们认为，中国图书馆学是在我国古代藏书文化的哺育下，充分吸收西方图书馆学理论的基础上得以最终确立的。中国古代关于藏书的文化传统，是滋养中国图书馆学发生、发展的土壤，而系统的西方学科理论，奠定了中国图书馆学学科化、体系化的基石。中国图书馆学的发展，应当看作一个西方图书馆学理论不断本土化的过程。"以上观点，代表了以王余光教授为首的科研团队对何为"中国的图书馆学"的理解与认识。其与我们对学术史研究意义的期许一起，共同成为课题组构建研究框架、推进学术研究的思想引领。

课题正式立项后，结合团队成员专长，充分吸收开题报告会上的专家意见，在余光师的主持下，我们重新确定了课题分工。由于我在博士学习阶段的研究方向是清代古典文献的整理与研究，便"理所当然"地承接了"明清图书馆学史"的研究任务。明清两代，是中国古典文化的"总汇期"（冯天瑜语），作为中国古代学术相当发达之一支——藏书校理的知识与学问，亦进入了全面总结、袭旧开新的阶段。在最初的研究计划中，明清图书馆学史本作为一个整体进行研究，随着研究推进，由于该时段相关内容十分丰富，且呈现出比较明显的时代变迁特征，故明代、清代图书馆学史被分为独立的两卷，以期更为集中地揭示明清两代图书馆学发展的独特轨迹。

置之中国图书馆学史的"版图"，明清无疑为古代图书馆学之"明珠"，几乎所有具有理论总结意义的古代图书馆学论著都出现在这一时期，如系统梳理藏书历史与建设方法的《图籍之储》《经籍会通》，总结私家藏书校理经验的《澹生堂藏书约》《藏书记要》《藏书十约》，目录学理论奠基之作《校雠通义》，古典目录集大成之《四库全书总目》等。总的来说，明清两代图书馆学的主线，是在继承千余年来藏书经验的基础上,根植于丰富发达的藏书实践,对古代藏书管理、整理之经验与方法体系的不断完善。但如果要用现在流行的"贴标签"方法,给明清两代图书馆学各标一个关键词的话,我愿意给明代图书馆学贴上"应时而随变",而给清代贴上"袭旧而孕新"。前者的突出体现是明代藏书家不拘一格,随藏书发展需要而另立新法、益损部类,不断作出新的尝试与探索;后者则以集中涌现的理论总结作为表征,展现了清代学者思考之深度,以及为晚清西学东渐以后,图书馆学内部之扬弃与继承作好了理论准备。为什么要强调这两点?因为其代表了笔者对古代图书馆学史内涵与意义的认知。事实上,时至今日,图书馆学学者对"中国古代有没有图书馆学?""古代图书馆学是否成立?"等问题仍然存在争议。许多学者认为,中国图书馆学是受西学东渐影响,以西方图书馆学思想为主体框架搭建的新学科。关于这个问题,在本套书第一卷"绪论"部分已进行了辨析,在此不再赘述,仅结合明清图书馆学史的研究心得谈一点感受。如果说,我们对古代藏书思想、方法与理论的固有印象是"守旧""因循"的话,那么明清图书馆学的发展清晰地告诉我们两点:一是,随着实践发展,古代图书馆学一直在主动"生长"新的内容;二是,即使以"进化论"的视角,古代藏书校理经验中重视对图书内容深度揭示与挖掘的传统,始终是中国图书馆学有别于西方图书馆学的独特理路,晚清直至民国"目录学""索引运动"的繁荣,已经证明了这一点。这既是民初学人呼吁建立"中国的图书馆学"之初衷,更是我们在文明交流互鉴的视野下构建中国特色哲学社会科学体系的重要启示。

明清图书馆学的思想与理论、西学东渐对中国图书馆学的影响等问题,是学科史研究中较受关注的话题,程焕文、王国强、傅荣贤、龚蛟腾、王蕾等诸位先生在相关领域已做出了大量优秀成果。

在本书撰写过程中，上述成果对厘清研究思路、提炼研究主题产生了极大帮助，其他对本书写作有所启发的成果，亦已在文中标注，在此一并致以谢忱。

在"中国图书馆学史"研究推进过程中，王余光老师为本书的研究与写作提供了大量高屋建瓴而又具体而微的指导与建议。作为副主编，编写组的所有成员都曾或多或少地被我"抓差"，研议框架结构，打磨书稿内容，感谢大家始终"不厌其烦"，容忍我"低效、频繁"的打扰。2021年初，"中国图书馆学史"重大课题获批结项后不久，安徽教育出版社便主动约稿，再续我们通过《中国阅读通史》结下的缘分，共同打造、出版十卷本的《中国图书馆学史》。安徽教育出版社学术文化出版中心的编辑们，为本套书的顺利推出付出了大量心血，极大地弥补了作者的疏略、粗心。

十载荏苒，从初涉此题时甫出校门的学生，到今天亦开始尝试独立组织科研团队的学者，中国图书馆学史始终是我特别关注的研究领域。回望来时路，感恩师长栽培、感谢同门砥砺、感激友朋助益，也愈发能够体会以余光师为代表的当代图书馆学学人，为夯实学科根基、建设中国的图书馆学所作出的不懈努力。《中国图书馆学史》的出版，是重大课题的终点与高光时刻，也是中国图书馆学研究的新起点。明清图书馆学史研究是笔者在相关领域研究与思考的总结，其广阔研究疆域，仍将吸引包括笔者在内的学者不断开拓。诚挚地希望关心本领域研究的学者、朋友，就本书内容不吝赐教，共同促进明清图书馆学史研究走向深入！

是为记。

熊　静

2024年4月于上海